이한우의
조선 당쟁사

KB192508

'주자학'이란 이름으로 자행된 야만과 퇴행의 역사

이한우의 조선 당쟁사

이한우 지음

21세기북스

조선 당쟁과 주자학의 역학관계

일반적으로 조선에서 당쟁(黨爭)이 생겨난 이유에 대해서는 다음과 같은 두 가지가 강조되어왔다.

첫째, 조선 초기 왕정은 태종이 정립한 중앙집권 관료제로 운영되었다. 그러나 세조의 계유정란과 연산군의 폭정에 이은 중종반정을 거치면서 공신 중심의 정치, 즉 훈구파(勳舊派)가 주도하는 정치를 비판하는 사림파(士林派)가 등장했다. 이후 이런 훈구파와 사림파의 충돌과 갈등이 반복되면서 당쟁으로 이어졌다는 시각이다.

그러나 당쟁은 훈구파와 사림파의 충돌이라기보다는 온건 사림과 급진 사림의 충돌과 이합집산이라는 점에서 이런 시각은 설득력을 갖지 못한다. 게다가 '사림'이라고 포장되어 있지만 이들은 말 그대로 주희 신봉자들일 뿐이다.

둘째, 당쟁이 일어난 직접적 원인으로 선조 대의 심의겸(沈義謙, 1535~1587년)과 김효원(金孝元, 1542~1590년)의 이조전랑(吏曹銓郎) 추천 문제를 둘러싼 동인과 서인의 충돌을 언급하는 시각이 있다. 이것은 교과서에도 실려서 널리 퍼져 있다. 하지만 이미 동인과 서인이 나뉘진 것이 문제이지 이 사건은 극히 사소한 일일 뿐이다.

이를 보면 당쟁이 일어나게 된 배경이나 이유를 뭔가 감추고 있다는 인상을 숨길 수 없다. 게다가 훈구는 악(惡), 사림은 선(善)이라는 이분법이 작동하고 있음을 쉽게 알 수 있다. 우리 역사학계가 만들어놓은 그릇된 당쟁상(像)의 전형이라 하겠다.

필자는 2001년부터 『조선왕조실록』을 완독하며 조선 500년의 실상을 살필 수 있었다. 이후 2007년부터 『논어』를 공부한 것이 계기가 되어 『주역』까지 공부하면서 공자 정치사상의 요체를 알 수 있었다.

공자 정치사상의 요체는 다름 아닌 강명(剛明)한 군주론에 집약되어 있다. 이는 『논어』와 『주역』을 관통하는 사상이기도 하다. 강명한 군주하에서는 신하들 간의 당쟁이란 상상도 할 수 없는 일이었다. 심지어 군주-소인의 이분법은 임금만이 쓸 수 있는 말이지 신하가 이 두 단어를 입에 올리는 것만으로도 불경(不敬)이었다.

한 가지 예를 들어보자. 성종 8년(1477년) 9월 5일 경연(經筵)에서의 일이다. 사헌부 지평 김언신(金彦辛)이 형조판서 현석규(玄錫圭, 1430~1480년)를 비판하면서 "현석규는 음험하고 간사한 소인"이라고 말했다. 이는 곧 임금이 눈 밝지 못해[不明] 소인을 중용했다는 말이된다. 이로 인해 김언신은 중형을 받을 뻔했으나 사헌부와 사간원 관리들이 합세하여 "김언신에게 죄를 주면 우리도 함께 벌을 받겠다"고 하여 겨우 그냥 넘어갈 수 있었다.

그러나 주자학이 들어온 다음부터, 정확하게는 선조 때 당쟁이 본격화되고부터는 신하들도 버젓이 군자-소인 운운할 수 있었다. 유암(柔暗)한 군주들이었기에 가능한 일이었다.

조선 당쟁은 우리 안에 그런 요인이 존재했고 거기에 주자학이 더해지면서 격화된 것이다. 이 책이 이야기를 주자학의 도입 과정에서 출발하는 것도 그 때문이다. 조선이 야만과 퇴행의 길을 걷게 된 것은 안 팎 모두에 그 요인이 있었다는 말이다. 깊이 있고 유연한 사고가 결핍된 사회에서는 교조가 판을 치게 마련이다. 과연 지금의 우리가 이 점에서 조선 시대 사대부들과 다르다고 자신할 수 있을까? 또한 철저하고 독립적인 사고가 결핍된 사회에서는 얄팍한 교리에서 비롯된 선동이 쉽게 힘을 발휘한다. 그런데 과연 지금의 우리가 이 점에서 당쟁을 일삼던 조선 시대 사대부들과 다르다고 자신할 수 있을까?

조선 당쟁은 선조 때 불이 붙어 영·정조 때까지 이어졌다. 그리고 순조 때는 외척 정치로 넘어가면서 당쟁은 사라지고 외척에 의한 세도 정치가 기승을 부리다가 멸망으로 이어졌다.

이 작업은 19세기 말에 저술된 이건창(李建昌, 1852~1898년)이 지은 『당의통략(黨議通略)』을 기본으로 하면서 주자학 전반에 대한 검토와 『조선왕조실록』을 통한 보충이라는 골격을 갖고 있다.

『당의통략』은 선조 8년(1575년)부터 영조 31년(1755년)까지 180년에 걸친 기간 동안 당론(黨論)의 얼개를 제시하고 서로 간의 쟁점을 간략하게 정리하고 있다. 비교적 객관적 거리를 유지했기는 하지만 이건창 집안 당색인 소론 입장에서 다 벗어나지 못한 약점이 있다는 지적을 받는다. 그래도 필자의 작업을 위한 고마운 주석(柱石)이 되어주었다.

일본 학자들은 식민주의 사관을 위해 조선 왕조는 본질적으로 당파성이 강하다는 논지를 폈다. 그렇다면 당쟁이 없었던 조선 초기 200년은 어떻게 설명할 것인가?

또 이태진 같은 국사학자는 "16~17세기의 붕당정치는 조선 시대 정치의 이러한 발전적 변천의 한가운데서 중소 지주 출신의 지식인들이 성립시킨 성리학적 이념 실현을 목표로 한 고도의 주지주의(主知主

義)적인 정치 형태였다"(『한국민족문화대백과사전』)라고 말한다. 한마디로 어이없는 주장이다. 그저 주희의 이론을 갖고 와서 군권(君權)을 깎아내리려 했던 병든 사상일 뿐이었다.

감사의 말을 전할 차례이다. 이 책은 2023년과 2024년 《월간조선》 연재를 바탕으로 한 것이다. 글을 쓸 좋은 기회를 만들어준 이동한 대표와 배진영 편집장에게 먼저 감사 인사를 전한다. 늘 필자의 작업을 응원하고 후원해주는 21세기북스 김영곤 사장과 편집자 양으녕 님께도 감사의 마음을 전한다.

2025년 3월 상도동 보심서실(普心書室)에서
탄주(灘舟) 이한우(李翰雨) 삼가 쓰다

차례

조선(朝鮮)의 탄생과 성리학의 역할

(1) 고려 말 성리학의 유입과 그 배경

첫 단추를 잘 채워야 한다. 본격적인 이야기를 시작하기에 앞서 공구(孔丘)의 유학-공학(孔學)-과 주희(朱熹)의 주자학 혹은 송나라의 성리학은 전혀 다르다는 점을 분명히 해둬야겠다. 공학은 제왕학(帝王學)인 반면에 주자학은 신하가 임금을 제어해야 한다는 신권론(臣權論)이다. 그럼에도 우리나라에서 이 둘의 혼동 혹은 혼돈은 주자학이 고려에 도입되던 처음부터 시작됐다.

문익점이 이 땅에 목화를 처음으로 가져왔다면 이 땅에 주자학을 처음으로 가져온 사람은 안향(安珦, 1243~1306년)이다. 고려 충렬왕(忠烈王) 15년(1289년) '집현전 대학사'라는 자격으로 충선왕(忠宣王)을 따라 원나라 수도 연경(燕京)에 갔던 안향은 4개월 후인 이듬해 돌아왔다. 이때 현지에서 새롭게 간행된 『주자전서(朱子全書)』를 베껴서 가져왔다고 한다.

안향

그러나 그의 학문은 여전히 공자의 전통적인 유학에 머물렀을 뿐 주자학에 대한 이해가 깊었다고 보기는 어렵다. 고려 유학은 공학에 가까웠다. 다만 귀국해서 국자감(國子監-고려의 성균관) 제생(諸生)에게 강연하면서 이런 요지의 말을 했다고 한다.

내 일찍이 중국에서 주회암(朱晦庵-주희)의 저술을 보니 성인의 도리를 밝혀내고 선불(禪佛)을 배척한 공이 족히 공자에 짝할 만했다. 그러므로 공자의 도리를 배우고자 할진대는 회암을 배우는 것보다 우선할 것이 없으니 제생(諸生)은 신서(新書)를 읽음에 힘써 게으름이 없어야 할 것이다. (『회헌집(晦軒集)』)

여기서 보듯이 안향은 단순히 주자학을 공자의 도리로 들어가는 길잡이 정도로 여겼다. 물론 『고려사(高麗史)』에 따르면 말년에 주희의 초상을 걸어놓고 흠모하며 자신의 호(號)도 주희의 호 회암(晦庵)을 모방해 회헌(晦軒)이라고 부를 정도였다고 하니, 이해 수준과는 별도로 개인적으로 크게 심취한 것은 분명해 보인다. 그러나 공구의 유학과 주희의 주자학의 근본적인 차이를 이해할 만큼 주자학 특유의 학문적 성격을 깊고 정확하게 파악한 것으로 보기는 어렵다. 그래서 안향은 거기까지다.

예나 지금이나 어떤 사상이 외국에서, 특히 문물이 앞선 나라에서 들어오는 일은 흔히 있을 수 있다. 그런데 그렇게 들어온 사상이 이 땅에서 뿌리를 내리느냐의 여부는 결국 그 새로운 사상의 어떤 점이 이 땅의 어떤 환경과 접점을 찾느냐에 달려 있다. 즉 이 땅에 어떤 필요성이 있었길래 여러 사상 중의 하나인 주자학이 특히 이 땅의 식자들의 관심을 끌었느냐를 살펴보는 것이 중요하다는 말이다.

안향의 경우 학생들에게 강연하면서 주자학의 필요성을 역설하기에 앞서 이렇게 말하고 있다.

> 성인(聖人-공자)의 도리는 현실 생활 속에 윤리를 실천하는 것 이외의 것이 아니다. 자식 된 자는 효도하고 신하 된 자는 충성하고 예로써 집안을 다스리고 신의로써 벗을 사귀고 자기 자신을 경(敬-삼감)으로써 닦고 일을 함에 반드시 정성을 다할 따름이다.

여기까지는 굳이 주자학이라고 할 것은 없고 유학의 흔한 일반적 교리에 속한다. 그다음이 핵심이다.

> 그런데 불교는 어떠한가? 부모를 버리고 집을 나가서 윤리를 파괴하니 이는 이적(夷狄)의 무리인 것이다. 근래 병마(兵馬-전쟁)에 시달린 나머지 학교가 퇴폐하고 선비는 학문을 몰라 배운다는 것이 고작 불서(佛書)나 즐겨 읽어 그 허무공적(虛無空寂)한 뜻을 믿으니 심히 가슴 아파하는 바다.

즉 윤리의식의 피폐와 불교의 폐단을 연결해서 지적하며 주자학의 필요성을 강조하고 있다. 이런 논조는 그 후에 정도전의 글 『불씨잡변』에서도 볼 수 있다. 이후 본격적으로 주자학을 배워서 이 땅에 퍼트린 사람으로는 백이정·권부·우탁을 꼽을 수 있다.

백이정(白頤正, 1247~1323년)은 안향의 문인이다. 1298년 원(元)나라가 사신을 보내 세자를 왕으로 삼고 8월에 왕을 불러 가자 백이정은 충선왕을 따라 원나라 연경(燕京)에서 10년간 머물러 있었다. 그동안 주로 성리학에 깊은 관심을 기울여 연구했고 귀국할 때 정주(程朱)의 성리 서적과 주자의 『가례(家禮)』를 가지고 돌아왔다.

이제현

그 뒤에 후진 양성에 힘써 이제현(李齊賢, 1287~1367년)·박충좌(朴忠佐)·이곡(李穀)·이인복(李仁復)·백문보(白文寶) 등 많은 문인을 배출했으며 성리학을 이 땅에 심는 데 크게 공헌했다. 그중에서도 이제현이 두드러졌으며 크게 보면 안향과 백이정의 학통은 이제현에게 전승되고 이제현은 이색(李穡, 1328~1396년)으로, 이색은 정도전(鄭道傳, 1342~1398년)·권근(權近, 1352~1409년)·변계량(卞季良, 1369~1430년) 등으로 이어졌다.

이색

그러나 이제현을 본격적인 주자학자 혹은 성리학자로 부를 수 있을 것이냐에 대해서는 학계에서도 유보적이다. '충실한 소개자'의 범위를 뛰어넘지는 못한 것으로 보인다.

권부(權溥, 1262~1346년)는 안향의 문인이라는 설이 있지만 분명치 않고 1301년과 1309년 두 차례 원나라에 다녀오며 원나라의 학술 변화를 목격했다. 육경(六經)을 중심으로 하던 유학에서 사서(四書)를 강조하는 성리학으로 학문의 중점이 변화하는 것을 보고 주자의 『사서집주(四書集註)』를 고려에서 간행했다.

원나라에서는 허형(許衡, 1209~1281년)이 성리학이 관학(官學)으로 자리 잡는 데 큰 기여를 했다. 실제로 고려에서도 충혜왕 5년(1344년) 주자학을 관학으로 인정하고 주자의 『장구집주(章句集註)』를 과거의 중심 과목으로 삼았다. 그것은 주자학의 대대적인 확산을 위한 기초를 다졌다는 의의와 더불어 다음과 같은 한계도 있었다.

주자의 『사서집주』 본의 간행은 고려 유학이 주자학에 의해 획일화된 전기가 되었다고 본다. 그것은 주자의 『사서집주』가 간행·보급되기 이전의 고려 민간 학계에는 중국 남방 왕안석(王安石) 계열의 학문이 주자학과 뒤섞여 유포되어 있었는데 이러한 민간 학계의 폭넓고 자유로운 학문 섭렵은 과거제도와 그 과거 과목의 영향을 받아 점차 위축되어 주자학에 의해 지배되지 않을 수 없었을 것이기 때문이다. (김충렬, 「고려의 원대 성리학 수용」, 『元代性理學』, 포은사상연구원)

권부는 이제현의 장인이자 조선 초 성리학의 대가인 권근의 증조부이기도 하다.

우탁(禹倬, 1263년~1342년)은 1308년(충선왕 즉위년) 감찰규정(監察糾正)이 됐고 충선왕이 부왕의 후궁인 숙창원비(淑昌院妃)와 통간하자 백의(白衣) 차림에 도끼를 들고 거적자리를 짊어진 채 대궐로 들어가 극간(極諫)했다.

곧 향리로 물러나 학문에 정진했으나 충의를 가상히 여긴 충숙왕의 여러 번에 걸친 소명(召命)으로 다시 벼슬길에 나서서 성균좨주(成均祭酒)로 치사(致仕-벼슬에서 물러남)했다.

벼슬에서 물러난 뒤에는 경상도 예안(禮安)에 은거하면서 후진 교육에 전념했다. 당시 원나라를 통해 새로운 유학인 정주학(程朱學)이 수용되고 있었는데 이를 깊이 연구해 후학들에게 전해주었다. 정이(程頤)가 『주역』을 주석한 『정전(程傳)』이 처음 들어왔을 때 아는 이가 없

들어가는 말: 조선(朝鮮)의 탄생과 성리학의 역할

었는데, 방문을 닫아걸고 연구하기를 달포 만에 터득해 학생들에게 가르쳐주었다고 한다. 경사(經史)에 통달했고 『고려사』열전에 "역학(易學)에 더욱 조예가 깊어 복서(卜筮)가 맞지 않음이 없다"라고 기록될 만큼 아주 뛰어난 역학자였다.

그러나 우탁 또한 백이정·권부와 마찬가지로 엄밀한 의미에서 성리학자 혹은 주자학자라고 하기에는 한계가 있었다. 다만 우탁의 경우 유학과 성리학의 차이를 어느 정도 인식했던 것으로 보인다. 이는 우탁에 대한 김충렬 교수의 평가에서 분명하게 드러난다.

> 대개 (기존의) 유교는 인간의 행동 규범을 주로 제시하고 수행을 촉구하는, 즉 당위 문제를 중심으로 하는 학문이므로 철학적 이론이나 사변력이 도가나 불가에 비해 약하다. 그러나 이러한 유교의 학문적 약점은 성리학을 통해서 극복되었으니 성리학은 존재의 영역으로부터 근본적인 이유, 즉 당위성을 밝히려 노력했으므로 성리학을 이해하는 데는 전과 달리 이론적이고 사변적인 힘을 갖추지 않고서는 어려웠던 것이다. 우탁의 정주역(程朱易-정이천과 주희의 주역) 연구와 교수는 이러한 면에서 고려 유학 그리고 유학자로 하여금 학술과 학문적 기초 소양을 갖추게 하는 데 선각자의 역할을 했다고 하겠다.

하지만 중요한 것은 그가 '선각자'일 뿐 아직도 성리학자는 아니었다는 점이다.

이 새롭고 난해한 사상을 체화한 인물이 나오려면 좀 더 많은 시간이 필요했을지 모른다.

(2) 송학·성리학·주자학의 탄생

송학(宋學)

그렇다면 공구의 유학과 주희의 주자학은 어떻게 다른가? 이 질문에 답하려면 우리는 먼저 송나라 지성계에서 무슨 일이 일어났는지를 간략하게나마 추적해보아야 한다.

먼저 송학(宋學)이다. 송학에 대해 일본의 구스모코 마사쓰구(楠本正繼) 교수는『송명유학사상사』(김병화·이혜경 옮김, 예문서원)에서 "이 시점에서 중국 민족의 사상은 멀리 한유(韓愈, 768~824년)와 이고(李翺) 등의 유업을 상기하면서 각성 운동을 전개했다. 송학이 바로 그것이다. 철학이나 종교의 범위에서 볼 때 송학은 노장·불교 사상 속에서 살았던 송대 사람들에 의한 반성이자 자각이며 복귀의 움직임이다"라고 정의했다.

이를 이해하려면 한나라 이후 중국의 주도적인 사상과 종교의 흐름을 알아야 한다. 한나라 무제(武帝) 때 동중서(董仲舒)가 대일통(大一統)을 부르짖으며 제가백가를 물리치고 유학(儒學)을 독보적인 관학(官學)의 지위로 끌어올렸다. 흔히 한나라의 중흥으로 불리는 후한(後漢) 혹은 동한(東漢)을 건국한 광무제(光武帝) 또한 젊어서부터 유생이었다.

중국에 불교(佛教)가 유입된 것은 후한 명제(明帝) 때 초왕(楚王) 유영(劉英)에 의해서였다. 사마광(司馬光, 1019~1086년)은『자치통감(資治通鑑)』에서 불교의 유입 과정을 이렇게 기록하고 있다.

후한 명제는 즉위 초 서역에 불(佛-부처)이라고 불리는 신이 있다는 말을 듣고서 사람을 천축(天竺)으로 보내 그 도리를 구하여 얻어 오도록 하니 관련 책들과 사문(沙門-불교의 뛰어난 수행자)을 얻어 돌아왔다. 그 책들이라는 것은 대부분 허무(虛無)를 주요 내용으로 하고 자비(慈悲)를 베풀어 살생을 금하는 것[不殺]을 중시하면서 사람이 죽어도 정신은 불멸이라 뒤에 가서 다시 형체인 몸을 얻게 된다고 했다. 또 생전에 행한 선악은 모두 그에 맞는 보응(報應)을 받게 된다고 했다.

따라서 불교에서 중요한 것은 정신을 수련함으로써 부처[佛]가 될 수 있는 것이라고 하면서 넓고 큰 말씀으로 어리석은 속인들을 권유했다. 그리고 그 도에 정통한 자들을 사문이라 불렀다. 이에 중국은 비로소 그 도술을 전수받아 각종 형상들을 그림으로 그리고 왕족이나 귀족들 중에서는 오직 초왕(명제의 이복동생) 유영만이 최초로 불교를 좋아했다.

그리고 후한 말에 위백양(魏伯陽)의 『참동계(參同契)』가 나오면서 위진(魏晉) 무렵에는 노장(老莊) 또한 크게 성행했다. 하안(何晏, 193~249년)과 왕필(王弼, 226~249년)이 두드러졌다. 이미 송나라 때 진덕수(眞德秀)는 『대학연의』(이한우 옮김, 해냄)에서 이들의 문제점을 이렇게 지적했다.

맑은 이야기[淸談]를 일삼는 재앙은 위나라의 왕필과 진나라의 하안에 이르러 극에 달했으니 이들은 모두 다 세상과 임금을 혹하게 하고 어지럽게 만들었으며 백성을 해치고 큰 고통에 빠트렸습니다.

불교의 폐단은 더욱 심각했다. 이미 당나라 때 불교의 주요 경전들이 다수 번역돼 중국 사람들의 마음속에 깊이 파고들었다. 한유가 불교를 배척하고 유학의 원류를 밝히는 글 「원도(原道)」[1]를 썼던 것도 이런 흐름 속에서였고 이고(李翱, 774~836년) 또한 한유의 뒤를 이었다. 이고는 『복성서(復性書)』라는 책을 지었다.

훗날 성리학자들은 일반적으로 한당(漢唐)의 유학을 훈고학(訓詁學)이라 하여 싸잡아 비판하면서도 한유와 이고만은 그 비판의 대상에서 제외하곤 했는데 그것은 바로 두 사람이 불교를 정면에서 비판하는 작업을 선구적으로 했기 때문이다. 잠시 한유의 「원도」를 음미해보고 다음으로 넘어가자.

널리 사람을 사랑하는 것[博愛]을 일러 어짊[仁]이라 하고 행하는 바가 올바른 것을 일러 의로움[義]이라 한다. 이 두 가지를 말미암아서 가는 것을 일러 도리[道]라 하고 자기 자신에게 이미 넉넉해 밖에 기대하는 바가 없는 것을 일러 다움[德]이라 한다. 어짊과 의로움은 정해진 명분[定名]이요 도리와 다움은 빈자리[虛位]다. 그래서 도리에

---

1 문체의 일종으로서 원(原)에 주목할 필요가 있다. 한유가 근본으로 한 것은 대개 회남자(淮南子)의 원도(原道)다. 원(原)은 본질을 찾고 근원을 캐낸다는 의미가 내포된 문장으로 당대(唐代) 한유가 처음으로 「원도(原道)」・「원성(原性)」・「원인(原人)」・「원귀(原鬼)」・「원훼(原毁)」의 5원을 지음으로써 처음 생겨난 문체. 원의 문체는 억양곡절(抑揚曲折-혹은 억누르고 혹은 찬양함이 곡진함)과 소원천유(溯源闡幽-어떤 사물이나 일의 근원을 찾아 밝히고 상고함과 알려지지 아니한 이치를 밝힘)를 목적으로 삼았다. 그래서 논설체와 크게 다른 것이 없다. 그 뒤에 황종희(黃宗羲)의 원군(原君)이 명편으로 일컬어진다.
우리나라에도 이곡의 「원수한(原水旱)」과 이첨(李詹)의 「원수(原水)」가 『동문선(東文選)』에 전한다. 이곡의 「원수한」은 가뭄이나 수해의 근본 원인이 어디에 있는지를 따진다. 이첨의 「원수」는 세상 사람들이 물의 근원은 모르면서 보이는 물만을 그 전부인 줄로 아는 무지를 개탄해 쓴 것이다. 겉보기에는 더러운 물도 근원을 더듬어 올라가 보면 깨끗한 물과 동일한 근원에서 비롯했음을 알 수 있다. 이 글은 한유의 『창려선생집(昌黎先生集)』에 실려 있다.

들어가는 말: 조선(朝鮮)의 탄생과 성리학의 역할

는 군자와 소인이 있고 다움에는 흉함과 길함이 있는 것이다.**²**

노자(老子)가 어짊과 의로움[仁義]을 하찮게 여긴 것은 그것을 헐뜯는 것이 아니라 그가 본 바가 하찮았기 때문이다. 우물 안에 앉아서 하늘을 보며 하늘이 작다고 하는 것은 (실제로) 하늘이 작아서가 아니다. 자신은 자그마한 은혜 베풂[煦煦]을 어짊이라 하고 자그마한 선행[孑孑]을 의로움이라고 했으니 그가 (어짊과 의로움을) 하찮게 여긴 것은 당연하다. 그가 말한 도리란 자신이 도리라고 한 바를 도리라고 한 것이지 우리가 말하는 그런 도리가 아니다. 그가 말한 다움이란 자신이 다움이라고 한 바를 다움이라고 한 것이지 우리가 말하는 그런 다움이 아니다.

무릇 우리가 도리나 다움이라고 말하는 것은 어짊과 의로움을 합해 말한 것이니 천하의 공적인 말[公言]이다. 노자가 도(道)나 덕(德)이라고 한 것은 어짊과 의로움을 떠나서 말한 것이니 한 사람의 사사로운 말[私言]이다.

주나라의 도리[周道]가 쇠미해지고 공자께서 세상을 떠나시니[沒] 진(秦)나라 때에 분서가 있었고[火=焚書] 한(漢)나라 때에는 황로학(黃老學=노장사상)이 성행했으며 진(晉), 송(宋), 제(齊), 양(梁), 위(魏), 수(隨)나라 사이에는 불교가 성행했다. 도리와 다움, 어짊과 의로움[道德仁義]를 말하는 자는 양주(楊朱)에 들어가지 않으면 묵가(墨家)에 들어갔고, 노자(老子)에 들어가지 않으면 불교에 들어갔다. 저쪽에 들어가면 반드시 이쪽에서 나오고 들어간 곳을 주인으로 받들고 나온 곳을 종으로 여겼으며 들어간 자는 거기에 달라붙고 나

---

2 빈자리이기 때문에 사람이 어떻게 하느냐에 따라 그곳을 채울 수 있다는 말이다.

온 자는 그것을 더럽게 여겼다. 아! 후세의 사람들이 어짊과 의로움과 도리와 다움의 이야기를 듣고자 한들 그 누구를 따라가서 들을 것인가?

노자를 따르는 자들[老者]은 "공자는 우리 스승의 제자다"라고 하고 부처를 따르는 자들[佛者]은 "공자는 우리 스승의 제자다"라고 한다. 공자를 위한다는 자들도 그 말을 익히 들어 그 거짓말을 즐기고 스스로를 작게 여겨 또한 말하기를 "우리 스승께서도 일찍이 그런 말씀을 하셨다"고 하여 오직 입으로만 말할 뿐만 아니라 또 그들의 책에 그렇게 썼다. 아! 후세의 사람들이 어짊과 의로움과 도리와 다움의 이야기를 듣고자 한들 그 누구를 따라가서 구할 것인가? 심하기도 하구나! 사람들의 괴이함을 좋아함이여. 그 실마리를 구하지도 않고 그 끝을 묻지도 않고서 오직 괴이함만을 듣고 싶어 하는구나. 옛날의 백성 된 자들은 네 부류였는데 오늘날의 백성 된 자들은 여섯 부류요, 옛날의 가르치는 자는 한 가지만 했는데 오늘날의 가르치는 자는 세 가지를 한다. 농사짓는 집은 하나인데 곡식을 먹는 자는 여섯이고, 물건 만드는 집은 하나인데 물건을 쓰는 집은 여섯이며, 장사하는 집은 하나인데 가져다 쓰는 집은 여섯이니 어찌 백성이 가난하지 않고 도둑질하지 않겠는가?

옛날에는 사람들을 해치는 것이 많았는데 빼어난 이[聖人]의 성품을 가진 자가 일어선 연후에 서로 살리고 서로 길러주는 도리를 사람들에게 가르쳤다. 이런 빼어난 이가 임금이 되고 스승이 돼 벌레와 뱀과 각종 짐승을 몰아내고 중원의 땅에 살게 하면서 추워지면 옷을 만들고 굶주리면 먹을 것을 마련했다. 나무에 살면 떨어지게 되고 땅속에 살면 병이 나기 때문에 그 후에 집을 짓도록 했다. 공법

들어가는 말: 조선(朝鮮)의 탄생과 성리학의 역할

을 가르쳐주어 기물들의 사용을 풍족하게 했고 장사를 하게 하여 있는 물건과 없는 물건을 서로 유통시켜주었다. 의약을 만들어 병든 이를 일찍 죽는 것을 구제해주었고 장사하고 제사를 지내게 하여 그 은혜와 사랑이 자라나게 했으며 예법을 만들어 그 먼저와 나중의 차례를 정했고 음악을 만들어 답답하고 울적함[湮鬱=堙鬱]을 풀어주었다.

그리고 정사를 베풀어 게으름을 다스렸고 형벌을 만들어 강포하고 불량스러운 자들을 억제시켰다. 또 (장사를 하면서) 서로를 속이니 부절과 도장과 말[斗]과 섬[斛]과 저울을 만들어 서로 믿도록 했고, 서로 빼앗으니 성곽과 갑옷과 무기를 만들어 지키게 하여 피해가 올 것에 대비했고 우환이 발생하자 그것을 막도록 해주었다.

(그런데) 지금 저들이 말하기를 "빼어난 이가 죽지 않으면 큰 도둑이 그치지 않고 말을 쪼개고 저울을 부숴버려야만 백성이 다투지 않게 될 것이다"라고 한다. 아! 이는 진실로 생각이 없는 데서 나온 말이다. 만약에 옛날에 빼어난 이가 없었다면 사람의 무리[人之類=人類]는 멸망한 지 오래됐을 것이다. 어째서인가? 사람에게는 (동물처럼) 새깃, 털, 비늘, 껍질이 없으니 추위나 더위에 살지 못했을 것이고 (동물처럼) 날카로운 손톱과 이빨[爪牙]이 없으니 먹을 것을 놓고 다투지 못했을 것이다. 이 때문에 임금이란 명령을 내리는 자요, 신하란 임금의 명령을 시행해 백성에게 미치도록 하는 자요, 백성이란 곡식과 쌀과 삼과 실을 내고 연장을 만들고 재물을 바꾸어 그 윗사람을 섬기는 자다. (따라서) 임금이 명령을 내리지 않는다면 자신이 임금 된 까닭을 잃는 것이고, 신하가 임금의 명령을 시행해 백성에게 미치도록 하지 않는다면 자신이 신하 된 까닭을 잃는 것이며 백

성이 백성이란 곡식과 쌀과 삼과 실을 내고 연장을 만들고 재물을 바꾸어 그 윗사람을 섬기지 않는다면 곧장 벌을 받게 된다[誅].

(그런데) 지금 저들(-불자)의 법에 이르기를 "반드시 너의 임금과 신하를 버리고 너의 아버지와 아들을 버리고 서로 살리고 서로 길러 주는 도리를 금해 그로써 청정(淸淨)과 적멸(寂滅)을 추구하라"고 한다. 아! 그들은 참으로 요행스럽게도 삼대(三代) 이후에 나오는 바람에 우왕(禹王)·탕왕(湯王)·문왕(文王)·무왕(武王)·주공(周公)·공자(孔子)에게 배척당하지 않았구나. 하지만 그들은 참으로 불행하게도 삼대 앞에 나오지 않는 바람에 우왕·탕왕·문왕·무왕·주공·공자에게 바로잡혀지지 못했구나.

제(帝)와 왕(王)은 그 호칭은 각각 다르지만 그들이 빼어난 이가 되는 까닭은 하나다. 여름에는 칡베옷을 입고 겨울에는 털가죽옷을 입으며 목마르면 물을 마시고 배고프면 밥 먹는 것이 그 일은 비록 다르다고 할지라도 그들이 지혜로운 이가 되는 까닭은 하나다.

(그런데) 지금 저들이 말하기를 "어찌하여 아주 옛날의 아무 일 하지 않던 생활[無事]을 하지 않는가?"라고 하니 이것은 진실로 겨울에 가죽옷을 입은 사람에게 "왜 칡베옷의 쉬움을 행하지 않는가?"라고 꾸짖고 굶주려 밥을 먹는 사람에게 "왜 물 마시는 것의 쉬움을 행하지 않는가?"라고 꾸짖는 것과 같다.

『전(傳)』에 이르기를 "옛날에 공적인 대의[明德]를 천하에 밝히고자 하는 자는 먼저 자기 나라를 잘 다스렸고, 나라를 잘 다스리려 하는 자는 먼저 자기 집안을 가지런히 했고, 집안을 가지런히 하려고 하는 자는 먼저 자기 몸을 닦았고, 몸을 닦고자 하는 자는 먼저 자기 마음을 바로 했고, 마음을 바로 하고자 하는 자는 먼저 자신의

들어가는 말: 조선(朝鮮)의 탄생과 성리학의 역할

뜻을 열렬하게 했다"[3]고 했다.

그러면 옛날의 이른바 마음을 바르게 하고 뜻을 열렬하게 한 사람은 장차 하고자 하는 바가 있었기 때문일 것이다. (그런데) 지금은 그의 마음을 다스리고자 하면서도 천하와 국가라는 것은 도외시하고 하늘과도 같은 이치[天常]를 없애버려 자식이면서 아버지를 아버지로 섬기지 않고 신하이면서 임금을 임금으로 섬기지 않으며 백성이면서 백성이 마땅히 해야 할 일을 하지 않는다.

공자께서 『춘추(春秋)』를 지었을 때는 (중국의) 제후라도 오랑캐의 예법을 쓰면 오랑캐로 대우하고 오랑캐라도 중국의 예법으로 나아오면 중국인으로 대우했다. (그런데) 지금은 오랑캐의 법을 들어 선왕(先王)의 가르침 위에 두니 얼마 지나지 않아서 모두 오랑캐가 되지 않겠는가?

무릇 이른바 선왕의 가르침이란 무엇인가? (사람을) 널리 사랑하는 것을 어짊[仁]이라 하고

행하는 바가 올바른 것을 일러 의로움[義]이라 하며 이 두 가지를 말미암아서 가는 것을 일러 도리[道]라 하고 자기 자신에게 이미 넉넉해 밖에 기대하는 바가 없는 것을 일러 다움[德]이라 한다고 했다. 그 애쓴 결과물들[其文]이 『시경(詩經)』·『서경(書經)』·『주역(周易)』·『춘추(春秋)』이고 그 모범[其法]은 예와 악과 형과 정이며[禮樂刑政] 그 백성이[其民] 선비와 농민과 공인과 상인이고[士農工賈] 그 지위가[其位] 임금과 신하, 아버지와 자식, 스승과 벗, 손님과 주인, 형과

---

3 譯註. 여기서 전(傳)은 『대학(大學)』을 가리킨다. 다음은 인용한 구절의 원문이다. 古之欲明明德於天下者 先治其國 欲治其國者 先齊其家 欲齊其家者 先修其身 欲修其身者 先正其心 欲正其心者 先誠其意.

동생, 지아비와 지어미이다. 또 그 옷이[其服] 베와 명주이며 그 거처하는 곳이[其居] 집과 방이며 그 음식이[其食] 조와 쌀, 채소와 과일, 어류와 육류다. 그 도리는 쉽게 밝힐 수 있고 그 가르침은 쉽게 행할수 있다.

이런 까닭에 그것으로 자신을 다스리면 순조로워서 잘 따르고, 그것으로 남을 다스리면 그들을 사랑해 공정하게 되며, 그것으로 마음을 다스리면 조화로워 평안하게 되고, 그것으로 천하와 나라를 다스리면 어떤 경우에도 마땅하지 않은 일이 없게 된다.

(또) 이런 까닭에 살아 있을 때는 그에 맞는 적실성을 얻고 죽으면 그 이치를 다하게 되고, 교제(郊祭)를 지내면 천신(天神)이 이르고 종묘제사를 지내면 조상이 흠향한다. 이 도리라고 하는 것은 무슨 도리인가? 그것은 우리가 말하는 도리를 이르는데 그것은 이른바 도가나 불가의 도는 아니다.

요임금은 이것을 순임금에게 전했고 순임금은 이것을 우왕에게 전했으며 우왕은 이것을 탕왕에게 전했고 탕왕은 이것을 문왕·무왕·주공에게 전했으며 문왕·무왕·주공은 그것을 공자에게 전했고 공자는 이것을 맹자에게 전했으며 맹자가 죽자 그 전승은 끊어지게 됐다.

순자와 양웅은 (유학을) 선택은 잘했으나 정밀하지 못했고 (유학의 도리에 대해) 말을 하기는 했으나 상세하지 못했다.

주공 이전 사람들은 윗자리에서 임금으로 있었기 때문에 그 일이 시행됐고 주공 이후 사람들은 신하로 있었기 때문에 그 설이 오래토록 전해졌다. 그렇다면 어떻게 하는 것이 옳겠는가? 말하기를 "저들을 막지 않으면 (우리의 도리가) 흐르지 못하고 저들을 멈추지 않으

들어가는 말: 조선(朝鮮)의 탄생과 성리학의 역할

면 우리의 도리가 행해지지 못할 것이다"라고 했으니 그 사람은 사람으로 두고 그 글들은 불사르고 그 집은 집으로 두어서 선왕의 도리를 밝혀 그들을 인도하면 홀아비·과부·고아·독거노인과 병든 이를 보살펴줄 수 있을 것이니 그렇게 하면 거의 올바름에 가깝다고 할 것이다.

이 글은 송나라 때 성리학자들에게 큰 울림을 주었다. 정정공(程正公-정이천)은 이렇게 말했다.

퇴지(退之-한유)는 만년에 애씀을 이루었고[爲文]⁴ 깨달아서 얻은 바가 참으로 많았다. 그의 배움은 본래 이처럼 다움을 닦는 데 있었고 다움을 갖춘 다음에야 말을 했다. 퇴지는 일단 애씀을 배우기 시작하자 매일매일 자신이 아직 도달하지 못한 바를 구하려 했고 마침내 얻는 바가 있었다. 그가 "맹자가 죽자 그 전승은 끊어지게 됐다"고 말할 수 있었던 것은 결코 예전 사람이 했던 말을 답습한 것도 아니고 허공을 휘젓다가 우연히 얻어낸 것도 아니며 이는 반드시 그가 본 바가 있었기 때문이다. 그가 몸소 본 바가 없었다면 그처럼 전승되는 바가 무엇인지도 말하지 못했을 것이다.

또 말했다.

한유는 진실로 근세의 호걸과도 같은 선비다. 「도리의 근원을 파헤치다[原道]」의 말들을 보면 비록 약간의 흠이나 병통[疵病]이 있기

---

4 그래서 한유는 시호로 문(文)을 받았다. 공자는 『논어(論語)』「헌문」편에서 어떤 사람을 칭찬하며 "(시호를) 문이라 할 만하다[可以爲文矣]"라고 말한다. 그러나 시호는 한유가 죽고서 받은 것이기 때문에 일단 글이 일정한 경지에 올랐다는 의미에서 애씀을 이루었다고 옮겼다.

는 하지만 그러나 맹자 이후 (처음으로) 능히 큰 식견을 가졌다고 할 만 하고 옛 사람[古人=古之聖人]의 도리를 깊이 탐구할 수 있는 자질 이 이 사람에게서 보인다.

또 말했다.

맹자 이래로 단지 「도리의 근원을 파헤치다[原道]」 이 한 편만이 (세세하게는 병통들이 많지만) 큰 뜻에서 거의 (진정한 유학의) 이치에 가깝다.

또 말했다.

「도리의 근원을 파헤치다[原道]」에서 이르기를 "맹씨(孟氏-맹자)는 순수하고 또 순수하다[醇乎醇=純乎醇]"[5]라고 했고 또 "순자와 양웅은 (유학을) 선택은 잘했으나 정밀하지 못했고 (유학의 도리에 대해) 말을 하기는 했으나 상세하지 못했다"라고 했으니 그에게 큰 식견이 없었다면 어찌 (맹자 이래) 1,000여 년이 지난 후에 이처럼 분명하게 단언할 수 있었겠는가?

또 말했다.

한문공(韓文公-한유)이 만년에 얻어낸 소견은 깊고도 높아 소홀하게 봐서는[漫觀=忽觀] 안 된다.

주문공(朱文公-주희)이 말했다.

예로부터 그 학설이 곧장 핵심을 찌르는[端的] 경우가 드물었는데 오직 퇴지(退之)의 원도(原道)만은 거기에 거의 가깝다고 하겠다.

어떤 사람이 양자(揚子-양웅)와 한자(韓子-한유)의 우열(優劣)에 대해 묻자 주문공은 이렇게 말했다.

---

5 그런데 이 말은 「원도(原道)」가 아니라 「독순(讀荀)」이라는 글에서 한 말이다.

들어가는 말: 조선(朝鮮)의 탄생과 성리학의 역할

각각은 장점[長處]을 갖고 있다. 한공(韓公)은 큰 뜻[大意]을 파악해 원도(原道)에서 보듯이 더 이상 바꿀 수 없는 분명함을 보여주었다. 양자의 배움은 청정(淸靜)과 연묵(淵黙-깊은 침묵)이라는 말에서 보듯이 노씨(老氏-노자)와 뿌리가 비슷하다. 반면에 한공의 강령은 바르고 노씨의 학설과 비슷한 점이 전혀 없다.

다시 우리 이야기로 돌아가자. 마사쓰구 교수는 송학의 특색을 '비평 정신의 발흥'이라고 했다. 시기는 송나라 경력(慶曆) 연간(인종, 1014~1048년)으로 범중엄(范仲淹, 989~1052년)이 큰 역할을 했다. 그는 인종(仁宗)의 친정(親政)이 시작되자 부름을 받아 중앙에서 간관(諫官)이 됐다. 그러나 그 무렵 곽황후(郭皇后)의 폐립 문제를 놓고 찬성파인 재상 여이간(呂夷簡, 976~1044년)과 대립했기 때문에 다시 지방으로 쫓겨났다. 그 뒤로 구양수·한기(韓琦, 1008~1075년) 등과 함께 여이간 일파를 비난했으며 자기들 스스로 군자의 붕당(朋黨)이라고 자칭하며 경력당의(慶曆黨議)를 불러일으켰다.

훗날 조선의 사림들이 스스로 '군자의 붕당'을 자처한 뿌리를 여기서 찾을 수 있을지 모른다. 그 후에 추밀부사(樞密副使)가 되고 이어 참지정사(參知政事-부재상)로 승진해 내정 개혁에 힘썼으나 그를 미워하는 하송(夏悚) 일파의 저항이 강해 다시 내쫓겨 지방관(地方官)을 역임하다가 병으로 죽었다.

범중엄의 비평 정신이란 다름 아닌 '왕권으로부터의 상대적 독립'과 무관치 않다. 이 점은 대단히 중요하다. 훗날 반(反)왕권, 신권(臣權) 중심주의를 중요한 원칙으로 삼게 되는 성리학자 혹은 주자학자들에게 절대군주제하에서 왕권에 어떻게든 파고들 수 있는 이론적 전진기지를 만드는 일은 너무도 중요했기 때문이다. 범중엄은 후한을 세운 광무제의 벗이었던 엄광(嚴光, 기원전 39~서기 41년)에게서 그 실마리를 찾았다. 범중엄은 「엄선생사당기(嚴先生祠堂記)」에서 이렇게 말했다.

광무제는 성인(聖人)의 때를 얻어 온 백성을 신하로 거느렸다. 그 시기에는 천하에서 권위가 이보다 뛰어난 자가 없었다. 오직 엄 선생만이 절조를 최고로 여겼다. 선생은 이미 하늘을 움직였을 뿐만 아니라 강호에 돌아가 성인의 맑음을 얻었기 때문에 고위관직도 진흙덩이처럼 여겼다. 그 시기에는 천하에서 자족의 면에서 이보다 나은 자가 없었다. 다만 광무제만이 예(禮)로써 그에게 굽혔다.

『주역』고(蠱) 괘의 상구효(上九爻)에서는 여러 사람이 세상에서 활동하는 때에 홀로 왕이나 제후를 섬기지 않음으로써 자기의 일을 고상하게 만드는 것에 대해 말한다. 선생은 이것을 실천했다. 또한 준(屯) 괘의 초구효(初九爻)에서는 양(陽)의 덕이 바야흐로 형통해 귀한 지위에 있으면서도 천한 지위의 사람에게 굽혀서 크게 백성의 지지를 얻는다는 말이 있다. 광무제는 이것을 실천했다. 엄자릉(–자릉(子陵)의 엄광의 자)의 마음은 해와 달보다 높고 광무제의 도량은 천지를 감쌀 만큼 컸다. 자릉이 아니었다면 광무의 큰 도량[大]을 이룰 수 없었고 광무가 없었다면 어찌 자릉의 고고함[高]을 이룰 수 있었으랴!

먼저 엄광(嚴光)은 어떤 사람인가? 자는 자릉(子陵)이다. 일명 준(遵)이다. 젊어서부터 명성이 높았고 후한의 광무제 유수(劉秀)와 함께 공부했다. 광무제가 즉위하자 성명을 바꾸고 은거했다. 광무제가 불러 경사(京師-수도)에 왔는데 옛 친구처럼 스스럼없이 지냈다. 간의대부(諫議大夫)를 제수하려고 했지만 사양하고 부춘산(富春山)에 은거했다.

범중엄의 글에서 눈여겨봐야 할 대목은 광무제의 큰 도량과 엄광의 고고함을 정당화하는 근거로 유학의 대표적 경전인『주역』을 끌어들였다는 사실이다. 이를 통해 아무리 임금이라 하더라도 '일반 신하처럼 부릴 수 없는 신하'가 있으며 그런 신하의 덕(德)에 대해서는 임금도 함부로 할 수 없다는 점을 공식화하려 했던 것이다.

우리는 지금 송학·성리학·주자학을 규명하려는 것이 아니라 요약·정리하려 하고 있다. 범중엄의 핵심 의도를 짚었으므로『철학사전』(중원문화)에 정리된 송학의 개념을 다시 한번 살펴보고 성리학으로 넘어가고자 한다.

중국 송대의 새로운 학문. 그 담당자는 신흥 지주 관료인 사대부(士大夫). 그 내용은 ① 사대부의 도덕철학인 이학(理學: 성리학(性理學), 도학(道學)), ② 사대부와 천자의 관계인 군신의 의(義)를 명확히 하는 도의사학(道義史學), ③ 학문의 실용성을 중시하는 공리학(功利學) 등으로 이루어지는데, 앞의 두 개 항목은 남송의 주자(朱子)에 의해 집대성되었다.

새로운 지배층인 신흥 지주 관료(사대부)의 주체성·자각성·실천성이 그 전 분야에 보여지는 것이 특징이다. 발생적으로 보면 송학은 북송 중기의 특권 관료 타도 운동(경력(慶曆)의 개혁)을 주도한 경력의 사대부들의 새로운 사상 도덕으로 준비되었다. 이 운동의 지도자인 범중엄은 이민족(異民族)의 압박, 관료의 증가와 특권층의 부패 정치, 백성의 전호(佃戶)로의 몰락과 농민반란 등의 대내외적 위기 아래에서 이 위기를 타개하고 중국의 존립과 지주의 전호 지배를 유지하기 위해, 치자(治者)를 정점으로 하는 국가 질서 관념과 그 질서를 위해 선우후락(先憂後樂)하는 도덕심을 사대부들에게 요구하고 있다. 도덕심이 당시 유행하는 노장사상이나 불교의 출세간주의에 손상당하고 있는 것을 비판·배격하면서 도덕심의 함양을 위해 경전 중에서도『역(易)』과『중용(中庸)』을 중시했다.

경전에 대하여 자기의 문제의식을 가지고 주체적으로 대하는 태도는 필연적으로 경전 중에서 성인의 도(道), 성인의 마음을 찾는 태도를 낳고, 그때까지의 훈고학(문구의 해석학)과 다른, 경전의 내면적·철학적 해석이 생기게 되었다. 이 경향이 장횡거(張橫渠)·이정자(二程子)에 이어져 도학(道學-이학(理學))의 결실을 보게 되었다. 경전의 주관적 해석 가운데에서 경전 문헌 비판도 시작되었다. 한편 역사적 사실 중에 군신의 의(義)를 논하여 배양하려고 하는 학파(구양수·사마광 등이 대표)가 있었는데, 이러한 대의명분론은 사대부의 불가결한 학으로서 이것 또한 주자학의 중요한 일부분이 되었다.

송학은 그 외에 신법을 단행한 왕안석 등의 공리학파(功利學派, 반이학파(反理學派)), 사대부의 주관성·주체성을 더욱 중시한 육상산(陸象山)의 육학(陸學)도 포함하는데, 후자를 계승 발전시킨 양명학(陽明學)이 송학의 집대성인 주자학을 부분적으로 보강하는 한편 그 해체를 촉진시키기도 했다. 당시의 대항사상(對抗思想)과의 관계에서는 송학은 노장 불교의 양 사상과의 대결 과정에서 형성되었지만, 도불(道佛) 양 사상이 송학의 내면화·체계화에 많은 영향을 끼쳤고 또 깊이 침투하기도 했다.

성리학

장재는 호가 횡거(橫渠)로 흔히 장횡거라고 불리는데, 성리학으로 불리는 초기 신유학의 기초를 제시한 인물이다.

인간의 본성을 어떻게 볼 것인가에 대해서는 이미 고대 중국에서는 순자의 성악설과 맹자의 성선설이 명확한 대립을 형성하고 있다. 현대적으로 풀자면 성악설은 경험주의적이고 성선설은 초경험주의적이라 할 수 있다. 이런 맥락에서 마사쓰구 교수는 장재 사상의 의미를 이렇게 설명했다.

> 그런데 전자(순자의 설)는 도덕의 보편성과 영원성을 설명하기가 곤란하고 후자(맹자의 설)는 현실적이고 구체적인 문제에서 유리될 위험이 있다. 이리하여 맹자와 순자 두 학자의 인간성 이론은 지양되어야 할 운명에 처해 있었다. 여기에서 장재의 사상이 탄생했다. 장재는 이를 위해 천지지성(天地之性)과 기질지성(氣質之性) 이론을 제시했다.

이 두 구분법은 당연히 공자에게는 존재하지 않았던 틀이며 훗날 주자학에서는 핵심 개념으로 자리 잡게 된다. 또한 외형적으로는 순자와 맹자의 설을 종합하며 지양(止揚)했다고 했지만 사실상 맹자의 손을 들어준 것이다. 그 후 성리학이나 주자학에서 순자는 거의 이단 취급을 받게 된다.

성리학자들은 무엇보다 공자의 손자 자사가 지었다는 『중용(中庸)』을 과하다 싶을 정도로 높게 평가했는데 『정몽(正夢)』에서 말한 다음과 같은 장재의 발언 또한 『중용』에 근거를 둔 발언임을 짚어두고 넘어가자.

인간의 본성은 모두 좋지 않음이 없다. 잘 되돌리는가 그렇지 못하는가에 달려 있을 뿐이다. 천지의 변화보다 더 나아가는 것은 잘 되돌리지 못하는 것이다. 인간의 명은 모두 바르지 않음이 없다. 거기에 잘 따르는가 그렇지 않은가에 달려 있을 뿐이다. 위험한 일을 하면서 요행을 바라는 것은 잘 따르지 않는 것이다.

본성과 명[性命]을 말하고 있는데 이 개념은 다 『중용』의 첫 구절에서 나온 것이다.

하늘이 명한 것을 본성[性]이라 하고, 본성을 따르는 것을 도(道-도리)라 하며, 도를 닦는 것을 가르침[敎]이라 한다.

장재와 관련해 짚고 넘어가야 할 사실은 그가 예학(禮學)으로 가는 길을 예비했다는 점이다. 기질을 변화시키고 본성을 남김없이 다 발휘하려면 그 방법은 예(禮)라는 것이다. 그는 『정몽』에서 "예를 알고서 본성을 이루어야 도의(道義)가 나온다"라고 말했다. 실제로 그는 예와 관련된 글을 짓기도 했고, 제자 여대림(呂大臨, 1046~1092년)은 그의 예학을 계승하게 된다.

성리학의 본격 정립은 정호(程顥, 1032~1085년)·정이천(程伊川, 1033~1107년) 형제에 의해 이뤄진다. 흔히 두 사람을 가리켜 이정(二程)이라고도 하고 정자(程子)라고도 하는데 개인적으로 보자면 정호는 교조적이면서도 거친 데 반해 정이천은 치밀하면서 현실적이고 동시에 이론적이다. 정호는 좋게 말하면 '터득'을 중시한 사상가이지만 나쁘게 말하면 거칠었다.

반면 동생 정이천은 처음으로 "본성은 곧 이치다[性卽是理]다"라고 말했다. 비로소 성리학이라는 이름의 내용이 드러나기 시작했다. 정이천은 또한 함양(涵養)을 중시했는데 이는 형 정호가 정좌(靜坐)를 중시한 데서 한 걸음 나아간 것으로 평가된다. "함양은 모름지기 삼감[敬]으로써 해야 한다"라고 해 경(敬)의 중요성을 강조한 첫 번째 학자로 기록된다. 마사쓰구(楠本正繼) 교수의 설명이다.

　　주희의 정설인 경(敬)의 공부는 확실히 정이에게서 유래한 것이 된다. 그렇다면 경이란 어떤 것인가? 정이는 경이란 하나를 주로 삼는 것[主一]이라고 말한다. 하나란 무엇인가? 가는 것이 없는 것[無適]이다. 가는 것[適]이 없다는 것은 어느 것에도 마음을 빼앗기지 않아서 사악함[邪]이 들어올 수 없는 것이며 그런 의미에서 비어 있음, 바꿔 말하면 진정으로 마음의 주체성이 수립된다는 것이리라.

　이 문제는 훗날 주희의 수양 방법 변화와도 관련된 된다는 점에서 미리 짚어둘 필요가 있다. 수징난 교수는 『주자평전』(김태완 옮김, 역사비평사)에서 이렇게 말한다.

　　(주희의) 중화(中和) 신설의 확립은 주오(主悟-불교)-주정(主靜-도교)-주경(主敬-유학)의, 곧 선(禪)에서 달아나 유가로 돌아오는 주희의 파란만장한 사상의 변화 과정이 끝났음을 선언한다. 도겸(道謙)의 주오로부터 이통(李侗, 1093~1163년)의 주정에 이르는 과정은 주희의 반불교 사상이 한 차례 비약한 것이지만 천리(天理)를 보존하고 인욕(人欲)을 없애는 이학가의 주정은 실제로는 의념(意念-생각)을 모

두 끊어버리는 선가(禪家)의 주정과 구별하기가 매우 어려웠다. 주희는, 정좌는 몸과 마음을 수렴하는 작용을 할 수는 있어도 주정만 가지고는 하나같이 다시 선도(禪道)로 떨어질 수 있다고 느꼈다. 그리하여 이같이 치우치고 그릇된 주정을 부정했다.

정이천은 『역전(易傳)』이라는 대작을 남겼다. 그러나 이와는 별개로 성리학 성립에 있어 정이천 형제의 기여는 무엇보다 '사서(四書)'라는 독서 체계를 위한 기반을 놓은 데 있다. 지금도 우리는 이 말을 쓰고 있다는 점에서 그것이 어떻게 이뤄졌는지를 짚어봐야 한다.

『맹자』가 송 학자들에게 이미 주목받은 것은 앞서 살펴보았다. 이정(二程) 형제는 특히 원래는 『예기(禮記)』의 편(篇)명이던 「대학」과 「중용」을 독립시켜 별도의 책으로 보았다. 물론 그전에도 이를 별도로 분리시켰던 일들이 있기는 했지만 그 자체를 깊이 있게 파고든 것은 이정 형제 때에 이르러 처음이었다. 그리고 주희는 그것을 보완·발전시켜 사서집주라는 체계를 완성하게 된다. 그 의미에 대한 수정난 교수의 평가는 의미심장하다.

사서의 병행과 정주(程朱-이정과 주희) 사서학 체계의 완성이 유가의 전통 문화사에서 차지하는 의의는 동중서가 한 무제에게 홀로 유술을 높이고 백가를 파출하라고 건의했던 것과 같은 차원으로 거론할 만하다. 동중서가 육예(六藝)를 표창하여서 공학(孔學-공자의 학문)을 경학화하고 육경에 통치 사상의 지위를 얻게끔 했다고 한다면, 정호와 정이, 주희가 사서를 표창한 것은 경학을 이학화(理學化)하여서 사서가 육경의 독점적 지위를 빼앗게끔 했다.

이 과정에서 가장 큰 피해를 본 것은 『논어』였다. 그 이전까지는 제왕학의 텍스트였으나 주희로 인해 한갓 사대부들의 심신 수양서로 폄하됐다. 우리는 지금도 이런 시각을 따르고 있다. 반면에 가장 큰 혜택을 본 것은 『맹자』였다. 애당초 『논어』와 어깨를 나란히 할 만한 수준의 책이 아니었음에도 불구하고 성선설, 이단에 대한 단호한 배척, 의리의 강조, 『논어』에는 없는 심(心)의 문제 존재 등으로 인해 성리학과 주자학의 핵심 텍스트로 자리 잡게 된 것이다.

주자학(朱子學)

여기서 우리는 주자학 전체를 논할 수도 없고 논할 필요도 없다. 개략의 사상적 체계는 워낙 많은 책이 나와 있고 또 주자학에 이르는 과정 또한 위에서 간략히 정리했으므로 여기서는 수징난 교수의 『주자평전』을 중심으로 해서 주자학에 알게 모르게 담겨 있는 정치적 함의(含意)들을 짚어보고자 한다.

먼저 '소학(小學)'의 발명이다. 주희는 1189년에 '사서집주(四書集註)'라는 사서의 체계를 완성했다. 그런데 그는 이 체계에 통치와 관련된 대학(大學)은 있지만 덕성의 함양과 관련된 소학(小學)이 없다는 점을 감지했다.

그가 "물 뿌리고 청소하고[灑掃] 대답하고 상대하고[應對]"로 시작하는 『소학(小學)』이라는 책을 짓게 된 것은 이런 맥락에서다. 원래 이 말은 『논어』 「자장(子張)」편에 나오는 말이다.

자유(子游)가 말했다.

"자하의 제자들은 물뿌리고 빗자루질하며 손님을 응대하고 관에 나아가고 물러나는 예절을 당해서는 괜찮지만 그것은 지엽말단일 뿐이고 근본적인 것은 없으니 어찌하겠는가?"

자하가 그것을 듣고서 말했다.

"아! 자유의 말이 지나치다. 군자의 도가 어느 것을 먼저라 하여 전수하며 또 어느 것을 뒤라 하여 가르치기를 게을리하겠는가? 초목에 비유하자면 종류로 구별되는 것과 같으니, 군자의 도가 어찌 이처럼 속이겠는가? 처음과 끝을 구비한 것은 오직 성인이실 것이다."

자하는 공자로부터 "너는 군자다운 유자가 돼야지 소인 같은 유자가 돼서는 안 된다"는 지적을 들었던 제자이다. 그런데 주희는 이 대목과 관련해 명확하게 자하의 손을 들어준다.

군자의 도는 지엽적인 것을 먼저라 하여 전수하는 것도 아니며, 근본적인 것을 뒤라 하여 가르치기를 게을리하는 것도 아니다. 다만 배우는 자의 이르는 바가 저절로 천심(淺深)이 있으니, 마치 초목(草木)에 대소(大小)가 있어 그 종류가 진실로 구별됨이 있는 것과 같다. 만약 이르는 바의 천심(淺深)을 헤아리지 않고 그 익힘의 생숙(生熟)을 따지지 않고서 한결같이 높고 원대한 것을 가지고 억지로 말해준다면 이는 속이는 것일 뿐이니, 군자의 도가 어찌 이와 같겠는가? 시종(始終)과 본말(本末)이 일이관지(一以貫之)하는 것으로 말하면 이는 오직 성인(聖人)만이 그러한 것이니, 문인소자(門人小子)들에게 바랄 수 있겠는가?

그가 이룩한 책『소학(小學)』에 대한 수징난 교수의 평가다.

『소학(小學)』한 책은 주희의 도덕주의 이학(理學) 문화의 정신을 관철하고 있다. 그는 소학 교육을 완전히 예교화(禮敎化)·이학화했다. 『소학』은 봉건 선비들에게 소학으로 말미암아 대학으로 나아가는 성학(聖學)의 사다리를 제공했으며 또한 도덕의 영혼을 잃어버린 채 단지 장구(章句)를 외고 읊조리는, 껍데기만 남은 봉건 소학 교육에 새로운 교과서로 제공되었다.

그러나 수장난 교수는 그 폐단을 지적하는 것도 잊지 않았다.

이는 또한 사회의 문제를 일체 도덕으로 해결하라고 호소하는 그의 인본주의의 환상을 드러낸다. 그는 인성의 타락이 만회할 수 없는 도덕적 퇴행과 세상 풍조의 쇠퇴, 사회의 침륜(沈淪)을 조성했다고 보았다. … 그가 추진하고 강화하려는 도덕교육의 새로운 소학 교육은 실제로는 봉건 인륜을 주입하고 삼강오상을 강화하는 도구가 됐다. … 이는 도덕으로 세상을 구원하려 했던 그의 인본주의의 역사적 비극이다.

그것은 단순히 『소학』이라는 책 하나의 발간으로 끝나지 않았다. 송나라에서는 이때부터 서원과 정사(精舍)가 벌떼처럼 일어났다고 한다. 그 결과 사회의 저변층과 부녀자와 어린이의 뇌리에 이학 문화를 전파했다. 우리는 흔히 '사림'이라고 포장해 주자학을 은근 미화해왔다. 이 점 또한 앞으로 명확하게 규명해야 할 문제라 여긴다. 또 주희는 나아가 『훈몽절구(訓蒙絶句)』와 『동몽수지(童蒙須知)』라는 어린이 유학 교재를 지은 것도 지적해둘 필요가 있다.

눈 밝은 독자는 벌써 알아차렸을 것이다. 조선에서도 중종 때 주자학이 본격화되면서 박세무(朴世茂, 1487~1554년)가 『천자문』을 익히고 난 후의 학동들이 배우는 초급 교재로 『동몽선습(童蒙先習)』을 지어 먼저 부자유친(父子有親)·군신유의(君臣有義)·부부유별(夫婦有別)·장유유서(長幼有序)·붕우유신(朋友有信)의 오륜(五倫)을 설명하고서 이어 중국의 삼황오제(三皇五帝)부터 명나라까지의 역대사실(歷代史實)과 단군부터 조선 시대까지의 역사를 약술했다. 또 하나는 이이(李珥, 1536~1584년)가 지은 『격몽요결(擊蒙要訣)』이다. 물론 이 또한 주희 따라 하기의 일환이었다. 『한국민족문화대백과사전』이 정리한 『격몽요결』의 내용이다.

> 이이는 성리학을 체질화한 사림파가 정권을 잡고 그들의 이념을 국정 전반에 본격적으로 적용해 나가던 선조 초년의 정치와 사상을 주도하던 인물로서, 이 책도 단순히 아동을 교육하기 위한 개인 저술이 아니라 학문을 통해 사림파의 이념을 사회 저변에 확산하기 위한 근본적인 노력의 일환이었으며, 초기 사림 이래의 『소학』에 대한 관심과 연구가 결실을 맺은 저술이다. 1635년 이이를 문묘에 종사할 것을 건의한 유생들이 이 책을 『성학집요』와 함께 그의 대표적인 저술로 꼽고 학자 일반의 일상생활에 극히 절실한 책이라고 높인 것은 위와 같은 까닭에서였다.
>
> 앞머리에 저자의 서문이 있고, 10개 장으로 구성되었으며, 각 장마다 여러 항목이 나열되어 있다. 학문이란 특별한 것이 아니라 인간이 인간답게 살아가기 위하여 일상생활을 마땅하게 해나가는 것일 따름이라는 입장에서 저술되었다. 물론, 이때의 일상생활은 아버지

들어가는 말: 조선(朝鮮)의 탄생과 성리학의 역할

는 자애롭고, 자식은 효성스러워야 하며, 신하는 충성되고, 부부는 유별해야 하고, 형제간에는 우애가 있고, 어린 자는 나이가 많은 자를 공경해야 하고, 붕우(朋友)된 자는 신의가 있어야 한다는 유교 이념을 구현하는 것이었다. 그 방법은 글을 읽어 이치를 연구하여[讀書窮理] 마땅히 행하여야 할 길을 밝힌 다음에, 깊은 경지로 들어가 올바름을 얻고 밟아 실천하여 지나치거나 모자람이 없는 중도(中道)에 도달하는 것이라고 했다.

따라서 이 책의 목적은 학도에게 뜻을 세우고 몸을 삼가며 부모를 모시고 남을 대하는 방법을 가르쳐, 바로 마음을 닦고 도를 향하는 기초를 세우도록 노력하게 만든다는 데 있으며, 동시에 저자로서도 스스로를 경계하고 반성하는 자료로 삼고자 했다.

제1장 입지(立志)에서는 학문에 뜻을 둔 모든 사람이 성인(聖人)이 되기를 목표로 하여 물러서지 말고 나아가라고 했으며, 제2장 혁구습(革舊習)에서는 학문 성취를 향해 용감히 나아가기 위해 "마음과 뜻을 게을리하여 겉으로 드러나는 것만을 모방할 뿐 안일한 것을 생각하고 얽매임에 깊이 물들어 있는 것" 등 구체적 조항 8개를 떨쳐버려야 한다고 했다.

제3장 지신(持身)에서는 충신(忠信) 등 몸을 지키는 방도를 제시하여 뜻을 어지럽히지 말고 학문의 기초를 마련하도록 했다.

제4장 독서는 독서가 도에 들어가기 위한 궁리의 전제가 되며, 단정한 자세로 깊이 정독할 것을 가르치고 독서의 순서를 제시했다. 즉, 먼저 『소학』을 읽어 부모·형·임금·어른·스승·친우와의 도리를, 『대학』과 (주희의)『대학혹문(大學惑問)』을 읽어 이치를 탐구하고 마음을 바로 하며 자기를 수양하고 남을 다스리는 도를, 『논어』를 읽

어 인(仁)을 구하여 자기를 위하고 본원(本源)이 되는 것을 함양할 것을, 『맹자』를 읽어 의(義)와 이익을 밝게 분별하여 인욕(人慾)을 막고 천리(天理)를 보존할 것을, 『중용』을 읽어 성정(性情)의 덕이 미루어 극진하게 하는 공력과 바른 자리에 길러내는 오묘함을, 『시경』을 읽어 성정의 그릇됨과 올바름·선악에 대한 드러냄과 경계함을, 『예경』을 읽어 하늘의 도를 이치에 따라 적절하게 드러내는 것과 사람이 지켜야 할 법칙의 정해진 제도를, 『서경』을 읽어 중국 고대의 요순과 우왕·탕왕·문왕이 천하를 다스린 큰 줄기와 법을, 『역경』을 읽어 길흉·존망·진퇴·소장(消長)의 조짐을, 『춘추』를 읽어 성인이 선(善)을 상주고 악을 벌하며 어떤 것은 누르고 어떤 것은 높여 뜻대로 다루는 글과 뜻을 체득하여 실천하라고 했다. 위 책들을 반복 숙독한 다음에 『근사록(近思錄)』·『가례(家禮)』·『이정전서(二程全書)』·『주자대전』·『주자어류(朱子語類)』와 기타 성리설을 읽어 의리를 몸에 익히고, 여력이 있으면 역사서를 읽어 식견을 키우되 이단과 잡류의 책은 읽지 못하게 했다. 여기서 정립된 독서 순서와 방법은 조선의 사림파가 그들의 사상체계를 세워 유교의 모든 경전과 성리서를 조망하게 되었음을 보여주는 학문적 성과이다.

제5장 사친(事親)에는 평상시의 부모 섬기기를 비롯하여 부모의 뜻이 의리에 어긋날 때 자식이 부드럽게 아뢰어 뜻을 바꾸게 하라는 것 등의 내용이, 제6장 상제(喪祭)와 제7장 제례(祭禮)에는 그것들을 주희의 『가례』에 따라서 할 것과 반드시 사당을 갖추라는 내용 등이 실려 있다. 제8장 거가(居家)에는 부부간의 예를 비롯하여 집안을 다스리고 가산을 관리하는 방법이, 제9장 접인(接人)에는 사회생활을 하는 데 필요한 기본적인 교양이, 제10장 처세(處世)에는 과

거를 거쳐 벼슬 생활을 하는 데 필요한 자세가 실려 있다.

이러한 구성과 내용은 학문에 뜻을 두는 것으로부터 시작하여 자기 몸을 바로 세우고 사회에 나가 활동하도록 하는 성리학의 근본이념을 일상생활에 구체적으로 적용한 것이다. 자연과 사회를 파악하는 데 이기철학이 바탕이 되며, 부모-자식 간의 효가 사회질서의 근본이념을 이루고, 향촌 지주로서의 경제적 기반을 바탕으로 한 사족(士族)들이 사회를 주도하던 조선 시대에는 가장 기본적인 교과서였다.

'향촌 지주'는 성리학 혹은 주자학의 핵심적인 경제적 기반이자 마르크스가 말한 하부구조로서의 토대이다. 이들은 군왕을 위한 유학이 아니라 향촌 지주를 위한 유학을 지향하고 있었던 것이다. 그것을 우리는 '사림(士林)'이라고 부르지만, 애당초 주자학 자체가 그 같은 경제적 기반을 바탕으로 출발한 유학의 일파였음을 분명히 할 필요가 있다. 이들이 향약(鄕約)에 사활을 걸었던 것 또한 우연이 아니다.

둘째, 향약(鄕約)의 문제다. 향약이란 게 처음 생겨난 것은 앞서 언급한 바 있는 여대림(呂大臨) 집안이 시작한 여씨향약(呂氏鄕約)이다. 여대림은 처음에 장재에게 배웠고 나중에 정이에게 배웠는데, 사좌량(謝良佐)·유조(游酢)·양시(楊時)와 함께 '정문사선생(程門四先生)'으로 일컬어진다. 육경(六經)에 정통했고 특히 『예기(禮記)』에 밝았다. 문음(門蔭)으로 관직에 올라 나중에 진사 시험에 합격했다. 철종(哲宗) 원우(元祐) 연간에 태학박사(太學博士)를 지냈고, 비서성정자(秘書省正字)로 옮겼다. 범조우(范祖禹)의 천거로 강관(講官)이 됐는데 기용되기도 전에 죽었다. 예학(禮學)에 밝아 예의를 중시했으며, 정자의 예학을 계승해 심성지학(心性之學)에 치중했다는 평가를 듣는다.

여씨향약이란 송나라 때 섬서성(陝西省) 남전현(藍田縣) 여씨 문중에서 도학(道學–성리학)으로 이름 높던 대충(大忠)·대방(大防)·대균(大鈞)·대림(大臨) 4형제가 문중과 향리를 위해 만든 것이다. 그 주요 내용은 다음과 같다. 첫째, 좋은 일을 서로 권장한다[德業相勸]. 둘째, 잘못을 서로 고쳐준다[過失相規]. 셋째, 서로 사귐에 있어 예의를 지킨다[禮俗相交]. 넷째, 환난을 당하면 서로 구제한다[患難相恤].

이 향약은 그 뒤 주자(朱子)에 의해 약간의 수정이 가해져 『주자 증손 여씨향약(朱子增損呂氏鄕約)』이 만들어졌다. 조선에서는 1517년(중종 12년) 중앙정부의 명령으로 각 지방 장관에 의해 『여씨향약』이 인출 광포(廣布)됐다. 이 일을 주도한 인물은 조선 최초로 주자학을 중앙정치에 구현했던 조광조(趙光祖, 1482~1519년)였다. 이 점은 뒤에 더 상세하게 살펴볼 것이다. 그 후에 이를 토대로 이황(李滉, 1501~1570년)은 『예안향약(禮安鄕約)』을, 이이는 『서원향약(西原鄕約)』을 만들었다. 즉 향약이라는 제도 자체가 성리학 혹은 주자학자들의 전파 도구였음을 알 수 있다.

셋째, 사창(社倉)의 문제다. 주희가 지방 관리로서 크게 활약하며 업적을 올린 것은 1168년에 건녕부(建寧府) 안현(安縣)을 중심으로 발생한 큰 기근에 대처해 현의 상평창(常平倉)을 열어 600석의 쌀을 난민에게 분배함과 동시에, 도적을 엄히 단속하여 치안을 회복한 일이었다. 그는 이 경험을 바탕으로 상평창의 정비와 그 운영법을 사창법(社倉法)으로 정리하여 철저하게 시행했다. 그의 사창법은 관이 아닌 민간이 주도한 것으로 의창(義倉)에서 대부분 곡식을 그대로 원곡만을 받는 것과는 달리 가을에 곡식 1석당 이자 2두를 가산해 환납하게 했다. 그리고 이자가 증식되어 원곡의 10배에 이르면 관에서 대부받았던 원곡을 반납하고 이자만으로 운영하게 하는 것이다.

소학·서원·향약·사창에서 보듯 주희는 일관되게 국가로부터 상대적으로 독립된 민간의 영역을 확보하는 데 사회적 실천을 주력했다. 그것은 그의 반(反)왕권 이론과도 맞닿아 있는 것이었으며 향촌 사대부의 지위와 권력을 확보하려는 노력이기도 했다. 마치 오늘날의 시민운동을 보는 듯하다.

윤인숙은 『조선 전기의 사림과 소학』(역사비평사)에서 당시 주희의 사상적 노력을 이렇게 정리했다.

> 송대 사회의 당면과제는 절대적 권위를 지닌 천자에 대한 재해석과 도덕적 사회질서의 재편이었다. 주희는 사대부를 중심으로 한 정치질서 재편과 지역의 자치적 자율성 추구에 몰두했다. 정치질서 재편은 군주의 권위를 도덕적 질서 아래 편입하고자 하는 것이었으며 지역 자치성 추구란 향약·서원·사창 등의 자율적인 조직을 바탕으로 공동체의 도덕질서를 확립하고자 하는 모색이었다. 『소학』의 내용에는 주희의 이런 생각이 그대로 투영되어 있다.

그의 정치질서 재편을 위한 기본 철학은 반(反)왕권 이론이었다. 물론 외형으로는 왕도(王道)정치론으로 포장됐으며 패도(覇道)정치에 대한 비판의 형태로 구현됐다.

성리학자를 비롯한 주희의 도학적 역사관은 한당(漢唐)을 번영기가 아니라 패도(覇道)와 공리(功利) 그리고 부국강병(富國强兵)만을 추구한 시기로 비판하는 점에 있었다. 이들은 "삼대(三代-하·은·주)는 오로지 천리(天理)로써 행했고 한당은 오로지 인욕(人欲)으로써 행했다"
는 관점을 갖고 있었다. 그것은 실은 남송 천자에 대한 부정적 인식과
도 그대로 연결되면서 현실에 대한 극도의 도덕주의적 비판으로 이어
지고 있었다. 조선 중기 이후 사림들이 조선의 국왕을 대하던 냉소적
태도의 뿌리는 어쩌면 여기에 있는 것인지 모른다.

군주에 대한 주희의 이 같은 비판의식은 한편으로는 도통론(道統
論)으로, 다른 한편으로는 붕당(朋黨)의 적극적 긍정으로 나타났다. 도
통론은 천자를 비판하기 위한 이론적 근거이며 당쟁론은 천자의 정치
를 합법적으로 대체하기 위한 현실적 방법이었다. 도통론은 결국 조선
에서와 마찬가지로 송나라에서도 문묘 종사론으로 나아가게 되며 붕
당론은 특유의 군자·소인론으로 나아가게 된다. 이 문제만 정리하고
이제 우리는 다시 조선의 역사로 돌아가자.

먼저 도통론이다. 수징난 교수는 주희가 경학(經學)과 사학(史學)
을 통일시킨 사상적 이유를 이렇게 말한다.

경으로써 역사를 말하고 역사로서 경을 증명하며 경학을 사학화하
고 사학을 경학화하여서 곧바로 사학도 자기의 경학 안으로 집어넣
었다. 따라서 경학의 완성이 그로 하여금 도통(道統)을 세우게 했다
면 사학의 완성은 그로 하여금 정통(正統)을 세우게 했다.

도통론(道統論)을 맨 처음 제창한 사람은 당나라 한유이다. 그는
앞서 본 바 있는 「원도(原道-도리의 원류를 찾다)」에서 이렇게 말했다.

요임금은 이것을 순임금에게 전했고 순임금은 이것을 우왕에게 전

했으며 우왕은 이것을 탕왕에게 전했고 탕왕은 이것을 문왕·무왕·주공에게 전했으며 문왕·무왕·주공은 그것을 공자에게 전했고 공자는 이것을 맹자에게 전했으며 맹자가 죽자 그 전승은 끊어지게 됐다.

순자(荀子)와 양웅(揚雄)은 (유학을) 선택은 잘했으나 정밀하지 못했고 (유학의 도리에 대해) 말을 하기는 했으나 상세하지 못했다.

그리고 주희는 사서학을 완성하며 『대학』을 지은 증자, 『중용』을 지은 자사를 각각 공자와 맹자 사이에 집어넣어 도통론을 완성했다. 한편 그가 사학을 경학화한 전형적인 작업이 바로 『자치통감강목』이다.

끝으로 그의 붕당론(朋黨論)을 살펴볼 차례다. 이는 우리 역사의 당쟁 문제와도 깊이 관련돼 있다는 점에서 더욱 상세하게 점검할 필요가 있다. 먼저 주희의 왕권에 대한 인식부터 살펴봐야 한다. 수징난 교수의 말이다.

주희는 송대에서 군권 제한 의식이 가장 강렬한 사상가였다. 그가 제시한 이상적인 통치 체제는 근습(近習-측근)이 조정의 권력에 간여할 수 없고 대신이 오로지 자기의 사사로운 견해를 따를 수 없으며 황제가 전단(專斷)과 독재를 할 수 없게 하는 세 가지 방면의 규정을 포함한다. 그의 군권 제한 사상은 이미 군주에 대해 도덕 규정의 약속을 시행하게 하는 소극적인 제한을 뛰어넘어서 다소 직접적으로 군주의 전제(專制)제도 자체의 개혁을 언급했다고 할 수 있다.

이것이 주희의 정치관이다. 우리는 이 점을 간과한 채 주희를 막연히 형이상학자 정도로 치부하기 때문에 주희가 남겨놓은 긍정적·부정적 유산 모두로부터 자유롭지 못한 것인지 모른다. 그의 이런 인식은 붕당론으로 나아갔다. 그것은 실은 우리 역사에서 정도전의 군신 공치론 혹은 재상 중심주의보다 한 걸음 더 나아간 것이다.

주희에 앞서 구양수(歐陽修, 1007~1072년)가 붕당을 긍정하는 글을 지었다. 구양수는 열 살 때 당나라 한유의 전집을 읽은 것이 문학의 길로 들어선 계기가 됐다. 인종(仁宗) 천성(天聖) 8년(1030년) 진사(進士)가 돼 서경추관(西京推官)을 지냈다. 경우(景祐) 연간에 관각교감(館閣校勘)이 되어 글을 지어 범중엄을 변호하다가 이릉령(夷陵令)으로 폄적(貶謫-유배)됐다. 경력(慶曆) 연간에 불려가 간원(諫院)을 맡았고, 우정언(右正言)과 지제고(知制誥)가 돼 신정(新政-새 정치)을 도왔다. 신정이 실패하자 글을 올려 범중엄을 문책하는 일을 반대했고, 저주(滁州)와 양주(揚州)·영주(潁州)의 지주(知州-지사)로 나갔다. 다시 부름을 받아 한림학사(翰林學士)가 됐다. 가우(嘉祐) 5년(1060년) 추밀부사(樞密副使)에 올랐고, 다음 해 참지정사(參知政事)가 됐다. 영종(英宗) 초에 영종의 아버지 복왕(濮王)을 추존해 황(皇)으로 삼아야 한다는 복의지쟁(濮議之爭)을 일으켰다. 신종(神宗)이 즉위하자 자원해 박주(亳州)와 청주(青州)·채주(蔡州)의 지주로 나갔다. 왕안석(王安石, 1021~1086년)의 신법(新法)을 반대해 치사(致仕)했다. 그의 유명한 붕당론이다.

신이 듣건대 붕당(朋黨)이라는 말은 옛날부터 있었다고 합니다. 생각건대 다행히 임금은 군자와 소인을 분별할 수 있을 뿐이라고 했습니다. 크게는 무릇 군자는 군자와 더불어 도리를 함께해 벗이 되고 소인은 소인과 더불어 이익을 함께해 벗이 되니 이는 자연스러운 이치입니다.

하지만 신이 볼 때 소인에게는 붕(朋)이 없고 오직 군자에게만 그것이 있습니다. 그 이유는 소인이 좋아하는 것은 이익과 녹봉이기 때문에 재화를 탐하는 바 그 이익을 함께할 때에 어울리며 잠깐 서로 무리로 끌어들이는 것으로 벗이 되는 것이니 이는 거짓입니다. 이익이 보이면 서로 먼저 다투고 혹 이익이 다하면 교분이 멀어지며 심할 경우에는 도리어 서로를 적으로 여겨 해를 가하니 비록 형제·친척 간이라 하더라도 서로를 유지할 수 없는 것입니다. 그러므로 신이 볼 때 소인에게는 붕이 없고 그가 잠깐 붕으로 삼는 것은 거짓이라는 것입니다.

군자는 그렇지가 않아 지키는 것이 도리와 의리요, 행하는 바가 충과 믿음[忠信]이며, 아끼는 것이 명예와 절개입니다. 이처럼 몸을 닦고 도리를 함께하여 서로를 유익하게 하고 이처럼 나라에 봉사하고 한마음으로 함께하고 언제나 한결같으니 이것이 군자의 붕인 것입니다.

그러므로 임금이 할 일은 마땅히 소인의 거짓된 붕을 물리치시고 군자의 진짜 붕을 쓰실 것이며, 그렇게 하신다면 천하가 다스려질 것입니다.

요임금 때 소인 공공(共工)과 환두(驩兜) 등 네 사람이 하나의 붕을 이루었고, 군자인 팔원(八元)과 팔개(八愷) 등 16인이 하나의 붕을 이루었습니다. 순이 요임금을 도와 소인의 붕인 사흉을 물리치고 팔원·팔개의 군자의 붕을 등용하여 나아가니 요는 천하를 크게 다스렸습니다. 곧 순이 천자가 되니 고요·기·후직·설 등 22인이 조정에 나란히 서서 서로를 즐거이 칭찬했고 또한 사양하며 서로를 밀었습니다. 무릇 22인이 한 붕을 이루었는데 순임금은 그들을 모두 기용하여 천하를 또한 크게 다스렸습니다.

『서경』에서 말하기를 주(紂)왕에게는 신하가 억만 명이나 있었는데 마음도 억만 개가 있었습니다. 주(周)나라는 신하가 3,000명이 있었는데 오직 한마음이었습니다. 주(紂)왕 시절엔 억만 인이 각자 다른 마음이었으니 가히 붕을 이룰 수가 없었고 이로 인하여 주(紂)는 망하게 되었던 것입니다. 주(周)나라 무왕의 신하는 3,000명이 하나의 큰 붕을 이루었고 주(周)나라는 이들을 써서 흥하게 된 것입니다.

후한 헌제(獻帝) 때에 천하의 명사를 다 잡아들여 가두고 금하며 당인(黨人)이라 지목하더니 급기야 황건적의 난이 일어나 한나라 황실에 큰 혼란이 일었습니다. 뒤늦게 후회하고 깨달아 당인을 다 풀어주었지만 이미 구할 수는 없었습니다.

당나라 말기에 붕당에 대한 논의가 점차 일어나 소종(昭宗) 때에 이르러 조정의 명사들을 다 죽였고 어떤 때에는 황하에 던지며 말하기를 이들은 맑은 무리라서 탁류에 던짐이 옳다 했으니 이리하여 당나라는 망하게 되었던 것입니다.

저 앞 세대의 군주 중에 능히 사람마다 다른 마음을 품게 해 붕을 이루지 못하게 한 사람 중에 주(紂)임금 같은 이가 없었고 좋은 사람이 붕을 이루는 데 능히 끊고 금한 사람 중에 한나라 헌제만 한 이가 없었습니다. 형벌로 능히 맑은 무리의 붕을 죽인 것은 당나라 소종의 시대와 같은 적은 없었습니다. 하지만 그 나라들 모두는 혼란해지고 망하고 말았습니다.

서로 칭찬을 하며 밀어주고 사양하며 의심하지 않음은 순임금의 신하 22인만 한 이들이 없었고 순임금 또한 의심하지 않고 이 모두를 기용했으니 그러므로 후세에 이 22인의 붕당에 대하여 순임금을 꾸짖지 않고 순임금을 총명한 성자로 칭하는 것은 군자와 소인을 분별할 수 있었기 때문입니다

주(周)나라 무왕 시대에는 그 나라 신하 3,000명이 함께 한 붕을 이루었습니다. 자고로 붕을 이룸에 그렇게 많고 큰 것은 주(周)나라만 한 것이 있지 않았으니 주(周)가 이들을 써서 흥한 것은 좋은 사람이 아무리 많다 해도 그들을 싫어하지 않았기 때문입니다.

무릇 흥망과 난세의 자취에서 임금이 해야 할 일로 거울삼을 수 있을 것입니다.

이 글은 아래에 붕당이 있을 수 있으나 그들이 군자의 당인지 소인의 당인지를 가리는 결정권은 고스란히 임금에게 있다는 입장이다. 아직은 임금을 인정하고 있다는 말이다.

그러나 주희의 붕당론은 여기서 훨씬 나아간다. 1190년 전후에 정승 유정(留正)이 붕당에 관한 주희의 의견을 묻자 답하기를 "붕당이 있는 것을 염려할 것이 아니라 군자의 당이 있다면 정승도 군주와 함께 그 당에 들어가기를 주저하지 말아야 한다"라고 했다. 훗날 조선의 이이도 이와 비슷한 붕당론을 말했다.

실제로 주희 자신도 도학당(道學黨)을 자처하다가 훗날 위당(僞黨-거짓 당파)으로 몰렸다. 이를 '경원당금(慶元黨禁)'이라 한다. 도학은 거짓 학문으로 불렸고 도학의 무리는 위당으로 매도당했다. 이는 마치 조선 중종 때 도학(道學-성리학)을 제창했던 조광조가 실권(失權)하자 처하게 된 상황과 흡사하다.

(3) 조선 건국의 정신적 기반이 된 유학은 어떤 것인가?

　지금까지 송학·성리학·주자학에 대한 간략한 고찰한 것을 기반
으로 볼 때 조선을 건국한 사상이 성리학이나 주자학이 아니었음은
분명해졌다. 뒤에 살펴보겠지만 이처럼 정치이론화된 성리학이나 주
자학은 사실상 중종 때에 이르러서야 본격적으로 등장하기 때문이다.

　그렇다면 일단 주자학은 차치하고, 하다못해 "성리학의 이념에 따
라 조선을 세웠다"라는 주장 또한 근거가 희박한 것임을 알 수 있다. 그
럼에도 우리 역사학계에는 관례적으로 성리학에 따라 조선을 세웠다
는 식의 주장이 횡행하고 있다. 일단 조선 건국을 주도한 신진 세력들
이 고려 말에 어떤 이론으로 무장하고 있었는지를 살펴보면 그에 대한
실마리를 얻을 수 있을 것이다.

　그 세력이란 이색이 길러낸 신진 학자들이다. 이들은 과연 전통적
인 유학자였는가 성리학자였는가? 혹시 성리학자라면 그들의 이론적
깊이는 과연 어느 단계에까지 이르렀던 것인가? 이 문제는 조선이라는
나라의 성격을 규정짓는다는 점에서도 대단히 중요하다.

　앞서 본 대로 안향·백이정·권부 등이 '성리학'의 책들을 도입하기
는 했지만 위에서 개략적으로 살펴본 송학·성리학·주자학을 거치며
치밀한 반(反)왕권 이론으로 무장한 '진짜' 성리학에 이르려면 많은
시간이 필요했다.

　정도전의『삼봉집(三峰集)』에는 아주 흥미로운 일화 하나가 실
려 있다. 정몽주가 20대 초반, 정도전이 16살 무렵이던 공민왕 7~8년
(1358~1359년)에 민자복이라는 사람이 어느 날 정몽주를 찾아갔더니
정몽주는 "이른바 신심(身心)의 학문이 있는데 그 말은『대학』과『중

용』두 책에 갖춰져 있다"라고 말했다. 민자복이 이를 정도전에게 전하
자 정도전은 "그 말을 듣고 두 책을 구해 읽었더니 비록 잘 알지는 못
하겠으나 매우 기뻤다"고 기록하고 있다.

고려 말은 불교의 폐단이 극에 달한 때라 불교나 도교에 맞서 생겨
난 성리학이 새로운 개혁을 꿈꾸는 세력에게 관심을 끌 요인은 충분했
다. 그러나 이론이 아직 무르익지 못했다.

공민왕 16년(1367년) 친명정책을 표방한 공민왕은 피폐한 성균관을
재건하고 학생 100명을 사서재(四書齋)와 오경재(五經齋)에 나눠 수용
했고 이색을 책임자로 앉혔다. 『고려사』 「이색 열전」에 묘사된 당시의
광경이다.

> 공민왕 16년 성균관을 중영(-재건)할 때 이색을 판개성부사 겸 성균
> 관대사성으로 삼고 생원을 더 두었으며 경술(經術)의 선비인 김구
> 용·정몽주·박상충·박의중·이숭인을 골라 모두 다른 관직과 함께
> 성균관의 교관을 겸하도록 했다. 그전에는 성균관생이 수십 명에 불
> 과했다.
> 이색이 다시 학식을 정하고 매일 명륜당에 앉아 경(經)을 나눠 수업
> 하고 강(講)을 마치면 서로 함께 논란하여 지루한 것을 몰랐다. 이에
> 많은 학자가 모여서 서로 보고 감화를 받으니 정주(程朱)의 성리학
> 이 비로소 흥기했다.

정도전의 이름이 빠져 있는 이유는 이때 상중이었기 때문이다. 공
민왕 말년 정도전이 정몽주에게 보낸 편지에는 당시 이들이 어떤 수준
의 인식을 갖고 있었는지를 잘 보여준다.

이단이 날로 성하고 우리의 도리는 날로 쇠잔해져서 백성을 금수와 .
같은 지경에 몰아넣고 또 도탄에 빠트렸습니다. 온 천하가 그 풍조
에 휘말려 끝이 없으니, 아아! 통탄할 일입니다. 그 누가 이를 바르게
하겠습니까? 비록 총명한 선비라도 모두 그 공현(空玄)한 말에 현혹
되며 어긋난 사람들은 그 화복설을 기뻐하기도 하고 두려워하기도
해서 높여 받들고 따르지 않는 이가 없습니다. 그래서 윤기(倫紀)는
헐리고 인리(人理)는 멸하여 풍속은 쇠퇴하고 있습니다. (『삼봉집』)

어찌 보면 아직 송학(宋學)의 수준을 벗어나지 못하고 있었다고 할
수 있다. 책이라고는 『주자집주(朱子集註)』가 전부였다. 그럼에도 불구
하고 정몽주는 그중에서도 발군의 실력을 보였다. 다시 정도전의 말
이다.

정몽주는 『대학』의 제강(提綱)과 『중용』의 회극(會極)에서 도리를
밝히고 도리를 전하는 뜻을 얻었다. 『논어』·『맹자』의 정미(精微)에
서 조존(操存)·함양(涵養)하는 요령과 체험하고 확충하는 방법을
얻었다. 『주역』에서는 선천(先天)·후천(後天)이 각각 체(體)와 용(用)
이 된다는 것을 알았고 『서경』에서는 정일집중(精一執中)이 제왕이
전수한 심법임을 알았다. … 우리 동방 500년에 이 이치를 안 자가
과연 몇 사람이나 되겠는가?

이 말을 근거로 볼 때 분명 정몽주는 독학으로 큰 걸음을 내디뎠
다. 원나라에 가서 성리학을 공부하고 왔던 이색도 정몽주를 일러 서
슴지 않고 '동방이학(東方理學)의 원조'라고 불렀을 정도였다. 그러나

훗날 정몽주가 고려 수호의 길을 걸어간 데서 알 수 있듯이 이들의 성리학 자체가 조선 건국의 이론적 기초는 아니었다.

사실 조선 건국은 이론보다는 이성계의 눈부신 무공(武功)과 정치적 성장에 힘입은 바가 더 크다. 또한 조심스럽기는 했어도 이성계에게 야심이 없지 않았다. 지방 장수 가문 출신이었지만 다양한 혼맥을 통해 중앙정치에서의 발언권을 높여간 것은 이 점을 명확하게 보여준다. 또 이성계는 위화도회군 이전부터 송나라 정치가이자 학자인 진덕수의 『대학연의(大學衍義)』(이한우 옮김, 해냄) 보기를 좋아해 밤중에 이르도록 자지 않았으며 세상의 도의를 만회할 뜻을 가졌다고 한다. 하지만 개인적으로 이성계는 독실한 불교 신자이기도 했다. 『태조실록』 총서에 나오는 말이다.

> 태조는 본디부터 유술(儒術-유학)을 존중하여 비록 군중(軍中)에 있더라도 매양 창[戈]을 던지고 휴식할 동안에는 유사(儒士)·유경(劉敬) 등을 인접(引接)하여 경사(經史)를 토론(討論)했으며 더욱이 진덕수의 『대학연의』 보기를 좋아하여 혹은 밤중에 이르도록 자지 않았으며 개연(慨然)히 세상의 도의(道義)를 만회(挽回)할 뜻을 가졌었다.

필자가 번역한 『대학연의』는 신권론 입장이 아니라 명확하게 강명한 군주를 만들기 위한 제왕학이다. 태종이 세종에게 이 책을 반복해 읽기를 강조한 것도 그 때문이다. 간혹 주희를 인용하고 있기는 하지만 극히 제한된 범위에서이다.

정도전의 조선 건국 기여도가 과연 학계에서 극찬하는 만큼인지에 대해서는 개인적으로 부정적이다. 또한 성리학이나 주자학 자체가 반(反)왕권 이론이기는 해도 역성 혁명론은 아니다. 그의 역성 혁명 지지는 사서의 하나인 『맹자』에서 가져온 것일 뿐이다. 그러면 더욱이 이성계라는 장군 출신 재상과 성리학 이념을 앞세운 정도전이 만나서 조선을 세웠다는 '건국 이야기'는 허구임이 분명하다.

조선의 건국은 무엇보다 1388년 5월 13일 위화도회군이 시발점이 됐다. 회군은 고스란히 이성계의 결단이었다. 그런데 형식상 상관이었던 조민수(曺敏修, 1324~1390년)는 회군에 성공한 이후 이성계의 뜻과 달리 이색과 상의해 우왕의 아들 창왕을 후사로 세웠다.

이 무렵 윤소종(尹紹宗, 1345~1393년)이라는 인물이 이성계를 찾아가 「곽광전(霍光傳)」을 바쳤다. 이는 반고(班固)의 『한서(漢書)』 중에 포함된 열전의 하나다. 곽광(霍光, ?~기원전 68년)은 한 무제의 신하로 무제의 유조(遺詔)를 받아 당시 8살이던 소제(昭帝)를 13년 동안 보좌했고 소제가 후사 없이 죽자 창읍왕(昌邑王) 유하(劉賀)를 즉위시켰다가 음란하고 황제답지 못하다는 이유로 축출하고서 다시 무제의 증손자를 즉위시켜 선제(宣帝)로 삼은 인물이다. 당연히 이성계가 곽광과 같은 주도적 역할을 해달라는 주문이었다.

7월에 이성계는 조민수를 제거했다. 이어 사회·경제적인 대대적 개혁에 나선다. 이를 주도한 인물은 조준(趙浚, 1346~1405년)이었다. 당시 주요 사안을 이성계와 깊이 의논했던 인물은 조준이었다. 태종 이방원도 훗날 "이씨가 개국한 공은 오로지 조준과 남은(南誾, 1354~1398년)에게 있다"라고 말했다. 물론 정도전에게 공이 없었던 것은 아니지만 이 두 사람을 능가하지는 못한다는 뜻이다.

1398년 11월 14일 강화를 거쳐 경기도 여흥군에 유폐돼 있던 우왕이 어설픈 친위쿠데타를 시도했다가 실패했다. 비교적 정치 문제에 관한 한 적극적 태도를 보이지 않았던 이성계는 이 사건을 계기로 일대 반격에 나선다. 우왕을 강릉으로 유배를 보낸 그날 이성계는 조정 신하들을 흥국사(興國寺)에 모이도록 했다. 이것이 이른바 '흥국사 회의'다. 흥국사는 개경의 내성 남문인 광화문(廣化門)을 나서면 좌측에 있었다. 고려 국왕들의 생일잔치가 반드시 이곳에서 열릴 만큼 중요한 사찰이었다. 이 자리에는 심덕부·지용기·정몽주·설장수·성석린·조준·박위·정도전 등이 참석했다. 주위에는 수많은 군졸이 삼엄한 경계를 펼쳤다.

논란 끝에 이성계의 주장대로 창왕을 폐하고 고려 20대 왕 신종의 7대손인 정창군(定昌君) 왕요(王瑤)를 왕위에 올리기로 결정했다. 이성계는 우왕과 창왕은 왕씨가 아니라 신돈의 자식이니 신씨(辛氏)라며 왕씨를 다시 왕위에 올려야 한다는 논리를 전개했다. 폐가입진(廢假入眞), 즉 가짜 왕씨를 폐하고 진짜 왕씨를 세워야 한다는 이성계식 논리의 등장이다. 훗날 『조선왕조실록』이 공식적으로 채택하게 되는 우왕·창왕 두 왕의 신돈 자식설은 여기서 나왔다.

그러나 역사는 "정창군은 재산에만 관심이 있고 매사 우유부단했기 때문에 이성계의 괴뢰 역할에 적합한 인물"이라고 평한다. 정창군은 이성계와는 먼 인척 관계이기도 했다. 다음날 정창군이 왕위에 오르니 그가 고려의 마지막 임금 공양왕(恭讓王, 1345~1394년)이다. 우왕의 어설픈 친위쿠데타 기도를 제압한 역(逆)쿠데타의 결과였다.

역쿠데타의 성공에도 불구하고 아직 조정에는 반(反)이성계 세력이 만만찮게 포진해 있었다. 전통적인 고려 중신들이 중심이 된 이들은 다시 공양왕을 둘러쌌다. 1391년 공양왕 3년, 이성계는 공양왕 세력과 숨 막히는 신경전을 벌인다.

그해 6월 대간들이 귀양 갔다 돌아온 반이성계파의 우현보(禹玄寶, 1333~1400년)를 다시 유배지로 돌려보내야 한다는 상소를 올렸다. 우현보의 생애를 살펴보면 그 시대가 얼마나 난세였는지를 한눈에 알수 있다. 우현보는 1355년(공민왕 4년) 문과에 급제, 우왕 때 정2품 정당문학 등을 지냈다. 최영·정몽주·이색 등과 가까웠던 그는 자연스럽게 이성계의 반대편에 섰다. 그래서 위화도회군 직후 파직되었다가 1390년(공양왕 2년) 삼사 판사로 관직에 복귀하지만 우왕의 역모 사건에 연루돼 귀양을 갔다가 다시 개경에 돌아와 있으면서 또 대간들의 탄핵을 받게 된 것이다. 훗날 그는 정몽주의 시체를 수습하여 장례를 치렀다 하여 경주에 유배되지만 1398년(태조 7년) 1차 왕자의 난 직후 복직되어 이듬해 단양백에 봉해진다. 그는 이방원의 어릴 때 스승이었기 때문이다.

그리고 1400년(정종 2년) 이방원과 함께 공부했던 또 다른 제자인 이래(李來, 1362~1416년)는 2차 왕자의 난에 관한 정보를 듣고 이를 정안공 이방원에게 알린 공으로 좌명공신과는 별개로 추충보조공신(推忠輔祚功臣)에 책록된다. 뒤에 나오지만 이래는 거의 유일하게 공민왕 때 신돈을 정면으로 탄핵한 이존오(李存吾, 1341~1371년)의 아들이자 이방원과는 과거에도 함께 급제한 동기생이었다.

그러나 이때만 해도 우현보는 이성계와 정면으로 대립하고 있었다. 손자 우승범이 공양왕의 사위였기 때문이다. 그래서 공양왕은 우현보의 재귀양을 청하는 세 차례의 상소를 모두 무시한 채 오히려 밀직사 판사로 있던 이성계의 셋째 아들 이방의(李芳毅)를 불러 이성계의 집에 보내 "대간들의 상소를 금하라"고 통보했다. 이에 이성계는 "내가 대간들을 뒤에서 사주한다는 말이냐"며 총리에 해당하는 문하시중 자리를 내던져버렸다. 이에 놀란 공양왕은 바로 우현보를 철원으로 유배시키고서는 다시 시중을 맡아달라고 매달렸다. 그러나 이성계는 병이 났다며 이방원(李芳遠)을 대신 보내어 거칠게 항의하고 재차 사직서를 제출했다. 이방원은 이 무렵 이성계의 복심(腹心)을 전달해야 할 일이 있을 때면 늘 밀사로 활약했다.

일은 뜻하지 않은 데서 터졌다. 다음 해 3월 이성계가 해주에서 사냥을 하다가 낙마하여 중상을 입은 것이다. 그때 문하시중을 맡고 있던 정몽주는 만면의 미소를 띠었다. 그는 이성계를 중심으로 한 신진 세력의 발호를 부정적으로 바라보고 있었다. 특히 조준·남은·정도전 등 이성계의 무리가 언젠가는 이성계를 추대하리라는 것을 알고서 대반전의 기회를 노리고 있을 때였다.

정몽주는 간관(諫官) 김진양(金震陽, ?~1392년) 등을 불러 이성계 무리를 탄핵할 것을 사주했다. 이들을 먼저 제거한 후에 이성계를 칠 계획이었다. 그래서 김진양 등은 글을 올려 조준·정도전·남은·윤소종·남재·조박 등을 탄핵했고 정몽주는 공양왕에게 압력을 넣어 이들을 모두 잡아들여 국문한 다음 멀리 유배를 보냈다.

개경에서 일어나고 있던 일을 전혀 모르는 이성계는 병도 치료할 겸 해서 바로 개경으로 돌아가지 않고 예성강 변의 벽란도로 가서 장기간 머물렀다. 그때 이방원이 급히 말을 타고 달려왔다. 그리고 그날 밤 이성계는 이방원의 강권에 가까운 설득으로 개경으로 돌아왔다. 기본적으로 이성계는 서둘지 않았고 이방원은 서둘렀다. 서둔다는 것은 곧 서툴다는 뜻이다. 백전노장 이성계는 상황을 장악할 자신감이 있었고 이방원은 젊은 혈기에 불안감이 컸다. 개경으로 돌아오면서도 이성계는 "죽고 사는 것은 다 천명에 달려 있으니 순리에 따를 뿐"이라며 이방원에게 자중하라고 오히려 타이른다.

이방원은 아버지의 구상과 관계없이 이성계의 배다른 동생인 이화(李和, 1348~1408년)와 함께 독자적으로 정몽주 제거 계획을 세웠다. 그런데 이성계의 이복형인 이원계(李元桂, 1330~1388년)의 사위 변중량(卞仲良, 1345~1398년)이 이를 전해 듣고는 즉각 정몽주 쪽에 알렸다. 변중량은 변계량의 형이다. 이성계와 이원계의 사이는 그리 원만하지 못했다. 어머니가 노비였던 이원계는 이성계에 대한 콤플렉스가 있었다.

그러나 변중량의 이야기를 전해 들은 정몽주로서도 진퇴양난이었다. 조선 시대 때 집필되었다는 점에서 조선 왕실의 시각이 고스란히 담겨 있긴 하지만 『고려사』는 이성계가 멀쩡하게 살아서 개경으로 돌아왔을 때 정몽주가 두려움과 걱정으로 3일 동안이나 아무것도 먹지 못했다고 기록하고 있다.

1392년 4월 4일 정몽주는 이성계의 동태를 살피기 위해 모른 척하고 이성계의 집을 찾았다. 이성계도 마치 아무 일도 없었다는 듯이 정몽주를 대했다. 이성계는 속으로 시간과 대세는 자기편임을 확신하고 있었다. 무력도 장악하고 있었다. 평소와 다름없이 자신을 대하는 이성계를 보고 정몽주는 일단 안심을 하고 이성계의 집을 나섰다.

정몽주가 집에서 나가자 이방원은 바로 아버지에게 뛰어들어가 다시 설득을 시도했다. 그러나 이성계는 단호했다. "절대 안 된다." 그러자 이방원은 밖으로 나와 이두란을 설득했다. 여진족 출신으로 이성계 군에 투항하여 이성계와 의형제를 맺었던 이두란은 이성계 편이었다. 결국 이방원은 자신의 심복인 조영규·조영무·고여·이부 등 45명을 보내 선죽교를 건너던 정몽주를 철퇴로 쳐서 무참하게 살해했다.

들어가는 말: 조선(朝鮮)의 탄생과 성리학의 역할

사실 이성계는 정몽주 같은 인물을 잘 설득해 새로운 정권의 정신적 상징으로 삼고 싶은 생각이 있었을 것이다. 이런 자신의 계획이 한꺼번에 허물어져버렸다. 이 일을 계기로 공양왕은 자리를 내놓았다. 7월 17일 마침내 고려는 34대 475년 만에 멸망하고 이성계가 즉위하면서 향후 500년을 이어갈 새로운 왕조가 시작됐다.

우리가 생각하는 만큼 성리학에 입각한 정교한 플랜을 갖고서 조선을 세웠다는 기록은 찾을 길이 없다. 이색의 문하에 있던 약간의 성리학을 익힌 제자들이 이런저런 형태로 참여했을 뿐, 통일된 이론이나 지휘체계 또한 없었다. 조선 건국은 고려의 몰락에 따른 큰 흐름을 놓치지 않고 정확히 포착한 이성계의 능력과 이방원의 공로 덕분이라 할 것이다.

제1부
당쟁의 근원

제1장

당쟁의 뿌리, 주희

진량(陳亮)과 주희의 의리(義利)-왕패(王霸) 논쟁

　조선의 당쟁을 거시적으로 조명하는 작업을 시작하면서 그 실마리를 저 멀리 남송(南宋) 시대 두 유학자의 격렬한 논쟁에서 찾은 이유는 이 사건이야말로 조선의 300년 당쟁을 총체적으로 전망할 수 있는 관점을 제공하리라 여겼기 때문이다.

　남송 시대 두 번째 황제인 조신(趙昚)의 통치 연간인 순희(淳熙) 8년(1181년)부터 12년까지 4년에 걸쳐 당시 52세이던 주희(朱熹, 1130~1200년)와 39세이던 진량(陳亮, 1143~1194년) 두 사람은 유학의 도(道)를 둘러싸고 한 치도 물러서지 않는 논전을 벌였다. 사실 외형적으로만 보면 두 사람은 같은 유학자에다가 둘 다 금(金)나라에 맞서 화의(和議-주화론)에 반대하는 입장을 견지했다는 점에서 정치적으로는 크게 대립하는 관계가 아니었다. 개인적인 친분도 깊은 편이었다.

　그러나 두 사람은 결코 함께할 수 없는 깊은 심연(深淵)의 양편에서 서로를 마주하고 있었다. 평소 진량은 성리학의 공리공담(空理空談)을 반대하며 실사실공(實事實功)을 강조했다. 그는 기존 성리학자들에 대해 "도덕성명(道德性命)에 대해 공담이나 일삼으니 중풍으로 마비돼 고통과 가려움을 모르는 사람"이라고 비난했다. 대신 그는 유학을 원칙으로 삼되 세상을 위해 백성을 구제하는 실질적인 일을 추구했다. 이를 흔히 사공학(事功學)이라고도 하고 공리(功利) 추구라고도 부른다.

첫 번째 불꽃은 그간 중국 왕조의 역사를 해석하는 데서 피어올랐다. 이미 주희뿐만 아니라 기존 성리학자들은 '하·은·주 삼대(三代)는 오로지 천리(天理)로써 정치를 했고 한나라와 당나라는 오로지 인욕(人欲)으로써 정치를 했다'는 인식을 갖고 있었다. 도(道)라는 것도 주희 등에게는 바로 삼대의 도리를 가리키는 것이었다. 따라서 한나라 고조 유방(劉邦)이나 당나라 태종 이세민(李世民)에 대해서는 이욕에 입각한 공리(功利)나 추구한 잡패(雜覇)일 뿐 삼대의 왕들처럼 왕도(王道)를 행한 임금은 아니라고 보았다. 그래서 성리학자들이나 주희는 늘 "삼대의 도리는 주나라에서 끊어졌다"라고 말했다. 이는 한나라 당나라뿐만 아니라 자신들의 송나라조차도 임금다운 임금이 없다는 말과 다름없었다. 이것만으로도 극한의 왕권 비판 이론이었다.

진량은 이에 동의할 수 없었다. 도리는 춘추 시대 이래 1,500년 동안 끊어진 것이 아니라 한나라와 당나라에서도 이어졌다고 보았다. 대표적인 것이 당 태종을 바라보는 입장이다. 당 태종 이세민이 형 이건성(李建成, 589~626년)과 동생 이원길(李元吉)을 주살한 일은 "천하에 의롭지 않다는 명분을 범했지만" 도리어 자기에게 주어진 천명에 순응해 행동함으로써 위태롭고 어지러운 상황을 안정시켰으니 비도덕적인 수단으로 도덕적인 목적을 이루었다고 보았다. 이 점은 우리로서는 조선 역사에서 태종이 일으킨 1차 왕자의 난을 끌어들여 검토해볼 수 있는 문제이기도 하다.

진량의 인식은 매우 현대적이다. 진량과 비슷하게 경세치용(經世致用)을 중요하게 생각했던 당대의 진부량(陳傅良, 1137~1203년)이라는 학자는 진량의 이 같은 관점을 다음과 같이 요약했다.

공로가 이루어진 곳에 바로 다움[德]이 있으며 일이 이루어진 곳에 바로 도리[道]가 있다.

사공(事功)과 도덕(道德)은 별개로 분리될 수 없다는 말이다. 이 또한 극히 현대적인 발상이다. 그러나 도덕주의자 주희는 이를 받아들일 수 없었다.

그대의 주장은 올바른 도리를 어겨서라도 현실의 폐단을 구제하려는 뜻이 너무 커서 올바른 도리를 지키려는 대비책이 없다. 뒤에 태어난 사람들이 삼강오상의 올바른 도리를 알지 못한 상태에서 갑자기 이런 설을 듣는다면 그 해로움은 장차 이루 다 구제할 수 없을 것이다.

예상했던 대로 도덕에 사공·공리·실용이 끼어드는 것은 한 치도 용납할 수 없다는 입장이다.

일합(一合)을 겨룬 것으로 끝나는 듯했던 두 사람의 충돌은 순희 11년(1184년) 봄과 여름에 감옥에 갇히는 시련을 겪은 진량에게 6월에 주희가 편지를 두 통 보내면서 다시 이어졌다. 여기에 문제의 구절이 포함돼 있었다.

바라건대 제 말을 생각해보시고 의리와 이익을 함께 시행하고[義利雙行] 왕도와 패도를 아울러 쓴다[王霸竝用]는 설을 물리치고 분노를 억제하고 사욕을 막으며 선으로 옮겨가며 허물을 고치는[懲忿窒慾遷善改過] 일에 종사하여서 순수하게 깨끗한 유학의 도리로 자기를 다스린다면 어찌 형벌을 받는 재앙만 면하겠습니까?

주희의 이런 지적은 실은 그의 선배 성리학자 혹은 도학자들이 일반적으로 갖고 있던 생각이다. 흔히 주희의 선배 도학자 혹은 이학자라고 하면 주돈이(周敦頤, 1017~1073년)·장재(張載, 1020~1077년)·정호와 정이천 형제를 꼽는데 그중에 흔히 장횡거(張橫渠)로도 불리는 장재의 말을 들어보자.

배우는 과정인데도 공로 세우기를 먼저 뜻으로 삼는다면 곧바로 배움에 해가 된다. 뜻에 필연적으로 천착이 있게 되어 뜻을 만들어서 일을 일으키기 때문이다. 덕이 아직 형성되지 않았는데도 먼저 공로 세우기를 일로 삼는 것은 목수를 대신해서 대패질을 하는 것이니 손이 상하지 않는 경우가 드물다.

주희는 선배 도학자들의 교조를 반복했던 것이다. 진량은 이 같은 지적에 동의할 수 없었다. 세상을 이롭게 하는 것[利]이 인욕(人欲)은 아니며 백성을 위한 일을 하는 것[事功]이 패도는 아니었기 때문이다. 의리와 이익[義利]은 얼마든지 합치될 수 있으며 다움과 공로[德功] 또한 무조건 분리해야 하는 것은 아니라는 게 진량의 생각이었다. 이때 이익이란 개인의 이익이 아니라 백성이나 나라의 이익이다. 주희는 이런 의미의 이익조차 입에 담아서도 안 된다는 입장이었다.

두 사람의 이 같은 입장 차이가 당시의 남송을 어떻게 볼 것인가라는 관점에서 어떤 차이가 드러나게 되는지에 대해 수징난 교수는 『주자평전』에서 이렇게 정리하고 있다.

진량이 한나라와 당나라도 삼대와 마찬가지로 천리(天理)와 인도(人道)가 통치한 세계였다고 선양한 것은 도리어 전체 봉건 제왕의 통치와 봉건제도에 대한 최대의 찬미가 되었고 (주희를 포함하는) 세속 유학자[世儒]에 견주어 더욱 멀리 나아가는 것이었다. 봉건사회를 미화하는 이런 논조에 따르면 필연코 당시 남송의 제왕 통치를 긍정하는 방향으로 달려가게 되어 있으며 이는 남송의 현실 사회를 맹렬히 규탄하는 주희의 도학(道學)의 비판정신과 서로 용납할 수 없었다.

그래서 진량은 자연스레 왕권(王權)을 긍정적으로 인식하지만 주희는 왕권을 극도로 부정적 시각에서 바라보게 된 것이다. 주자학자들이 삼대(三代) 운운할 때 담긴 현실 정치적 함의는 바로 여기에 있었다. 이 점은 훗날 조선의 주자학자들에게도 그대로 나타난다. 송나라의 문맥을 버린 채 시야를 좁혀 기존의 조선 성리학에만 매몰될 경우 이처럼 숨어 있는 코드를 놓칠 수밖에 없다.

당쟁 발발 이후부터만 보자면 조선의 동인이나 남인은 대체로 진량과 비슷한 입장이었고 서인·노론·벽파는 주희를 견결히 고수했다.

그 정점에 '조선의 주자' 송시열(宋時烈, 1607~1689년)이 있는 것이다.

그해 9월 주희는 다시 진량에게 편지를 보냈다.

한나라 고조의 경우 사사로운 의도의 정도가 그렇게 심하지는 않았지만 그렇다고 전혀 없다고는 할 수 없습니다. 당나라 태종의 마음의 경우에는 나는 그의 한 생각조차 인욕에서 나오지 않은 것이 없었으리라고 생각합니다. 그들은 다만 인의(仁義)를 빌려서 사사로움을 행했지만 … 1,500년간 바로 이와 같이 가만히 있기만 했기 때문에 단지 새는 곳을 막고 해진 곳을 대충 얼기설기 기워가면서 시일을 보냈습니다. 그 사이에 비록 소강(小康)이 없지는 않았으나 요순·삼왕·주공·공자가 전한 도(道)는 하루도 천지간에 시행된 적이 없었습니다.

이는 사실상 춘추 시대 이후 1,500년 중국사, 특히 황제들에 의해 통치되어온 역사의 시간 전체에 대한 부정이자 황제권에 대한 정면 비판이다. 당연히 주희가 살던 남송의 황제 또한 예외는 아니었다. 주희의 잣대는 오직 하나, 도덕(道德)이었고 그 도덕의 올바름 여부에 대한 판단의 권한은 임금이 아니라 도학자인 자신에게 있었다.

굳이 긍정적으로 보자면 정치의 주체를 현실 속의 권력자인 임금이 아니라 도를 체현한 도학자에게 있다고 자부한 것이다. 이들이 도통(道統)을 강조한 의도 또한 바로 여기에 있는 것이다. 자신들의 정치적 주장의 정당성의 근거로 삼으려 한 것이다. 이런 도통 현창(顯彰)은 고스란히 조선에도 이어져 문묘(文廟) 종사를 둘러싼 정치 투쟁으로 이어지게 된다.

순희 12년 두 사람의 논쟁은 갈림길에 섰다. 진량은 비장의 카드를 내밀었다.

> 비판하는 자들은 공씨의 문하에서는 5척 동자라도 모두 오패(五覇)를 거론하기를 부끄러워했다 하고 맹자는 패자가 힘으로 인(仁)을 가장했다고 힘써 논했으나 부자(夫子-공자)는 이와 같은 일을 칭찬하면서 "누가 그의 어짊만 하겠는가[如其仁]"라고 했습니다. 말의 맥락을 보면 결코 비판하는 자들의 말과 같지 않습니다.

이는 춘추 시대 제(齊)나라의 명재상 관중(管仲)의 문제를 제기한 것이다. 이제 우리는 『논어(論語)』 「헌문(憲問)」편에 나오는 관중에 대한 공자의 평가를 직접 보아야 한다. 두 가지 사례가 연이어 실려 있다. 첫 번째 사례다.

먼저 제자 중에서 의리를 중하게 여기는 용자(勇者)인 자로(子路)가 물었다.

> 환공이 공자 규를 죽이자 소홀은 죽었고 관중은 죽지 않았으니 관중은 어질지 못합니다[不仁].
> 공자가 말했다. 환공이 제후들을 규합함에 있어 무력을 사용하지 않은 것은 관중이 힘쓴 덕분이었으니 누가 그의 어짊만 하겠는가[如其仁]? 누가 그의 어짊만 하겠는가?

마침 자로의 말에 대해서는 주희가 『춘추좌씨전(春秋左氏傳)』을 근거로 이렇게 풀이하고 있다.

제(齊)나라 양공(襄公)이 도리를 잃자 포숙아(鮑叔牙)는 공자(公子) 소백(小白)을 받들어 거(莒)나라로 망명하고 노(魯)나라 사람들이 공자 규(糾)를 제나라로 들여보내려 했으나 성공하지 못했고 마침내 소백이 들어가니 이가 환공(桓公)이다. 환공이 노나라로 하여금 규를 죽이게 하고 그를 모시던 관중과 소홀(召忽)을 보내줄 것을 청하자 소홀은 죽고 관중은 함거에 갇히기를 자청했는데 포숙아가 환공에게 말하여 관중을 재상으로 삼게 했다. 자로는 관중이 자기 군주를 잊고 원수를 섬겼으니 마음을 잔인하게 하고 천리(天理)를 해쳐 어짊이 될 수 없다고 의심한 것이다.

그러나 공자의 시야는 훨씬 넓다. 바로 이어지는 두 번째 사례다. 아마도 같은 자리에서 있었던 대화로 보인다. 이번에는 제자 중에서 사리는 아는 지자(知者)인 자공(子貢)이 물었다.

(아무리 그렇게 말하셔도) 관중은 어진 사람이라고 할 수는 없을 것입니다. 환공이 공자 규를 죽였는데도 기꺼이 따라 죽지 못했고 또 환공을 돕기까지 했습니다.

공자가 말했다.

관중이 환공을 도와 제후의 패자가 되게 하여 한 번 천하를 바로잡아 백성이 지금까지 그 혜택을 받고 있으니, 관중이 없었다면 나(우리)는 머리를 헤쳐 풀고 옷깃을 왼편으로 하는 오랑캐가 되었을 것이다. 어찌 필부필부들이 작은 신의[諒]를 지키기 위해 스스로 목매 죽어서 시신이 도랑에 뒹굴어도 사람들이 알아주는 이가 없는 것과 같이 하겠는가?

공자는 자로와 자공을 아녀자의 어짊[婦仁], 필부의 용맹[匹夫之勇]이라고 비판하고 있다. 따라서 이건 누가 보아도 진량이 공자의 노선에 충실하고 주희는 자로나 자공의 말을 따르고 있음을 알 수 있다. 주희는 진량에게 보낸 편지에서 관중의 공로는 인정하면서도 이렇게 비판하고 있다.

관중의 공로와 같은 것은 (명재상인) 이윤(伊尹)이나 여상(呂尙-강태공) 이하 누가 미칠 수 있겠습니까? 그러나 그 마음은 바로 이욕(利欲)의 마음이고 행적은 바로 이욕의 행적입니다. 그러므로 성인(聖人-공자)은 비록 그 공을 칭찬했지만 맹자와 동자(童子-동중서)는 모두 법도와 의리[法義]를 가지고 재단하면서 조금도 그를 구실로 삼지 않았습니다.

여기서 우리는 주희가 공자를 따르지 않고 나아가 맹자와 동중서를 끌어들여 오히려 공자의 주장을 굽히고 꺾음을 보게 된다. 이런 일은 한두 가지가 아니다. 종종 공자의 유학과 주희의 도학은 실은 전혀 다른 것이라는 주장이 나오는 것도 이런 이유 때문이다. 부국강병을 이룩하고 전쟁을 통하지 않고서 제후들을 규합한 관중의 공로는, 우리 역사에서 실은 박정희 시대에 대한 평가 문제와 직결된다. 박정희의 공을 인정할 경우 공자의 입장에 근접하는 것이고 도덕을 잣대로 박정희 시대 자체를 부정할 경우 주희의 입장과 거의 같아진다는 말이다.

이제 수징난 교수의 말을 통해 두 사람의 논쟁을 정리해보자.

주희는 동기적이고 진량은 결과적이다. 주희는 도덕적이고 진량은 공리적이다. 주희는 안으로 덕을 지키려 하고 진량은 밖으로 공을 추구한다. 주희는 사람을 도에 복종시키고 진량은 도를 사람에게 굴종시킨다. 주희는 이성적이고 진량은 감성적이다. 주희는 역사의 진화와 현존 사회에 대해 소극적·부정적이고 진량은 역사의 진화와 현존 사회에 대해 적극적·긍정적이다. 주희는 제왕에 대해 비판적이고 진량은 제왕을 찬양한다. 주희는 유가의 정심성의(正心誠意)의 측면을 윤리적으로 강화하고 진량은 유가의 치국·평천하의 측면을 공리적으로 발전시켰다.

"주희는 이성적이고 진량은 감성적이다"라는 구절만 제외한다면 대체적으로 동의할 수 있다. 오히려 이 부분은 "주희의 이성은 편벽돼 있고 진량의 이성은 전체를 조망한다"고 하는 것이 실상에 적합할 것이다. 한마디로 진량은 공자에 가깝고 주희는 공자와 멀다.

주희를 비롯한 성리학자들이 말하는 도통(道統)과 도학(道學)

주희의 사위이며 주희가 죽음을 앞두고 자신의 저서를 모두 그에게 남겨 자신의 학문을 잇도록 한 황간(黃幹, 1152~1221년)은 주희를 기념하며 쓴 글에서 이렇게 말하고 있다.

도는 하늘에서 기원하고 사람 마음에 갖춰지며 사물에서 드러나고 정책에 실린다. (어떤 사람이) 그것을 밝혀서 실천하면 (도는) 그 사람에게 보존된다. … 요순·우탕·문무·주공이 태어나자 도가 처음으로 행해졌고 공자와 맹자가 태어나자 도가 처음으로 밝혀졌다. 공자와 맹자의 도는 주렴계(-주돈), 이정(二程-정호와 정이천), 장횡거(-장재)가 계승했다. 주렴계·이정·장횡거의 도는 문공(文公) 주 선생(-주희)이 또다시 계승했다.

위잉스(余英時) 교수는 『주희의 역사세계』(이원석 옮김, 글항아리)에서 주희는 도통(道統)과 도학(道學)을 엄격하게 구분해서 사용했다고 말한다. 즉 상고 시대부터 주공에 이르기까지 도리를 실제로 행한 사람들은 도통에 속하고 공자와 맹자가 처음으로 밝힌 것은 도학이라는 것이다. 위잉스 교수는 우리가 앞서 살폈던 주희와 진량의 논쟁에 대해 언급하며 도통의 문제를 언급한다.

순희 12년(1185년) 주희는 진량과 그 유명한 왕패(王霸) 논쟁을 일으킨다. 정호는 이전에 "삼대의 통치는 이치[理]에 순응하는 것이었고 양한(兩漢-서한과 동한) 이하는 모두 천하를 잡으려는 것이었다"고 말한 적이 있다. 이 구절은 송대 도학자들이 왕패를 구분하는 기본 근거가 되었다. 삼대가 왕(王-임금다운 임금)이 되었던 까닭은 도통과 치통(治統)이 합일했기 때문이고 한나라와 당나라가 패(霸-힘으로 된 임금)가 되는 까닭은 치통이 도통에서 분리되어 세(勢-권력)만 있고 이(理-도리)는 없는 상태에 빠졌기 때문이다. 더욱이 남송 도학자들은 이 논점을 극단적으로 밀고 나가 "마침내 삼대는 오로지 천리로써 행했고 한과 당은 오로지 인욕으로써 행했다"고까지 말하게 됐다.

진량은 그런 편협하고 과격한 논의를 혁파하기 위해 삼대와 한당은 왕패로 분명하게 구분될 수 없고 기껏해야 삼대는 다 해낸 데 반해 한당은 다 해내지 못한 것 정도의 차이에 불과하다고 주장했다. 진량의 기본적 문제의식은 종합하자면 이렇다. 곧 한 고조와 당 태종이 이미 나라를 세웠고 그 나라가 오랫동안 지속되었다면 그 가운데 어떻게 도(道)가 전혀 없을 수 있었겠는가?

그리고 위잉스 교수는 한마디를 덧붙였다.

현대인의 역사적 지식을 출발점으로 삼으면 주희보다는 진량 쪽에 동의할 수밖에 없다.

이 점은 앞서 밝힌 대로 필자 또한 마찬가지다. 사실 송나라 때 도학(道學)이 나오기 전까지 유학은 건강 건전했기 때문에 도통 운운하는 일이 없었다. 그러면 왜 도학자들은 도통에 집착했을까? 그것은 번성하던 불교와 맞서야 했던 송나라 유학의 특수성과 밀접한 관계를 갖는다. 원래 도통(道統)이란 선불교의 전통이었기 때문이다.

그리고 간략히 말하면 내성외왕(內聖外王)이라고 할 때 기존의 유학은 외왕(外王)에 집중했다. 물론 공자도 수기(修己)를 말하기는 했지만 불교, 그중에서도 선(禪)불교의 내면 탐색과 비교할 때 유학의 내성(內聖)은 많이 빈약했다. 그러다 보니 유가의 경전 중에서 그나마 본성[性]을 간략하게 이야기한 『중용(中庸)』이 이학자 혹은 도학자들의 주목 대상이 될 수밖에 없었고 묘하게도 바로 이 『중용』을 중심으로 도통 혹은 도학의 계통 전승이 이어지게 됐다.

원래 도통과 도학의 구분은 주희 이전에 정이천이 형 정호의 묘비 명에서 처음 했던 말이다. 이는 고스란히 성리학자뿐만 아니라 주희 그리고 조선의 주자학자들에게까지 하나의 강령처럼 된 글이라는 점에서 주목할 필요가 있다.

주공이 죽고 성인의 도가 행해지지 않았다. 맹자가 죽고 성인의 학문이 전해지지 않았다. 도가 행해지지 않으니 100세대 동안 선한 통치가 없었다. 학문이 전해지지 않으니 1,000여 년 동안 참된 유학자가 없었다. 선한 통치가 없었으나 사(士)들은 오히려 저 선한 치도(治道)를 밝힐 수 있었고 여러 선인을 사모하며 후인들에게 전해줄 수 있었다. 참된 유학자가 없으니 천하가 혼돈스러운 가운데 어느 누구도 알지 못하여 인욕이 들끓고 천리가 소멸되었다.

일단 이런 인식을 받아들이면 도학자 취급을 받았고 이를 인정하지 않으면 잡스러운 유학자[俗儒]로 비판의 대상이 됐다. 도통은 곧 신앙의 교리였던 것이다. 이제 우리는 이를 강령처럼 선언한 주희의 「중용장구서(中庸章句序)」를 읽어보아야 한다.

중용은 어찌하여 지었는가? 자사가 도학이 전해지지 않을까 걱정해 지은 것이다. 이는 대개 상고 시대에 빼어나고 신령스러운 자가 하늘의 뜻을 이어 표준을 세움[立極]에서 도통의 전승이 시작되었다. 그것이 경전에 나타난 것으로는 "진실로 그 적중함을 잡으라[允執厥中]"는 것은 요임금이 순임금에게 전수해준 것이요 "사람의 마음은 위태롭고 도리의 마음은 미미하니 정밀하게 하고 한결같이 해야 진실로 그 적중된 도리를 잡을 수 있다[人心惟危 道心惟微 惟精惟一 允執厥中]"는 것은 순임금이 우왕에게 전수해준 것이다.

이를 자사가 체계적으로 정리한 것이 『중용』이고 이후 그 전통을 맹자(孟子)가 이어받아 인의예지(仁義禮智)를 밝혔고 이후 도리가 버려졌다가 정이천 형제가 1,000년 동안 전해지지 않았던 전통을 이어 노자와 불교를 배척하는 공로를 이뤘다는 것이 주희의 주장이다.

조선 초에 정도전이 엉성한 형태로나마 성리학의 영향을 받은 것은 주로 이런 분위기의 성리학이다. 『맹자』를 존숭했던 그가 『불씨잡변(佛氏雜辨)』을 지어 불교를 비판한 것도 같은 맥락이다. 정도전의 경우 군신공치(君臣共治)를 내세워 재상 중심의 정치론으로 나아간 것은 성리학의 동치천하(同治天下)의 연장선에 있지만 그렇다고 맹목적인 성리학주의자는 아니었다.

예를 들어 주자학자들이 신주 받들 듯이 했던 『주자가례(朱子家禮)』를 중시하지 않았고 또 주자학의 핵심 사회정책이라 할 수 있는 사창제(社倉制)나 향약(鄕約)에 대해서도 관심을 두지 않았다. 이런 점에서 볼 때 조선이 성리학의 이념에 따라 세워졌다는 가설은 다소 허망한 주장임을 재차 지적해둔다.

다시 주희의 도통과 도학의 문제로 돌아가자. 그 개념에 대한 학술적 토론은 학계에 맡기고 우리는 그 현실 정치적 함의를 알아보자. 위잉스 교수의 말이다.

주희는 한편으로 상고의 도통을 모범으로 삼아 후대의 '교만한 군주'를 구속하려 했고 다른 한편으로는 공자 이래 도학의 정신적 권위에 기대 사대부의 정치적 지위를 이끌어 올리려고 했다. 이것이 바로 그가 「중용장구서」에서 도통과 도학을 구분한 주된 의도였다.

훗날 주희가 효종(孝宗)을 알현할 때마다 마음을 바르게 하는 것[正心]과 뜻을 열렬하게 하는 것[誠意]을 반복해서 말했던 것은 도통과 도학을 실천하는 관문이라고 보았기 때문이다. 즉 임금의 마음을 바로잡는 일[正心]이야말로 도학자라면 최우선 해야 할 과제였던 것이다.

조선 중종 때 이언적을 통해 주희를 읽다

이 점을 파악하고서 조선 중종 때 홍문관 부제학 이언적(李彦迪, 1491~1553년)이 올린 소(疏)를 읽어보면 조선 선비들이 얼마나 깊게 주자학에 물들어 있는지를 알 수 있다. 흔히 이 소를 '일강십목(一綱十目)'이라고 하는데 일강이 바로 글의 주된 목적을 밝힌 부분이라 가장 중요하다.

대체로 전하께서 명철하신데도 오늘날의 근심이 있는 까닭은 다름이 아니라, 성학(聖學)의 공효를 다하지 못한 것이 있고 중도의 극치를 다하지 못한 것이 있기 때문입니다. 심지어 "성학이 이미 고명하시니, 다시 더 학문에 뜻을 두실 것이 없습니다"라고 진언하는 자가 있습니다. 아! 이런 말을 하는 자는 오직 경사(經史)를 섭렵하는 공부로 전하의 학문을 도울 뿐이고, 요순과 삼왕(三王)의 도리는 전하께 바라지 않는 것입니다. 예전의 거룩하고 밝은 임금들은, 도(道)가 맞지 않는 때가 없다는 것을 알았기 때문에 어느 때고 배우지 않은 때가 없었고, 도가 없는 사물이 없다는 것을 알았기 때문에 한 가지라도 배우지 않는 것이 없었는데, 지금은 그렇지 않습니다.

뛰어난 사대부가 임금을 가까이하여 강론하고 규계(規戒)할 수 있는 것은 경연(經筵)의 몇 시간뿐이고 그 밖에는 들을 시간이 없습니다. 그리고 진강(進講)하는 글도 이제(二帝)·삼왕(三王)이 주고받은 심법(心法)의 뜻과 공자·맹자·주자·정자(程子)가 성현의 가르침을 전한 강학(講學)의 요체가 아니니, 경연에서 얻는 성학은 아마도 날마다 고명한 데로 나아가기에는 넉넉하지 못할 듯합니다. 이때 이외에 대궐 안에 깊이 계시어 한가히 쉬실 때에는 좌우에서 모시는 사람이 오직 환관(宦官)·궁첩(宮妾)의 무리뿐입니다. 그러므로 군자와 함께하여 감화되는 도움은 없고 하루 힘쓰고 열흘 게을리하게 될 염려만 있으니, 이러한 때에 성학의 공부하시는 방도를 신들은 알 수 없습니다.

아마도 깊고 넓은 궁중에서 마음이 사물을 대할 때에, 심성(心性)을 간직하여 기르고 살피는 공부가 지극하지 못한 데가 있어서 큰 근본이 확고하게 서지 못하여 통달하는 도리를 행하는 데에 막히는 것이 많은 듯합니다. 이 때문에 궁금(宮禁)은 막아서 엄하게 할 수 없고, 기강(紀綱) 또한 어디에 힘입어 세울 수 없으므로, 인재를 가리는 것이 혹 혼잡하여지고, 삼가야 할 제사가 문란해지며, 백성의 고통을 돌보려 하여도 돌보아지지 않고, 교화를 밝히려 하여도 밝혀지지 않습니다. 형벌을 삼간다고는 하나 오히려 억울한 옥사가 많고, 사치를 막는다고는 하나 폐습은 여전하며, 간언(諫言)을 받아들인다고는 하나 직언(直言)이 쓰이지 않고 있습니다. 말단으로부터 근본을 찾고 흐름을 따라서 근원으로 거슬러 올라가 보면 앞날을 짐작할 수 있습니다. 전하께서 어찌하여 이것을 두려워하고 삼가서 마음을 돌려 바른길로 향하지 않으십니까?

바라건대 전하께서는 성학이 지극하지 못함을 아셔서 더욱 정일(精一)한 공부를 하시고, 남을 책망하지 마시고 자신을 책망하시며, 밖에서 찾지 마시고 안에서 찾으시며 늘 삼가고 두려워하며 스스로를 속이지 마시고 혼자 있을 때를 삼가시는 실제를 일삼으소서. 그렇게 하시면 모든 일상생활을 하는 가운데 어지러이 많은 온갖 사물을 응대하는 데 어디에나 성학의 공부를 쓸 곳이 아닌 데가 없어서, 중화(中和)의 지극한 공부를 저절로 이룰 수 있을 것입니다. 그 강(綱)이 이미 거행되면 그 목(目)은 절로 펴질 것이니 어찌 백성이 원망하고 하늘이 노여워하여 근심할 재변이 있겠습니까마는, 신들이 그 아홉 목을 아뢰겠으니, 전하께서 유념하시기 바랍니다.

실은 그 아홉 가지 구체적인 항목이라는 것도 대부분 이미 주희가 당시 황제에게 올렸던 항목들에서 벗어나지 못하는 것들이다. 이언적은 호를 주희의 호 회암(晦庵)에서 따와 회재(晦齋)라고 할 만큼 주희를 존숭했던 인물이다.

그러나 그는 흔히 기(氣)보다는 이(理)를 중시하는 주리(主理) 성리학자로 분류되고 이황에게 이어져 영남학파의 대표적 성리학자로 불린다. 이때 이(理)와 기(氣)란 흔히 말하는 이상과 현실, 유심론과 유물론과는 거리가 멀며 이통기국(理通氣局)의 이와 기로, 이는 사실상 임금을 나타내고 기는 신하를 나타낸다. 위잉스 교수도 이렇게 말한다.

형이상 세계 속 이기(理氣) 관계는 형이하 정치질서 속 군주-신하 관계로 치환될 수 있다.

이는 두루 통하고 기는 제약을 받는다는 뜻이다. 즉 성리학 내에 다시 임금을 좀 더 중시할 것이냐, 신하 중심으로 할 것이냐의 구분이라 할 수 있다. 동인-남인은 대체로 주리(主理)였고 서인-노론-벽파는 주기(主氣)라 할 수 있다. 서인 내 소론은 신권 중심에서 다시 임금을 중시하는 주리로 전향한 경우라 하겠다.

이언적은 그래서 정치에서 가장 중요한 것은 임금의 마음이며 신하의 도리는 임금의 마음을 바로잡는 데 있다고 보았다. 정심(正心)이자 곧 격군(格君), 즉 임금을 바로 잡는 일[正君]을 가장 중요하다고 여겼던 것이다. 이 점에서는 분명 이언적은 주희의 충실한 숭배자라 할 것이다.

여기서 당쟁 발발 이전의 인물인 이언적을 짚어본 이유는 이미 당쟁이 터지기 전에 이처럼 흔히 말하는 사림(士林), 정확하게는 주자학 추종자들 사이에도 내분(內分)의 씨앗이 싹트고 있었음을 확인할 수 있기 때문이다. 이는 동인과 서인의 분열뿐만 아니라 서인이 노론과 소론으로 갈리고 다시 노론이 벽파와 시파로 갈리는 것이 무엇보다 현실 정치적 이유, 즉 왕권의 존중 여부였음을 극명하게 보여준다. 당연히 서인-노론-벽파 노선이 가장 극렬하게 왕권을 비판했다는 점에서 어쩌면 주희에 가장 충실했던 행태였다고 할 것이다.

제2장

송나라 도학자(道學者)들의 정치 도구 '국시(國是)'를 들여오다

국시(國是)의 수용

위잉스 교수는 『주희의 역사세계』에서 '국시(國是)'라는 개념을 통해 송나라 사대부 정치의 특징을 추출해냈다. 그는 "이렇듯 중요한 정치 현상을 체계적으로 연구한 사람은 내가 아는 한 아직 없다"라고 자부한다. 위잉스 교수의 견해를 받아들여 조선 역사에 적용해보았다.

우선 『조선왕조실록』에서 '국시(國是)'라는 개념을 검색해보았더니 참으로 놀라운 결과가 나왔다. 거짓말처럼 예종 때까지는 한 글자도 없다가 성종 때 6건이 나오고 전체적으로는 500건이 넘었다. 무슨 말인가 하면 조선에는 성리학자 혹은 주자학자들이 벌써 국시 개념이 갖는 정치적 함의를 정확히 파악하고서 현실 정치에서 적용하고 있었다는 뜻이다. 훗날의 당쟁(黨爭) 또한 실은 국시를 통해 일단 임금의 권한을 통제하고 뒤이어 진행되는 사대부 신하들 내부의 권력 투쟁이었다는 점에서 국시 문제와 직결된 사안이다.

당연히 국내 학계에서는 어느 누구도 국시라는 개념을 통해 조선 당쟁을 조명할 생각조차 못 했다. 먼저 위잉스 교수의 연구를 중심으로 북송과 남송으로 이어지는 기간 동안 국시라는 독특한 개념이 어떻게 전제 군주정 정치의 한복판으로 들어올 수 있었는지를 간략히 살펴보자.

'국시'는 곧 임금과 사대부가 함께 나라를 다스린다는 관념

한당(漢唐) 시대와 달리 송(宋)나라는 송 태조 조광윤(趙匡胤, 927~976년)의 문치(文治) 중시, 과거제도 등으로 사대부의 정치적 자각이 어느 때보다 컸다. 그것이 반영된 국가통치론이 바로 이런 국시로 나타난 것이다.

중국 문헌에서 가장 먼저 국시라는 표현이 등장한 것은 한나라 때 유향(劉向)이 펴낸 책 『신서(新序)』 「잡사(雜事)」에서다. 초(楚)나라 장왕(莊王)이 재상 손숙오(孫叔敖)에게 "과인은 아직 국시가 될 만한 것을 얻지 못했다"고 하자 손숙오는 이렇게 말한다.

나라가 옳다고 여기는 것[國是]을 대중은 비난하며 싫어하는 것입니다. 신은 왕께서 정할 수 없을까 봐 걱정입니다.

군주와 신하가 합일하지 않으면 국시는 정해질 길이 없습니다. 하나라 걸, 은나라 주 임금이 국시를 정하지 못하여 자신의 취사선택과 합치함을 옳다고 여기고 합치하지 않음을 그르다고 여겨서 망하면서도 알지 못했습니다.

이에 장왕이 말했다.

훌륭하구나! 바라건대 재상과 제후 그리고 사대부들이 공동으로
국시를 정하라.

조선 초 정도전이 내세웠던 군신공치(君臣共治)도 실은 이 같은 "임
금과 신하가 공동으로 국시를 정한다[共定國是]"의 파생물에 불과하
다. 이런 의미의 국시는 중국 역사에서도 쉽게 전면에 나오지는 못했
다. 한나라나 당나라는 황제 절대권이었기 때문이고 신하란 그런 황제
를 보좌하는 선을 넘을 수 없었기 때문이다. 국시란 바로 이런 통치 방
식에 전면적인 반기를 드는 것이라는 점에서 우리의 전통 정치를 면밀
히 살필 때도 중요한 도구일 수밖에 없다. 다시 송나라 신종(神宗) 때로
가보자. 송나라에서도 처음으로 국시를 사실상 공인한 임금이 신종이
기 때문이다.

주희가 태어나기도 전에 북송(北宋)에서 시작된 이 국시 문제를 지
적하는 이유는 주희의 도학(道學)이야말로 그 혜택을 가장 크게 입었
기 때문이다. 간단히 말하면 국시는 임금과 신하가 함께 정하는 것이
지만 도학은 오히려 학문과 수양이 뛰어난 군자가 도(道)를 정할 수 있
고 임금도 그 도를 따라야 한다는 것이다. 그러니 만약에 군신공정국
시(君臣共定國是)라는 여건이 미리 조성되지 않았다면 주희의 도학은
결코 받아들여질 수 없었다.

잠깐 신종이 어떤 황제인지를 살펴보자. 1066년 황태자로 책봉되
고 이듬해 영종이 죽자 즉위했다. 19살의 나이로 즉위한 신종은 황태
자 때부터 명성을 들어온 왕안석을 불러들여 참지정사(參知政事)에 임

명했다. 당시 오랑캐의 압력으로 인한 국방비 증가, 대지주와 대상인 증가로 세수가 감소되는 등 국정개혁이 절실했고 왕안석은 신법(新法)을 반포해 대대적 개혁에 나섰다.

신법이 영세 농민 보호와 대지주·대상인 억제를 목표로 했기에 자연스럽게 지주와 상인 세력 그리고 그곳 출신 관료들의 강한 반대를 불러왔다. 이런 반대 세력을 구법파(舊法派)라고 하는데 그 주도자가 우리에게는 『자치통감』의 저자로 알려진 사마광이다. 1085년 신종이 죽고 철종이 즉위할 때까지 북송은 왕안석파와 사마광파가 번갈아 집권과 실각을 반복하면서 국력은 쇠퇴했고 북송은 결국 금나라에 밀려 남쪽으로 달아나야 했다. 그것이 남송이다.

한마디로 군주가 강명(剛明)하지 못해 군약신강(君弱臣强)의 형세가 빚어지면 나올 수밖에 없는 게 군신공치·공정국시(共定國是)이고 이보다 군권이 더 약해지면 도학(道學)이 활개를 치게 된다.

신종 때로 돌아가 보자. 왕조 국가에서 국시가 전면에 내세워지면 재상의 교체는 인물 교체에서 끝나는 것이 아니라 국시의 교체이자 세력의 교체였다. 이렇게 되면 당쟁(黨爭)이 시작되고 점점 격화되는 경향을 보이는 것은 추세상 어쩔 수 없다. 조선 시대 선조 때부터 당쟁의 양상이 딱 그러했다.

이렇게 되면 임금과 재상의 관계도 바뀐다. 국시 이전에는 사안별로 임금이 옳고 그름을 판단했다면 국시 이후에는 임금이 한쪽 당을 고르는 권한만 있고 옳고 그름을 판정하는 권한은 그 당에 속하게 된다. 당연히 누가 군자이고 누가 소인인지도 임금이 아니라 당이 결정한다. 임금의 권한은 그저 자기가 선택한 당을 군자당, 선택을 받지 못한 당을 소인당으로 삼는 것뿐이다.

남송 시대 국시 논쟁과 주희

남송(南宋)이란 1126년 금나라가 대규모로 송나라에 침략해 수도 개봉(開封)을 점령하고 휘종(徽宗)과 흠종(欽宗) 두 황제를 포로로 잡아가자 남쪽으로 달아나 임안(臨安-지금의 항주(杭州))에 도읍하고 흠종의 동생 고종(高宗)을 세워서 만든 나라다. 남송은 딱 병자호란 이후의 조선과 닮았다. 금나라와 화의를 맺었으나 조정 안에서는 늘 강화[和]·수비[守]·전쟁[戰]의 세 의견이 충돌했다. 이것이 당시 남송 왕조가 선택할 수 있는 '국시들'이었던 셈이다. 조선에서 병자호란 이후 주전론과 주화론이 충돌하던 모습 그대로다.

1130년 정월 금나라가 화의를 깨고 재차 명주(明州)에 침입하자 남송 또한 패망 일보 직전의 상황이 됐다. 남한산성에 있던 인조의 모습과 겹쳐진다. 겨우 몸을 피했지만 조정에서는 강화와 전쟁, 두 길을 놓고서 신하들끼리 충돌했다. 1138년 고종은 마침내 결단을 내린다.

> 사대부들은 (짐이나 나라가 아니라) 다만 제 몸을 도모할 뿐이다. 만일 명주에 있었을 때처럼 패망의 시기에 처했다면 짐이 오랑캐들에게 수백 번 절하더라도 사대부들은 그것을 문제 삼지 않을 것이다.

겉으로는 명분론에 사로잡혀 척화(斥和)·주전(主戰)을 외치는 사대부들의 위선과 허위의식에 대한 원망이자 경고였다. 이런 '굴욕적인 강화 구걸을 통한 나라 보전' 노선을 함께한 재상이 그 유명한 진회(秦檜, 1090~1155년)이다. 1142년 금과 남송이 중국을 남북으로 나누어 영유하기로 합의했다. 그 조건으로 송나라는 금나라에 대하여 신하의 예를 취하고(후에 숙질(叔姪)로 고침), 세폐(歲幣)를 바쳤다.

진회는 유능한 관리였으나 정권 유지를 위해 '문자(文字)의 옥(獄)'을 일으켜 반대파를 억압했으므로, 민족주의나 이상주의를 내세운 후세의 주자학파(朱子學派)로부터는 특히 온갖 비난을 받았다. 그의 손에 옥사한 악비(岳飛, 1103~1141년)가 민족의 영웅으로 존경받는 데 반하여, 그에게는 '간신'이라는 낙인이 찍혔다.

고종과 진회의 관계는 그래서 조선에서 인조와 최명길(崔鳴吉, 1586~1647년)의 관계와 많이 겹친다. 실례로 『인조실록(仁祖實錄)』 1636년 11월 8일 부교리 윤집(尹集, 1606~1637년)이 올린 상소 일부를 보자. 그해 12월 청나라 군대가 쳐들어와 12월에 인조는 남한산성으로 들어가게 된다. 윤집은 척화론자였다.

아, 옛날 화의를 주장한 자는 진회보다 더한 사람이 없는데 당시에 그가 한 언어와 사적(事迹)이 사관(史官)의 필주(筆誅)를 피할 수 없었으니, 비록 크게 간악한 진회로서도 감히 사관을 물리치지 못한 것은 명확합니다. 대체로 진회로서도 감히 하지 못한 짓을 최명길이 차마 했으니 전하의 죄인이 될 뿐 아니라 진회의 죄인이기도 합니다.

한마디로 최명길이 진회보다 더 간사한 자라는 말이다. 그것이 대체로 주전론자의 외피를 쓰고 있던 정통 주자학자들의 생각이었다. 그런데 남송의 주희는 「무오당론서(戊午黨論序)」에서 이렇게 말하고 있다.

재상 진회가 오랑캐의 조정으로부터 돌아와서 힘써 그 화의를 주관했다. 이때는 인륜이 아직 밝았고 인심이 아직 올발라서 천하 사람들은 현명하든 어리석든 고귀하든 비천하든 한목소리로 그래서는 안 된다고 주장했다. 오직 사대부 중 고집스럽고 이익을 탐하며 수치를 모르는 몇몇만이 일어나서 진회에게 부화뇌동했다.

여기서 우리는 국시 못지않게 조선 당쟁사를 살피는 데 있어 중요한 개념인 '공론(公論)'에 주목하고자 한다.『송사(宋史)』「진회전(秦檜傳)」의 한 부분을 보자.

진회는 힘써 여론을 배척하면서 시종일관 화의를 자임했으니 왕차옹(王次翁, 1079~1149년)이 "주된 의론이 없다"고 말했던 것은 오로지 진회를 위해 자리를 깔아준 것이었다. 그래서 진회의 자리는 다시 편안해져 18년간 그 자리에 있었으니 공론이 그 자리를 흔들 수 없었다.

왕차옹은 어사중승으로 진회 계통의 주화파인데 진회의 재상 자리가 흔들릴 때 글을 올려 국시를 흔들어서는 안 된다는 논리로 고종을 설득해 진회를 지켜준 일이 있었다. 그 점을 말하는 것이다.

군주제에서 공론(公論)은 무엇일까?

조정의 공론이 있고 또 다른 공론이 있다는 말인데 그것은 다름 아닌 사대부, 특히 주자학을 신봉하는 신권주의 사대부들의 의견이었던 것이다. 조선에서 이 말을 전면에 내세웠던 이는 바로 이이였다는 점만 지적해둔다.

조선 시대 당쟁 발발 이전의 국시 용례 1: 죽은 성종을 동원해 연산군을 압박하다

국시라는 말이 실록에서 처음 등장하는 것은 성종(成宗) 20년 (1489년) 6월 18일 성종이 대비들의 소원을 들어주어 원각사(圓覺寺) 를 수리하려 하니 사간원 사간 김전(金㻶)이 약식 상소인 차자(箚子)를 올려 중단할 것을 건의했다.

만약 단서를 내고 말을 발하는 데에 받아들이기를 좋아하지 아니 하여 조금이라도 맞지 않은 것이 있으면 문득 꾸짖고 처벌을 더한다 면 장차 상하(上下)가 서로 귀머거리가 되어 숨겨진 간악함을 발설할 수가 없고 국시를 베풀 바가 없을 것입니다. 아! 나라를 다스리면서 여기에 이른다면, 어찌 깊이 두려워할 만하지 아니하겠습니까?

그러나 여기서는 국시라는 말이 특별히 이학(理學)이나 도학(道 學)의 냄새를 풍기지는 않는다. 일반론적인 이야기라 할 수 있다. 3년 후인 성종 23년(1492년) 홍문관 응교 표연말(表沿沫, 1449~1498년) 등 이 올린 상소를 보면 그 점이 훨씬 분명해진다. 정승 윤필상(尹弼商, 1427~1504년)을 겨냥한 것이다.

저 윤필상 등은 전하께서 더불어 그 정사를 도모하는 자입니다. 승 도의 많아짐을 전하께서는 근심하시는데 윤필상 등은 근심하지 아 니하고, 국시를 주장하는 것은 대신의 책임인데 도리어 아첨하는 말 을 올리니, 이로써 일신의 은총(恩寵)을 굳게 하는 계책은 얻을 수 있으나 나라를 근심하는 도리에는 어떠합니까?

여기서 중요한 것은 "국시를 주장하는 것은 대신의 책임"이라는 말이다. 여기서 판서급에 해당하는 대신이라는 말보다는 재상으로 바꾸는 것이 더 정확하다. 재상의 임무란 다름 아닌 '국시 주장'이라고 했다. 임금보다는 사대부들의 의견을 대변해 임금에게 그것을 주장해야 한다는 말이다.

표연말은 흔히 조선 도학의 종주(宗主)로 불리는 김종직(金宗植, 1431~1492년)의 제자다. 무오사화 때 경원으로 유배 가던 중 객사했고 갑자사화 때 부관참시 됐다.

1년 후인 성종 24년(1493년) 사헌부 대사헌 이세좌(李世佐, 1445~1504년)가 정성근(鄭誠謹, 1446~1504년)이라는 자의 간사한 행위를 비판하며 이렇게 말한다.

다만 국시를 지키는 것이 대간(臺諫)의 직책이기 때문에 감히 이렇게 상달하는 것일 뿐입니다.

이세좌의 경우 훈구 세력에 가깝기 때문에 주자학 계통의 사림은 아님에도 불구하고 이런 말을 쓰고 있다는 점이 중요하다. 특히 주목해야 할 부분은 "국시를 지키는 것이 대간의 직책"이라는 말이다. 이로써 재상은 임금을 보필하고 대간은 임금의 말과 행동의 허물을 살핀다는 전통적 재상관·대간관은 크게 무너지고 있음을 알 수 있다. 오히려 재상의 임무는 국시를 주장하는 것이고 대간의 직책은 국시를 지키는 것으로 바뀌어 있는 것이다.

눈 밝은 독자는 알아차렸을 것이다. 연산군은 바로 이 국시와 싸우려 했던 것이고 결국은 그 싸움에서 패해 폐주(廢主)로 전락하고 말았다. 연산군 때는 성종 때에 비해 신하들의 국시 사용이 훨씬 노골화된다. 그것은 연산군의 잘못이라기보다는 성종의 잘못이라고 봐야 한다. 연산군 때는 국시란 말이 다섯 차례 나오는데 3개가 연산군 1년, 1개가 연산군 3년, 1개가 연산군 10년이라는 점에서도 이를 알 수 있다.

연산군 1년(1495년) 2월 1일 병조정랑 권수평(權守平) 등이 상소를 올렸다. 돌아가신 아버지 성종을 위해 불교식 재(齋)를 올리려 하자 유생들이 이를 비판하니 연산군은 이들의 처벌을 명했다. 이를 비판하는 상소였다.

대행대왕(大行大王-아직 상례가 끝나지 않은 돌아가신 임금)께서 특별히 직언(直言)을 잘 받아들이고 선비의 기풍을 배양하시어, 꺼림 없이 곧은 말을 하게 된 뒤로는, 선비들이 오히려 국시를 고집하여 기절(氣絶)을 드높이며 좀처럼 굽히지 아니하매, 비록 언어 사이에 혹시 지나친 것이 있었을지언정 국가의 원기는 태산같이 높고 구정(九鼎-큰 쇠솥)처럼 무거웠습니다. 이는 정말 전하 자손만대의 복인데, 전하께서는 무엇이 싫어서 죄를 주십니까.

같은 해 7월 5일 대간(臺諫)이 글을 올렸다.

성종의 위(位)를 계승하여 성종의 정치를 저버리시면 어찌 대효(大孝)라 이르겠습니까. 불경을 박아내는 과오는 신들과 시종(侍從)들만이 말할 뿐 아니라, 유생들이 이제 또 소장을 올렸으니, 이는 이른바 "온 나라 사람이 모두 불가하게 여긴다"는 것입니다. 전하께서 홀로 국시를 어기시고 상전(上殿)에게 책임을 돌리시며, "불경을 박아 내는 일은 내가 알지 못한다" 하시니, 부모가 과실이 있더라도 모른 다 하고 공경과 효도를 다하여 간해서 말리지 못한다면 효도라 이 르리까. 신들이 성종의 큰 은혜를 받았는데, 전하의 과오를 보고서 죽음으로써 다투지 않는다면 다른 날에 무슨 면목으로 성종을 지 하(地下)에서 뵈오리까.

"전하께서 홀로 국시를 어기시고"라는 말에는 자신들은 성종의 신 하이지 연산군의 신하가 아니라는 뜻이 담겨 있다. 이 또한 주희가 즐 겨 쓰던 논법으로 선군(先君)을 끌어들여 금왕(今王)을 무력화하는 전 략이다.

연산군 3년(1497년) 4월 4일에는 공론(公論)을 따를 것을 노골적으 로 압박하는 차자를 올렸다.

국시를 유지하는 자는 대간이요, 국정을 의논하는 자는 대신입니다. 지금 대간이 복합(伏閤)하고, 정부에서 집박(執駁)하는 것은 공론이 기 때문에 그러합니다. 한 사람의 의견이 여러 사람의 의견만 못하 고, 한 사람의 지혜가 여러 사람의 지혜만 못하며, 백 사람이 모이면 공정하지 않게 의논하는 것이 없습니다. 전하께서 공론을 배제하고 자기 의견을 고집하시어, 공신만 높이고 총애하려 하시고 조정을 낮 추고 관작을 천하게 함을 근심하지 않으시니 되겠습니까. 여러 가지 의 잘못된 문호가 한 번 열리면 요행의 무리가 다투어 나와 뛰어나 고 어리석은 것이 거꾸로 놓이고, 간사하고 곧은 자가 위치를 바꾸게 될 것이니 선한 사람들이 해체(解體)되어 나라가 나라 꼴이 안 될 것입니다.

적어도 군주제 조선에서 임금은 황극(皇極), 즉 표준을 세우는 사람이다. 물론 이를 위해서는 임금이 부단한 연마와 수양을 해야 한다. 그래서 임금은 그 자체가 공(公)이 돼야 한다. 그러나 이 글은 임금을 '한 사람'이라 부르고 있다.

강하기만 하려 하고 사리에는 밝지 못했던[剛而不明] 연산군과 주자학으로 무장한 사헌부·사간원·홍문관 관리들이 충돌하고 있었고 재상이나 판서들은 설 자리를 찾지 못하다가 결국 연산군은 자포자기했고 반정이 일어나 폐주가 되고 말았다. 국시와 공론만으로도 조선사 특정 시기의 전혀 다른 결을 읽어낼 수 있는 것이다.

'주자학 운동' 전체와 관련해서 보는 관점에 따라 사대부들의 정치적 각성, 정치 주도 세력이라는 자부심 확대 등을 긍정적으로 평가해 민주주의의 전조(前兆)로 볼 수도 있다. 그들이 입에 '개혁(改革)'을 달고 살았던 것도 같은 맥락이다. 그러나 이들은 기본적으로 일반 백성의 정치적 주체성을 인정하지 않았다는 점에서 결코 민주주의적 사상이라 볼 수 없으며 자기 계급의 정치적 주장 강화라는 점에서 처음부터 그 안에 분열적 요소를 갖고 있다는 점이 지적돼야 한다. 왕권과의 충돌이 곧 민주주의로의 전진은 아니라는 말이다.

조선 시대 당쟁 발발 이전의 국시 용례 2: 조광조의 후원자 재상 안당

실록에서 국시를 검색해보니 중종 때 93건, 선조 때 45건, 광해군 때 37건이었고 숙종 때 46건, 영조 때 68건, 정조 때 58건, 순조 때 47건이었고 심지어 고종 때도 18건이었다. 즉 국시는 조선 중기 이후를 관통하는 키워드였던 셈이다. 물론 중종의 재위 기간이 39년이었기 때문에 많기는 하지만 그보다 재위 기간이 길었던 숙종이나 영조 때와 비교해보아도 두 배나 많음을 알 수 있다. 중종은 반정(反正)으로 왕위에 오르긴 했으나 아무런 정치적 기반이 없었다. 반정 주도 훈구 세력에 얹혀 있는 모습이었고 시간이 지나면서 다시 조광조를 중심으로 한 주자학의 무리가 목소리를 높이는 형태로 정치가 진행됐다. 이런 흐름 속에서 중종 시기의 '국시' 문제를 몇 가지만 짚어보자.

재위 초반부는 거의 연산군 초반부와 비슷하다. 중종 10년(1515년) 8월 27일 대간에서 아뢴 내용은 매우 중요하다. 이조판서 안당(安瑭, 1461~1521년)이 "대간의 말이 어찌 잘못 헤아림이 없을 수 있겠는가?", "국시는 모름지기 조정에 있어야 한다"고 발언하자 대간이 이를 비판한 것이다.

사실 안당은 도학(道學)을 처음으로 노골적으로 부르짖은 조광조의 든든한 후원자 역할을 한 사람이다. 도학을 옹호한 조선의 첫 번째 재상이라 할 수 있다. 도학파 혹은 주자학파의 정치 전술은 일차적으로 대간을 장악하고 다음으로 재상을 장악하는 것인데 조선에서는 안당이 바로 그런 재상이었던 것이다. 물론 강명(剛明)한 군주가 임금 자리에 있다면 있을 수 없는 일이다. 앞으로 조선 당쟁의 흐름을 살피는 데 있어 그의 중요성은 굉장히 크기에 『한국민족문화대백과사전』을 중심으로 그의 생애를 정리해보자.

안당은 1506년(중종 1년)에 연산군이 폐지했던 사간원이 부활되면서 대사간에 임명됐다. 1507년 정난공신(定難功臣) 3등에 책록되고,

우승지를 거쳐 충청도 관찰사로 나갔다가 1508년 12월에 순흥군(順興君)으로 봉작되었다. 이듬해 대사헌을 거쳐 형조·병조참판, 전라도 관찰사를 역임하고, 1514년 11월에 호조판서, 1515년에 이조판서가 됐다. 이때 구폐를 혁신하고 분경(奔競-세가 등에게 하는 이권 운동)을 금지시켰으며, 관리 등용에 있어 순자법(循資法-근무 기간에 따라 차례로 승진시키는 제도)에 따르지 말고 뛰어난 인재를 발탁해서 쓸 것을 주장했다. 김안국(金安國)·김정국(金正國, 1485~1541년)·김식(金湜, 1482~1520년)· 조광조·박훈(朴薰)·김대유(金大有)·반석평(藩碩枰)·송흠(宋欽) 등을 탁용하거나 천거했다.

같은 해 8월 박상(朴祥)·김정(金淨, 1486~1521년) 등이 중종의 폐비 신씨(愼氏)의 복위를 청하다가 대간으로부터 탄핵을 받자 구언(求言-좋은 말을 구함)해놓고, 죄를 주는 것은 언로를 막는 것이라고 하여 이들을 극구 변호했다. 이 일로 자신도 대간으로부터 탄핵을 받았지만, 사림으로부터 높이 추앙받게 됐다. 즉 앞서 본 대로 국시가 조정에 있다는 발언으로 탄핵을 받긴 했지만 기본적으로 사림, 즉 주자학도들 편이어서 추앙을 받았다는 뜻이다.

1518년 5월에 우의정으로 승진했다. 우의정에 임명되는 과정에서 김전(金詮, 1458~1523년)과 경합했으나 사림 계열의 지지로 안당이 제수받게 됐다. 그만큼 이때가 되면 주자학 세력이 조정 깊숙이 들어와 있었던 것이다.

이때 소격서(昭格署) 혁파 등을 계청(啓請)했다. 소격서란 도교의 제사를 주관하던 관아이다. 1519년 정국공신(靖國功臣)의 삭훈 문제가 제기되었을 때, 처음에는 찬성하지 않았으나, 나중에 극구 찬성하는 태도를 취했다. 이해 기묘사화가 일어나자 영의정 정광필(鄭光弼,

1462~1538년)과 함께 조광조 등을 변호해 구원하고자 했다. 같은 해 11월 좌의정이 됐으나 대간으로부터 계속 탄핵받았다. 현량과(賢良科) 설치를 처음 주장한 사람으로서, 세 아들을 모두 천거되게 했다는 허물까지 쓰고 기묘당인의 우익으로 배척당했다. 이해 12월에 파직당했다가 곧 영중추부사가 되었으나, 다시 대간으로부터 고신(告身)을 환수시킬 것을 요청하는 등의 탄핵을 받았다. 이때의 대간은 이미 반(反)주자학파가 장악했기 때문이다.

1521년 아들 안처겸(安處謙, 1486~1521년)이 처가에서 종실 시산부정(詩山副正) 이정숙(李正叔), 권전(權磌) 등과 함께 국왕의 측근에 있는 간신들을 제거하여 국세를 바로잡아야 한다고 말을 나누었다. 이들이 말하는 간신들이란 남곤(南袞, 1471~1527년)과 심정(沈貞, 1471~1531년) 등이었다. 이 사건으로 안처겸은 집안사람이기도 한 송사련(宋祀連, 1496~1575년)에 의해 고변당했다. 이를 역사에서는 신사무옥(辛巳誣獄)이라고 부른다.

이에 남곤·심정 등의 여러 대신을 살해하려 했다는 혐의로 처형됐는데, 안당도 고하지 않은 죄목으로 연좌돼 교사형(絞死刑)에 처해졌다. 이는 마치 남송에서 주희의 도학이 가짜 학문, 즉 위학(僞學)으로 몰려 금지된 상황과 겹치기도 한다.

흥미로운 점은 안처겸을 고변한 송사련이 바로 선조 때 조선 주자학의 정치화를 다시 한번 이룩하게 되는 송익필(宋翼弼, 1534~1599년)의 아버지라는 사실이다. 사림의 보호자 안당의 아들을 고변한 서출 송사련의 아들이 조선 300년 주자학의 원조가 됐다는 역설적 사건이 뒤에 일어나게 된다.

조광조는 별도의 장으로 봐야 하니 다시 국시 문제로 넘어간다. 기묘사화로 조광조를 사사했지만 흥미로운 것은 이제 중종 자신이 국시라는 말을 입에 올렸다는 점이다. 예를 들면 어떤 말을 하면서 "조정에 국시가 이미 정해졌는데 필시 어떤 식자(識者)가 사단(事端)을 일으키고자 하여 이러한 말을 만들어냈을 것이다"라고 태연히 말하고 있다. 군명(君命)은 온데간데없어져버렸다. 이는 마치 남송의 신종(神宗)과 같은 역할을 자임한 것이다. 즉 약군(弱君)임을 받아들였다는 말이다.

조선 선조 때의 국시 용례: 국시에 기대어 주자학자들의 요구가 터져 나오다

조선 역사에서 처음으로 적통(嫡統)이 아닌 임금이 탄생했다. 선조(宣祖)이다. 명종은 세자가 일찍 죽고 후사를 얻지 못했기 때문이다. 결국 조정에서는 위로 거슬러 올라가 중종과 창빈 안씨 사이에서 난 덕흥군의 아들 이균을 신왕으로 삼았다. 후궁의 아들도 아닌, 후궁의 손자가 임금에 오를 때부터 약군(弱君)은 예정된 것이었다. 그는 군세기만 하고 눈 밝지 못했던[剛而不明] 연산군과는 반대로 눈 밝기는 하지만 군세지 못했다[明而不剛].

선조 1년(1568년) 4월 11일 즉위하자마자 기묘사화로 죽은 조광조에게 벼슬과 시호를 추증하는 교서를 내렸다. 사림, 즉 주자학도들의 복권을 알리는 신호탄이었다. 여기서 벌써 선조 자신이 국시라는 말을 쓰고 있다.

이번 즉위한 처음을 당하여 국시를 정하지 않을 수 없고 선비의 풍습을 바로잡지 않을 수 없다. 이는 곧 선왕의 뜻을 잇고 일을 계승하는 일로서 세상의 도를 옮기는 것은 이 한 일에 달렸다. 이에 큰 벼슬과 아름다운 시호를 추증하여 사림의 나아갈 방향을 밝히고 백성의 큰 소망에 보답할 것이니, 이를 이조에 내리라.

앞서 우리는 국시 못지않게 중요한 것이 공론이라고 했다. 선조 3년(1570년) 5월 18일 옥당(玉堂-홍문관)에서 올린 차자에 이 둘의 관계가 분명하게 드러난다.

삼가 생각건대 한때의 국시는 어지럽힐 수 있어도 만세의 공론은 없앨 수 없으며 한때 사람들의 말은 막을 수가 있어도 만세 사람들의 마음은 속이기가 어렵습니다. 그러므로 옛부터 국시가 한때 전도되었더라도 반드시 없어지지 않는 공론에 의해 정해지게 되는 것입니다.

국시가 이학(理學)의 정치술이라면 공론은 도학(道學)의 정치술이다. 본격적으로 주자학도의 시대가 열리고 있는 것이다. 동시에 선조 8년에 이르면 주자학도 안에서도 분화가 일어났다. 그것이 흔히 말하는 동서(東西) 당쟁의 시작이다. 동인과 서인은 그러나 성향에서 차이가 있었다. 동인이 선조의 왕권을 인정하는 쪽이었다면 서인은 직간접적으로 왕권과는 반대 방향의 길을 걷고 있었다. 서인이 보다 근본주의적인 주자학도였다고 할 수 있다.

여기서 우리는 선조 18년(1585년) 4월 28일 자 『선조실록』에 실린 사관의 평에 주목해 이야기를 풀어가 보자. 이때쯤이면 당쟁이 본격화된 지 딱 10년이 됐기 때문이다. 좌의정 노수신(盧守愼, 1515~1590년)

이 열 차례에 걸쳐 사직을 청하자 이성중(李誠中, 1539~1593년)을 보내 허락하지 않는다는 가르침을 내렸다. 그런데 아주 드물게 여기에 사관의 평이 길게 붙어 있다.

(노수신은) 타고난 자태가 온화 순수했고 평소 지조(志操)가 있어 재행과 명성으로 한 시대에서 대단한 추대를 받았다. 지난 정미년(丁未年-1547년) 간흉(奸凶-윤원형)에게 거슬려 재앙의 그물에 걸렸기 때문에 남쪽 변경에서 귀양살이한 것이 거의 20년이나 되었다. 명종(明宗) 말년에 방환되어 조정에 돌아왔는데, 상이 즉위하던 초기에 이미 그 명성을 듣고 순서를 거치지 않고 탁용하여 몇 해를 지나지 않아 재상으로 세우니, 사람들이 모두 이마에 손을 얹고 기대했다. 임오년에 모친상(母親喪)을 당해서 상주(尚州) 땅에서 여묘살이를 했다. 상복을 벗고 나서는 여러 번 사양하며 오지 않았으나 상이 지극한 정성으로 간절히 부르니 드디어 명에 응하여 나아왔다. 이때 조정이 안정되지 않아 사류들이 고립되어 있었으니, 수신이 중망(重望)을 지고 성상의 지우(知遇)를 받는 몸으로 어찌 한마디 말로 임금을 깨우쳐 국시를 결정하고 싶지 않았겠는가. 그러나 시기를 잘 살피고 일을 주밀하게 처리하기 위해 경솔히 흑백(黑白)을 가리는 것을 급하게 여기지 않고서 원기(元氣)를 배양하고 사림(士林)을 보호하려는 것으로 마음을 삼았으니, 그 중후함으로 물정을 진정시킨 공은 자못 재상의 풍도가 있었다.

이 글을 정확히 읽으려면 당시의 정국을 꿰뚫어야 한다. 1년 전만 해도 동인과 서인은 팽팽한 균형을 이루며 서로 맞서고 있었다. 선조는 이런 정국에 진절머리를 냈다. 선조 16년(1583년) 9월 8일 서인의 이이가 이조판서로 조정에 복귀했다. 한 달 후인 10월 22일 선조는 이이를 위로하기 위해 따로 불러 이야기를 나누는데 그 첫마디가 이것이다.

> 내가 마치 한원제(漢元帝)가 임금 노릇 할 때와 같이 소인배를 멀리 물리치지 못하여 나라가 거의 망해가고 있다.

그때까지 동인 위주의 정권을 유지해오던 선조는 아마 이이를 끌어들여 동인을 견제하고 싶었을 것이다. 그런데 이조판서가 된 지 4개월 만인 선조 17년(1584년) 1월, 이이는 49세라는 많지 않은 나이로 세상을 떠난다. 정철(鄭澈, 1536~1593년)과 함께 서인을 이끌던 이이의 죽음은 서인으로서는 치명적 타격이었다. 이조판서 후임은 이산해(李山海, 1539~1609년)였다. 이산해는 동인이었다. 정철로서는 동지인 이이와 함께하던 정국을 한순간에 정적(政敵)과 함께해야 하는 어려운 형국을 맞게 되었다.

이이가 없어진 때문인지 정철에 대한 선조의 총애는 더욱 깊어졌다. 선조 17년 2월 대사헌에 제수되었고 12월에는 의정부 우찬성으로 특진을 하게 된다. 어쩌면 그만큼 정철에 대한 동인들의 공세가 극렬해지고 있었다는 뜻인지도 모른다.

이산해는 만만치 않은 배경과 탁월한 학식, 그리고 적어도 이때까지는 깨끗한 처신으로 선조의 총애를 받기에 좋은 조건을 갖고 있었다. 어려서 신동으로 불렸고 문장이 뛰어났다.

우리에게는 『토정비결』로 유명한 이지함(李之菡, 1517~1578년)이 그의 작은아버지이자 스승이다. 이이나 정철보다 세 살 아래였던 이산해는 정철보다 1년 빠른 명종 16년(1561년) 23살 때 문과에 급제했다. 명종 때 홍문관·병조좌랑·이조좌랑·사헌부집의 등 청요직을 두루 거친 그는 선조 2년 홍문관 직제학에 올라 늘 지제교(知製敎)를 겸했다. 지제교란 국왕의 공식 문서를 짓는 일을 하는 직책으로, 이는 그가 장래가 촉망되는 문장가였음을 뜻한다.

선조 8년 부친상을 당해 사직했다가 조정에 복귀해 도승지·대사헌·대제학·대사간 등을 두루 지냈고 선조 13년 마침내 형조판서에 올랐다. 실은 이듬해 이조판서에 제수되었으나 모친상을 당해 정계를 떠나 있었다. 문제의 선조 16년에 우찬성으로 기용됐다가 이때 다시 이이의 뒤를 이어 이조판서를 맡은 것이다. 이산해는 계략에도 워낙 뛰어난 인물이었기에 어찌 보면 이이와 정철이 힘을 모아 함께 맞서도 쉽지 않은 상대였다. 그런데 정철이 혼자서 대적하지 않으면 안 되는 상황이 된 것이다.

그에 앞서 선조 14년 7월 이이가 대사헌으로 있을 때 선조와 이이가 이산해를 놓고 인물평을 하는 대목이 나온다. 이이가 "이산해는 그동안 벼슬살이를 할 때는 특별한 재주를 보이지 않았는데 이조판서가 되어서는 사람을 선발하는 데 한결같이 공론을 따르고 청탁을 배격해 그의 집 앞이 가난한 선비의 집과 같습니다"고 말하자 선조는 "이산해는 재기(才氣)가 있으면서도 과장하려는 생각이 없으므로 내가 일찍이 덕이 있는 사람이라고 보았다"고 답했다. 선조가 이산해를 좋아하는 이유는 그랬다.

선조 18년 5월을 넘기면서 동인의 서인 탄핵은 가히 파상공세에 가까웠다. 동인의 대사헌 이식이 서인의 이귀를 몰아세웠고 서인의 핵심 인물이었던 심의겸은 파직당했다. 3월 실권이 없는 돈녕부 판사로 물러나 있던 정철도 계속 공박을 받다가 결국 8월에 파당의 우두머리로 지목돼 벼슬에서 물러나게 된다. 당시 정철과 가까웠던 다수의 인물도 벼슬을 잃었다. 그만큼 이산해의 정치력은 막강했다.

세력균형이 무너지고 권력의 추가 지나치게 동인으로 기울자 좌의정 노수신은 무력감에 빠졌다. 선조 18년 4월 노수신은 여러 차례 좌의정에서 물러나겠다며 사의를 밝혔다. 앞서 사관의 평도 이런 맥락에서 나온 것이다. 어쩌면 이이가 죽은 이후 선조는 노신(老臣) 노수신을 통해서라도 붕당을 완화하려고 갖은 노력을 다했으나 당쟁은 하루가 다르게 심화될 뿐이었다. 노수신의 중재 노력 실패는 곧 선조의 동서(東西) 화해 실패였다.

이런 맥락을 이해하고서 사관의 평을 보면 "사람들이 모두 이마에 손을 얹고[加額] 기대했다"는 것은 서인들의 기대다. "사류들이 고립되어 있었으니"라고 했을 때의 사류(士類)란 다름 아닌 서인의 무리다. "국시를 결정하고 싶지 않았겠는가"라는 아쉬움은 동서(東西) 공존의 국시에 대한 노수신의 주장이 있기를 바랐기 때문이다.

이처럼 성리학 혹은 주자학은 '국시'와 '공론'이라는 이름으로 일찍부터 조선 정치 속에 깊숙이 들어와 있었다.

제3장

주자학자들의 도통(道統) 타령에 숨은 뜻

조선의 도통(道統) 만들기 논란

조선 중기 호남을 대표하는 학자이자 정치가 기대승(奇大升, 1527~1572년)은 직접 『주자대전(朱子大全)』에서 글을 발췌해 3권으로 된 『주자문록(朱子文錄)』을 펴낼 만큼 철저한 주자학자였다. 이때가 31세 때인데 같은 해 문과에 급제해 벼슬길에 나섰다. 시대는 폭정의 시대인 명종(明宗) 때다. 조광조의 문집인 『정암집(靜菴集)』부록에 실린 글에서 기대승은 조선의 도학(道學)에 대해 이렇게 정리하고 있다.

우리나라의 학문은 기자(箕子) 시대의 일은 서적이 없어서 고증하기 어렵고 삼국 시대에는 천성이 빼어난 사람이 더러 있었지만 학문의 공이 없었고 고려 시대에는 비록 학문을 했다 해도 다만 문장을 주로 했다. 고려 말에 이르러 우탁·정몽주(鄭夢周)가 나온 뒤에야 비로소 성리(性理)의 학이 있음을 알았다. 우리 세종조에 이르러 예악과 문물이 찬란히 일신했다. 우리나라의 학문에 대하여 서로 전해진 순서를 따지자면 정몽주를 우리나라 성리학의 시조로 삼아 마땅하다. 길재(吉再)는 몽주에게 배웠고 김숙자(金叔滋)는 길재에게 배웠고 김종직(金宗直, 1431~1492년)은 숙자에게 배웠고 김굉필(金宏弼, 1454~1504년)은 종직에게 배웠고 조광조는 굉필에게 배웠으니 이로부터 원류가 있는 것이다.

이는 요순(堯舜)-우탕(禹湯)-문무(文武-주나라 문왕과 무왕)-주공-공자로 이어지고 공자 이후로는 안자(顔子-안회)-증자(曾子)-자사(子思)-맹자로 이어지고 이어 송나라에 이르러 주돈이-이정(二程-정명도와 정이천)-주희로 이어지는 도통을 조선에서는 어떻게 이어갈 것인지의 문제와 직결되는 문제다. 실은 공자는 이런 도통론이라는 것 자체를 아예 생각지도 않았다. 송나라에 이르러 생겨난 성리학 정통론 혹은 주자학 정통론에 입각한 일종의 교조에 불과했다. 그런데 조선에서는 그 끝자락의 도통론을 이어보려는 시도가 많은 사람에 의해 이뤄졌고 기대승의 이런 이야기도 그중 하나였다.

물론 조선 초에도 초보적 수준의 도통론이 알려져 있었던 것으로 보인다. 그래서 세종 24년(1442년) 6월 22일에 성균관 생원 김인량(金寅亮) 등이 올린 소(疏)에는 이런 대목이 나온다.

삼가 생각건대 우리 주상 전하께서는 영특 총명한 자질로 도통(道統)의 전함을 계승하셨습니다.

그러나 김인량 등의 이 같은 인식은 정통 주자학자들이 보기에는 주자학의 본질을 망각한 '나이브한' 인식일 뿐이었다. 이들에게는 현실 속의 군주가 아무리 뛰어나다 한들 인정할 수가 없는 대상이다. 오히려 태종이나 세종처럼 영명하거나 성군(聖君)에 가까울수록 자신들의 입지가 좁아진다고 여겼을 뿐이다. 실제로는 암군이나 유암(幽暗)한 임금일수록 자신들의 목소리를 높일 수가 있어 정치적으로는 유리하다고 보았다. 정재훈 교수의 『조선 시대의 학파와 사상』(신구문화사)에는 이이가 도통에 대해 논한 대목이 실려 있다.

> 포은 정몽주를 이학(理學)의 시조라고 여기는데 내가 보기에는 사직을 안정시킨 신하이지 참된 유자(儒者)는 아니다. 그렇다면 도학(道學)은 정암 조광조로부터 비로소 일어난 것이다. 퇴계 선생에 이르러서 유자의 모양은 이루어졌다. 그러나 퇴계는 성현(聖賢)의 말씀을 그대로 실행한 분이지 자신의 주장을 보이지는 못했다.

여기서 주목해야 할 점은 이이가 정몽주와 이황을 같은 이유로, 즉 자신의 학문으로서의 도학(道學)은 제시하지 못했기 때문에 도통에 포함시켜서는 안 된다고 말하고 있다는 것이다. 반면에 "도학은 정암 조광조로부터 비로소 일어난 것"이라고 단호하게 말한다.

이이는 자신의 책 『동호문답(東湖問答)』에서 "조광조가 성리학으로 군주의 각별한 사랑과 예우를 받았다"고 말하고 있다. 이 말은 조심스러운 분석이 필요하다. 여기서 성리학이란 곧 주자학인데 반(反)왕권 이론으로 성격을 분명히 한 성리학을 전면에 내세우면서도 군주의 사랑을 이끌어 냈기에 이처럼 높이 평가하고 있는 것이다. 바로 이 점은 이이 스스로 자신의 정치 지향을 밝힌 대목이기도 하다. 이는 그가 조광조의 문제점을 이야기하는 데서 더욱 분명히 드러난다.

> 그러나 애석하게도 조광조는 출세가 너무 일러 치용(致用)의 학문이 미처 대성하지 못한 상태였고 같이 일하는 사람들에 충성스럽고 뛰어난 이들이 많았던 만큼이나 유명세만을 좋아하는 자도 많았지요. 게다가 그의 주장이 너무 과격한 데다가 점진적이지 못하여 격군(格君-임금 바로잡기)을 기본으로 삼기보다는 헛되이 형식만을 앞세우는 면이 있었소. 그것 때문에 간사한 무리가 이를 갈며 기회만 엿보고 있었는데도 이를 미처 모르다가 한밤중에 신무문(神武門-경복궁의 북문)이 열리자 현인들이 한꺼번에 그물 하나에 모두 걸려들었소.

방향은 옳았으나 실행 면에서 문제를 드러냈고 격군, 즉 신하가 임금을 바로잡는다는 의미에서의 정군(正君)을 제대로 실천하지 못하다가 방심하여 일망타진(一網打盡) 됐다는 비판이다. 여기서도 이이 그 자신의 정치 지향이 드러난다.

조광조가 도학의 깃발을 들자 선비들은 왜 대거 뒤를 따른 것일까?

이 질문에 대한 답은 '도학(道學)' 두 글자에 담긴 비밀을 밝히는 데서부터 시작돼야 한다. 그냥 '도학'이 있고 '신권 이론으로서의 주자학에 대한 별칭으로서의 도학'이 따로 있기 때문이다.

예를 들어 태종 4년(1404년) 11월 28일에 권근이 『예경천견론(禮經淺見論)』을 짓기 위해 사직할 것을 청하자 그것을 윤허하지 않으며 태종은 이렇게 말했다.

당(唐-요임금)·우(虞-순임금) 삼대(三代)의 군신(君臣)은 도학(道學)을 밝혀 치도(治道)를 내지 아니함이 없었다. 후세(後世)의 사람으로서 도학을 밝히고자 하는 자는 육경(六經)을 내버려두고서 무엇으로 했겠는가? 내가 즉위하면서부터 명유(名儒)를 얻어 좌우에 두고 경학(經學)을 강론(講論)하여 치도의 근원을 끌어내기를 생각했다.

이것은 그저 유학으로서의 도학을 지칭할 뿐이다. 세종 15년 (1433년) 2월 9일에는 성균사예 김반(金泮)이 글을 올렸다. 여기에는 아주 중요한 언급이 들어 있다. 이때에는 이미 주희식의 도통론이 조선에도 들어와 있음을 알 수 있다. 그런데 앞서 보았던 기대승이나 이이와는 전혀 다른 차원에서 조선의 도통을 설정하고 있음을 볼 수 있다.

무릇 성도(聖道)에 공로가 있는 이는 제사하는데, 종사(從祀)하는 법은 한(漢)나라 영평(永平) 15년에 시작하여 선성(先聖)을 제사하고 72 제자를 종사했고, 당(唐)나라 정관(貞觀) 20년에 이르러 조서(詔書)로써 역대의 명유(名儒)들을 아울러 배향(配享)하게 했으며, 송(宋)나라 이종조(理宗朝)에는 정호·정이·장재·주희 등을 더하여 종사(從祀)에 들게 했습니다. 본조(本朝)에서도 최치원(崔致遠, 857~?)·설총(薛聰, 655~?)·안향 등을 종사(從祀)에 추가한 뒤에 우리 동방의 교화가 숭상됐습니다. 최치원·설총·안향의 뒤에, 오직 익재(益齋) 이제현이 도학(道學)을 창명(唱鳴)했고, 목은(牧隱) 이색이 실로 그 정통(正統)을 전했는데, 신의 스승 양촌 권근이 홀로 그 종지(宗

旨)를 얻었습니다. 근의 학문의 연원(淵源)은 색에게서 나왔고, 색의 학문의 정통은 제현에게서 나왔으니, 세 분의 학문은 다른 예사 선유(先儒)들에 비할 것이 아니기 때문입니다.

즉 이제현-이색-권근을 도통으로 정하고 있는 것이다. 당연히 성리학과는 다소 구별되는 주자학자들로서는 결코 받아들일 수 없는 도통, 혹은 학통이라 할 수 있다.

세종도 인정하지 않는 주자학자들로서는 태조·태종·세종에게 출사한 이색이나 권근은 설사 학식이 출중하고 고려 말 조선 초에 성리학을 소개한 공로가 있다 하더라도 자신들이 생각하는 주자학적 '도학'의 범위에는 받아들일 수가 없었기 때문이다.

세조 때는 주자학적 '도학'을 말할 수 있는 분위기가 아니었고 마침내 성종 때에 와서 김종직 등이 중심이 돼 주자학적 '도학'을 본격적으로 말하기 시작한다. 물론 속내를 다 드러내지는 않은 채로 말이다.

주자학적 '도학'은 공자의 유학 일반이 아니라 바로 『소학(小學)』으로서의 도학을 말한다. 주희가 편찬한 『소학』은 쇄소응대(灑掃應對), 즉 물 뿌리고 청소하고 어른이 부르면 반드시 대답하는 등의 초보적인 도덕 교과서다. 그런데 이런 책이 어떻게 정치술로 바뀔 수 있었을까? 이는 한마디로 임금이라도 이런 도덕에 기초해야 하며 신하란 같은 도덕적 기반에서 군주의 비도덕적 행위를 비판하는 것이 바로 도리가 된다는 논리를 구축해주기 때문이다. 훗날 서인 세력이 광해군을 불효(不孝)를 명분으로 축출할 수 있었던 것도 효(孝)라는 사적인

김종직

도덕이 충(忠)이라는 공적인 정치보다 근본적이라는 생각에 입각했기 때문이다.

도학(道學)이 이중적 의미를 가졌듯이 『소학』이란 책도 마찬가지의 이중성을 갖고 있었다. 이 점을 명백하게 구분하지 못하면 조선 역사를 바라보는 눈은 희미해지기 마련이다. 『소학』이 일종의 국정교과서가 된 것은 이미 태종 7년(1407년) 3월 24일 권근이 올린 글을 계기로 해서다. 이리하여 『소학』은 이때부터 서울과 지방의 학교에서 필수 과목이 됐고 생원시 응시를 위한 필독서 중 하나로 자리 잡았다. 그러나 윤인숙의 『조선 전기의 사림과 소학』(역사비평사)에 따르면 "(조선 초에는) 『소학』은 평소에 유치한 것으로 여겨 읽지 않다가 시험과 같은 제도적 강제에 의해 마지못해 읽는 책으로 인식되고 있다"고 한다. 어쩌면 이것이 상식적인 것인지 모른다.

그런데 성종 때에 이르러 김종직의 제자인 남효온(南孝溫, 1454~1492년)이 중심이 돼 강응정(姜應貞)·박연 등과 함께 '소학계(小學契)'를 만든다. 기록에 따라 '효자계'라고도 했다. 요즘 식으로 하면 초보 단계 운동권의 '독서 모임'이었다.

남효온은 '조광조의 전신(前身)'이라 할 수 있다. 남효온은 사육신을 높인 『육신전』을 짓기도 했다. 남효온은 특히 종친인 이심원(李深源, 1454~1504년)과 깊은 교결을 맺고 당을 만들어 소학에 입각한 정치 행동에 나섰다.

성종 9년 4월 유생이던 남효온은 내수사 혁파를 비롯한 8가지 정치 문제의 '개혁'을 요구하는 소를 올리는데 그중 핵심은 내수사(內需司) 혁파였다. 그 전날에는 이심원도 비슷한 내용의 소를 올렸다. 내수사란 임금의 사금고이니 이는 주희 때부터 일관된 비판 대상이었다. 임금은 천하가 집이니 사사로이 금고를 가져서는 안 된다는 주자학적 정치 강령의 핵심 중의 하나였다. 그런데 이미 조정 안에는 소학당의 무리가 보이는 행태를 부정적으로 보는 시각이 있다. 동부승지 이경동(李瓊同)은 이렇게 말했다.

> 남효온은 주계부정(朱溪副正) 이심원이 천거한 서생 강응정의 무리인데 효온의 무리가 일찍이 성균관에 있을 때 스스로 서로 추존(推尊)하여 강응정을 부자(夫子-공자)라고 일컫고 박연을 안연(顏淵-공자의 수제자)이라고 일컫기까지 하며 그 나머지를 차례로 지목하여 괴이한 행동을 빚어내고 있다고 합니다.

이이가 말했던 "헛되이 형식만을 앞세우는 면"이란 바로 이것이다. 특이하게도 서로 헛되이 높이는 행태는 '소학' 숭배자들에게는 일관되게 나타나는 모습이다.

『연산군일기』 4년(1498년) 8월 16일 자에는 무오사화가 한창인 가운데 남효온과 김굉필이 함께 조직했다는 '죽림칠현(竹林七賢)'에 대한 유자광(柳子光, 1439~1512년)의 비밀 보고가 실려 있다. 즉 유자광은 왕당파로서 반왕당파인 사림들과 맞서고 있었다. 사실 유자광의 이런 입장은 세조·예종·성종·연산군 중종 때까지 일관되었다.

따라서 오늘날 우리가 갖고 있는 유자광에 대한 부정적 인식은 그의 인격적 문제와는 별개로 주자학 무리에 반대했던 자로서 받아야 했던 비판의 결과임을 염두에 둘 필요가 있다. 즉 주자학 비판과 더불어 유자광의 실제 모습에 대한 입체적 복원의 필요성이 제기된다는 말이다. 그의 보고를 들어보자.

(남효온·안응세·홍유손·김굉필·이윤종) 이상의 사람들이 결탁하여 당원(黨援)이 되어 고담(高淡)·궤설(詭設)을 일삼아 선비의 기풍을 손상하고 있습니다. 유손(裕孫-홍유손)의 헌명(軒名)은 헌헌헌(軒軒軒)이온데, 반드시 헌(軒)의 이름을 지어준 자가 있을 것이오며, 또 유손이 그 동지들을 허여하여 죽림칠현(竹林七賢-중국 진나라 때의 노장사상 무리)이라 이름했으니, 대개 진(晉)나라 완함(阮咸) 등의 일을 사모한 것입니다. 쇠세(衰世)의 일을 본받아서 다시 성명(聖明)의 세상에 행하려 드니, 청컨대 국문하여 그 죄를 징계하소서. 또 강응정이란 자가 있어 그 무리를 허여하여 십철(十哲)이라 부르고, 그 무리는 응정을 추앙하여 부자(夫子)라고 부르고 있사오니, 청컨대 아울러 국문하소서.

보기에도 민망한 수준의 허장성세가 만연하고 있었다. 이미 '소학당'의 원조라 할 수 있는 김종직에 대해 『성종실록』 성종 15년(1484년) 8월 자에는 매우 신랄한 사관의 평이 나온다.

김종직은 경상도 사람이며, 박문(博文-널리 배움)하고, 문장을 잘 지으며 가르치기를 즐겼는데, 전후에 그에게서 수업(受業)한 자 중에 과거(科擧)에 급제한 사람이 많았다. 그러므로 경상도의 선비로서 조정(朝廷)에서 벼슬 사는 자들이 종장(宗匠)으로 추존(推尊)하여, 스승은 제 제자를 칭찬하고, 제자는 제 스승을 칭찬하는 것이 사실보다 지나쳤는데, 조정 안의 신진(新進)의 무리도 그 그른 것을 깨닫지 못하고, 따라서 붙좇는 자가 많았다. 그때 사람들이 이것을 비평하여 '경상도 선배의 무리[慶尙先輩黨]'라고 했다.

이제 이 절을 시작하며 던졌던 질문에 답해야 할 차례다. 연산군 때의 무오사화는 실상은 바로 이런 김종직 당을 일망타진하려던 연산 군과 유자광의 합작품이었다. 이후 도학을 내세운다는 것은 불가능해 졌고 중종반정이 일어났지만 여전히 공신들의 세상이었기에 도학(道 學) 운운할 상황은 아니었다. 이런 상황에서 중종은 공신들로부터 독 립을 열망했고 그러기 위해서는 신진 세력과 손을 잡아야 할 필요성 이 있었다. 물론 그 신진 세력이란 하필이면 반(反)왕권 주자학 세력이 었으니 장차 왕권 강화를 추구하는 중종과의 충돌은 불가피했다. 즉 중종과 조광조가 이끄는 도학 세력의 '연합'은 그 속성상 이미 잠정적 일 수밖에 없었다. 그러니 미숙한 조광조는 이 점을 간과했다가 횡액 을 당하고 만다. 이 점에 대해서는 같은 주자학도인 이이조차 비판적 이었음을 염두에 두고 조광조를 만나러 가보자.

조광조, 스승 김굉필에게 '소학'의 정수를 익히다

조광조는 1482년(성종 13년)에 한양에서 태어났다. 13세이던 1494년 연산군의 시대가 열렸다. 그나마 아버지 조원강의 벼슬이 미 관말직에 머물렀기에 조정에서 일어나는 피바람에서 비켜갈 수 있었 다. 조광조는 17세 무렵 아버지의 임지인 평안도 어천으로 따라간다. 아버지의 벼슬은 그곳의 역마를 관리하는 찰방(察訪)이었다. 그런데 비슷한 시기인 연산군 4년(1498년) 무오사화가 일어나 김종직의 제자 였던 김굉필도 어천에서 가까운 희천으로 유배를 당했다. 2년 후에 김 굉필이 전라도 순천으로 이배(移配)될 때까지 2년 정도 그에게 『소학』 을 배운 것이 사제관계의 전부다. 김굉필은 그 후 갑자사화가 일어나자 결국 사형에 처해졌다.

10대 후반의 조광조가 '소학동자' 김굉필로 받은 지적·정신적 충격은 참으로 컸던 것으로 보인다. 이후 조광조가 어떤 공부를 했는지 모르지만 대체로 개성 인근에 있는 천마산·성거산 등을 옮겨 다니며 독서에만 전념했다는 이야기 정도가 전해진다. 뒤에 행적을 볼 때 이때 그는 『소학』뿐만 아니라 신권 이론으로서의 주자학 전반에 대한 폭넓은 이해를 갖춘 것으로 보인다. 그리고 마침내 주희가 그랬던 것처럼 자신도 그 학문을 '도학(道學)'이라고 불렀다. 군주제하에서 왕권 비판 이론으로서의 성리학을 정립했다는 뜻이다. 이이가 "도학(道學)은 정암 조광조로부터 비로소 일어난 것"라고 한 것도 바로 이 점을 높이 평가한 때문이다. 이이는 도학이란 말에 담긴 비밀 코드를 정확하게 이해하고 있었던 것이다.

바로 그 때문에 조광조는 문과에 급제도 하기 전인 생원 시절에 이미 '사림의 영수'가 된다. 이때 그의 나이 불과 29세였다. 중종 5년 (1510년) 10월과 11월 실록에 나오는 사관의 평 2개는 이를 입증해 준다.

이때 생원 김식·조광조 등이 김굉필의 학문을 전수(傳受)하여, 함부로 말하지 않고 관대(冠帶)를 벗지 않으며, 종일토록 단정하게 앉아서 빈객을 대하는 것처럼 했는데, 그것을 본받는 자가 있어서 말이 자못 궤이(詭異)했다.

성균관이 "그들이 스스로 사성 십철(四聖十哲)이라 일컫는다"고 하여 예문관·승문원·교서관과 통모(通謀)하여 그들을 죄에 몰아넣으려고 하다가 이루지 못했다. (10월)

제1부 | 당쟁의 근원

국가가 무오사화(戊午史禍)를 겪은 뒤부터 사람이 다 죽어 없어지고 경학(經學)이 씻은 듯이 없어지더니, 반정 뒤에 학자들이 차츰 일어나게 되었다. 조광조는 소시에 김굉필에게 수학하여 성리(性理)를 깊이 연구하고 사문(斯文)을 진기(震起)시키는 것을 자기의 임무로 삼으니, 학자들이 추대하여 사림의 영수가 되었다. (11월)

여기서도 서로를 높여 '사성십철(四聖十哲)'이라고 부르고 있다. 소학당의 폐습이라 할 수 있다. 5년 후인 중종 10년(1515년) 8월 마침내 조광조는 문과에 급제해 벼슬길에 들어선다. 이제 재위 10년을 맞은 중종은 공신으로부터 독립을 추구하고 있었고 주자학은 원래 재상은 말할 것도 없고 공신들에 대해서도 극도로 비판적이었다. 주로 언관(言官)이라 해서 사간원을 중하게 여겼다.

실제로 조광조도 사간원 정언(正言)이 돼 누구보다 앞장서 공신 비판에 나섰다. 홍문관으로 옮겨서도 수찬을 맡아 언관으로서 목소리를 크게 높이며 중종의 막대한 총애를 받았다. 늘 경연에 검토관·시독관으로 참여해 경전과 시사를 논해 중종의 사랑을 독차지했다. 불과 2년도 되지 않아 조정 대신들도 조광조의 눈치를 살펴야 했다. 중종 12년(1517년) 윤 12월 26일에 실린 사관의 평은 이를 잘 보여준다.

특히 조광조는 임금의 총애를 받아 정3품의 직(職)에 초수(超授-특진)되자 경연관이 "너무 지나치다"고 했는데 (이조판서) 남곤은 왕의 뜻을 엿보고서 계청(啓請)한 것이다. 비록 주의(注擬-의견을 올림)는 하지 않았다 하더라도 은연중에 표시한 것이니 이는 대개 조광조를 두려워해서 이런 말을 한 것이다.

욱일승천(旭日昇天), 조광조와 그를 따르는 사림들을 막을 세력은 없어 보였다. 중종 14년(1519년) 새해를 조광조는 종3품 대사헌으로서 맞았다. 국왕의 총애를 받는 대사헌이란 자리는 권한이 막강했다. 그리고 같은 해 4월, 1년 이상 끌어오던 현량과(賢良科)를 실시하게 되었다. 모두 120명이 천거되어 28명이 급제했다. 그중에는 이미 과거를 통해 관직에 진출했다가 다시 응시한 사람도 여러 명이 포함돼 있었다. 이들은 훗날 조광조의 눈치를 살폈다 하여 비판을 받게 된다. 이때 현량과에서 장원은 사헌부 장령을 지낸 바 있는 김식이었다. 조광조와 김식은 이때 38세 동갑이었다. 김식이 조광조와 아주 가까운 데서 알 수 있듯이 28명 중 상당수가 '조광조 사람'이었다.

이로써 조정 내 사림의 위세는 하늘을 찌를 듯했다. 못할 것이 없어 보였다. 실제로 중종은 김식을 종3품인 성균관 사성으로 임명했다가 열흘 후 정3품인 홍문관 직제학으로 승진시켰다. 장령이 정4품인 것을 감안한다면 불과 보름 만에 2계급 특진이었다.

그런데도 사림들은 중종을 압박해 김식을 성균관 대사성에 임명하려는 움직임을 보였다. 이 정도 되면 중종 아니라 세종대왕이라도 기분이 상할 일이다. 아니나 다를까 거듭 김식의 성균관 대사성 임명을 청하는 이조판서 신상(申鏛, 1480~1530년)의 요청에 대해 중종은 "부제학의 적임자를 기다린 후에 대사성에 임명하면 어떻겠는가?"라고 나름의 중재안을 내놓았지만 기세가 오른 사림들은 요지부동이었다. 결국 중종은 김식을 대사성으로 임명한다. 그러나 이것은 중종의 심기를 건드렸다. 중종이 원했던 것은 왕권 강화였지 또 다른 신권(臣權) 세상을 노리는 사림의 집권은 아니었기 때문이다.

그러나 조광조는 브레이크가 망가진 기관차였다. 마침내 같은 해

제1부 | 당쟁의 근원

10월 대사헌 조광조가 칼을 뽑았다. 대사간 이성동과 함께 위훈삭제를 요구하고 나선 것이다. '반정(反正) 3훈'은 세상을 떠났지만 정국공신 명단에 올랐던 가짜 공신들이 중앙권력을 여전히 장악하고 있었다. 게다가 정국공신 1등에 올랐던 홍경주(洪景舟, ?~1521년)는 살아 있었다. 중종은 훈구와 사림의 상호견제와 균형을 통해 왕권을 강화하려 했는지 모른다.

조광조는 이 점을 과소평가했다. 내친김에 훈구의 뿌리를 통째 뽑아버리려 했다. 훈구의 격렬한 반발에도 불구하고 조광조는 11월 일곱 차례의 주청을 통해 위훈삭제를 관철했다. 2·3등 공신 일부와 4등 공신 전원이 훈작(勳爵)을 삭탈당했다. 전체의 4분의 3에 달하는 76인의 훈작이 날아갔다. 당위(當爲)에도 불구하고 그것은 반동(反動)을 부르기에 충분했다.

중종은 훈구의 전횡도 싫었지만 사림의 독선에도 넌덜머리를 내기 시작했다. 위훈삭제가 이뤄진 지 불과 4일 만에 훈구파는 대대적인 반격에 나선다. 중종의 생각이 반(反)사림으로 돌고 있음을 간파한 두 사람이 있었다. 남곤과 심정이 그들이다. 남곤은 묘하게도 김종직의 문인으로서 그 뿌리로 보자면 사림파였다. 심정은 정국공신 3등에 녹훈되었다가 위훈삭제 당해 훈작과 토지, 노비를 하루아침에 빼앗긴 장본인이었다. 두 사람은 중종의 후궁인 희빈 홍씨의 아버지이기도 한 정국공신 1등 홍경주를 찾아갔고 홍경주도 두 사람의 사림 제거론에 쉽게 동의했다.

홍경주는 딸 희빈 홍씨를, 심정은 자신과 가까운 경빈 박씨를 통해 중종의 마음을 흔들어놓기 시작했다. 백성이 모두 임금보다 조광조를 더 좋아한다는 식이었다. 심지어 희빈 홍씨는 아버지의 밀명에 따라 창덕궁의 나뭇잎에 '走肖爲王(주초위왕)'이라고 꿀로 써놓은 다음에 벌레가 갉아먹은 것을 중종에게 갖다 바치기도 했다. 조(趙)씨, 즉 조광조가 곧 왕이 된다는 뜻이었다. 임금의 의심을 불러일으키는 전형적인 중상모략이다. 물론 이것을 중종이 진심으로 믿었는지는 모르겠지만 계속되는 두 후궁의 참소에 불안감은 더해갔을 것이다.

결국 중종은 당파를 형성하려 했다는 이유를 들어 조광조 일파를 잡아들인다. 처음에는 국문도 하지 않고 죽이려 했으나 여의치 않자 일단 조광조·김정·김구·김식·윤자임 등을 옥에 가두었다. 그 후 조광조와 김정·김구·김식 등은 사형을 시키기로 했으나 영의정 정광필이 눈물로 호소하여 일단 전라도 능주로 유배되는 선에서 마무리되는 듯했다. 그러나 훈구파의 김전·남곤·이유청(李惟淸, 1459~1531년)이 각각 영의정·좌의정·우의정에 올라 유배가 있던 조광조 일파에게 사약을 내리도록 중종을 설득했다. 결국 한 달 후인 12월 20일 조광조에게 사약이 내려왔다. 기묘사화(己卯士禍)의 시작이었다.

논란 끝에 성균관 대사성에 올랐던 김식은 선산에 유배되었다가 다음 해 사약이 내려온다는 소식을 듣고 거창으로 숨어 들어갔다가 목을 매 자살했다. 훗날 효종 때 영의정에 오르게 되는 김육(金堉, 1580~1658년)이 그의 증손자이다. 담양 부사 박상과 함께 폐비 신씨 복위 논쟁을 유발했다가 고초를 겪은 후 조광조의 집권 후 관직에 나와 형조판서에까지 올랐던 37세의 김정은 제주도로 안치되었다가 1521년 사약을 받았다.

아산으로 귀양을 갔던 기준(奇遵, 1492~1521년)은 김정과 같은 무렵 사약을 받고 29세의 젊은 나이에 생을 마감했다. 그의 조카가 선조 때의 대표적인 성리학자인 기대승이고 아들은 기대항(奇大恒,

1519~1564년)이다. 이때 일어난 기묘사화(己卯士禍)의 피바람으로 조선의 사림은 다시 깨어나기 힘든 깊은 잠에 빠져들어야 했다. 그리고 마침내 이 휴화산은 오랜 세월이 흘러 선조 8년에 다시 지표를 뚫고 불꽃을 뿜어내게 된다.

조광조에 대한 이황과 이이의 평가의 온도 차

이황은 조광조를 이렇게 평했다.

정암(靜庵-조광조의 호)은 타고난 성질이 신실하고 아름다우나 학문이 충실하지 못했다. 그래서 (정치에서) 시행한 것이 사리에 지나쳐 합당하지 않은 것이 있었다. 그러므로 마침내 일이 실패하는 데 이르고 말았다. 만약에 학문이 충실하고 덕성과 재능이 성취된 뒤에 나아가서 정사를 담당했더라면 어디까지 나아갔을지 쉽게 헤아릴 수 없을 것이다. (『퇴계집』)

이황보다는 젊은 세대인 이이는 『석담일기』에서 이렇게 평했다.

그는 뛰어나고 밝은 자질과 나라 다스릴 재주를 타고났음에도 학문이 채 이루어지기도 전에 정계에 나선 결과 위로는 왕의 잘못을 바로잡지 못하고 아래로는 구세력의 바람도 막지 못했다. 그는 도학을 실천하려고 왕에게 왕도를 이행하도록 간청했으나 그를 비방하는 입이 너무 많아 비방의 입이 한번 열리자 결국 몸이 죽고 나라를 어지럽게 했으니 후세 사람들이 그의 행적을 경계로 삼는다.

두 사람의 평가는 비슷해 보이지만 실은 큰 차이가 있다. 자질은 좋았으나 학문이 충실하지 못했고 그래서 일을 그르쳤다는 것이 이황의 평이라면 자질은 좋았으나 학문이 채 이루어지기 전에 정계에 나서 왕의 잘못을 바로잡지 못했고 구세력에게 당했다는 것이 이이의 평이다. 즉 이이는 도학을 실천하려는 단계에까지 이른 점을 평가하는 데 반해 이황은 이 점조차 인정하지 않는 것이다. 패망의 이유 또한 이황은 조광조 자신에게서 찾는 반면 이이는 비방하는 자들에게 돌리고 있다.

제2부
선조, 조선 당쟁의 본격화

제4장

왜 하필 선조 때
당쟁의 불꽃이 피어올랐나?

재상 이준경이 당쟁의 조짐과 대처방안을 유언으로 남기다

이건창의 『당의통략』은 서인(西人) 중에서 소수파였던 소론의 입장에서 저술됐다. 그는 이 책을 쓰게 된 동기를 자서(自序)에서 이렇게 밝히고 있다.

당의(黨議)를 먼저 한 것은 이유가 있다. 우리 국조의 당폐(黨弊)란 역대에 보지 못하던 것이어서, 목릉(穆陵-선조) 을해(乙亥, 1575년)로부터 원릉(元陵-영조) 을해(1755년)에 이르기까지 180년 동안에 공사 간의 문자를 기재한 것이 십에 칠·팔은 다른 일이 아니고 모두 남의 시비·득실·사정(邪正)·충역(忠逆)을 의논할 것 없이 대체로 당론에 벗어나지 않기 때문이다. 그러나 다른 날에 정사(正史)를 쓰는 이는 반드시 먼저 당의를 간략하게 추려 옛날 사마천의 글과 반고의 뜻을 모방하여 별도로 한 부를 만들어놓은 뒤라야 그 다른 일이 정리되어 문란해지지 않을 것이다.

즉 이미 조선 역사의 기록은 당쟁에 의해 채색됨이 심하기 때문에 조선에 관한 정사(正史)를 쓰고자 할 경우 어떤 주장이나 의견이 어느 당파에서 나온 것인지를 감안한 다음에 그 타당성을 검토해야 한다는 말이다. 일종의 지식사회학적인 성찰이라 할 것이다.

하지만 『당의통략』 또한 이 같은 지식사회학적인 성찰 대상에서 벗어날 수는 없다. 세상에는 완전무결한 '객관적 입장'이란 존재할 수 없다. 그것은 필자 또한 마찬가지다. 이런 한계를 인정하는 가운데 『당의통략』의 세계 속으로 들어가보자. 이건창은 선조를 임금으로 즉위시킨 사실상의 1등 공신 영의정 이준경(李浚慶, 1499~1572년)이 선조 5년 (1572년) 7월 7일 세상을 떠나면서 선조에게 올린 유언을 담은 짧은 상소 유차(遺箚)에서 그 책을 시작하고 있다. 탁견이다.

흔히 우리는 그보다 3년 후인 선조 8년(1575년)에 심의겸과 김효원이 하급관리 인사권을 가진 이조(吏曹)의 전랑(銓郎-6품)직을 두고 대립하면서 당쟁이 시작됐다고 배웠다. 그러나 이는 '원인'이나 '시발점'이라고 부르기에는 너무도 미미하다.

오히려 그 사건은 '표면화의 계기'일 뿐이고 원인(遠因)은 우리가 앞서 세 차례에 걸쳐 살펴본 대로 주희의 도학(道學)이 도입돼 조선의 사림이라는 사람들이 교조적으로 받드는 데서 이미 예견된 것이다. 또 중인(中因)은 명종(明宗)을 끝으로 조선 왕실의 적통이 끊어지고 방계승통(傍系承統)으로 어린 선조가 즉위한 것이며 근인(近因)은 조광조 이후 숨죽였던 도학(道學)의 무리가 다시 고개를 쳐들기 시작한 것이다. 이건창은 이를 직접 지적하지는 않았지만 적어도 근인(近因)과 관련해서는 우리에게 중요한 시사점을 던져주었다.

이때 이준경은 "흙 속으로 들어가는 신(臣) 아무개가 아룁니다"로 시작하는 유차(遺箚-약식 유언 상소)에서 네 가지를 선조에게 당부했다. 앞의 둘은 제왕으로 갖춰야 할 자질로 학문과 위엄을 이야기하고 뒤의 둘은 붕당(朋黨)의 출현이 임박했으니 임금 자신이 군자와 소인을 잘 분별해 군자는 쓰고 소인은 버리고 이어서 붕당(朋黨)의 사론(私論 -사사로운 논의)을 없애야 한다고 강조했다. 그 마지막을 보자.

> 붕당의 사론을 없애야 합니다. 지금의 사람들은 잘못한 과실이 없고 또 법에 어긋난 일이 없더라도 자기와 한마디만 서로 맞지 않으면 배척하여 용납하지 않습니다. 그리고 자신의 행동을 다잡는다거나 독서하는 데 힘쓰지 않으면서 고담대언(高談大言)으로 친구나 사귀는 자를 훌륭하게 여김으로써 마침내 허위(虛僞)의 풍조가 생겨났습니다. 군자는 함께 어울려도 의심하지 마시고 소인은 저희 무리와 함께하도록 내버려두는 것이 좋습니다. 이 일은 바로 전하께서 공정하게 보신 바이니 이런 폐단을 제거하는 데 힘쓰셔야 할 때입니다.

이를 잘 읽어보면 앞일을 예견한 것이 아니라 이미 그런 풍조가 생겨났음을 고발하고 있다. 다행히 실록의 사관(史官)은 사평(史評) 두 가지를 달아놓아 우리에게 이 문제를 더 파고들 수 있는 실마리를 제공하고 있다.

첫째 이때에 심의겸이 외척으로 뭇 소인들과 체결해 조정을 어지럽힐 조짐이 있었기 때문에 이를 지적한 것이다.

둘째 공(-이준경)은 임금을 아끼고 세상을 염려해 죽는 날에도 이런 차자를 남겼으니 참으로 옛날의 곧은 신하[直臣]라 할 것이다. 당시에 심의겸의 당이 이 차자를 지적해 '건조무미한 말'이라는 소(疏)를 올려 배척하기까지 했으니 참으로 군자의 말을 소인은 싫어하는 것이다.

다시 심의겸이다. 도대체 심의겸은 누구인가? 심의겸은 1535년생으로 이때 38세였다. 아버지는 명종의 장인 심강(沈鋼, 1514~1567년)이니 명종비 인순왕후(仁順王后) 심씨(沈氏)의 동생이다. 처음에는 이황에게 배웠다.

22세 때인 1552년 문과에 급제해 외척으로서 핵심 요직인 청요직(淸要職)을 두루 거쳤고 1572년에 이조참의(吏曹參議)에 올랐다. 이때 김종직 계통의 김효원이 이조정랑(6품직)으로 천거되자 심의겸은 김효원이 예전에 명종 때 권신(權臣) 윤원형(尹元衡, 1503~1565년)의 집에 기거한 사실을 들어 권신에게 아부한 자라며 반대했다. 2년이 지난 1574년 김효원은 결국 이조정랑에 임명됐고 이듬해인 1575년 심의겸의 동생 심충겸(沈忠謙, 1545~1594년)이 천거되자 김효원은 전랑(銓郞-하급관리 인사권을 가진 관리) 자리가 외척의 사유물이 될 수 없다고 반대해 심의겸과 김효원의 충돌이 본격화됐다.

그런데 이런 일이 생기기 이미 3년 전인 1572년에 이준경은 이와 같은 유차를 올렸고 사관은 곧바로 "심의겸이 외척으로 뭇 소인들과 체결해", "심의겸의 당"이라는 표현을 쓰고 있다.

이들은 누구인가?

'파주 삼현(三賢)'인가 '파주 4인방'인가

이제 우리는 조선 중기 정치사 혹은 당쟁
사의 가장 내밀한 지점에 발을 내디뎠다. 지
역적으로는 경기도 파주에 담긴 역사의 단
편을 읽어내는 작업이다. '파주 삼현(三賢)'
이라는 말이 있다. 이이·송익필·성혼(成渾,
1535~1598년) 세 사람을 가리키는 말이다.

성혼

2004년 보물 제1415호로 지정된 『삼현수간(三
賢手簡)』은 송익필의 아들 송취대(宋就大)가 이들 세 사람의 편지와 답
장 등을 모아서 한 권의 책으로 엮은 것이다.

조선 당쟁사에서 가장 큰 규모와 세력을 형성한 서인은 이들 세 사
람에게 생겨났다. 그 후 노론(老論)과 소론(少論)이 갈릴 때 소론의 정
신적 지주는 성혼이 됐다. 반면에 서인과 노론은 송익필의 제자인 김
장생(金長生, 1548~1631년), 김장생의 제자인 송시열로 맥을 이어간다.
사실 이이의 역할은 미미했다. 관직 생활 때문이었는지 모르지만 이렇
다 할 제자도 길러낸 바가 없다. 이것이 실상에 가깝다.

그러나 우리는 역사책에서 이이에 대해 "당쟁을 조정하려 했던 인
물"이라고 배웠다. 전혀 그렇지 않다. 이이는 송익필 다음가는 서인의
이론가이자 조정에서 서인의 이익을 대변하려 했던 인물일 뿐이다. 왜
냐하면 송익필에게는 출신의 미천함과 더불어 조광조를 지원했던 정
승 안당 집안을 몰락으로 이끈 고변 사건의 주인공 송사련의 아들이
라는 딱지가 붙어 있었기 때문이다. 그래서 서인들은 은근슬쩍 이이
를 '서인의 지주'로 부각하고 송익필의 이름은 지워버렸다. 이런 일은

선조·광해군·인조·효종·현종·숙종 때까지 줄곧 이어졌다.

이런 실상 왜곡을 바로잡으려 한 사람은 훗날 노론의 거두인 송준길(宋浚吉, 1606~1672년)과 송시열이었다. 그가 행장을 쓰고 안 쓰고에 따라 당파가 갈리고 명망이 오르내렸던 송시열이 송익필을 위한 묘갈명(墓碣銘)을 지었는데 그 서두에 나오는 한 대목이다.

지난번 동춘(同春) 송준길이 나에게 말하기를 "문원공(文元公-김장생) 김 선생이 율곡 이 선생을 스승으로 모셔 도(道)가 이루어지고 덕(德)이 높게 되었는데 그가 관건(關鍵)을 열 수 있도록 기초를 다져준 분이 구봉(龜峯-송익필 호) 선생이었다는 것은 속일 수가 없는 사실이오. 선생의 문하에서 상당수에 달하는 명현(明賢) 거공(巨公)이 배출되었는데도 선생이 세상을 뜬 후 70여 년이 되도록 묘도에 비갈이 없으니 아마도 우리를 기다리고 있었던 것이 아니겠소"라고 했다.

여기서도 약간의 오도(誤導)가 있다. 김장생은 줄곧 송익필을 곁에서 스승으로 모셨고 이이에게는 20대 때 잠깐 『소학(小學)』 등을 배운 것뿐이다. 그런데 지금까지도 김장생을 인물 사전 등에서 찾아보면 '이이의 제자' 혹은 '이이와 송익필의 문인' 등으로 표기되어 있다. 영향을 받은 것은 있겠지만 엄밀한 의미에서 이이는 김장생에게는 스승 송익필의 붕(朋)이라고 봐야 한다. 그럼에도 송익필을 숨겨야 했고 이이를 그 자리에 올려야 했기에 김장생의 '스승' 문제가 혼선을 빚어왔던 것이다. 학계에서 이 문제를 이제 분명히 정리해야 할 것이다.

다시 '파주 삼현'으로 돌아가자. 관직 길이 막힌 송익필은 지금의 파주출판단지가 있는 심학산(-옛 이름은 구봉산) 자락에서 평생 제자들을 길렀다. 그의 호 구봉(龜峯)은 그 산 이름에서 딴 것이다. 이이는 거기서 동북쪽으로 30km쯤 떨어진 파주시 파평면 율곡리에서 자랐다. '율곡'이란 호도 거기서 온 것이다. 성혼은 다시 거기서 동북쪽으로 7km쯤 떨어진 같은 파평면 눌노리에서 자랐다. 우계(牛溪)라고도 하는데 성혼의 호가 우계다. 송익필은 임진왜란 때 충청도로 피난을 가서 죽었기 때문에 충청도 당진의 숨은골[隱谷]이란 곳에 묻혀 있지만 이이와 성혼의 묘소는 각각 율곡리와 눌노리에 있다.

이처럼 경기도 파주는 조선 당쟁의 주류(主流)이자 도그마로서의 주자학을 신봉했던 서인의 성지(聖地)라 할 수 있다. 이들 '삼현(三賢)'에는 못 들어갔지만 거의 동년배였던 이들 세 사람과 뜻이 맞았던 인물이 바로 심의겸이다. 심의겸의 근거지는 인근 광탄(廣灘)이다. 역시 파주다. 지금도 파주시 광탄면 신산리에 심의겸의 묘소가 있다.

이들 네 사람은 이미 파주라는 지역을 기반으로 깊은 교결을 맺고 있었다. 그리고 조정 내 파워는 두말할 것도 없이 심의겸이 가장 셌다. 사관이 "심의겸의 당"이라고 한 것은 바로 이 세 사람을 가리키는 것이다. 무엇보다 당시의 사관은 이들을 "뭇 소인"이라고 부르고 있다.

실제로 이준경의 유차가 올라간 직후 이이가 가장 먼저 그것을 비판하는 「논붕당소(論朋黨疏)」를 써서 올렸다. 이때 이이는 관직을 그만두고 처가가 있는 황해도 해주와 파주를 오가며 지낼 때였다. 홍문관 응교였다가 물러나 관직에 있지도 않은 이이가 격한 논조의 소를 올렸다는 것은 "심의겸의 당"과 "뭇 소인" 중에 바로 자신이 포함돼 있음을 알고 있었기 때문이다.

『선조실록』은 처음으로 수정 작업이 이뤄진 실록이다. 즉 『선조수정실록』은 훗날 인조반정으로 권력을 잡은 서인들이 인조와 효종 때에 걸쳐 다시 쓴 것이다. 이이의 이 「논붕당소」도 『선조실록』에는 언급조차 없지만 『선조수정실록』1572년(선조 5년) 7월에는 전문이 다 실려 있다. 참고로 『선조수정실록』은 1년부터 임진왜란이 일어난 25년까지는 날짜를 특정할 수 없다며 모두 '1일'이라고 표기하고 있다.

이이는 먼저 이준경이 우려한 네 가지 항목 모두 잘못된 것이라고 비판했다. 그중에서도 특히 붕당론은 전혀 근거가 없는 난언(亂言)에 불과하다고 폄하했다. 그의 상소는 상당 부분 이준경에 대한 인신공격으로 가득 차 있다.

선을 좋아하는 마음이 없는 것은 아니지만 식견이 밝지 못하고, 나라를 걱정하는 생각이 없는 것은 아니지만 재기(才器)가 부족하며, 선비를 사랑하는 뜻이 없는 것은 아니지만 거만하여 자기를 높였습니다.

지난 몇 년 동안 시정에 시끄러운 말이 왁자하게 퍼져 여우와 쥐 같은 무리가 사림을 음해하고자 했는데, 준경이 주동자라는 말이 있었습니다.

붕당은 전혀 없다며 이준경이 붕당 운운한 것은 다음과 같은 이유 때문일 것이라고 단정한다.

준경이 붕당을 한다고 지목하는 사람들이 한때의 청망(淸望)이요 공론을 주장하는 사람들이어서, 만약 이름을 밝혀 말하면 특별히 사림에 죄를 얻을 뿐 아니라 소인으로 귀착될 것이기 때문입니다.

심지어 유언을 통해 이 같은 이야기를 한 것은 도저히 이해할 수 없다며 이렇게 말한다.

옛날 사람은 죽을 때 그 말이 착했는데 지금의 이 사람은 그 말이 악하니, 이상한 일입니다.

이런 글이 올라가자 대간(臺諫) 중에는 이준경을 추죄(追罪)할 것을 주장하는 자도 있었다. 그러나 이때 홍문관 수찬 류성룡(柳成龍, 1542~1607년)이 나섰다.

그 말은 사실 옳지 않으나 그 잘못을 가려내면 그만이지, 죄를 청하기까지 하는 것은 대신을 대우하는 체모에 손상이 될 듯하다.

그런데 서인의 입장에서 서술된 『선조수정실록』도 세월이 흐르고 난 때문인지 명백하게 자신들의 정신적 지주인 이이가 아니라 이준경의 손을 들어주고 있다.

이때 노당(老黨)·소당(少黨)의 설이 사라지지 않았으므로 이준경은 그것이 장차 화근이 되지 않을까 우려했고, 또 기대승 등이 선배에게 붙지 않는 것을 미워한 나머지 이 유차를 지어 제재한 것이었다. 따라서 그 뜻은 구신(舊臣)을 부식하자는 데 있었는데, 사론(士論)이 이는 사화가 일어날 조짐이라고 하여 떠들썩하게 논변하니, 상이 모두 물리쳤다. 그 후 10여 년이 지나 동·서(東西)의 논이 크게 일어났다. 대체로 그때는 이른바 소당(少黨)은 이미 선진(先進)이 되었고 후진이 다시 전일 구신의 부류와 합쳐 같은 당이 되어 세력이 더욱 강성해져서 탄핵하고 배격하는 일이 지난날 사람들보다 한결 심했다. 그러나 만성적인 풍조를 혁신하고 세도(世道)를 만회하자는 논의는 다시 조정에 나오지 않았으니, 국가의 피해가 심각했다. 그러므로 뒷사람이 이준경에게 선견지명이 있어 그 일을 예언했다고 했으니, 그 전말은 상고해서 알아야 할 것이다.

여기서 "소당은 이미 선진이 되었고"라는 말은 심의겸의 당, 즉 훗날의 서인을 가리키고 "후진이 다시 전일 구신의 부류와 합쳐 같은 당이 되어"는 동인을 가리킨다. 기대승은 바로 이해, 즉 1572년에 세상을 떠났으니 당쟁과는 무관했고 오히려 파주 4인방과 가까웠던 또 한 사람은 정철이다.

이이가 일찍 세상을 떠나자 조정에서 당론을 대변하는 역할을 맡게 되는 정철은 1589년 우의정에 올라 정여립 사건을 키워 동인들을 추방하고 서인 집권을 이뤄내지만 1591년에 광해군을 세자를 세워야 한다고 주장한 이른바 건저의(建儲議) 사건으로 축출되고 극변으로 유배를 가야 했다. 당쟁의 최전선에서 당쟁을 사생결단의 투쟁으로 악화시킨 장본인 중 한 사람이다.

정철

적어도 심의겸은 '파주 4인방'에 포함될 뿐만 아니라 초기에는 매우 중요한 정치적 비중이 있었음을 알 수 있다.

서인의 계륵(鷄肋), 심의겸 문제

심의겸. 한쪽에서는 "외척이면서도 사림을 보호한 인물"이라고 높이 평가하는 반면 다른 쪽에서는 "나라를 어지럽히고 조정을 잘못 이끈 죄[迷國誤朝之罪]"가 있다고 혹독하게 비판한다. 비판하는 쪽에서는 심의겸이 이이·송익필·성혼 등 사림과 가까이 한 것도 "속내를 감추고 명예를 얻고자 스스로 사림에게 빌붙었다"고 폄하한다.

대체로 파주 4인과 정철 등은 20세를 전후해서 친교를 맺게 되고 학문적·정치적 동지가 됐다. 이들이 한 덩어리가 되는 데는 백인걸(白仁傑, 1497~1579년)과 『토정비결』의 저자인 이지함의 형 이지번(李之蕃, 1508~1575년)의 역할이 컸다. 이지번은 이산해의 아버지이다. 먼저 이이는 이지함의 한산 이씨 집안과 오랜 교분이 있어 이지번이 살던 구봉산 아래를 자주 찾았고 이 과정에서 같은 곳에 살던 송익필과 교분이 맺어졌을 것으로 보인다. 성혼은 원래 한양에 살다가 1539년 아버지 성수침(成守琛, 1493~1564년)이 처가가 있는 우계로 낙향하는 바람에 이곳에 살게 됐다. 성혼은 어려서 백인걸 문하에서 공부했는데 백인걸은 조광조의 제자이며 명종 때 많은 시련을 겪었다. 선조 때 대사간에 오르기도 했으나 1571년 파주로 물러나 살았다. 이이와 이미 깊은 친분이 있던 백인걸이었기에 성혼도 그를 통해 이이와 교분을 맺었다. 이렇게 되면서 송익필·이이·성혼은 의기투합했던 것이다.

심의겸의 경우는 이이가 다리 역할을 해 나머지 사람들과 교결을 맺을 수 있었다. 우선 두 사람의 집안은 조금 멀기는 하지만 연결이 돼 있었다. 심의겸의 조부 심연원(沈連源, 1491~1558년)에게는 심봉원(沈逢源, 1497~1574년)이라는 동생이 있었는데 이 심봉원이 이이의 할머니

남양 홍씨의 종모제(從母弟)였다. 그래서 어려서부터 이이는 심봉원의 집을 다니며 심씨 집안사람들과 교분을 쌓았다. 실제로 이이는 심의겸의 아버지 심강의 제문을 짓기도 했다.

한편 선조로서는 대비의 친동생이 조정에 있다는 것은 여간 부담스러운 일이 아닐 수 없었다. 자신이 방계승통이라 정통성을 갖춘 명종의 왕비였던 대비의 존재감이 클 수밖에 없었기 때문이다. 심의겸은 벼슬은 참판이나 관찰사 정도였지만 서인의 당파를 사실상 이끌면서 조정에도 큰 영향력을 발휘했다. 그러다 결국 선조 14년(1581년) 7월 사헌부 장령 정인홍(鄭仁弘, 1536~1623년)이 강력 주장해 마침내 파직된다. 당시 대사헌은 이이였지만 부하인 장령 정인홍의 요구를 물리치기 어려울 만큼 심의겸 문제는 선조의 조정에서 암 덩어리로 자라고 있었는지 모른다. 당시 정인홍이 올린 글의 일부다.

심의겸은 폐부(肺腑) 같은 척속(戚屬)으로 세업(世業)을 빙자하여 조정의 권력을 농락하면서 기세를 크게 부려 6~7년 이래로 조정의 여론을 분열시켰으니 그 나라를 어지럽히고 조정을 잘못 이끈 죄[迷國誤朝之罪]가 큽니다. 바라건대 호오(好惡)를 분명히 보이시어 인심을 진정시키소서.

이때 선조가 심의겸을 파직하면서 답한 말 속에 파직의 사유가 고스란히 들어 있다.

그대들도 또한 스스로 자신의 일을 살펴서 신하가 붕당을 지으면 종말에는 반드시 주멸된다는 것을 경계하라.

제2부 | 선조, 조선 당쟁의 본격화

일단 심의겸이 기세가 꺾이자 이때부터 이듬해까지 1년 가까이 이이·심의겸·성혼·정철 등이 붕당을 이루고 영의정 박순(朴淳, 1523~1589년)이 후견인 역할을 한 정황에 대한 폭로가 계속 이어졌다. 박순이 하필이면 서인의 후견인 역할을 하게 됐는지에 대해서는『당의통략』에서 실마리를 던지고 있다.

박순이 우의정이 되었을 때 대간(大諫) 허엽(許曄, 1517~1580년)이 조그마한 일로 박순을 심문해 고찰하자 박순이 스스로 우의정 자리에서 물러났다. 이로부터 당론(黨論)이 드디어 나뉘었다.

조광조 뒤에 재상 안당이 있었다면 이들 뒤에는 재상 박순이 자리한 형세였던 것이다. 심의겸 문제를 비판하는 집단은 동인이었다. 이 점을 감안하고서 선조 16년(1583년) 7월 16일 대사간(大司諫) 송응개(宋應漑, 1536~1588년)가 선조에게 아뢴 내용은 그동안 가려진 '파주 4인방'의 관계를 속속들이 보여준다는 점에서 중요한 자료라 할 것이다. 관련 부분만을 인용한다. 무엇보다 서인의 입장에서 다시 집필한『선조수정실록』에도 기록된 내용임을 염두에 두어야 한다.

이이는 원래 일개 중으로 임금과 어버이를 버리고 인륜(人倫)에 죄를 지었습니다. 그의 죄를 논하자면 이미 선유(先儒)들의 정론(定論)이 있습니다. 변신하여 환속(還俗)한 뒤에 권문(權門)에서 가축처럼 길러진 것[豢養]을 이 세상의 청의(淸議)는 용서하지 않고 있습니다. 그가 처음 상사(上舍)에 뽑혀 알성(謁聖)할 때에 관(館)에 있는 많은 선비는 그와 동렬이 되는 것을 수치로 여겨 통알(通謁)을 불허했는데 마침 (심연원의 동생인) 심통원(沈通源)이 자기의 심복을 보내 앞뒤에서 분주히 소통의 길을 열어놓음으로써 비로소 행세할 수 있었습니다. 급기야 출신(出身)한 후에는 심의겸의 천발(薦拔-천거)을 받아 청현(淸顯)의 길이 트였으므로 그와 심복(心腹) 관계를 맺어 생사를 함께하게 되었으니 그가 일생 동안 가진 마음을 더욱 알만 합니다.

다만 중간에 자칭 학문을 한다 하고 문장으로 꾸며 당시의 이른바 사류(士類)와 박순의 무리에 붙어 생사를 함께할 벗으로 삼고 은밀히 서로 폐부(肺腑)를 결탁하여 시론(時論)을 주도했던 것인데, 그때로 말하면 심의겸이 외척(外戚)이라는 권세를 빙자하여 왕망(王莽)·양기(梁冀)와 같은 세력으로 천헌(天憲-조정의 법령)과 국명(國命)을 입과 손으로 요리하던 때였습니다.

이준경은 고명(顧命)의 원로대신이었는데도 그가 자기에게 제재를 가했던 것을 분히 여겨 암암리에 저배(抵排-배척)를 가함으로써 그 위치에 편안히 있지 못하게 만들었고, 정대년(鄭大年, 1507~1578년)은 선조(先朝)의 기구(耆舊-원로)이며 김난상(金鸞祥, 1507~1570년)은 을사년의 유직(遺直)이었지만 의겸에게 붙지 않았다가 모두 현척(顯斥)을 당했으며, 만약 자기와 가까운 사이라면 일개 낭관(郎官)이 외임에 보직돼 나가게 되어도 온 조정이 나서서 그의 유임을 청하게 만들 만큼 저들 무리끼리 사원(私援)을 해 못하는 짓이 없었습니다. 그리하여 조정의 명령이 조정에서는 나오는 것이 아니라 의겸과 박순에게서 나오던 때였습니다.

그 당시 전하께서는 입승(入承)하신 지 얼마 되지 않아 비록 식자 간에는 통분을 느끼는 자가 있었지만 당시로서야 누가 감히 그의 세염(勢焰-세력의 기세)을 무서워하지 않고 주상께 아뢸 수가 있었겠습니까. 그때 이이는 비록 산림(山林)으로 자처하고는 있었으나 실지로는 당시 모주(謀主)로서 서로 안팎에서 도왔으니, 이는 의겸이 이이에 대하여 자기를 성취시킨 잊기 어려운 은혜가 있었고, 이이는 또의겸에 대하여 성세(聲勢-조정의 발언권)로 서로 후원해주는 힘이 있었기 때문으로 그 점에 관하여는 나라 사람들이 모두 분명히 알고있는 사실들입니다.

다만 이이가 감히 소야(疎野)의 태도로 산림(山林) 사이를 출몰하면서 마치 나오기 어려워하는 듯한 태도를 보임으로써 헛된 명예가 높아 그를 믿고 그에게 의혹된 자가 많았던 것입니다. 그렇게 되자 이이는 출처(出處)와 진퇴(進退)에 있어 걸핏하면 전현(前賢-옛 현인)을 원용하면서 자신만이 세상에 우뚝 서 시비(是非)에는 초연한 것처럼 자처했습니다. 때문에 의겸이 (정인홍 등이 주도한) 청의(淸議)의 버림을 받았을 때도 이이가 마음속으로는 비록 분하게 여겼으나 겉으로는 서로 아무 관계가 없는 듯이 짐짓 전리(田里)로 물러가 시세(時勢)를 관망하다가는 팔을 내두르며 조제(調劑-조정)·보합(保合-화합)의 말을 내세우면서 마음을 합쳐 협공(協恭)하자는 말로 세상을 고무 현혹하고, 또 그를 위해 소까지 올리면서 심의겸의 단점과 함께 김효원의 장점을 거론함으로써 지극히 공정하다는 이름을 얻어내려고 했으니, 이것이 바로 이이가 아래로는 당세를 속인 것인데도 사람들이 깨닫지 못했고, 위로는 전하를 속인 것인데도 역시 깨닫지 못하셨던 것입니다.

아아, 자기 마음은 속일 수 있어도 뭇사람의 마음을 속이기는 어렵고 전하를 속일 수는 있어도 귀신을 속이기는 어려운 것이어서 이이의 속셈이 그대로 한번 행해지자 나라 사람들은 이미 그의 간폐(肝

肺)를 훤히 들여다보았던 것입니다.

지난번 장령(掌令) 정인홍이 의겸을 탄핵했을 때 이이는 장관(長官)으로서 사사로이 인홍을 만나 힘을 다해 구해(救解)하다가 인홍이 결국 그의 말을 듣지 않자 뜻을 굽혀 그를 따르면서 마치 애당초 의겸의 죄상을 몰랐던 것처럼 시치미를 떼었고, 급기야 인홍이 정철이 의겸에게 붙었다 하여 아울러 논하자, 이이는 또 이르기를 "정철이 의겸에 대하여 비록 정은 서로 깊지만 기미(氣味)와 심사(心事)에 있어서는 두 사람이 전혀 다르다"고 했는데 그것은 정철을 그 와중에서 빼내기 위한 것이었지만 사실은 바로 자신의 변명이었던 것입니다. 공론이 일어난 뒤에는 이이는 감히 터놓고 의겸의 처지를 다시 두둔하지는 못했지만 그러나 그가 한 짓들은 모두 의겸을 위한 것이 아님이 없었습니다.

비록 성상께서 진정(鎭定)에 힘쓰셨기 때문에 동서(東西)의 설이 겨우 잠잠해지기는 했지만 그때 이이는 감히 터놓고 배척을 가하여 심지어 소사(疏辭)에까지 나타내어서 겉으로는 조제(調劑)의 설에 가탁하면서 내심 상대를 무너뜨릴 모책을 자행했으니 그의 계략이 역시 간사하다고 하겠습니다. 처음에는 둘 다 옳지 못하다고 창언(倡言)했다가, 그다음에는 의겸을 위해 변명하면서 심지어 "의겸은 좋은 쪽은 지향하고 있고 죄악이라곤 별로 없다"고 했고 끝에 가서는 "정철과는 전혀 다르다"고 하여 전후 3차에 걸쳐 의겸을 논하면서 그때마다 말을 바꾸었으니 그의 마음을 알만 합니다.

그가 대사간(大司諫)으로 부름을 받고 올 때는 그가 지나는 곳의 읍에서 곡식 100석을 공공연하게 받아 자기 본가로 실어 보내는 등 모든 이해관계가 있는 곳이면 행여 미치지 못할세라 조금도 고

기(顧忌)하는 바가 없었는데 이는 입 있는 사람이면 다 말하고 있는 것으로서 원근의 웃음거리였고 타매(唾罵)가 길에 가득한 실정입니다. 그가 법을 무시하고 제멋대로 방자하게 굴면서 몸가짐의 무상함이 한결같이 이에 이르렀는데도 현재 박순은 입을 모아 찬양하면서 전하를 속이고 있으니 그의 뜻이 어디에 있는지 헤아릴 수가 없습니다.

성혼은 박순 등이 천양(薦揚)한 사람으로 사실은 의겸과 대대로 친분이 두터운 사이이고 또 박순과도 교계(交契)가 매우 깊은 사이이며, 이이와는 골육(骨肉)보다 더한 정분이 있어서 성혼의 입장에서는 오직 그 세 사람이 있음을 알 뿐 공론이 있는 것은 도무지 모르기 때문에 그들의 말이라면 모두 다 옳다고만 주장할 사람입니다. 그렇기에 평일의 논의(論議)도 그들은 마치 한 입에서 나온 듯이 언제나 일치했고, 지난번 상소 중에도 경상(卿相)들을 낱낱이 헐뜯어 모두 속류(俗流)로 만듦으로써 오직 한 사람에게 모든 것을 맡기려 했는데 그 뜻은 박순과 이이에게 있었던 것입니다.

저들끼리 서로 찬양하고 저들끼리 서로 성세(聲勢)를 도와 만약 의겸의 죄를 논하면 이이가 나서서 구해(救解)하고, 이이의 과실을 지적하면 박순과 성혼이 또 서로 영호(營護)하여 돌아가면서 서로를 이끌어 기어코 천총(天聰)을 가렸습니다. 그리하여 감히 삼사(三司)가 논한 것을 불공평(不公平)하다고 하는데 그러한 성혼의 마음은 과연 공평한 데서 나온 것인지 모르겠습니다.

마지막에 성혼에 대한 언급이 나온 것은 삼사(三司-사헌부·사간원·홍문관)에서 이이를 탄핵하자 성혼이 이를 반박하는 글을 올렸기 때문이다. 이로써 '파주 4인방'의 실상은 어느 정도 드러났다고 본다. 송응개의 이 말에 대해 선조는 이렇게 답했다.

네 말이 다 옳다고 해도 지금에 와서야 그런 말을 한다는 것은 불충(不忠)이다. 직에서 물러나라.

선조는 송응개의 말에서도 '당파성(黨派性)'이 지나치다고 여긴 것이다. 이이는 두 달 후인 9월에 조정에 들어와 이조판서에 오른다. 송응개를 비롯한 동인의 참패였다. 이때 선조가 했다는 말이 『당의통략』에 실려 있다.

이이는 진실로 군자다. 이이와 같다면 당이 있는 것이 근심이 아니라 오직 당이 적을까 근심이다. 나도 주회의 말대로 이이나 성혼의 당에 들고 싶다.

이조판서에 제수된 이이는 송응개와 더불어 자신을 공박했던 동인의 박근원(朴謹元, 1525~1585년)과 허봉(許篈, 1551~1588년)에 대해서 용서해줄 것을 청했다.

물론 선조는 허락하지 않고 송응개를 비롯해 삼사의 책임자였던 이들을 함경도 쪽으로 유배를 보냈다. 서인은 이들을 '계미삼찬(癸未三竄)'이라고 불렀다. 찬(竄)은 유배와 같은 뜻이다. 그런데 『당의통략』에는 흥미로운 문장 하나가 실려 있다.

그러나 이이는 끝까지 송응개를 용서해달라고 청하지 않았다.

그만큼 그의 글이 서운했던 것이다. 그런데 이듬해 이이는 갑자기 세상을 떠난다. 선조는 이에 이이에 대한 생각을 바꾼다. 영의정 노수신이 삼찬을 용서해줄 것을 청하자 선조는 이를 허락했다. 1585년의 일이다.

그런데 『당의통략』에 따르면 이때 선조는 이렇게 말한다.

송응개 등이 이이를 간사하다고 말했는데 이이는 과연 간사한가?

이에 노수신이 답했다.

이이는 자신에게 아첨하는 것을 기뻐했던 사람입니다.

군자가 아니라 소인이라는 뜻이다. 노수신은 『논어』 「자로」편에 나오는 다음 말을 압축한 것이다.

공자가 말했다.
군자는 섬기기는 쉬워도 기쁘게 하기는 어려우니, 기쁘게 하기를 도리로써 하지 않으면 기뻐하지 아니하고, 사람을 부리면서도 그 그릇에 맞게 부린다. 소인은 섬기기는 어려워도 기쁘게 하기는 쉬우니, 기쁘게 하기를 비록 도리로써 하지 않아도 기뻐하고, 사람을 부리면서도 (한 사람에게 모든) 능력이 완비되기를 요구한다.

에둘러 말했지만 노수신의 말은 이이는 군자라고 할 수 없었다는 뜻이다.

제5장

동인과 서인이 부침(浮沈)하는 선조 전반기

동인과 서인의 갈림길

동서(東西) 분당(分黨)과 관련해 이건창은 『당의통략』에서 중요한 증언을 남겼다.

박순이 우의정이 됐을 때 대사간 허엽이 조그마한 일로 박순을 추고(推考)하자 박순이 스스로 우의정 자리에서 물러났다. 이로부터 당론(黨論)이 드디어 나뉘었다.

이때 김효원을 지지하던 사람들은 김우옹(金宇顒, 1540~1603년)·류성룡·허엽·이산해·이발(李潑, 1544~1589년)·정유길(鄭惟吉, 1515~1588년)·정지연(鄭芝衍) 등으로 이들을 동인이라고 불렀다. 김효원이 한양의 동쪽인 건천동에 살고 있었기 때문이다.

구사맹

심의겸을 지지하던 사람들은 박순·김계휘(金繼輝, 1526~1582년)·정철·윤두수(尹斗壽, 1533~1601년)·구사맹(具思孟, 1531~1604년)·홍성민(洪聖民)·신응시(辛應時) 등으로 이들을 서인이라고 불렀다. 심의겸이 한양의 서쪽인 정릉방(貞陵坊)에 살고 있었기 때문이다.

동인들은 명예와 절개 숭상하기를 즐겨 했고 서인들은 경력이 많아 몸가짐을 신중히 했다.

그러나 당론은 이때 "나뉘었다"기보다 "표면화됐다"고 하는 것이 실상에 가깝다. 그리고 맨 마지막 문장은 두 당의 '성격'에 대한 개략적인 진단이라는 점에서 좀 더 보충할 필요가 있다. 실록에 따르면 이 같은 분당 이전에 이미 전배(前輩-선배)와 후배(後輩)라는 용어가 등장하는데 선배 사류는 선조가 즉위한 이후 구체제 잔재를 척결하는 문제에 있어 온건한 입장을 보였고 후배 사류는 보다 강경한 입장에서 선배들을 비판했다. 구체제 잔재란 다름 아닌 심의겸·심충겸 형제를 어떻게 볼 것인가의 문제와 직결된 것이었다. 그래서 선배가 자연스럽게 서인이 됐고 후배가 동인이 됐다.

그러나 이런 정도의 차이가 그 후 300년 동안 계속 이어진 당쟁과 분당을 규정했다고 보기는 어렵다. 과연 동인과 서인의 차이는 무엇이었을까?

위잉스는 『주희의 역사세계』에서 송나라 당쟁의 성격을 분석하면서 '도학 집단'과 '관료 집단'이라는 개념을 도입했다. 도학 집단이란 주희의 반(反)왕권론에 보다 충실한 집단이라면 관료 집단은 상대적으로 임금의 존재를 인정한 가운데 자신들의 역할을 '보좌'에 두었다고 할 수 있다. 이 개념은 조선 300년 붕당 분석에도 그대로 유효하다.

서인이 도학 집단이라면 동인은 관료 집단에 가까웠다. 이렇게 되면 그 후 특정 붕당의 집권(執權)과 실권(失權)의 역학관계를 분석하는 데도 매우 유리하다.

그러면 이런 의문이 들 수 있다. 임금이라면 당연히 자신을 반대하는 이학 집단보다는 관료 집단을 선호하지 않겠는가? 그런데 어떻게 조선에서 서인-노론-벽파로 이어지는 초강경 도학 집단이 계속 집권할 수 있었는가? 그것은 정치적 형세 때문이다. 서인-노론-벽파 쪽에 훨씬 많은 인재가 모여들었기 때문이다.

그렇지만 실록을 정독해보면 설사 서인-노론-벽파 쪽에 휘둘린 임금이라도 끊임없이 자기 세력을 끌어들이려 했고 그 과정에서 서인 안에서 소론이 나왔고, 다시 노론 안에서 시파가 나왔던 것이다. 다만 동인의 경우 정여립의 난으로 풍비박산이 나고 남인과 북인으로 갈렸는데 북인의 경우 광해군 때 집권했다가 인조반정으로 철저하게 몰락해 사실상 조정 근처에는 발도 못 붙였고 남인이 끈질기게 남아 정국 상황에 따라 소론·시파와 연합하는 형식으로 명맥을 이어갔다. 이것이 조선 300년 붕당정치를 보는 큰 맥이라 할 수 있다.

붕당에 대한 선조의 태도

선조 8년(1575년) 김효원-심의겸의 충돌로 당쟁의 조짐이 표면화됐으나 당장은 조정 전체를 흔들 만큼 본모습을 드러내지는 않았다. 다만 소소한 사건들이 일어날 때마다 동인과 서인은 입장을 달리하며 대립 충돌했다. 사실 이 단계에서 선조는 중대한 조치를 취해야 했지만 후궁 손자로서 왕위에 올라 왕실의 지원조차 받을 수 없었기에 사태를 관망하며 대증(對症)요법에 의존할 수밖에 없었다. 아마도 태종 때 이 같은 붕당의 움직임이 있었다면 누구라도 족주(族誅)를 면치 못했을 것이다. 사실 태종이 처남 형제들을 몰살한 것도 왕권을 농락할 수 있는 붕당을 이루려는 조짐이 있다는 이유에서였다. 붕당을 지은 게 아니라 붕당의 조짐만으로 처남들을 다 죽여버린 것이다.

선조는 그래서 두 당파에 대해서도 당보다는 개개 인물의 현부(賢否)를 통해 사람을 쓰겠다는 입장을 갖고 있었다. 그 당시에는 6 대 4 내지 7 대 3 정도로 동인이 우세한 상황이었다. 이때 동인을 대표하는 인물은 허엽, 서인을 대표하는 인물은 이이였다.

허엽은 덕망이 높았던 사림 김안국에게서 어릴 때부터 글을 배웠고 서경덕(徐敬德, 1489~1546년)에게 본격적으로 학문을 전수받은 전형적인 사림이었다. 우리에게 잘 알려져 있는 『홍길동전』의 허균(許筠, 1569~1618년)과 허난설헌이 바로 허엽의 자식들이다. 명종 원년(1546년) 문과에 급제해 사헌부 장령 등을 지냈고 한때 불온한 무리와 어울리다가 큰 위험에 처했으나 그를 좋게 보았던 문정왕후의 변호로 무사히 지나갈 수 있었다.

선조 초기 민심 수습의 방편으로 향약의 전면 실시를 주장했으나 민생의 곤궁함을 이유로 이이가 반대하는 바람에 좌절되자 이이와 적대적 관계에 서게 되었다.

그 후에도 '동인의 영수'를 자처한 허엽은 동서 화해론을 내세운 이이와 사사건건 대립하게 된다. 그래서인지 이이는 자신의 『석담일기』에서 허엽을 '망령된 선비'라고 불렀고 이황도 "허엽이 학문을 하지 않았으면 참으로 착한 사람이 되었을 것"이라고 비평했다.

선조로부터도 그리 좋은 평은 듣지 못했다. 선조 8년 6월 1일 선조는 우의정 노수신에게 왜 선비를 천거하지 않느냐고 다그쳤다. 당시 선조는 새로운 인재를 얻기 위해 신하들에게 자유로운 천거를 명해놓은 터였다. 이에 노수신은 "이이와 허엽을 쓸 만한 인재라고 여깁니다"고 답했다. 그러자 선조는 직설적으로 반응했다.

이이는 내가 크게 쓸 만하다는 것을 알고 있으나 다만 그의 언론(言論)에 과격한 점이 많으니, 이는 나이가 젊기 때문에 그러한가. 허엽은 오활한 사람이다. 어찌 쓸 만한 인재이겠는가.

'오활하다'는 말은 '우활(迂闊)'에서 온 것으로 세심하지 못하고 부주의하며 덜렁거려 일을 믿고 맡길 수 없다는 뜻이다. 옛날에 인물됨을 평가할 때 자주 사용되던 말이다. 이 말을 할 때 선조 나이 25세였다.

노수신이 두 살 위이긴 했지만 노수신과 허엽은 친구였다. 이 무렵 노수신이 허엽에게 "요즘 누가 정승이 될 만한가?"라고 물었다. 아마도 선조의 천거 명령이 있었기 때문에 가까웠던 허엽에게 물어본 것 같다. 그러자 허엽은 "지금 정승이야 누군들 못 되겠는가? 아무나 될 수 있다"고 답해 노수신은 잠자코 듣고만 있어야 했다. 허엽은 선조 즉위 후 줄곧 젊은 선비들의 존대를 받는 자신이 3품에 머물러 있는 데 불만이 컸다. 하긴 과거 동문에다가 자기보다 6년 아래인 박순이 좌의정이었으니 허엽으로서는 그런 불만을 가질 만도 했다.

흥미로운 것은 외직으로 쫓겨난 이후 김효원과 심의겸은 서로 지난 일을 반성하며 잘 지냈다는 사실이다. 김효원이 평안도 현령으로 있는 아버지를 만나러 갈 때면 심의겸이 반드시 개성을 방문토록 하여 기쁜 마음으로 잔치를 베풀어주었고 김효원도 심의겸이 세상을 떠났을 때 눈물을 흘리며 슬퍼했다고 한다. 자신들 때문에 조정이 계속 시끄러워지자 두 사람은 자숙의 날을 보내야 했고, 특히 김효원은 세상을 떠나는 날까지 가족을 포함한 누구에게도 시사(時事)의 일은 입에 올리지 않았다고 한다.

하지만 불길의 속성이 무엇인가? 잡티만 한 불씨라도 인화성 강한 물질에 튀는 순간 집채까지 거뜬히 삼킨다. 이미 당쟁의 불길은 두 사람의 손을 떠나 무섭게 번져가고 있었다.

김효원과 심의겸의 충돌로 생겨난 동서 분당의 파문은 서서히 지방에까지 파급되기 시작했다. 5년 후인 선조 13년(1580년) 윤 4월 20일 현재의 충청북도 음성 부근의 음죽에 사는 한 진사가 선조에게 글을 올렸다. 전욱(全旭)이라는 이름의 이 진사는 조정이 불협화음을 내고 있다는 사실을 지적하면서 "조정 신하들이 사혐(私嫌)을 품고 무고한 사람을 탄핵하며 근거 없는 말을 선동하여 시골로 추방하는 등 위로는 성상(聖上)의 총명(聰明)을 속이고 아래로는 말 못 할 울분을 끼치고 있다"고 개탄했다.

이에 대해 선조는 일단 "신하로서 붕당을 조직해 서로 대립하는 것은 그 죄가 이미 크다"면서 "게다가 사혐(私嫌)을 품고서 군주를 속이기까지 한다면 그것은 놀랄 일"이라며 진상조사를 명했다.

이 무렵부터 선조는 이이를 중용하기 시작했다. 선조 14년(1581년) 6월 선조는 이이를 대사헌에 임명했다. 그해 7월 대사헌 이이·장령 정인홍은 심의겸을 탄핵해 파직시켰다. 지난 6~7년간 조정을 어지럽게 한 당쟁을 야기시킨 책임을 물은 것이다.

같은 해 10월 천재(天災)가 이어지자 정승·판서와 대사헌 등을 들라고 한 후 대책을 논의하다가 붕당의 문제를 제기한다. 선조는 "요즘 조정이 불화하다고 말하는 자들이 많다. 조정이 불화하면 어찌 천재를 부르지 않겠느냐"고 호통을 친다. 특히 영의정 박순을 쳐다보면서 "이는 대신의 책임이다. 신하가 감히 붕당을 짓는다면 멀리 귀양을 보내도 괜찮다. 누가 감히 붕당을 만든다는 말인가?"라고 말했다.

이에 대한 호조판서 이이의 언급은 실망스럽다.

"선비는 동류끼리 상종함을 면치 못하는 것인데 가끔 식견의 차이로 서로 의심하고 저지함을 면치 못하는 자가 있기는 합니다만 어찌 사적으로 서로 붕당을 만든 일이야 있겠습니까. 급작스레 벌을 줄 수는 없습니다."

이이는 선조의 눈과 귀를 가리려[掩蔽] 하고 있었다.

머리 좋은 선조가 신하들끼리 맺고 있던 붕당의 실상을 몰랐을 리 없다. 그가 선조 16년(1583년) 9월 이이를 이조판서로 임명한 것은 동·서인 양측의 신망과 불신을 동시에 받고 있는 중립적 인사를 통해 붕당의 완화를 의도했던 것이다.

하지만 이 직을 이이가 성공적으로 수행했는가는 별개의 문제다. 예를 들어 이이는 자기 문하에 있던 정여립(鄭汝立, 1546~1589년)을 높게 평가해 관직에 등용하려고 애썼지만 선조는 정여립을 부정적으로 보았다. 결국 정여립은 훗날 비극적인 최후를 맞게 된다.

이이에 대한 동인들의 공세, 성혼의 반격, 동인의 몰락

그에 앞서 선조 16년(1583년) 6월 11일 병조판서 이이의 사소한 실수가 조정에서 큰 문제가 된다. 격무에 시달리던 이이가 이날 대궐에 들어왔다가 현기증이 생겨 선조를 알현하지 않고 병조에만 잠깐 들렀다가 집에 돌아간 것이 반대파들에게 탄핵의 실마리를 제공했다. 임금을 업신여겼다는 이유였다. 즉 무군(無君-임금을 없다고 여김)의 죄를 범했다는 말이다. 무군은 불충(不忠) 불경(不敬) 중에서도 가장 큰 죄이니 처벌은 사형에 해당됐다. 사헌부·사간원의 탄핵이 있었고 홍문관까지 나섰다. 이에 대한 선조의 반박은 논리정연했다.

6월 20일 선조는 대신들에게 다음과 같은 글을 내렸다. 우선 사소한 일을 확대해 문제 삼는 양사와 옥당을 비판하면서 정말 이이가 임금을 업신여긴 대죄를 지었다면 파직 정도의 처벌을 제시한 양사나 옥당도 잘못이라고 거꾸로 몰아세웠다. 그것은 결국 당파적 이유에서 이이를 내쫓으려는 시도 아니냐는 다그침이었다. 그리고 이렇게 말한다.

경들이 만약 이이를 일러 나라를 그르친 소인이라고 한다면 마땅히 죄를 분명히 밝혀 그를 물리쳐야 할 것이다. 그렇게 하지 못하면 그를 공격하는 자가 소인이다. 임금이 소인을 등용하고서 나라가 잘 다스려지는 이치가 어디에 있는가. 오늘이야말로 숙특(淑慝-선악)을 가려낼 수 있는 때가 아니겠는가. 경들로서는 확실히 가려내지 않고 어물어물해서는 안 된다. 조정이 각기 유파끼리 분당(分黨)되어 나랏일이 날로 글러가고 있는데도 대신들이 그것을 밝혀내지 못한다면 나랏일이 장차 어떻게 되겠는가.

이날 당장 홍문관 관리 전원이 자신들이 붕당으로 몰렸다며 사직을 청했으나 선조는 이를 반려했다. 정승들도 이이에게 문제가 없지만 병조판서의 자리가 대단히 중하니 일단 병조판서를 교체할 것을 청했다. 선조도 결국 이들의 청을 받아들인다. 그런데 여기서 보듯 당쟁에 대한 선조의 대응은 미온적이고 수세적이다. 대안(代案)이 없었기 때문이다. 고민은 깊어가고 있었다. 하지만 이이의 사퇴는 조정에 보다 심각한 당파싸움이 일어나게 된다는 것을 예고하고 있었고 선조도 그 의미를 정확하게 파악하고 있었다.

대사간 송응개를 정점으로 한 홍문관 전한(典翰) 허봉·승지 박근원 등이 주도한 이이 탄핵은 동인의 입장에서는 일단 성공을 거둔 듯했다. 늘 이이의 중재역에 대해 의심의 눈길을 보내던 동인 세력이 승리를 거두는 듯했다.

그러나 이이의 탄핵은 선조 자신에 대한 탄핵이나 다름없었다. 격화돼가는 동서 당쟁을, 이이를 앞장세워 중재하려던 자신의 기본 구상이 탄핵을 당한 것이나 마찬가지였기 때문이다. 괘씸했다. 다만 당장 선조가 쓸 수 있는 카드가 마땅치 않았다. 이때 이이의 평생지기인 성혼이 나선다. 문과에 급제하진 못했지만 학식이 뛰어나다는 이이의 추천으로 바로 이 무렵 이조참의에 있을 때였다. 아마도 송익필과도 협의를 했을 것이다.

그는 "죽음을 무릅쓰고 글을 올립니다"라며 장문의 상소를 시작했다. 이이의 개인적인 장단점을 솔직하게 이야기한 다음 그가 나라와 임금을 대하는 태도에는 추호도 부도한 마음이 개입돼 있지 않음을 소상하게 설명했다. 그런데도 당파를 지어 이이를 매도하는 것은 결국 나라와 임금을 욕되게 하는 것이라는 논리였다. 선조가 성혼의 상소를 읽은 다음 "그대의 상소를 보니 충분(忠憤)이 격렬해 만약 간사한 무리가 듣게 한다면 충분히 그들의 간담을 서늘하게 할 것이다. 군자(君子)의 말 한마디가 나라를 위해 큰 비중을 차지한다는 것을 참으로 알겠다"라는 반응을 보인 데서 그의 상소가 얼마나 사태에 적중하고 있었는지를 쉽게 가늠할 수 있다. 이미 여기서 선조는 송응개 등을 '간사한 무리'라고 부르고 있는 것이다.

선조는 당장 영의정 박순·좌의정 김귀영을 불러들였다. 우의정 정지연은 병을 이유로 들지 않았다. 사실 성혼의 상소도 선조가 먼저 불러서 이야기를 듣고자 한 것이기 때문에 동인에 대한 반격은 선조가 미리 구상하고 밀어붙인 것으로 봐야 한다. 선조는 두 정승에게 호통을 친다.

나는 과매(寡昧)하여 아는 것이 없고, 어둡고 불민하여 충(忠)과 사(邪)도 알지 못하고, 시(是)와 비(非)도 구별 못 한다. 그렇기 때문에 지난번 경들에게 물었던 것인데 경들은 감히 우물우물 넘기고 말았다. 내 그때 이미 경들의 마음을 훤히 알았지만 뒤에 형편에 따라 처리할 것이라는 뜻으로 경들에게 하유(下諭)했던 것이다. 그런데 지금 성혼의 상소문을 보니 대신(大臣)으로서 임금을 섬기는 도리가 과연 그래도 된다는 말인가?

이이의 사퇴 공방 때 적극적으로 이이를 방어하지 않은 데 대한 문책성 발언이었다. 다음날 대사간 송응개가 선조를 찾아와 성혼, 이이, 심지어 영의정 박순까지 몰아세우는 반론을 펼쳤다. 그들은 모두 심의겸을 비롯한 서인의 한 통속이라는 것이었다. 이미 선조의 마음은 정해졌다. 송응개의 발언이 끝나자 선조는 "네 말이 설사 전부 옳다고 하더라도 진작 이야기하지 않고 지금에야 말하는 것은 불충(不忠)이다. 대사간에서 물러나라"고 면박을 주었다. 본인에게 면전에서 파직을 명하는 것은 극히 이례적인 일이다. 그만큼 선조는 동인들의 이이 탄핵에 분노하고 있었다. 이날 바로 송응개는 장흥 부사로, 허봉은 창원 부사로 좌천되었다.

이것으로 끝이 아니었다. 사헌부·사간원에 포진해 있던 동인 세력들의 일대 반격이 시작됐다. 이이의 불교 관련설, 이이의 형이 연루된 불미스러운 소문 등이 모두 까발려졌다. 또 박순·이이·성혼은 모두 심의겸의 문객이라고 몰아세웠고 박순과 이이는 성혼을 '산림고사(山林高士)'라고 치켜세우고 반대로 성혼은 박순과 이이를 일러 '일대현신(一代賢臣)'이라고 찬사를 보내는 등 서로 노는 꼴이 볼 만하다고 인신공격성 공세를 강화했다. 선조는 단호했다.

지금 너희 삼사가 일찍부터 그들에 대해 분노한 뜻을 품고서 근거 없는 말을 날조하여 못하는 소리 없이 멋대로 헐뜯고 있는데 그러한 그대들을 천하 후세의 사람들이 어떠한 사람들이라고 하겠는가. 비록 10년을 두고 논한다고 하더라도 내 어찌 따를 이치가 있겠는가. 속히 그만두는 것만 못할 것이다.

점잖게 표현해서 그렇지 한마디로 "입 닥치고 가만있으라!"는 소리였다. 결국 외직으로 나가 있던 송응개와 허봉은 각각 관직에서 쫓겨나 회령·갑산으로 유배를 갔고 도승지로 있으면서 이들을 방어하려 했던 박근원도 쫓겨나 강계로 유배를 가야 했다.

이들의 유배에는 조정으로 돌아온 이이의 친구이자 송익필의 '행동대장' 형조판서 정철의 건의도 크게 작용했다. 모두 '마천령 너머' 함경도로 갔다는 것은 그만큼 선조의 노여움이 크고 깊었다는 뜻이기도 하다. 선조는 신하들이 극간(極諫)을 하면 이를 저지하면서 종종 "경은 마천령을 넘고 싶은가?"라고 경고를 주곤 했다. 결국 이렇게 해서 이이는 9월에 이조판서로 조정에 돌아올 수 있었다.

서인의 '행동대장' 정철

서인의 이이는 동인의 류성룡과 사사건건 충돌했다. 이준경이 세상을 떠났을 때는 이이가 자신들이 붕당을 꾸몄다고 하여 그에 대해 노발대발하며 이준경의 관작을 추탈(追奪)해야 한다고 했고 류성룡은 이를 정면으로 반박했다. 또 이이가 선조의 지시를 받아 '10만 양병' 계책을 올리자 류성룡은 당장 10만 군대를 만들면 외적이 쳐들어오기도 전에 나라가 망한다며 좌절시켰다.

선조 16년(1583년) 9월 8일 이이가 이조판서로 조정에 복귀했다. 재미있는 것은 그날 이후 양사(兩司)의 비판이 이이보다는 정철을 향하고 있다는 점이다. 실제로 정철은 이이보다도 서인 성향이 훨씬 강했기 때문에 동인을 몰아세우는 데 조정의 사령탑 역할을 하고 있었을 가능성이 크다.

정철의 어린 시절은 남부러울 게 없었다. 할아버지와 아버지는 벼슬길에 나가지 못했지만 큰누님이 인종의 후궁이 되고 막냇누님도 성종과 숙의 하씨 사이에서 난 계성군 이순(李恂, 1478~1504년)의 아들 계림군(桂林君) 이유(李瑠, 1502~1545년)와 결혼했다. 왕실과 이중의 혼맥을 형성했던 것이다.

그 바람에 정철은 어려서부터 궁궐을 출입하며 훗날 명종이 되는 경원대군과 가깝게 지냈다. 인종의 요절로 명종이 왕위에 올랐다. 그러나 화(禍)는 엉뚱한 곳에서 찾아왔다. 을사사화(乙巳士禍) 때 매형인 계림군 이유가 윤원형 일파의 표적이 된 것이다. 계림군은 함경도 안변으로 도피했고 그 사이에 계림군의 장인인 정철의 아버지와 처남인 큰형 정자(鄭滋)가 붙잡혀 가서 고문을 당하는 등 고초를 치러야 했다. 계림군은 결국 처형을 당했지만, 아버지와 큰형은 목숨은 구했다. 대신 머나먼 유배길에 오르게 된다.

을사사화가 일어난 지 2년 후에 다시 윤원형은 윤임의 잔당들을 소탕하기 위해 소위 '양재역 벽서 사건'을 조작했다. 이로 인해 전라도 광양에 유배 중이던 큰형은 다시 함경도 두만강가의 경원으로 옮겨지던 도중 32세 나이에 고문의 후유증인 장독(杖毒)으로 사망했다. 이때 정철의 나이 12세 때였다. 훗날 정철이 반(反)왕권론인 주자학에 빠져든 것은 이 같은 불행한 개인사와도 무관치 않을 것이다.

명종 집안과의 악연 때문인지 명종 시대에 그의 벼슬길은 순탄치 못했다. 오히려 선조가 즉위하고서야 제대로 된 기회가 열리기 시작했다. 33세 때인 선조 1년(1568년) 요직이라는 이조좌랑을 지냈고 선조 3년에 부친상을 당해 2년간 시묘살이를 했다. 이후 이조정랑, 사간원과 사헌부·홍문관 등의 요직을 두루 거치며 승승장구하던 정철은 선조 8년(1575년) 동서 분당이 본격화되자 환멸과 염증을 느껴 낙향을 선택했다고 한다.

정철이 조정으로 돌아온 것은 선조 11년(1578년) 승정원 동부승지가 되어서다. 호불호가 분명하고 직설적인 성격 탓에 정철은 늘 동인들의 집중 공격 대상이었다. 결국 다음 해 정철은 두 번째 낙향을 선택한다. 자신을 스스로 유배 보내는 것이나 다를 바 없었다. 선조 14년(1581년) 다시 성균관 대사성이 되어 관직에 복귀했지만 또다시 동인들의 탄핵을 받자 세 번째 낙향을 결행한다.

당시 선조는 이이 못지않게 정철의 재주를 높이 평가해 늘 가까이 두려고 했다. 선조 15년(1582년) 조정으로 돌아와 도승지에 임명되고 바로 다음해 3월 예조판서에 오른다. 48세 때였다. 종종 호주(好酒)가 문제가 되었지만 선조는 한사코 정철을 지켜주었다. 송응개 등을 유배 보낼 때 정철은 형조판서였고 동인의 공세가 그치지 않자 선조는 일단 예조판서로 자리를 바꿔 예봉을 피할 수 있도록 배려해준다. 어쩌면 이조판서 이이·예조판서 정철이 양대 산맥을 형성했던 선조 16년 후반기가 서인의 첫 절정기였는지 모른다.

한편 또다시 이조판서가 되어 조정으로 돌아온 이이를 누구보다 반긴 사람은 선조였다. 10월 22일 선조가 이이를 위로하기 위해 따로 불렀다. 이 자리에서의 대화야말로 당시 선조의 붕당 정국에 대한 인식과 이이에 대한 총애를 극명하게 보여준다. 다소 미안한 마음에서 던진 말이겠지만 선조의 첫마디는 대단히 인상적이다.

내가 마치 한원제(漢元帝)가 임금 노릇 할 때와 같이 소인배를 멀리 물리치지 못하여 나라가 거의 망해가고 있다.

국망(國亡)을 언급했다는 것은 당파싸움에 대한 선조의 인식이 그만큼 절박했다는 뜻이기도 하다.

이이가 조정에 복귀하자 선조는 기뻐하며 "이제 경이 있으니 내 마땅히 모든 것을 맡기겠다"고 말한다. 그런데 이 말이 끝나자마자 이이는 정여립을 천거한다. 정여립은 원래 동인이었다가 동인이 몰락하자 서인에게 줄을 대려 하고 있었다. 이이는 정여립이 남을 업신여기는 병통이 있기는 하지만 많이 배웠고 재주가 있다며 천거를 했다. 이에 선조는 "정여립은 칭찬하는 사람도 있지만 헐뜯는 사람도 많으니 어디쓸 만한 자라고 하겠는가"라고 그 자리에서 부정적 의사를 밝혔다.

선조 18년(1585년) 5월에 선조는 다른 이야기를 하다가 다시 정여립에 관한 자신의 생각을 밝히는 대목이 나오는데 역시 그대로였다. 그때는 이미 이이는 세상을 떠난 후였다.

정여립의 사람됨에 관해서는 내가 누차 만나서 그 사람됨을 살펴보니, 기질이 매우 강한 자인 듯하나 실로 그가 어떠한 사람인지 모르겠다.

훗날 드러나는 일이지만 선조의 통찰은 그대로 적중한다. 이때 이이가 정여립을 추천한 일은 두고두고 논란의 불씨가 된다. 정승 노수신도 정여립을 추천한 문제로 말년에 고초를 겪어야 했다.

한편 조정에 복귀한 이이가 1년도 안 돼 병으로 쓰러졌다. 이이는 결국 선조 17년(1584년) 1월 49세라는 젊은 나이로 세상을 떠나고 만다. 그의 이조판서 후임은 이산해였다. 이산해는 동인이었다.

서인으로 마음이 기울어진 선조였지만 여전히 한쪽에 모든 힘을 실어주지는 않았다. 이이가 없어진 때문인지 정철에 대한 선조의 총애는 더욱 깊어졌다. 선조 17년 2월 대사헌에 제수되었고 12월에는 의정부 우찬성으로 특진을 하게 된다. 이 무렵 상황에 대해 이건창은 이렇게 기록하고 있다.

이이의 문객(門客) 중에 송익필이라는 자가 있었는데 익필이 시골의 선비들을 모아 날마다 소를 올려 동인들의 나쁜 점을 들춰냈다. 이이가 그것을 금지하지 않으니 동인들의 원망이 더욱 뼈에 사무쳤다. 얼마 있다가 이이가 죽었다.

이 중에 바로잡아야 할 사실 하나는 송익필이 '이이의 문객'은 아니었다는 점이다. 송익필은 서인의 모주(謀主) 내지 이론가였다면 이이는 그에 입각한 조정의 대리인이었다고 하는 것이 실상에 가까울 것이다. 모두 주희의 맹렬한 지지자라는 공통점도 있었다.

동인의 노련한 모주(謀主) 이산해가 판을 뒤집다

우찬성으로 있다가 이이에 이어 이조판서에 오른 이산해는 정철로서는 힘겨운 상대라 할 수 있었다. 원래 이이·정철·이산해는 어려서 가까운 사이였다가 동서 붕당이 생기면서 서로 다른 길을 걷기 시작했다. 어떤 의미에서 보면 정철이나 이산해 모두 당쟁의 화신(化身)이라 할 만했다. 차이가 있다면 정철은 서인의 모주(謀主) 송익필의 '행동대장'이었던 반면 이산해는 모주와 행동대장을 겸하고 있었다. 이때 행동대장이란 조정에서 자신의 당파의 이익을 관철시키는 지휘자라는 뜻이다. 선조는 이이가 없어지자 동인과 서인에서 각각 파워가 비슷한 두 인물을 경쟁시킴으로써 권력의 안정을 꾀하려 하고 있었다.

이산해

이산해는 만만치 않은 배경과 탁월한 학식, 그리고 적어도 이때까지는 깨끗한 처신으로 선조의 총애를 받기에 좋은 조건을 갖고 있었다.

우리에게는 『토정비결』로 유명한 이지함이 그의 작은아버지이자 스승이다. 이이나 정철보다 세 살 아래였던 이산해는 정철보다 1년 빠른 1561년 23세 때 문과에 급제했다. 명종 때 홍문관·병조좌랑·이조좌랑·사헌부집의 등 청요직을 두루 거친 그는 선조 2년(1569년) 홍문관 직제학에 올라 늘 지제교(知製敎)를 겸했다. 이때까지만 해도 학문 성향이나 집안 연고 등으로 볼 때 이산해는 영남 사림보다는 기호 사림에 가까웠고 이지함도 서경덕과 친분이 두터워 이이나 정철과 가까이 어울렸다. 훗날 영의정에 오르는 이덕형(李德馨, 1561~1613년)은 그의 사위이기도 했다.

선조 8년(1575년) 부친상을 당해 사직했다가 조정에 복귀해 도승지·대사헌·대제학·대사간 등을 두루 지냈고 선조 13년(1580년) 마침내 형조판서에 올랐다. 이듬해 이조판서에 제수되었으나 모친상을 당해 정계를 떠나 있었다. 문제의 선조 16년(1583년)에 우찬성으로 기용됐다가 이때 다시 이이의 뒤를 이어 이조판서를 맡은 것이다. 이산해는 워낙 계략에도 뛰어난 인물이었기에 어찌 보면 이이와 정철이 힘을 모아 함께 맞서도 쉽지 않은 상대였다. 그런데 정철이 혼자서 대적하지 않으면 안 되는 상황이었다.

애초에 이산해와 이이는 각각 홍문관 직제학과 교리로 있을 때 『명종실록』 편찬에 함께 참여했다. 선조 14년(1581년) 7월 이이가 대사헌으로 있을 때 선조와 이이가 이산해를 놓고 인물평을 하는 대목이 나온다. 이이가 "이산해는 그동안 벼슬살이를 할 때는 특별한 재주를 보이지 않았는데 이조판서가 되어서는 사람을 선발하는 데 한결같이 공론을 따르고 청탁을 배격해 그의 집 앞이 가난한 선비의 집과 같습니다"고 말했다. 물론 본심은 아니었을 것이다.

그러나 정철 등은 이산해를 걸림돌로 생각하기 시작했다. 이산해는 점차 정철과도 적대적 관계를 형성했다.

선조 18년(1585년) 5월을 넘기면서 동인의 서인 탄핵은 가히 파상(波狀)공세에 가까웠다. 동인의 대사헌 이식(李拭, 1522~1587년)이 서인의 이귀(李貴, 1557~1633년)를 몰아세웠고 서인의 핵심 인물이었던 심의겸은 파직당했다. 이미 3월에 실권이 없는 돈녕부 판사로 물러나 있던 정철도 계속 공박을 받다가 결국 8월에 파당의 우두머리로 지목돼 벼슬에서 물러나게 된다. 당시 정철과 가까웠던 다수의 인물도 벼슬을 잃었다. 그만큼 이산해의 정치력은 막강했다.

동인의 '행동대장' 이발의 도발

뒤에 다루게 될 기축옥사(己丑獄事), 즉 정여립의 난이 일어나게 된 연유를 깊이 살피려면 동인의 청년 '행동대장' 이발을 미리 언급해두지 않을 수 없다.

이발은 이이나 정철보다 여덟 살 아래였고 선조 6년(1573년) 문과에 급제해 주로 홍문관에서 경력을 쌓았으며 젊은 나이에 동인의 핵심 인물로 부상했다. 게다가 이이와는 어느 정도 말이 통하는 사이였다. 정확한 시기는 알 수 없지만 이 무렵 이이는 정철에게 "공이 이발과 화합해 논의를 조정해간다면 사림은 거의 무사하리라"고 당부했다. 이발과 정철 사이에 소위 '핫라인'을 만들어 동서 붕당을 조정하려는 이이의 구상에 따른 것이었다.

두 사람 다 내키지는 않았지만 서로에게 가까운 이이의 청이라 어쩔 수 없이 자리를 하게 되었다. 처음에야 그런대로 분위기가 좋았겠지만 술이 한 잔 두 잔 들어가자 이야기는 다시 시국 문제로 향하게 되었고 자연스레 목소리도 높아졌다.

도발은 정철이 먼저 했다. 이발의 얼굴에 침을 뱉어버린 것이다. 정철의 성격에 나이도 어린 녀석이 너무도 당당하게 맞서는 꼴이 볼썽사나워 그랬을 것이 분명하다. 그러나 붕당의 시대였다. 이발이 방자한 태도를 보였을 가능성이 있다. 게다가 정철이 침을 뱉자 이발은 정철의 수염을 당겨 뽑아버렸다. 정상적인 상황에서는 상상도 할 수 없는 일이었다. 어쩌면 정철과 이발의 '술판 사건'은 이이의 사후에 일어난 일일 수도 있다. 동인의 세력이 크지 않고서는 이발의 이 같은 '오만방자'는 불가능했을 것이기 때문이다.

『당의통략』에는 이발이 올렸다는 소(疏)가 실려 있는데 동인의 정치적 입장을 확인할 수 있는 매우 중요한 대목이 담겨 있다.

> 신은 일찍부터 경세(經世)에서는 이이를 인정했고 도학(道學)에서는 성혼을 추앙해 평소에 두텁게 사귀었으나 지금은 공론이 중요하고 사사로운 감정은 가벼운 것입니다. 옛 친구도 생각해야 하지만 나라를 저버릴 수 없습니다.

이때의 '나라'란 곧 임금을 뜻한다. 즉 비록 주자학을 공부했지만 자신은 왕권(王權) 존중론임을 밝힌 것이다. 이에 선조도 이를 인정했다. 이산해와 이발이 다시 동인을 일으킬 수 있었던 것은 이 같은 관료형 집단인 동인의 호소가 먹혀들어 반(反)왕권론의 강경한 주자학 신봉자들인 서인을 꺾은 때문이라 할 수 있다.

제6장

서인의 행동대장 조헌이 소를 올려 조정을 뒤흔들다

조정을 뒤흔든 조헌의 상소

이건창의 『당의통략』은 공주교수(公州敎授) 조헌(趙憲, 1544~1592년)이 소를 올렸을 때의 사정을 다음과 같이 간략하게 정리하고 있다.

'700의총(義塚)'의 그 조헌이다.

공주의 교수 조헌과 생원 이귀는 이이와 성혼의 제자들이었는데 자주 소를 올려 스승의 원통함을 말하고 또 노수신·정유일·유전(柳㙉, 1531~1589년)·이산해·권극례(權克禮)·김응남(金應南, 1546~1598년)·백유양(白惟讓)·노직(盧稙)·송언신(宋言愼)·이호민(李好閔) 등을 함께 헐뜯었으나 임금은 대답하지 않았다. 이에 그치지 않고 계속 조헌이 소를 올리자 임금은 그 소를 모두 불사르라고 하고 조헌을 귀양 보냈다.

때는 선조 18~19년 사이였다. 선조 17년(1584년) 1월 이이가 세상을 떠나고 후임으로 이조판서를 맡은 이는 동인의 이산해였다. 물론 서인 중에서는 정철이 조정에 남아 있었고 대체로 서인에 가까운 노수신이 좌의정에 있었지만 동인은 서인에 대한 공세를 강화했고 선조 18년 5월에는 마침내 서인의 실세였던 대비의 동생 심의겸도 파직당했다. 1년 후인 선조 19년이 되면 조정은 거의 동인 일색이라고 해도 과언이 아니었다.

왕권 강화를 도모하는 선조의 입장에서는 일당 천정(擅政), 즉 오늘날의 용어로 하면 일당독재가 결코 달가울 리가 없었다. 선조 19년(1586년) 선조가 한 달여 전에 구언(求言), 즉 신하들에게 좋은 말을 올려줄 것을 청했는데 이에 응해 충청도 공주의 교수(敎授)로 있던 조헌이라는 인물이 흔히 '만언소(萬言疏)'로 불리는 장문의 소(疏)를 올렸다. 그런데 선조는 이를 즉각 공개하지 않고 "수십 일 동안 궁내에 그냥 두고 답을 내리지 않으니" 이때 조헌은 다시 소를 올려 공주로 돌아가겠다고 밝혔다. 이는 곧 자신이 처음에 올렸던 원래의 소에 대한 임금의 실질적인 조치를 압박한 것이다.

그런데 『선조실록』에는 그 문제의 소의 내용과 관련해 아주 짤막하게 "공주 교수(公州敎授) 조헌이 소를 올려 이이·성혼의 학술의 바름과 나라에 충성한 정성을 극력 진술하고, 시인(時人-현재 정권을 쥔 동인)이 나라를 그르치고 뛰어난 이를 방해하는 것을 배척했는데 내용이 몹시 길었다"고만 기록하고 있다.

『선조실록』은 광해군 때 편찬됐으니 당연히 동인을 이은 북인의 시각이 담겨 있다. 그래서 조헌의 상소를 살짝 언급만 하는 데 그쳤다. 당연히 조헌은 서인이다. 지위는 정철보다 크게 낮았지만 비슷하게 서인의 행동대장에 가까웠다고 할 수 있다.

훗날 서인의 시각에서 다시 편찬된 『선조수정실록』에는 파격적으로 조헌의 만언소 전문(全文)을 싣고 있다. 그가 급진적 서인이었다는 점을 감안하면서 잘 해독한다면 이 문건은 조선 초 당쟁사의 실상에 접근해 들어갈 수 있는 매우 귀중한 자료다. 조헌의 상소는 처음부터 끝까지 서인은 옳고 동인은 그르다는 시각에서 작성한 것이다. 이 점을 염두에 두면서 주요 대목들을 짚어보자.

조헌의 첫 번째 소(疏)

서인의 보호자인 정승 박순에 대한 조헌의 서술이다.

> 박순더러 당여(黨與)를 심었다고 하는데 그가 천거해 쓴 사람은 기개를 숭상하고 염치가 있는 동서남북의 사람이니 오늘날 시배(時輩 –현직에 있는 동인)들의 형제와 친인척이 모두 현달한 자리에 있는 것과는 다릅니다.

그러나 서경덕의 문인인 박순은 그저 서인 세력에 얹혀 있던 정승일 뿐이었다.

흥미로운 것은 이때 동인의 영수로까지 떠오른 이발과 그의 동생 이길(李洁, 1547~1589년)에 대한 언급이다.

> 대체로 이발과 이길이 처음에 성혼·이이의 문하에 종유(從遊)하면서 자신을 굽히고 남에게 겸허했으므로 칭예(稱譽)하는 사람이 많

아서 선인(善人)이란 이름을 얻었고, 성혼·이이도 함께 선을 할 수 있는 사람이라고 여겼습니다. 심의겸이 김효원에게 미움을 받게 되어서는 그 무리가 심의겸과 일을 같이하는 자는 박순이라고 공격했기 때문에 이발의 무리가 몰래 김효원을 주도해 심의겸을 모함하고 박순을 내쫓으려고 힘썼는데, 정인홍·김우옹은 그들의 술책에 빠지는 것을 알지 못했습니다. 성혼과 이이는 마음속으로 반드시 '심의겸이 병통이 있기는 하나 평생의 일을 살펴보면 나랏일에 마음과 힘을 다 바치고 스스로를 봉식(封植)하지 않았으니, 외부의 의논이 비등하다 하여 호언(狐偃-춘추 시대 진나라 문공을 섬김) 같은 충신을 가벼이 내쫓아서는 안 된다'고 여겼던 것입니다. 그런데 이발과 김우옹·정인홍은 성혼이 심의겸을 편든다고만 의심했을 뿐 이것이 국인의 공언(公言)이라는 것을 몰랐던 것입니다.

이발·이길·정인홍·김우옹은 동인이다. 그런데 여기에 매우 중요한 정보 두 가지가 있다. 첫째는 심의겸과 김효원이 충돌할 때 이발이 배후에서 중요한 역할을 했다는 사실이다. 둘째는 이이나 성혼이 같은 파주 4인방 중의 하나인 심의겸을 호언(狐偃)처럼 중하게 여겼다는 사실이다. 이이가 선조 앞에서 심의겸에 대해 그저 그렇게 평하던 것과는 전혀 다른 내용이다. 호언은 춘추 시대 진(晉)나라 사람으로 진 문공(晉文公)이 공자(公子)로 있을 때 망명해 외국에 가 있었는데 호언이 19년 동안 수행했다. 진 문공이 귀국해 임금이 된 뒤에는 문공을 도와 주실(周室-주나라 왕실)의 난을 평정하고 패업(覇業)을 이룩했다. 서인들이 심의겸에 대해 갖고 있었던 기대와 속생각을 알 수 있다.

또 동인의 모주(謀主)이자 노련한 정객 이산해와 이발·이길의 관계에 대한 언급도 역사적 가치가 있다.

이발·이길의 무리는 기필코 일시의 청류(淸流)를 잡아다가 일망타
진하니 편당(偏黨)의 해가 이미 온 나라를 텅 비게 했습니다. 그러나
이산해는 그의 기염(氣焰)을 두려워해 조부의 여풍(餘風)을 잃어버
렸고 옛날 종유(從遊)하던 바를 잊은 채 겁내고 두려워하고 시종 벼
슬을 잃어버릴까만 근심했습니다.

이산해는 어려서는 이이·정철·송익필 등과도 가까웠다. 이산해
의 조부는 이치(李穉, 1477~1530년)로 갑자사화 때 숙부 이파(李坡,
1434~1486년)와 함께 진도(珍島)에 유배됐다가 중종반정(中宗反正)으
로 풀려났다. 이 점을 들어 이산해가 강직한 조부의 기풍이 없음을 비
판하고 자신들을 배신한 데 대한 '서운함'을 표시한 것이다. 그러나 이
산해의 변신은 주희의 도학(道學)을 버리고 왕의 신하라는 길을 선택
한 것일 뿐이다.

이산해의 무리가 이발·이길이 위세가 있어 박순과 정철을 제어할
수 있다고 여겨 급급히 그들을 임용했다.

우리는 여기서 이발이 선조에게 올린 소에서 했던 말을 다시 떠올
려야 한다.

신은 일찍부터 경세(經世)에서는 이이를 인정했고 도학(道學)에서는
성혼을 추앙해 평소에 두텁게 사귀었으나 지금은 공론이 중요하고

사사로운 감정은 가벼운 것입니다. 옛 친구도 생각해야 하지만 나라를 저버릴 수 없습니다.

이는 이발뿐만 아니라 이산해의 신조이기도 하고 류성룡을 포함한 동인 전체가 공유한 코드였다고 볼 수 있다. 반면에 서인은 임금보다는 주희였다.

이 점은 조헌의 소에서도 고스란히 드러난다. 그가 이이를 높인 것도 주희 때문임을 밝힌다.

이이의 높은 행실과 올바른 언론은 진실로 당세를 경동시킬 만한 것이었고, 평소의 말과 노래는 언제나 주자를 배우고 싶어 하는 소원이었습니다. 그러므로 (황해도 해주) 석담정사(石潭精舍)에서 주자의 백록동규(白鹿洞規)와 십훈(十訓)의 뜻을 미루어 넓혀서 별도의 규약을 만들고 그것으로 찾아오는 선비들을 가르치니 많은 이가 흥기되었습니다.

그가 저술한『격몽요결』은 바른 도리로 어린 선비들을 가르치고 예로써 풍속을 순화하는 데 편리하고, 지어 올린『성학집요(聖學輯要)』는 몸을 닦고 집을 바르게 다스리며 정치를 하는 데 관한 방법을 빠짐없이 포괄했고 강령과 절목(節目)이 조리 정연하게 짜여 있습니다. 신이 전일 한 번 본 적이 있었으나 직접 한 권을 소장하여 옆에 두고 볼 수 없었고, 다만 서실의 규약과『격몽요결』을 가지고 향족(鄕族)의 어린이들을 시험 삼아 가르쳤는데, 그로 인하여『소학』·『가례(家禮)』로 들어가고『근사록』·사서(四書)로 들어가는 데 매우 쉽고 빨랐습니다.

제2부 | 선조, 조선 당쟁의 본격화

마지막 문장에는 고스란히 주희의 교조 체계를 전달하고 있다. 그렇다면 결국 이이의 역할은 이런 체계로 들어가는 입문 과정이었던 셈이다. 게다가 이이가 편찬한 『성학집요』에 대한 언급을 보면 조헌이 그 책의 내용을 제대로 알고 있지 못했음을 확인하게 된다.

이이의 거의 유일한 학술 서적이라 할 수 있는 『성학집요』는 홍문관 부제학이던 이이가 선조에게 성군이 되기를 바라는 염원을 담아 쓴 성학(聖學), 즉 제왕학의 텍스트인데 송나라 학자 진덕수가 지은 『대학연의』를 모범으로 삼아 쓴 '조선판 대학연의'라 할 수 있다.

그래서 이이는 서문에서 "『대학연의』는 권수가 너무 많고 문장이 산만하며 사건의 경과를 기록한 글과 같고 참다운 학문의 체계가 아니어서 참으로 아름답기는 하나 모두 좋지는 않습니다"라며 약간의 문제점을 지적하면서도 "경전을 널리 인용하고 역사책을 두루 끌어들여서 학문의 근본과 다스림의 차례가 환하게 체계적으로 드러났으면서도 임금의 몸에 중점을 두었으니 참으로 제왕이 도에 들어가는 지침입니다"라며 극찬하고 있다.

솔직히 둘 다 면밀한 비교를 하면서 읽어본 입장에서 말하자면 『성학집요』는 『대학연의』의 근처에도 못 가는 책이다.

특히 이이의 지적 중에 "권수가 너무 많고"에는 동의하지만 나머지 "문장이 산만하며 사건의 경과를 기록한 글과 같고 참다운 학문의 체계가 아니어서 참으로 아름답기는 하나 모두 좋지는 않습니다"라는 대목은 결코 동의할 수 없다.

문체 수준, 사고 깊이, 시야 범위에서 애당초 이이의 『성학집요』는 진덕수의 『대학연의』에 비견될 수 없다.

서인의 모주(謀主) 송익필에 대한 조헌의 극찬

그리고 서인의 모주(謀主) 송익필에 대한 언급도 빠트릴 수 없다. 이는 조광조를 비롯한 사림의 보호자를 자처했던 중종 때의 정승 안당 집안을 몰락하게 한 송사련의 아들 송익필에 대한 서인들의 시선을 고스란히 보여주기 때문이다.

송익필은 비록 사련(祀連)의 아들이지만, 노년에도 독서에 힘써 학문이 깊고 경서에 밝았으며 언행이 바르고 곧아 제 아비의 허물을 덮기에 충분했습니다.

이리하여 이이·성혼도 모두 외우(畏友)로 여겨 늘 제갈량(諸葛亮)이 법정(法正)에게 했던 것처럼 했습니다. 그리고 그가 사람을 가르칠 때에는 사람들의 의사를 잘 유도하여 스스로 감동하고 분발하여 자립하게 했으므로 생원·진사에 오른 자가 적잖이 있었는데 그중에 김장생·허우(許雨) 같은 자는 의를 행하는 행실이 경외(京外)에 저명했고, 강찬(姜燦)·정엽(鄭曄, 1563~1625년) 같은 자도 모두 뛰어난 재주를 가졌습니다.

따라서 조종의 전례(典禮)로 말하면 사람을 가르쳐 성취시킨 일이 있으면 으레 관직을 상으로 주는 법이 있고, 중국의 제도로 말하면 뛰어난 이를 쓰는 데는 출신을 따지지 않는다는 것이 고금을 통하여 변함없는 원칙입니다. 이이가 서얼(庶孽)의 허통(許通)을 주장한 의도는 다만 훌륭한 인물을 구하여 임금을 보필하자는 것일 뿐, 일개 익필에게 사심을 둔 것은 아니었는데도 사람들은 대부분 이이의 과실로 돌립니다.

송사련의 허물이란 역사에서 신사무옥(辛巳誣獄)이라 부르는 사건이다. 우선『한국민족문화대백과사전』이 전하는 신사무옥의 골격이다.

안당의 아들 안처겸은 이정숙·권전 등과 함께 기묘사화로 득세한 남곤·심정 등이 사림(士林)을 해치고 왕의 총명을 흐리게 한다 하여 이들을 제거하기로 모의했다. 이때 그 자리에 함께 있던 송사련은 처형뻘이 되는 정상(鄭鏛)과 이러한 사실을 고변할 것을 모의한 후, 안처겸의 모상(母喪) 때의 조객록(弔客錄)을 증거로 삼아 고변했다. 이로써 사건은 벌어져 안처겸·안당·안처근(安處謹)·권전·이충건(李忠楗)·조광좌(趙光佐)·이약수(李若水)·김필(金珌) 등 10여 명이 관련돼 처형되었고, 송사련은 그 공으로 당상관이 되어 이후 30여 년간 득세했다.

그런데 이 사전 설명에는 중요한 사실 하나가 빠져 있다. 송사련은 마침 당쟁이 시작되던 선조 8년(1575년)에 세상을 떠났는데 그는 자신이 행한 짓이 그 후에 조선 당쟁을 피바람 속에 몰아넣는 방아쇠가 될 줄은 몰랐을 것이다.

송사련이 그 모의 자리에 낄 수 있었던 이유가 되기도 하는 그의 출생을 추적해보자. 그의 어머니가 서출(庶出)이었다. 그런데 그 어머니의 아버지는 다름 아닌 안당의 아버지 안돈후(安敦厚)다. 안돈후가 자신의 비첩과의 사이에서 감정이라는 딸을 낳은 것이다. 따라서 안당은 송사련의 서(庶)외삼촌이었다. 그래서 그 자리에 끼었다가 이를 고변해 송씨 집안은 하루아침에 공신이 돼 지금의 삼청동 청와대 인근에 있는 안당의 집까지 차지하고 "30여 년간" 득세를 한 것이다.

서인의 이론적 핵심인 직(直)과 예(禮)를 세운 송익필의 학식

이것만으로도 송익필은 사림에서는 용납받기 어려운 인물이다. 그런데 오히려 이이·성혼·심의겸 등이 그를 학주(學主), 즉 최고의 학식을 갖춘 벗으로 떠받들었다. 어떻게 이런 일이 가능했을까? 그리고 어떻게 조헌은 이 소에서 그 문제를 "제 아비의 허물을 덮기에 충분했습니다"라고 간단하게 넘어가고 또 이이의 서얼 허통 주장이 송익필의 출사(出仕)를 위한 것이 아님을 강변해야 했을까?

필자는 2015년 송익필을 다룬 책『조선의 숨은 왕』(해냄)도 내고 그 후에도 계속 이 문제를 파고들었다. 이제 대략 그 실마리를 잡았다. 그것은 다름 아닌 신권 이론으로서의 주자학의 정수를 가장 잘 파악했기 때문이다. 그 점에서는 이이를 능가했다고 봐야 한다.

그에 대한 호불호를 떠나 송익필이 당시 사림에서 주도권을 쥘 수 있었던 학문적 내용을 간략히 짚고 넘어가자.

첫째는 그의 직(直) 사상이다. '탁월하게도' 그는 『논어』「자로」편에서 자기 아버지의 문제를 정당화할 수 있는 근거를 찾아냈다.

섭공(葉公)이 공자에게 "우리 고을에는 몸을 곧게[直] 행동하는 자가 있으니, 그의 아버지가 양을 훔치자 아들이 그것을 입증했습니다"고 말한다.

이에 공자는 다음과 같이 답한다. "우리 문하의 곧은 자[直者]는 이와 다릅니다. 아버지는 자식을 위하여 숨고 자식은 아버지를 위하여 숨으니, 곧음[直]은 그 가운데에 있는 것입니다."

이 구절을 읽는 송익필의 마음은 어떠했을까? 그리고 『논어』에는
직(直)과 관련된 구절들이 참으로 많지만 그중에서 송익필의 마음을
사로잡았을 것이 분명한 구절 하나가 또 있다. 「옹야」편에 나오는 구절
이다.

사람을 사람으로 살게 해주는 것은 곧음[直]이니 그것 없이 사는 것
은 살아 있다 하더라도 요행히 죽음을 면한 데 불과할 뿐(사실상 죽
은 것이나 마찬가지)이다.

조헌의 소에 나오는 대로 대사헌을 지낸 김계휘는 아들 김장생을
송익필의 제자로 들여보낸다. 김장생은 송익필의 수제자로 그 후에 송
익필의 예학(禮學)을 가다듬었고 훗날 예송(禮訟) 논쟁에서 서인의 이
론적 기반을 제공하게 된다. 그것은 다름 아닌 '왕실 3년상 안 해주기'
논쟁으로 왕실을 모독해 신권을 강화하려는 조선의 주희파 '서인'의
든든한 정신적 자산이다. 이 밑천을 만든 사람이 바로 송익필이다.
송익필은 김장생의 장남 김은(金檃, 1567~?)에게 직백(直伯)이라는
자(字)를 내려주면서 그 취지를 담은 글도 함께 주었는데 여기에 그가
생각하는 직(直)의 의미가 잘 설명돼 있다. 이는 고스란히 송익필의 직
(直) 사상이다. 이황의 경(敬) 사상, 이이의 성(誠) 사상과 나란히 할 수
있는 조선 중기 3대 사상이라 하겠다.

백성의 삶이 곧 곧음[直]이다. 곧음은 하늘이 내려준 것이다. 만물

은 하늘로부터 받은 것이다. 이것이 소위 하늘과 땅 사이의 세간(世間)이다. 정정당당하게 위를 바로 하고 아래를 바로 하는 것이 바로 이치[理]이다. 혹시 곧지 못한 것은 기품과 물욕이 그렇게 만든 것이다. 사물이 곧지 못하면 그것을 바로잡아서 곧게 만들어야 한다. … 곧지 못하면 도리가 드러나지 못하니 진실로 곧고자 해야 한다. … 바로잡는 것이란 어떠한 것인가? 구용(九容)은 그 외모를 곧게 하는 것이고 구사(九思)는 그 생각을 곧게 하는 것이다. 경(敬)으로써 내면을 곧게 하는 것은 그 안을 곧게 하는 것이며 의리(義)로써 외면을 바르게 하는 것은 그 밖을 곧게 하는 것이다. 물 뿌리고 청소하고 손님을 대접하는 것부터 마음을 다하고 사람의 본성을 깨우치기에 이르기까지 어느 하나라도 곧음[直]이 아닌 것이 없다.

… 어린아이가 항상 어미를 보고 속이지 못하는 것은 시작에 곧은 것이요 칠십이 되도록 법도를 넘지 않음은 마침에 곧은 것이다. 거대한 뿌리에서 나오는 기운이 곧지 못하면 끊어지고 호연지기가 곧지 못하면 굶주리니 곧음이 군자의 도리에 대해서 매우 크도다. … 원자(爰字)와 공가고(孔嘉顧) 같은 이들이 곧음[直]으로 자(字)를 삼은 까닭은 어버이를 섬김에 곧음으로써 하고 임금을 섬김에 곧음으로써 하며 붕우를 접함에 곧음으로써 하고 처자식을 대함에 곧음으로 하기 위해서였다. 곧음으로 태어나 곧음으로 죽으니, 천지에 곧음으로 서서 고금을 관통하기를 곧음으로써 한다면 다행하다 아니할 수 없을 것이다.

송익필의 직(直) 사상은 제자 김장생의 아들에게 전수되는 데 그치지 않고 김장생의 수제자 송시열에게도 그대로 이어졌다. 송시열이

제2부 | 선조, 조선 당쟁의 본격화

숙종으로부터 사약을 받던 날을 기록한 실록을 보면 서인들에게 '직(直)' 한 글자가 얼마나 중요한 의미를 갖는지를 새삼 이해하게 될 것이다. 숙종 15년(1689년) 6월 3일 사약을 받은 송시열은 제자 권상하(權尙夏, 1641~1721년)에게 다음과 같은 유언을 남긴다.

천지가 만물을 살게 하는 소이(所以)와 성인(聖人)이 만사에 응하는 소이는 '직(直)'뿐이다. 공맹(孔孟) 이래로 서로 전하는 것은 오직 하나 곧을 '직(直)'자뿐이다.

둘째는 예학(禮學)의 정립이다. 그는 주희의 가례(家禮)를 이어받아 이를 정교하게 하는 데 많은 공을 들여 조선 예학의 종주가 된다. 이이조차 자신의 서모(庶母)가 아버지 제사에 참여할 수 있는지 여부를 송익필에게 물을 정도였다. 이 또한 『논어』에서 근거를 찾을 수 있다. 「태백」편에 나오는 공자의 말이다.

直而無禮則絞(직이무례즉교)

곧기만 하고 예가 없으면 강퍅하다. 즉 곧음을 바탕으로 하되 예로써 잘 단련시켜야 한다는 말이다. 물론 공자가 말하는 예(禮)는 가례(家禮)에만 한정되지 않는다.

그러나 주희는 그것은 한사코 가례로 제한하려 했고 공자가 생각했던 사리(事理)나 일을 잘 처리한다는 의미에서의 치사(治事)와는 멀어져갔다. 송익필도 당연히 주희의 길을 따랐다.

송익필의 예학 정립은 무엇보다 신하들이 예를 내세워 임금과 대립하는 길이 열렸다는 점에서 중요하다. 예학의 정치 도구화이다. 훗날 서인들이 불효를 명분으로 광해군을 내쫓는 불충을 감행할 수 있었던 것도 이 같은 예학 이론이 없었다면 불가능했을 것이다.

이발에 의한 송익필 집안 몰락을 증언하다

조헌은 소에서 또 송익필 집안이 몰락하게 된 사건과 그 까닭을 다음과 같이 밝히고 있다.

이발·이길·백유양은 또 송익필·한필 형제가 정철과 평소 교분이 두터운 것을 미워하고, 또 자기들의 단점을 의논할까 의심하여 몰래 해당 관리를 사주하여 사조(四朝)의 양적(良籍)을 모두 없애고 불법으로 환천(還賤)시킨 다음 곤장을 안겨 거의 죽음에 이르게 했습니다. 그리고 그의 자손 70여 명도 모두 안씨(安氏-안당 집안)들의 보복을 두려워한 나머지 가업을 파산(破産)하고 도망가 돌아갈 곳이 없게 되었는데, 혹은 "경외(京外)에 흩어져 걸인이 되었다" 하고 혹은 "배를 타고 섬으로 갔다" 합니다.
흩어져 걸인이 되었다면 70여 명 모두가 머지않아 구렁텅이의 해골이 될 것이고 배를 타고 섬으로 갔다면 70여 명이 장차 수적(水賊)들에게 죽음을 당하게 될 것입니다.

이길은 이발의 동생이고 백유양은 백인걸의 조카로 몇 년 후에 정여립 사건이 일어나자 아들이 정여립의 형 정여흥의 사위라는 이유로 연좌돼 결국 장형을 받고 옥사하게 된다. 그에 앞서 이발·이길도 정여립 난에 연루돼 서인의 공격을 받아 세상을 떠나게 된다. 송익필 집안을 환천(還賤)시킨 데 대한 서인들의 보복이라 해도 과언이 아니다.

그러면 송익필 집안은 어떻게 환천됐는가? 이발·이길·백유양이 주동이 된 동인은 송익필을 서인의 모주(謀主)로 지목해 제거하려는 계획을 세웠고 안당의 후손들을 움직여 송사를 일으켰다. 안당의 증손자 며느리가 송씨 일가를 상대로 장례원(掌隸院)에 소송을 제기하면서 안당 집안에서 갖고 있던 속량(贖良) 문서를 없애버려 송익필이 양인이라는 증거는 없어졌다.

그 후 송익필은 도망 도비가 됐고 친구와 제자들의 도움을 받으며 떠돌게 된다. 지금도 전라북도 전주 근처에 운장산(雲長山)이 있는데 한동안 송익필이 숨어 지내던 곳이다. 송익필의 호는 구봉(龜峯)이고 자가 운장(雲長)이다. 그의 자를 따서 산 이름을 지은 것이 지금까지 전해지는 것이다.

그의 도피를 가장 크게 도운 사람은 정철이다. 그가 전라도 운장산으로 숨어든 것도 정철과 무관치 않다. 아마도 도피 중에도 정치에 계속 관여를 한 것으로 보인다. 다음에 살펴보겠지만 1589년의 기축옥사, 즉 정여립의 난은 송익필이 기획하고 정철이 행동대장을 맡아 일어난 동인 학살극이다. 마침내 당쟁이 사생결단의 피바람으로 이어졌고 이 싸움은 300년 후에 조선이 망하고 나서야 함께 끝나게 된다. 그해 12월 16일 선조는 전교해 말했다.

사노(私奴) 송익필·한필(翰弼) 형제가 조정에 대한 원망이 쌓였으니, 반드시 일을 내고야 말 것이다. 간귀(奸宄) 조헌의 진소(陳疏)가 모두 그의 사주였다 하니, 극히 통분할 일이다. 더욱이 노복으로서 주인을 배반하고 도망쳐서 숨어 그 죄가 강상(綱常)에 관계되니, 더욱 해괴하다. 체포해 추고하라.

처음에는 구언에 응해 가상하다고 했던 조헌이 어느새 간귀가 됐다. 게다가 우리가 살펴본 소는 송익필의 사주였던 것이다. 2년 후 임진왜란이 일어나기 얼마 전인 선조 24년(1591년) 10월 21일 사헌부에서 아뢴 내용이다. 여기서도 송익필은 계속 도망을 다니고 있음을 확인할 수 있다. 유력자의 도움이 없이는 불가능한 일이다.

사노(私奴) 송부필(宋富弼)·송익필·송한필 등은 사대부의 집에 드나들면서 조정의 시비(是非)와 사대부의 진퇴(進退)에 관여하여 논하지 않음이 없으며, 사론(邪論)을 선동하여 일국을 교란시키는가 하면 심지어 남을 시켜 상소함으로써 사림(士林)을 모함하는 것을 평생의 능사로 삼고 있습니다.

수십 년 이래 사론(士論)이 갈라지고 조정이 조용하지 못했던 것은 모두 이들이 현란시킨 소치입니다. 그 사정을 추궁하여보니 그들이 본 주인에게 죄를 짓고 온 가족이 도망 나와 권문(權門)에 의탁해 소굴로 삼은 뒤 기필코 세상을 뒤엎어서 옛 주인에게 보복하려 했던 것입니다. 지난번 간흉(奸凶-정철)이 쫓겨난 이후로는 몸을 숨길 데가 없어지자 더욱 간독(奸毒)을 부려 때로는 서울 근교에 숨고 때로는 지방에 숨어 마치 귀신이나 물여우처럼 기회를 보고 틈을 노려 기필코 일을 만들려고 합니다. 지금 그 죄를 바로잡지 않는다면 뒷날의 화가 이루 말할 수 없을 터이니 유사에게 명하여 끝까지 수색 체포하여 율대로 죄를 정하소서.

조헌, 의병장으로 순국(殉國)하다

한편 조헌은 계속 올린 이 소로 인해 2년 후인 1589년 함경도 길주 영동역(嶺東驛)으로 유배를 떠났으나 정여립 사건으로 동인이 실각하면서 풀려났다. 1592년 4월 임진왜란이 일어나자 옥천에서 문인 이우(李瑀)·김경백(金敬伯)·전승업(全承業) 등과 의병 1,600여 명을 모아, 8월 1일 영규(靈圭)의 승군(僧軍)과 함께 청주성을 수복했다. 그러나 충청도 순찰사 윤국형(尹國馨, 1543~1611년)의 방해로 의병이 강제해산 당하고 불과 남은 병력 700명을 이끌고 금산으로 행진, 영규의 승군과 힘을 합쳐 전라도로 진격하려던 고바야가와 다카카게(小早川隆景)의 왜군과 8월 18일 전투를 벌인 끝에 중과부적으로 모두 전사했다.

제7장

정여립의 난에 숨어 있는 비밀

지옥의 문을 연 기축국옥(己丑鞫獄)

선조 22년(1589년) 기축년(己丑年)은 조선 역사를 통틀어 가장 큰 비극을 잉태한 해다. 우리가 흔히 '정여립의 난'으로 부르기도 하고 '기축옥사'라고 부르기도 하는 사건이 일어났기 때문이다. 그런데 같은 사건에 대해 가해자 서인과 피해자 동인의 사건에 대한 시각이 극과 극으로 다르다.

특히 그 후 일어난 인조반정으로 인해 서인 정권 300년이 이어지면서 사실상 피해자의 입장과 진술은 어디서도 말할 수 없게 되면서 사건의 실상에 접근하는 일 또한 어렵게 돼버렸다. 그런 점에서 비록 소론의 입장이기는 하나 크게는 서인에서 분파된 노론과 소론 중 하나인 소론 집안의 이건창이 쓴 『당의통략』은 분명 이때 일어난 비극의 전반적 성격을 아는 데 결정적 길잡이임이 분명하다. 이건창은 이 사건을 핵심 인물이 정여립이 아니라 송익필임을 분명히 하는 데서 글을 시작한다.

먼저 이건창이 전하는 이 사건의 개요를 보자.

송익필은 하천(下賤-낮은 천민)로 태어났으나 재주와 기개가 있어 이이·성혼이 그를 친구로 사귀었는데 세상에서는 그를 서인의 모주(謀主)라고 불렀다.

이때 송익필은 사람들과 방죽 둑을 다투다가 형관에게 쫓기는 신세가 돼 군색하기가 심해져 이 사건을 벗어나려고 생각하고 있었다. 이에 성혼·정철의 문인과 빈객 중에서 호남에 사는 사람들과 서로 왕래하며 모의해 정여립이 모반하려는 실상을 다 얻어 시골 사람을 시켜 고변하게 했다. 정여립은 호남에 살았는데 정여립을 고변한 글은 처음에 황해 감사로부터 왔다. 이는 송익필이 황해도 배천(白川)에 가 있었기 때문이다.

송익필은 그에 앞서 전라도의 산속에 숨어 있다가 이 무렵 아버지 송사련의 고향이기도 한 황해도로 숨어들었다. 여기서 우리는 매우 흥미로운 사실 하나를 짚고 넘어가야 한다. 당시 송익필이 전라도에서 숨어 지냈던 자취가 지금도 남아 있다. 전라북도 진안군 정천면에 있는 운장산(雲長山)이 그것이다. 『두산백과』를 찾아보니 운장산에 대한 설명이 이렇게 돼 있다.

높이는 1,126m이다. 산 이름은 산중(山中) 오성대에서 은거하던 조선 중종 때의 성리학자 운장 송익필의 이름에서 유래했다고 전해지며, 19세기 중엽까지는 주줄산으로 불렀다.

사소한 오류들이 몇 가지 있다. '오성대'는 '오상대'의 잘못이다. 전하기로는 바로 이곳에서 송익필이 숨어 지냈다고 한다. 또 그는 중종 때 태어나기는 했지만 명종 때를 지나 선조 때 활약했던 주자학의 거두다. 그리고 운장은 그의 자(字), 구봉(龜峰)은 그의 호(號)다. 그는 호보다는 자를 중시했던 인물이다. 우리가 볼 때는 아무것도 아닌 듯하지만 송익필의 재전(再傳) 제자인 송시열이 지은 그의 묘갈명에는 이와 관련해 매우 중요한 증언이 들어 있다.

선생은 자신이 고도(古道)를 지키는 입장에 서서 제아무리 공경 귀인이라도 이미 그와 허교(許交)를 했을 경우 모두 대등한 위치에서 대했고 호칭도 그들의 자를 부르고 관직으로 부르지 않았으므로 욕을 하는 사람도 많았지만 선생은 개의치 않았다.

그의 호(號) 구봉은 그가 평생 제자를 가르치며 살았던 지금의 경기도 파주출판단지 옆에 있는 심학산(尋鶴山)의 옛 이름 구봉산(龜峰山)에서 따온 것이다. 지금도 그 일대의 지명이 구산동(龜山洞)이다.

『당의통략』에서 다음으로 눈여겨봐야 할 대목은 "정여립은 호남에 살았는데 정여립을 고변한 글은 처음에 황해 감사로부터 왔다. 이는 송익필이 황해도 배천(白川)에 가 있었기 때문이다"라는 부분이다.

첫째, 정여립이 설사 모반을 꾸몄다 해도 전라도 관찰사가 고변하는 것이 정상이다. 그런데 충청도와 경기도를 지나야 있는 황해도 관찰사가 고변을 했다.

둘째, 그 이유를 이건창은 "이는 송익필이 황해도 배천(白川)에 가 있었기 때문"이라고 분명하게 말하고 있다. 얼핏 보면 잘 연결이 안 되는 문장을 통해 아마도 이건창은 이 사건의 진상을 간접적으로나마 남기려 했던 것으로 보인다. 조선 후기라고 하지만 여전히 송익필 문제를 건드리는 것은 쉽지 않았을 것이다.

그러면 첫째 문제부터 짚어보자. 『선조실록』에는 1589년 10월 2일 황해 감사가 밀계(密啓)를 올린 것으로 적고 있다.

> 황해 감사의 비밀 서장을 입계(入啓)하자, 그날 밤 삼공(三公)·6승지를 불러 인대(引對)하고, 입직(入直)한 도총관(都摠管)·옥당(玉堂 -홍문관 관리)이 다 입시(入侍)했는데, (황해도) 안악(安岳)·재령(載寧) 등처에서 일어난 역모 사건을 의논하기 위해서였다. 선전관과 의금부 도사를 황해도와 전라도 등처로 나누어 보냈는데, 전라도에는 정여립이 괴수였다. 검열(檢閱) 이진길(李辰吉)을 정여립의 생질(甥姪)이라 하여 입시(入侍)에서 제외했다가, 얼마 안 돼 하옥시켰다.

그런데 훗날 서인 입장에서 고쳐 쓴 『선조수정실록』에는 이날의 상황을 아주 상세하게 적고 있는데 주로 정여립의 역모 행태와 그 수하들이 황해도에서 어떤 움직임이 있었는지를 실명을 다 언급하며 전하고 있다. 그런데 『선조수정실록』이 얼마나 서인들의 악의(惡意)에 의해 고쳐졌는지는 다음 문장을 보아도 알 수 있다.

선조가 고장(告狀)을 읽어나가니 좌의정 이산해를 비롯한 입시한 신하들이 벌벌 떨고 "모두 목을 움츠리고 등에 땀이 배었으나 정언신은 홀로 나지막한 소리로 킬킬 웃으니 상이 그 소리를 들었다"고 적고 있다. 정언신(鄭彦信, 1527~1591년)은 우의정으로 정여립의 친척이기도 해 얼마 후에 사형을 당하게 된다. 그렇다고는 해도 그 자리에서 "킬킬 웃으니"라는 것은 이날 『선조수정실록』의 기록 자체를 의심케 하기에 충분하다.

황해 감사 한준(韓準, 1542~1601년)이 올린 밀계의 개략적 내용은 이렇다. 이 밀계에는 황해도의 안악 군수 이축·재령 군수 박충간·신천 군수 한응인이 연명을 했다. 밀계의 골자는 홍문관 수찬을 지낸 전주의 정여립이 모반의 괴수로 한강이 얼면 황해도와 호남에서 동시에 한양으로 쳐들어가 장군 신립과 병조판서를 살해하고 쿠데타를 일으킨다는 것이었다. 그런데 역모에 가담했던 안악의 조구(趙球)라는 사람이 자복하는 바람에 역모 사실을 알게 되어 보고한다고 돼 있었다.

여기서 우리는 한준이라는 인물에 주목해야 한다. 훗날 그는 이조판서에까지 오르게 된다. 또 그는 이 일로 평난공신(平難功臣) 2등에 봉해진다. 평난공신은 도대체 뭔가?

서인 일색의 평난공신

고변으로부터 두 달쯤 지난 1590년 1월 1일 선조는 역모 가담자들을 어느 정도 소탕했다고 여기고서 이에 난을 평정했다고 해서 평난공신을 책봉하라는 명을 내린다.

이번 역적의 변고는 종전에 없던 일인데 그 거사(擧事)가 두어 달밖에 안 남았었으니, 만약 박충간(朴忠侃, ?~1601년) 등이 협모(協謀)하여 체포하고 의로움에 의거해 토적(討賊)하지 않았던들 종묘사직이 어떻게 되었겠는가? 그것이 신하 된 자의 직분이라고는 하지만 진실로 평범하게 포상할 수는 없다. 그 충성을 포상하고 그 공을 보상하는 식전(式典)을 거행하지 않을 수 없으니 조종조의 전례에 의해 원훈(元勳) 박충간·이축(李軸, 1538~1614년)·한응인(韓應寅, 1554~1614년)·민인백(閔仁伯)·이수(李綏)·강응기(姜應棋)는 우선 공신으로 삼으라.

그래서 얼마 후에 등급을 정해 모두 22명이 3등까지 녹훈된다. 1등은 박충간·이축·한응인 3인이고, 2등은 민인백·한준·이수·조구·남절(南截)·김귀영(金貴榮)·유전·유홍(兪泓)·정철·이산해·홍성민·이준(李準) 12인이며, 3등은 이헌국(李憲國)·최황(崔滉)·김명원(金命元)·이증(李增)·이항복(李恒福, 1556~1618년)·강신(姜紳)·이정립(李廷立) 7인이다. 1590년 8월 15일에 임금은 이들에게 교서를 내리고, 공신회맹제(功臣會盟祭)를 열어 특전을 베풀었다. 이 중에서 좌의정 이산해를 제외한다면 거의 서인 일색이다.

여기서 눈길이 가는 인물은 이항복이다. 훗날인 선조 37년(1604년) 5월 16일 그가 벼슬에서 물러났을 때 사관은 그에 대해 "인간의 수치스러운 일을 알고나 있는가?"라고 적고 있다. 기축옥사로 동인은 없어지고 북인과 남인으로 갈렸으니 대체로 북인들이 쓴 『선조실록』임을 감안할 때 이 사건에 대한 북인들의 분노를 읽어볼 수 있는 실마리라 하겠다.

고변 자체만 놓고 본다면 당연히 1등이 돼야 할 한준은 2등으로 밀렸고 그 아래에 있던 박충간·이축·한응인 세 사람만이 나란히 1등이었다. 즉 한준은 문서 전달자에 불과했고 실제 공작은 박충간·이축이 주도하고 조정의 명망이 있던 한응인을 끌어들여 세 사람이 송익필과 교신하며 만들어냈을 가능성이 크다. 모두 서인이기 때문이다.

박충간은 그 후 형조참판까지밖에 못 올랐고 이축은 형조판서·우 참찬을 역임했다. 셋 중에서 가장 높이 올라간 한응인은 우의정에까 지 올랐다.

2등에 책록된 민인백은 정여립이 있던 곳의 현감으로 송익필의 친 구 성혼의 문인이다. 도대체 전라도의 한 현감은 무슨 공로가 있어 한 준과 나란히 2등에 책록된 것일까? 또 이수나 조구는 황해도에 있으 면서 정여립에 가담했다가 등을 돌려 고변을 한 인물이다. 오히려 처벌 을 받아야 할 자들이다. 남절은 안악 군수 이축의 집안 동생으로 민간 에 떠도는 역모설을 이축에게 전달한 것이 전부다.

피바람의 시작

장장 1년 가까이 이어지는 기축옥사의 서막이 열렸다. 그런데 납득 이 가지 않는 일이 한두 가지가 아니다. 10월 2일에 고변이 이뤄졌고 당일에 모두 잡아들이라는 선조의 엄명이 있었다.

5일 후인 10월 7일에 정여립이 도망쳤다는 의금부 도사 유담(柳湛) 의 보고가 올라왔다. 그리고 10월 11일 4년째 낙향해 있다가 맏아들 의 장례를 치르기 위해 경기도 고양에 와있던 돈녕부 판사 정철이 나 름의 정보망을 동원해 조사한 내용을 바탕으로 선조에게 밀계를 올렸 다. 실록에는 그 내용에 대해 "역적을 체포하고 한양과 지방의 경계를 더욱 철저히 해야 한다"는 것이었다고 기록하고 있다. 그러나 이 시기 에 정철의 등장 또한 준비된 것으로 보인다. 서인의 『선조수정실록』은 정철의 등장에 대해서는 아무런 언급도 없다.

먼저 황해도 쪽에서 관련 혐의자들이 속속 잡혀들어왔다. 이들의 입에서는 정여립과의 공모'사실'이 하나둘 드러났다. 물론 자백하지 않는 자들도 있었다.

고변으로부터 보름이 지난 10월 17일 정여립이 전라도 진안의 죽도에 숨어 있다가 관군에게 발각돼 포위되자 스스로 칼자루를 땅에 꽂고 엎어져 자기 목을 찔러 죽었다는 보고가 올라왔다. 그 자리에 함께 있던 아들 정옥남은 한양으로 압송되었다.

이틀 후 선조는 창경궁 선정전에서 정옥남(鄭玉男, ?~1589년)을 친국했다. 그리고 10월 27일 백관들이 차례로 서서 보는 가운데 역모 관련자들은 능지처참을 당해 저잣거리에 머리가 내걸렸다. 정여립의 시신도 한양으로 가져와 저잣거리에 내걸었다. 그러나 진짜 피바람은 아직 시작도 되지 않았다.

호남 출신 양천회 · 정암수가 올린 상소

옥사가 진행되는 동안 동인의 이산해 · 정언신은 의정부에 포진해 있었고 이발 · 백유양 등은 언론을 장악하고 있었다. 이들은 처음에는 정여립의 역모를 이이의 문인들의 모함으로 보았다. 심지어 정여립은 역적질을 할 사람이 못 된다고까지 거들었다. 오판(誤判)이었다. 관련자들의 증언을 통해 정여립의 모반 계획은 움직일 수 없는 사실로 드러났다. 적어도 이에 관해서는 동인의 입장에서 서술된 『선조실록』이나 서인의 입장에서 서술된 『선조수정실록』이나 견해를 같이한다. 두 실록의 서술이 큰 차이를 보이기 시작하는 것은 그 이후부터다.

『선조실록』은 그 정도에서 끝날 일을 엄청나게 확대한 인물로 정철을 지목한다. 유감스럽게도 이 점은 사실이다. 10월 28일(『선조수정

실록』은 11월 1일) 양천회(梁千會)라는 생원이 글을 올린다. 역모 관련자
들이 불귀의 객이 된 바로 다음날이다. 조헌의 소(疏)를 연상시키는 이
글은 그 후에도 당쟁에서 유생이나 생원들이 동원되는 시초가 된다는
점에서 주목할 필요가 있다. 먼저 양천회는 자신이 호남 출신임을 강
조한다. 그리고 같은 호남인 정여립과 이발을 한데 엮고 있다. 이미 송
익필이 모사(謀事)하는 서인이 정여립을 이발을 잡는 미끼로 활용하
고 있음을 보여주고 있는 것이다.

신은 호남 출신으로 역적의 정상을 자세히 알고 있으니, 여립은 흉
악하기 짝이 없고 탐학 음잔(貪虐淫殘)하여 사림의 매도를 받아온
지가 이미 오래되었습니다.
다만 그가 당초 글 읽는 사류(士流)에 붙어 세상을 속이고 명예를
차지할 계획을 세웠는데, 이발 형제가 남도(南道)에 왕래하면서 서
로 결합했습니다. 그때 이이와 성혼이 세상에서 큰 명성을 지니고
있었는데 이발 형제도 그들을 존경할 때였으므로 여립을 천거하여
새로 그 문하(門下)에 드나들다가, 이이와 성혼이 세력을 잃은 뒤에
는 여립이 맨 먼저 창끝을 돌려 이발 등과 안면을 바꾸고 붕당을 지
어 남을 참소하고 재얼(災孼-재앙)을 만들어 충현(忠賢)들을 모함할
계획을 세웠는데, 다행히 천감(天鑑)이 매우 밝아 간사한 짓을 환히
살피고 채용하지 않으셨습니다.
그러므로 여립이 앙심을 품고 상을 원망하여 역모를 일으켰으니, 불
궤(不軌-역모)의 마음을 몰래 지니고 도참설(圖讖說)을 퍼뜨려 어리
석은 백성을 유혹하고 도당을 모아들인 음모 비계(陰謀秘計)와 패역
완흉(悖逆頑兇)은 신자(臣子)로서 차마 들을 수 없는 것으로, 예로부

터 난신적자(亂臣賊子)가 아무리 많았어도 여립보다 더한 자는 없었습니다. 다행히 종묘사직의 위령(威靈)과 천지의 묵우(默祐)로 흉모가 먼저 드러나자 형세가 궁지에 몰려 스스로 목 찔러 죽었으니, 어찌 국가의 큰 경사가 아니겠습니까.

조정의 신하들이 처음에는 이 변을 듣고 도리어 역적 구출에 전력하여, 혹자는 이이의 제자들이 무고하여 사건을 야기시켰다 하고, 혹자는 여립의 사람됨은 충성이 태양과 같다 했고 심지어 한준을 그르다고까지 했습니다. 조정의 논의가 그러했기 때문에 의금부 도사 유담 등이 감히 출동에 태만하고 포착(捕捉)에 소극적으로 임했던 것입니다.

신이 지난 4일 오후에 유담 등을 이산현(尼山縣) 앞에서 만났는데, 휘장을 쳐놓고 휴식하는 모습이 평일과 다름없었으며, 나팔이 계속 울리고 뒤따르는 자들이 길을 메웠습니다. 그는 미관(微官)인 무부(武夫)로서 조정의 뜻을 받들고 시의(時議)에 부합할 줄만 알 뿐이니, 어찌 역적을 토벌하는 의리를 알겠습니까. 이뿐만이 아닙니다. 태학(太學)의 많은 제생(諸生)도 구출론을 제의하여 상소를 올려 구출하려고까지 한 자가 있었습니다. 추관(推官-수사책임자) 또한 사실대로 심문하지 아니하므로 외부의 여론이 지지히여 심지어 억수(億壽)의 초사(招辭)에, 경중(京中)의 가까운 친족 중에 정여립과 서로 가깝게 왕래한 사람이 나뿐만이 아니었다고 하자 정언신이 속히 곤장을 세게 치라 하고 심문하는 바가 전혀 없었고, 추관 중에 힐문(詰問)하려는 이가 있으면 정언신은 문득 언짢아하는 기색을 보였다는 말까지 있습니다.

이어 명백하게 사건의 처리 방향까지 제시한다. 즉 실상을 떠나 친분만으로도 처벌해야 함을 역설하고 있다.

원흉이 오형(五刑)에 복주(伏誅)되고 친당이 연좌율에 처해졌으며 그 문생이나 친구를 경중에 따라 죄를 적용시킨 것은 그들이 모두 역모에 참여했기 때문만은 아닙니다. 다만 평소 역적과 친절한 사이였다면 오늘의 사리나 형편으로 보아 약간의 견벌(譴罰)을 보여서 악을 미워하는 의리를 엄격히 하지 않을 수 없으니, 이는 곧 역란(逆亂)의 싹을 봉쇄하고 미연의 화를 막자는 것입니다.

지금 역적이 죽음을 함께할 벗으로 결탁하여 심복이나 형제와 같은 사이로는 이발·이길·백유양 등이 있고, 절친한 친척 사이로는 정언지(鄭彦智)·정언신 등 많이 있어 서로 친밀하고 다정한 사이임을 길가는 사람도 다 아는 사실인데, 오히려 조정의 녹을 먹고 대궐에 드나들며 길거리에서 소리치는 등 의기양양한 기세가 평일과 다름이 없는데 한 사람도 소장(疏章)을 올려 자핵(自劾)하는 자가 없으므로, 인심이 저마다 통분(痛憤)하게 여깁니다.

이것은 누가 보아도 생원의 작품일 수 없었고, 글은 이산해와 정언신, 즉 좌의정과 우의정 등 동인 핵심을 겨냥하고 있었다. 실제로 이 사건은 역모라는 사실 규명에서 벗어나 정여립과의 친분 문제로 죄를 얻게 되는 방향으로 진행된다.

양천회는 정여립과 친분이 두터웠던 조정의 인물로 김우옹과 최영경(崔永慶, 1529~1590년)까지 언급한다. 『선조실록』은 그래서 "이 소(疏)는 정철 등이 자기들과 의견이 다른 사람들(즉 동인들)을 모조리 죽이기 위하여 양천회를 사주하여 올린 것"이라고 평하고 있다. 이미 조헌이 '송익필의 사주'로 글을 올렸다는 동인들의 지적이 떠오르지 않을 수 없다. 실제로 양천회는 글의 말미에서 조헌에 대해서도 언급한다.

전날 조헌이 여러 차례 소장(疏章)을 올려 귀근(貴近)을 논박했습니다. 비록 그 말이 우직하고 인거(引據)가 과도했으나 그 본심을 따져보면 충군애국(忠君愛國)에서 나온 것인데, 죄를 얻고 먼 곳에 유배되어 한 몸으로 도깨비들의 재해를 막고 있어 역적들의 마음을 유쾌하도록 만든 것 같으니 국맥(國脈)을 손상하고 사기(士氣)를 좌절시킴이 너무 심합니다. 지금이라도 속히 조헌을 소환하여 진언(盡言)에 대한 상(賞)을 내리신다면 매우 다행이겠습니다.

11월 4일에는 예조정랑 백유함이 소를 올려 김우옹·이발·이길 등이 정여립과 친밀하게 지냈던 사실을 보고했다. 백유함은 이이의 후견자였던 백인걸의 아들로 백유양과는 다른 길을 걷고 있었던 것이다. 눈 밝되 굳세지 못했던[明而不剛] 선조의 마음은 급속하게 동(東)에서 서(西)로 돌아섰다. 11월 7일 우의정 정언신과 이조참판 정언지가 파직되었다. 두 사람은 형제로 정언지가 형이었고 정여립과는 먼 친척 간이었다. 다음날 정철이 우의정, 성혼이 이조참판으로 바뀌었고 백유함은 사간원 헌납, 최황은 대사헌에 임명되었다.

조사는 이어졌고 이발·백유양도 새롭게 관련자 명단에 포함돼 유배길을 떠나야 했다. 이런 혼란의 와중에 당초 계획한 대로 11월 18일 일본으로 보내는 통신사로 정사 황윤길·부사 김성일·서장관 허성을 선발했다. 황윤길은 서인, 김성일은 동인이었다.

12월 14일에는 전라도 유생 정암수(丁巖壽)가 소(疏)를 올렸다. 이 또한 유생 수준에서 올릴 수 있는 글이 아님은 물론이다. 주요 부분만 발췌해보자. 이 글은 잘 읽어보면 정반대의 내용을 읽어낼 수 있는 것들이 많다.

이산해는 본시 음흉(陰譎)한 자질로 부시(婦寺)의 태도를 외식(外飾)하여 성상(聖上)을 속여온 지가 이미 오래되었습니다. 요즈음 역적과의 상면(相面)이 비록 드문 편이나, 그 간담(肝膽)이 서로 맞아 교의(交誼)가 깊다는 것은 사람들이 다 보아온 터이니 어찌 엄폐할 수 있겠습니까. 또 적신(賊臣)의 집에서 문서를 수색해낼 때 익산 군수(益山郡守) 김영남(金穎男)은 이산해 등의 수필(手筆)을 남몰래 찾아내어 소각시킨 뒤에 이산해에게 편지를 보내 걱정하지 말라 했고, 이발은 자신이 여립과 심교(心交)했다 하여 궐하(闕下)에 대죄(待罪)하려고 멀리 산해에게 문의하니, 산해는 경솔히 움직일 필요가 없다고 답했습니다.

적변(賊變)이 보고된 처음에 이산해와 정언신 등이 국가를 걱정하지 않고 다만 화(禍)가 사당(私黨)에 미칠까 염려하여 포적사(捕賊使)에게 말하기를 "지금 해서(海西-황해도)에 이이의 제자가 많은데 감사(監司-한준)는 식견이 없고, 수령 중에 서인이 많다. 반드시 무고(誣告)하고 얽어매어 조정의 진신(搢紳)들을 모함하려는 계략을 만날 것이니 공(公) 등은 이를 잘 처리하라"고 했습니다.

전 현감 정개청(鄭介淸, 1529~1590년)은 오랫동안 여립과 교우가 친밀하여 온갖 사설(邪說)에 서로 호응한 자입니다. 여립은 일찍이 말하기를 "남자는 양(陽)에 속하여 여자와 같지 않으니, 누구를 섬긴들 임금이 아니겠는가. 소위 두 임금을 섬기지 않는다는 것은 왕촉(王觸)의 일시적인 말이고 성현의 통론(通論)은 아니다"라고 했고, 정개청은 일찍이 배절의설(排節義說)을 만들어 후배나 제자들을 현혹시키니, 사람들이 하는 말이 "그 폐단이 반드시 간귀(姦宄)를 야기시켜 마침내 나라를 망치고야 말 것이다"라고 했습니다.

아, 성인이 『춘추(春秋)』와 『강목(綱目)』을 저술할 때 절의를 매우 소중하게 여겼는데, 지금 정개청은 글을 읽는 데 힘써 유민(流民) 출신으로 사대부의 서열에 참여한 뒤에는 감히 터무니없는 말을 마구 만들어 스스로 역란(逆亂)의 길에 빠졌으니, 군친(君親)을 망각하고 버리는 마음이 뚜렷합니다.

'배절의설(排節義說)'이란 정개청이 본래 서인 박순의 문인이었으나 박순이 영의정에서 파직되자, 동인(東人) 이발·정여립과 교분을 맺음으로써 스승을 배반했다는 비난을 받고는 「절의청담변」을 지어 자신의 처지를 변명하니 정철 등 서인들이 배절의론이라고 비난한 데서 생긴 말이다.

뒤로 가면 기축옥사가 왜 일어났는지를 극명하게 보여주는 구절이 나온다. 류성룡을 끌어들이는 대목이다.

류성룡은 소위 사류(士類)로 일신(一身)에 큰 명망을 차지하고 시론(時論)을 주관하면서 남의 말을 교묘히 피합니다. 이전의 일은 추구(推究)할 필요가 없으나, 요즘 국사가 날로 위태로워지는 것을 보고도 사당(邪黨)을 배치시킬 뿐, 충현을 끌어들여 지난번의 과오를 고치는 계책으로 삼겠다는 한마디의 말도 없습니다. 류성룡은 진실로 역모에 가담한 사람은 아니지만, 지금 만약 반성해본다면 태양 아래서 어떻게 낯을 들고 살 수 있겠습니까.

서인의 노림수, 동인을 넘어 그 지반인 호남으로

양천회와 정암수의 소를 통해 서인들이 노리는 사건 진행 방향은 어느 정도 알 수 있다. 동인 소탕이다. 그러나 서인이 기록한 『선조수정실록』 선조 22년(1589년) 10월 기록에는 이미 저들이 이발 형제가 이끄는 동인의 근거지가 되고 있던 호남 소탕을 염두에 두고 있었음을 알 수 있는 내용의 글이 나온다. 서인 계통 사관의 평이라는 점에서 이런 의심은 더욱 개연성이 있다.

호남의 풍속이 진취(進取)하기를 좋아하고 거취(去就-벼슬에 나아가고 물러남)를 가볍게 여기므로 사자(士子-선비)가 더러움에 오염되어 풍습이 크게 훼손되었다. 대개 명종 말엽으로부터 유학(儒學)이 성대히 일어나서, 부형의 가르침이나 사우(師友)의 모임에는 대부분 예법을 강구하고 도의(道義)를 담론하는 것으로 일삼으니, 세상 사람들은 자못 좋아하지 않았다.
당론(黨論)이 나뉘어지고 스승이 모함당한 뒤로부터 선비의 습속이 방달(放達)을 숭상하여 학문을 강론하는 자가 적어졌다. 여립의 옥사가 일어나게 되어서는 학사(學士)와 대부들이 억울하게 화를 받았을 뿐만 아니라, 후진의 제생(諸生)도 유학으로 이름 삼기를 부끄럽게 여겨 기폄(譏貶)을 피했다. 그리하여 풍속이 크게 무너졌으니 이는 모두 정여립이 역적질한 빌미였던 것이다.

즉 호남이어서가 아니라 호남이 동인과 이발의 땅이었기 때문이다. 정철은 소수파였고 그래서 어쩌면 그 설득력을 높이기 위해 양천회와 정암수를 동원한 것인지도 모른다. 이건창이 이 일을 정여립의 난이 아니라 기축국옥(己丑鞫獄)이라고 이름 붙인 것은 보다 실상에 접근해 들어가는 것이다.

보다 중립적 입장에서 이 사건을 바라보기 위해 『한국민족문화대백과사전』에 실린 이 사건에 대한 학계의 몇 가지 시각을 소개한다.

이때의 상소로 조정의 동인계 고관과 함께 호남 지방 사류가 다수 연좌되었다. 그리하여 그 뒤부터 전라도는 반역향으로 불리게 되었고, 호남 지역 사류 간 반목과 대립이 후대에까지 이어져 여러 가지 문제를 낳게 되었다. 또 진주에 거주하던 처사 최영경은 모주인 길삼봉으로 지목되어 옥사했는데, 그의 연좌 또한 지극히 모호한 내용이어서 많은 말썽을 불러일으켰다. 그 뒤 약 3년 동안 정여립과 친교가 있었거나 동인이라는 이유로 처형된 자가 무려 1,000여 인에 이르는 대옥사로 발전했다. 그뿐 아니라 이 문제는 그 뒤 당쟁의 전개 과정에서 주요한 현안으로 대두되었다. 이 옥사의 발생 원인에 대해서는 학설이 나누어진다.

첫째, 노비 출신인 송익필이 당시 서인의 참모격으로 활약했는데, 자신과 그의 친족 70여 인을 다시 노비로 전락시키려는 동인의 이발·백유양 등에게 복수하기 위해 이 사건을 조작했다는 설.

둘째, 당시 위관(委官)으로 있던 정철에 의해 조작되었다는 설.

셋째, 이이가 죽은 뒤 열세에 몰린 서인이 세력을 만회하기 위해 날조한 사건이라는 설.

넷째, 일부 조작된 바도 있으나, 당시 정여립이 전제군주정치 아래에서는 용납되기 어려운 선양(禪讓)에 의한 왕위 계승 방식을 주장하는 등 혁명성을 가진 주장이 옥사를 발생시킨 요인이 되었다는 설, 즉 정여립의 모역상도 어느 정도는 인정된다고 보는 설 등으로 아직 정설은 없다.

필자는 대체로 첫째와 둘째 그리고 셋째가 혼합돼 일어난 사건으로 보면 진상에 어느 정도 가깝다고 여긴다.

제8장

동인의 소멸, 집권 서인의 몰락

이산해의 덫에 걸린 정철

1589년 터진 기축옥사는 그 후 약 1년을 이어지며 1584년 서인의 이이가 죽은 이후 줄곧 득세했던 동인에 치명적 타격을 가했다. 그리고 서인의 거두 정철이 집권자로 떠올랐다.

정여립의 옥사 이후 정철의 기세는 하늘을 찌를 듯했다. 그의 말 한 마디에 생과 사가 갈릴 정도였다. 선조는 이런 상황을 불가피하게 받아들이면서도 견제의 필요성을 느꼈다. 동인인 영의정 이산해만으로 정철을 견제하는 데 한계를 느낀 선조는 같은 동인인 류성룡을 불러들인다. 이렇게 해서 영의정 이산해·좌의정 정철·우의정 류성룡의 의정부 체제를 갖췄다. 동인 2인에 서인 1인이었다. 물론 실권은 좌의정 정철에게 있었으니 서인 정권이 6년 만에 들어선 셈이었다.

정확한 실상이야 알 길이 없지만 『당의통략』의 저자 이건창은 정철 쪽이 먼저 도발한 것으로 본다. 파주에 머물던 성혼도 이조참판이 되어 조정에 들어와 있을 때였다. 성혼과 정철이 이산해를 축출하려고 모의를 했는데 이를 송익필이라는 인물이 이산해에게 '알렸다[泄之].' 사실 서인의 모사인 그의 이력만 놓고 보면 동인의 영수인 이산해에게 성혼과 정철의 논의를 밀고했다는 것이 믿기지 않는 측면도 있다. 다만 송익필과 이산해는 어릴 때부터 친분이 있었다. 이건창이 '밀고'라고 하지 않고 '누설'이라고 한 것은 어쩌면 일종의 실수였음을 강조하는 것일까?

선발제인(先發制人). 상대의 노림수를 미리 알아내고서 선제적으로 상대를 공격한다는 말이다. 송익필을 통해 정철과 성혼 쪽의 움직임을 알게 된 이산해는 선제공격을 결심한다.

기회는 뜻밖에 빨리 왔다. 선조 24년(1591년) 2월, 윤국형이 세자 문제를 끄집어냈다가 좌천당한 지 정확히 2년 후였다. 막 우의정으로 임명된 류성룡이 좌의정 정철을 찾아와 삼정승이 함께 세자 책봉 문제를 선조에게 건의할 것을 제안했다. 류성룡의 제안이 이산해의 시나리오에 따른 것인지는 알 길이 없다.

당시만 해도 이미 세자 문제에 대한 조정 공론은 묵계의 형태로 광해군에게 모이고 있었다. 따라서 정철은 그저 정하기만 하면 되는 문제로 간단하게 생각했을 수도 있다. 그러니 동서 당파의 문제로 볼 사안은 아니라고 여겼을 것이다. 정철은 흔쾌히 허락했다. 좌의정이면 사실상 자신이 최고 실권자였기 때문에 경연 자리에서 자신이 먼저 이야기를 꺼냈다. 그러면 자연스레 이산해나 류성룡도 동조할 것으로 생각했기 때문이다.

그러나 이산해와 류성룡은 말이 없었다. 정철이 말을 마치는 순간 경연장에는 숨 막히는 침묵이 흘렀다. 이어 선조의 분노가 터졌다.

제2부 | 선조, 조선 당쟁의 본격화

지금 내가 살아 있는데 경은 무엇을 하고자 하는가?

　그나마 홍문관 부제학 이성중과 대사간 이해수(李海壽, 1536~1599년)가 나서 정철을 거들었지만 역린(逆鱗)을 건드린 대가는 혹독했다. 선조는 이성중과 이해수를 지방으로 내치라고 즉석에서 명했다. 정철로서는 이해할 수 없을 정도로 선조가 분노했다. 정철로서는 왜 선조가 그렇게까지 대노(大怒)하는 줄 알 길이 없었을 것이다.

　이산해는 경연이 있기 전부터 인빈 김씨(仁嬪 金氏, 1555~1613년)의 오빠 김공량(金公諒)을 만나 정철이 광해군을 세자로 세우고 인빈 김씨와 그 아들 신성군(信城君) 이후(李珝, 1579~1592년)를 죽이려 하니 인빈 김씨로 하여금 빨리 주상께 말씀드리라고 권유했다. 이때 인빈 김씨는 선조의 무한 총애를 받고 있었다. 인빈의 말을 듣고 선조는 처음에는 '그럴 리가?'라고 했겠지만 경연에서 정철이 그 말을 끄집어내는 순간, '이자가!'라며 확신을 가졌다. 이런 치밀한 모함에 누가 걸리지 않을 수 있을까?

　정철은 일단 좌의정에서 물러나 돈녕부 영사로 좌천당했다. 그러나 이 정도로 끝날 동인들이 아니었다. 정철은 정여립 사건 이후 동인들에게는 불구대천의 원수가 되었다. 사건을 처리하는 과정에서 실제로 정철이 하지 않은 일, 심지어 실제로는 정철이 구하려고 애썼던 인물의 죽음까지도 모두 정철 때문이라고 동인들은 확고하게 믿었다. 윤3월 14일에는 사헌부·사간원 양사의 탄핵으로 돈녕부 영사의 자리마저 내놓아야 했다.

　파직(罷職). 그나마 지난 2년 사이에 어느 정도 회복세를 보이던 서인 세력의 몰락을 알리는 신호탄이었다. 이틀 후 선조는 대신의 교체가 아니라 파직임을 분명히 하기 위해 파직 사실을 알리는 방을 곳곳에 붙이라고 명한다. 세자 문제를 잘못 건드린 대가가 그만큼 컸던 것이다.

6월이 되면 정철은 진주에서 강계로, 백유함은 경흥으로, 유공진은 경원으로, 이춘영은 삼수로 유배를 간다. 모두 마천령을 넘어 함경도로 가게 됐다.

그 밖에도 세자 문제와는 전혀 상관이 없는 우찬성 윤근수·중추부판사 홍성민·병조판서 황정욱·승지 황혁·호조판서 윤두수·황해도 관찰사 이산보 등이 억울하게 파직당했다. 7월 선조는 정철을 '간신(奸臣)'이라고 부르고 있다.

간신 정철에게 모함을 당해 배척된 사람이 있으면 모두 벼슬을 주어 등용케 하라.

정철은 이때의 심정을 다음과 같이 노래했다.

세상에 살면서도 세상을 몰랐고
하늘을 이고도 하늘 보기 어렵구나.
내 마음 알아주는 것 오직 백발뿐
나를 따라 또 한 해가 가는구나!

이때 선조가 광해군에게 왕위를 넘겨줄 뜻이 어느 정도라도 있엇다면 정철이 이렇게까지 혹독한 처벌을 당하지는 않았을 것이다. 선조의 속마음은 인빈 김씨 사이에서 난 신성군에게 있었다.

선조 시대 시한폭탄의 뇌관, 건저의(建儲議)

군주제 국가에서 현재의 국왕이 한창 왕성한 나이일 때 세자 문제를 언급한다는 것은 여간 조심스러운 일이 아니었다. 자칫 목숨이 10개라도 모자랄 수 있는 지극히 민감한 사안이었다. 이미 조선에서도 이 문제에 잘못 관여했다가 멸문지화를 당한 적이 여러 차례였다.

시간을 10여 년 앞으로 돌려보자. 선조의 경우 선조 11년(1578년) 9월 1일 대사헌에 오른 김계휘가 가장 먼저 이 문제를 제기한 것으로 되어 있다. 선조 나이 겨우 27세 때였다. 이때는 세자를 정하자는 의견이라기보다는 후궁의 아들들에게도 왕자로서의 교육을 시켜야 한다는 정도의 건의였다. 그러나 본부인인 정비에게서 아들이 없었기 때문에 김계휘의 이 건의는 사실상 건저(建儲), 즉 세자를 세우자는 의견이나 마찬가지였다. 그 의미를 선조가 모를 리 없었다.

실록은 "주상이 처음에는 허락을 하지 않다가 마침내 김계휘의 말을 따랐다"고 적고 있다. 그래 봐야 이때 공빈 김씨에게서 난 임해군의 나이 일곱 살, 광해군의 나이 네 살이었고 인빈 김씨에게서 난 의안군은 두 살이었다. 결국은 임해군이나 광해군을 염두에 둔 이야기였다고밖에 볼 수 없다. 실제로 선조 16년(1583년) 8월 5일 왕자들의 공부를 가르치는 하락(河洛, 1530~1592년)이 임해군과 광해군의 공부에 큰 진척이 없다는 보고를 하는 대목이 나온다. 공부는 바로 이 둘을 겨냥해서 이루어졌던 것이다.

세조의 명을 받아 최항과 함께 『경국대전』을 편찬했던 광산 김씨 김국광의 현손인 김계휘(金繼輝, 1526~1582년)는 명종 4년(1549년) 문과에 급제해 사가독서(賜暇讀書)를 한 후 홍문관 부수찬·병조와 이조의 좌랑 등 요직을 거쳤다. 나이는 이이보다 열 살 위였지만 서인으로서 학문적 입장을 같이하며 친구처럼 가깝게 지냈다.

선조 즉위 후에도 황해도·경상도·전라도의 관찰사와 공조·형조의 참판을 지냈다. 이때 대사헌에 올라 남들이 하기 어려운 이야기를 처음으로 발의한 것이다.

김계휘는 벼슬은 예조참판에까지 이르렀을 뿐이지만 영향력은 컸다. 그와 같은 서인 쪽에서 집필한『선조수정실록』에서는 그를 이렇게 평하고 있다.

> 총명하고 기억력이 뛰어나 전고(典故)에 숙달했으며 인물을 알아보는 데 밝았고 정사를 처리하는 데 민첩하여 경국제세(經國濟世)의 재주를 지녔으므로 당시 명현(名賢)들이 모두 그에게 미치지 못한다고 스스로 인정했다. 가정 생활이 청렴하고 검소했으며 30년 동안 현직(顯職)에 있었으나 문정(門庭)이 포의(布衣-아무런 관직도 갖지 않은 사람) 시절과 같았다. 젊었을 때부터 문명(文名)으로 이름이 높았는데 권간(-동인)이 득세하던 때를 당하여 한번도 자신을 굽히지 않았으므로 십수 년 동안 폐척(廢斥)되었다.

훗날 송시열·송준길에게 큰 영향을 미치게 되는 '예학의 종주(宗主)' 김장생이 바로 그의 아들이다.

그리고 10년이 지나갔다. 선조 21년(1588년) 4월 1일 홍문관 부제학으로 임명돼 경연에 입시한 윤국형이 "세자를 일찍 세워 종사(宗社)의 계책을 정하소서"라고 말한다. 선조는 역시 말이 없었다. 이날 실록의 평이 의미심장하다.

그 의논이 더 이상 계속되지는 않았으나 식자들이 흡족히 여겨 윤
국형을 칭찬했다.

고양이 목에 방울을 단 윤국형의 용기를 높이 평가한 것이다. 해가
바뀌어 윤국형은 승지로 자리를 옮겼다. 선조 22년(1589년) 1월 25일
윤국형은 다시 한번 세자를 세우는 문제를 이야기했다. 그리고 닷새
후 상주 목사로 좌천을 당한다. 이에 영의정 유전까지 나서 그런 이유
로 윤국형을 좌천시키는 것은 잘못이라고 논했지만 선조는 묵묵부답
이었다. 윤국형의 원래 이름은 윤선각(尹先覺)이었는데 개명했다. 이날
실록은 "임해군은 연장자로서 가장 광폭했으므로 조야가 근심스럽게
여겼다"고 적고 있다. 사정이 이러했기 때문에 누가 나서서 선뜻 세자
를 세우는 문제를 입 밖에 낼 수가 없었다.

이런 상황에서 정철은 경솔하게 처신하다가 동인의 꾀주머니[智
囊] 이산해의 계략에 걸려들어 불과 1년여 만에 권력을 다 내놓고 마천
령을 넘어야 했다.

인빈 김씨의 가계, 인조반정 당시 무략과 이념을 담당하다

이번에는 먼 훗날의 당쟁 이야기를 정확히 이해하기 위해 인빈 김
씨의 가계도를 상세히 짚어둘 필요가 있다.

인빈 김씨의 아버지 집안을 간략히 살펴보자. 아버지 김한우(金漢
佑, 1501~1577년)는 첫 부인과의 사이에 김공근이라는 아들이 있었고
두 번째 부인과의 사이에 1남 3녀를 두었다. 아들은 정철 축출에 결정
적 기여를 하는 김공량이고 장녀는 신경(申炅)과 결혼하는데 그 딸 하

나가 훗날 광해군의 후궁으로 들어가게 된다. 둘째 딸이 선조의 후궁인 인빈 김씨다.

인빈 김씨는 선조와의 사이에 4남 5녀를 두었다. 첫째 의안군(義安君) 이성(李珹, ?~1588년)은 1588년 열두 살의 나이로 사망해 인빈 김씨에게는 신성군이 장남이나 마찬가지였다. 신성군은 신립(申砬, 1546~1592년) 장군의 딸과 결혼했다. 선조와 신립은 사돈이었던 것이다. 신성군이나 신립 모두 1592년 임진왜란이 터지던 해에 세상을 떠나지만 이 혼사는 훗날 인조반정 때 든든한 군사적 배경이 된다는 점에서 주목을 요한다.

신립의 5대조 신개(申槩, 1374~1446년)는 세종 때 좌의정에까지 올랐던 인물이고 할아버지 신상은 중종 때 이조판서를 지냈다. 아버지 별검 신화국(申華國, 1517~1578년)은 4남 3녀를 두었다. 네 아들은 신잡(申磼, 1541~1609년)·신급·신립·신탁으로 그중 신잡과 신립은 고위 관직에 오른다. 장녀는 구사맹과 혼인을 했고 그 딸이 인빈 김씨의 셋째 아들이자 훗날 인조가 되는 능양군(綾陽君)의 아버지 정원군(定遠君) 이부(李琈, 1580~1620년)와 결혼했다. 신립과 구사맹은 왕실, 그중에서도 인빈 김씨 소생들과 이중의 사돈을 맺고 있었던 것이다.

정리하자면 신립의 딸은 인빈 김씨의 아들 신성군과 혼인을 맺었고 그의 누이는 정원군의 장모였다. 인조의 외할아버지인 구사맹은 신립의 매부이자 정원군의 장인이었다.

구사맹은 1558년(명종 13년) 문과에 급제해 엘리트 코스를 거쳤다. 선조 즉위 후에는 황해도 관찰사·좌부승지 등을 지냈고 이후 공조·

신잡

이조판서와 좌찬성에까지 이르게 된다. 왕의 인척이면서도 청렴하고 근신하는 태도로 많은 존경을 받았다. 그에게는 구성·구홍·구용·구 굉이라는 아들 넷과 딸 여섯이 있었다. 다섯째 딸이 정원군과 결혼해 인조를 낳았다.

구사맹이 선조의 사돈이 된 데는 다음과 같은 일화가 조선 후기 이 긍익(李肯翊, 1736~1806)이 지은 기사본말체 역사서 『연려실기술』에 전 한다. 인빈 김씨에 대한 선조의 사랑이 깊어지면서 오빠 김공량에 대 한 총애도 함께 커갔다. 힘이 김공량에게 쏠리는 것을 목격한 조정 신 하들이 그에게 줄을 대기에 바빴다.

이때 구사맹의 장남 구성(具宬, 1558~1618년)이 "내가 대각(臺閣-사 헌부)에 들어가면 반드시 이 자를 탄핵할 것"이라고 사람들에게 장담 했다. 조정 관리들은 구성을 미워하여 김공량으로 하여금 구성을 중 상하도록 압박을 가했다. 이를 알게 된 선조는 혹시라도 구성이 훗날 인빈의 자손들에게 해를 끼칠 것을 염려하여 구성의 누이동생을 정원 군의 배필로 삼았다. 『연려실기술』은 이렇게 말한다.

후에 인조가 왕위에 오르자 구성의 자제들은 훈척(勳戚)으로서 막 강한 권세를 누렸으니 그 까닭을 따져보면 모두 조관(朝官)이 구성 을 중상하려고 계책한 것이 도리어 영화가 되었으니 길흉화복은 사 람의 힘으로는 어쩔 수 없는 것이다.

인조반정에 신립 집안이 무략(武略)을 제공했다면 구사맹 집안은 이데올로그였다. 구사맹 이래로 이 집안은 서인의 전통을 갖고 있었다. 광해군의 대북파 몰락 이후 조선 300년의 지식인 사회를 서인이 지배하게 되는 단서도 여기서 생겨난다.

전란 발발에 대한 동인과 서인의 각기 다른 진단

최근 『임진왜란』(성균관대학교출판부)이란 대작을 쓴 국민대 김영진 교수에 따르면 이미 임진왜란과 관련된다고 생각되는 일본의 사절은 1580년에 이루어졌다. 임진왜란이 일어나기 12년 전이다.

그해 말 승려 게이테쓰 겐소(景轍玄蘇)와 대마도주의 가신 시게노부가 내빙(來聘)해 조선을 통해 명나라에 통공(通貢)하고자 한다는 의사를 전달했다. 이때는 일본에서 도요토미 히데요시가 집권하기 5년 전이었고 오다 노부나가 때였지만 그도 일본이 통일된 뒤 명나라 침략을 계획한 바 있다고 한다. 이런 연장선에서 1586년 집권한 히데요시는 대마도주에게 서한을 보내 조선 정벌 계획을 밝혔다. 물론 이 사실이 바로 조선 조정에 전해진 것은 아니었다. 대신 히데요시는 자신의 전국 통일을 축하다는 통신사 파견을 조선에 요청했다.

1589년 6월 대마도의 요시토시는 겐소와 시게노부를 거느리고 부산 동래에 이르렀다. 이번에는 조선 국왕의 입조를 요구한 것이다. 오랜 논란 끝에 국왕 입조는 실현되지 않았고 대신 통신사를 일본에 보내기로 했다. 그 결정은 1589년 9월 이뤄졌고 11월 중순에야 논란 끝에 통신사가 구성됐는데 그해 10월에 일어난 정여립 사건, 즉 기축옥사 때문에 늦춰질 수밖에 없었다.

이렇게 해서 첨지(僉知) 황윤길(黃允吉)과 사성(司成) 김성일(金誠一)이 각각 정사와 부사, 그리고 허성(許筬)이 서장관으로 임명됐다. 200명 규모의 이들은 이듬해 3월 6일 한양을 출발했다. 4월 29일 부산을 떠나 대마도에서 한 달가량 머물렀다. 그리고 수도 교토에 도착한 것은 7월 21일이다. 일본 측은 의도적으로 사행(使行)을 지체시키고 있었다. 교토에서도 마찬가지였다. 이런저런 핑계로 연기되다가 선조의 국서가 일본 조정에 전달된 것은 11월 7일이다. 한양을 출발한 지 8개월이 지나서였다.

그리고 히데요시와의 접견이 있었다. 그리고는 곧장 귀국을 요구하는 바람에 11월 11일 조선 통신사 일행은 교토를 떠나야 했다. 히데요시는 답서 형식의 국서도 처음에는 내주지 않았다. 사절들이 여러 차례 항의하자 "내가 명나라에 들어가는 날 (조선이) 군사를 거느리고 일본군 진영으로 향한다면 두루 이웃의 맹약을 맺을 수 있을 것입니다"라는 등의 침략 야욕을 드러낸 내용들이 포함된 국서를 내주었다.

이듬해 1월 28일 부산에 도착한 일행은 3월경에야 선조에게 복명(復命)했다. 1월 부산에 도착했을 때 황윤길은 이미 "반드시 전란이 있을 것입니다[必有兵禍]"라는 내용을 긴급 보고했다. 3월에 이들이 복명하자 선조는 이들을 인견하며 물어보았다.

『선조수정실록』 선조 24년(1591년) 3월의 기록이다. 참고로 『선조수정실록』은 앞서 잠깐 본 바와 같이 뒤에 기록된 것이라 '월'만 나와 있고 '일'은 모두 1일로 돼 있음을 밝혀둔다.

복명(復命)한 뒤에 상이 인견(引見)하고 하문하니 윤길은 지난번의 치계(馳啓-긴급 보고) 내용과 같은 의견을 아뢰었고 성일은 이렇게 아뢰었다.

"그러한 정상은 발견하지 못했는데 윤길이 장황하게 아뢰어 인심이 동요하게 만드니 일의 마땅함에서 볼 때 매우 어긋납니다."

상이 하문했다.

"수길은 어떻게 생겼던가?"

윤길이 아뢰어 말했다.

"눈빛이 반짝반짝하여 담력과 지략이 있는 사람인 듯했습니다."

성일이 아뢰어 말했다.

"그의 눈은 쥐와 같으니 족히 두려워할 위인이 못 됩니다."

이는 김성일이 일본에 갔을 때 황윤길 등이 겁에 질려 체모를 잃은 것에 분개하여 말마다 이렇게 서로 다르게 한 것이었다. 당시 조헌이 화의(和議)를 극력 공격하면서 왜적이 기필코 나올 것이라고 주장했기 때문에 대체로 황윤길의 말을 주장하는 이들에 대해서 모두가 '서인 들이 세력을 잃었기 때문에 인심을 요란시키는 것이다'라고 하면서 구별하여 배척했으므로 조정에서 감히 말을 하지 못했다.

류성룡이 김성일에게 말했다.

그대가 황의 말과 고의로 다르게 말하는데, 만일 병화가 있게 되면 어떻게 하려고 그러시오?

성일이 말했다.

나도 어찌 왜적이 나오지 않을 것이라고 단정하겠습니까. 다만 온 나라가 놀라고 의혹될까 두려워 그것을 풀어주려 그런 것입니다.

여기서도 언급됐듯이 옥천에 있던 전 교수 조헌이 일본의 국서가 패역스럽고 왜 사신도 함께 왔다는 말을 듣고서 대궐에 이르러 소(疏)를 올렸다. 장황하긴 하지만 당시 형세를 정확하게 파악하고서 대책을 제시하고 있다.

그 소의 일부다.

신이 삼가 오늘날의 사세를 헤아려보건대, 국가의 안위와 성패가 매우 긴박한 상태에 있으니 참으로 불안한 시기라고 할 수 있습니다. 속히 왜사(倭使)의 목을 베고 중국에 주문(奏聞)한 다음 그의 사지를 유구(琉球) 등 제국(諸國)에 나누어 보내어 온 천하로 하여금 다 함께 분노하게 하여 이 왜적을 대비하도록 하는 한 가지 일만이 전의 잘못을 보완하고 때늦은 데서 오는 흉함을 면할 수 있음은 물론만에 하나 이미 쇠망한 끝에 다시 흥복시킬 수 있게 되기를 기대할 수가 있는 것입니다.

삼가 성주(聖主)께서는 속히 잘 생각하시어 사람은 못났더라도 말만은 버리지 말고 종사(宗社)의 대계(大計)를 위하여 지체하지 말았으면 매우 다행이겠습니다.

불과 한 달 전에 정권이 서인의 정철에서 동인의 류성룡으로 바뀌었다. 동인에 속했던 서장관 허성도 황윤길의 의견을 지지했다. 서인의 주전론을 꺾고 동인의 주화론이 세를 얻게 된 데는 류성룡의 힘이 컸다. 즉 류성룡은 이 점에 관한 한 선조 못지않게 큰 책임을 갖는다는 말이다.

아마도 이제 막 정권을 맡은 동인의 수장 류성룡으로서는 전쟁 발발 가능성으로 인한 민심 동요가 자신들이 이제 막 잡은 정권에 변화를 초래할까 걱정스러웠을 수 있다. 결과적으로 류성룡이 김성일의 손을 들어줌으로써 일본의 침략에 대한 대비를 느슨하게 만든 것은 피할 수 없는 사실이다. 이는 실제로 1년 후 임진왜란이 발발함으로써 류성룡의 실각으로 이어지게 된다.

소멸되는 동인, 남인과 북인으로 갈라지다

동인이라고는 하지만 애당초 그것은 불안한 동거였다. 사림 세력 중에서도 대체로 왕당파 내지 왕권 존중파라 할 수 있는 동인이었지만 류성룡·우성전(禹性傳, 1542~1593년)·김성일 등은 이황의 학설을 따르는 온건파로 훗날 남인(南人)이 됐고 허봉·이발·이산해·정인홍 등은 서경덕·조식의 학설을 따르는 강경파로 훗날 북인(北人)이 됐다.

이건창은 『당의통략』에서 주로 기축옥사 당시 이발이 죽는데도 류성룡이 구원하지 않은 것을 정인홍이 미워해 드디어 남인과 북인이 갈렸다고 말한다. 남인과 북인이라는 명칭은 우성전은 남산(南山)에 살았고 이발은 북악(北岳)에 살았기 때문이라고 했다.

그러나 그보다 조금 늦게, 즉 정철이 실각한 다음에 그에 대한 강경한 처벌을 요구한 이산해와 온건한 처벌을 요구한 우성전의 대립 때문에 생겨난 것으로 보는 시각도 있다.

어떤 경우든 이때는 우성전이 남인의 거두였음을 알 수 있다.

실제로 기축옥사 처리 과정을 보면 남인들은 크게 피해를 당하지 않은 반면 옥사 과정에서 죽거나 정치적 피해를 당한 이발·이길·최영경·정개청·홍가신(洪可臣)·한백겸(韓百謙)·백유양 등은 대부분 북인 계통이었다. 특히 최영경과 정개청의 죽음에 대한 북인들의 분노와 한은 깊었다. 지역적으로 보자면 남인은 지금의 경상북도였고 북인은 전라도와 경상남도였다.

최영경의 죽음

다시 기축옥사의 한복판으로 들어간다. 중앙조정의 연루자 색출이 끝나가던 1590년 3월 하순 편전(便殿)에서 국사를 논의하던 중 좌의정 정철은 선조에게 "전라도 감사에게 명하여 역적 여립과 밀접했던 자들을 샅샅이 캐내야 한다"고 건의했다. 2차 후폭풍의 시작이었다. 지난해 12월 전라도 생원과 진사 수십 명이 연명 상소를 올렸을 때 워낙 이산해를 적시한 사례들이 많아 찜찜했던 차에 선조는 정철의 건의를 윤허했다.

5월 2일 사헌부 장령 구성이 평소 유림의 큰 신망을 얻고 있던 최영경을 지목했다. 물론 이는 정철의 지시에 따른 것이다. 선조도 처음에는 최영경에 대해 잘 모르는 사람이라며 증거도 명확치 않으니 삭탈관작(削奪官爵)할 필요가 없다고 했다. 그러나 정철의 거듭되는 주청을 이기지 못하고 주상은 윤허해주었다.

정철은 최영경에 대해 악감정을 갖고 있었다. 파주 3걸이라던 이이·송익필·성혼보다 대여섯 살 위였던 최영경은 한성에서 나고 자라 일찍부터 성혼과 가까웠다.

그런데 1558년(명종 13년) 전후해서 성혼이 정철과 가까워지자 최영경은 성혼에게 "정철은 천하의 형편없는 소인배[索性小人]이니 가까이 하지 말라"고 당부했다. 조언을 넘어선 명령에 가까웠기에 성혼은 기분이 상했다. 특히 술에 취하면 최영경은 성혼에게 두 무릎을 앞으로 내보이며 "끝에 가서는 이 무릎이 정철에게 고문당하게 되겠지만 내 무엇이 두렵겠는가"라며 큰소리를 치곤 했다. 결국 이때부터 성혼과 최영경은 도를 중시하는 면에서는 비슷하면서도 당파적으로는 다른 길을 걷게 된다.

정철과 최영경의 악연은 또 있었다. 최영경에게는 안민학(安敏學, 1542~1601년)이라는 친한 후배가 있었다. 그런데 안민학이 세월이 흐른 뒤 송익필·이이·성혼·정철 등과 가깝게 지내면서 하루는 최영경에게 찾아와 이렇게 말했다.

나의 벗인 정계함(-정철의 자)은 참으로 착한 선비입니다. 바라건대 한 번 만나보십시오.

그러나 일찍부터 정철을 타고난 소인배로 단정한 바 있는 최영경은 안민학의 청을 냉정하게 물리쳤다. 그런데도 얼마 후 또 찾아와서는 "이 사람(정철)은 국사에 마음을 다 쏟는 사람이니 만나보아도 좋을 것입니다"라고 말했다. 이에 화가 난 최영경은 분을 참지 못하고 그 자리에서 안민학을 쏘아붙였다.

옛날 도성에 있을 때 그 사람이 벼슬을 좋아한다는 소리는 들었어도 정사를 잘하는 사람이란 소리는 듣지 못했다.

당연히 이 말은 정철의 귀에 들어갔고 이후 정철과 안민학 모두 최영경을 원수로 생각하게 된다.

한편 정여립이 죽은 직후 붙잡혀 온 정여립 무리는 약속이나 한 듯이 "길삼봉이 상장(上將)이요, 정팔용·정여립은 차장(次將)"이라고 실토했다. 그래서 사건 초기부터 조정에서는 각 도에 삼봉을 잡아들이라는 명이 내려갔다. 이에 송익필은 사람들을 풀어 삼봉에 관한 다양한 설을 유포시켰다.

나이가 60쯤 되어 보이고 얼굴은 쇳빛이며 몸은 뚱뚱하다.

나이는 30쯤 되었고 귀가 크고 얼굴은 여위다.

나이는 50쯤 되었고 수염이 길어 복부까지 닿았으며 얼굴은 희면서도 길다.

삼봉은 상장이 아니라 졸개로서 진주에 살며 나이는 30쯤 되었고 하루에 300리를 간다.

삼봉은 나주의 사족이다.

삼봉은 성이 길이 아니라 최인데 진주 사노(私奴)다.

온갖 설(說)이 분분해야 유언은 오래가고 멀리 간다. 그리고 시간이 지남에 따라 깎이고 다듬어진다.

삼봉이는 다름 아닌 진주의 최영경이다.

어떤 사람이 전주 만장동을 지나갈 때 역직 1만여 명이 모여서 활쏘기를 겨루고 있었는데 영경이 맨 윗자리에 앉고 여립이 다음 자리에 앉아 있었다.

이하는 여러 문집을 통해 재구성해본 당시의 모습이다.

상황이 이 정도 되면 최영경을 그냥 둘 수 없었다. 1590년 5월 진주

옥에 두었던 최영경이 한성으로 압송돼 왔다. 위관 정철을 도와 사건의 조사를 담당하던 문사랑(問事郞)은 같은 서인이면서도 곧은 성품의 이항복(李恒福, 1556~1618년)이었다. 이항복이 캐묻긴 했으나 길삼봉과 최영경은 아무런 관련이 없었다. 6월 초 정철이 이항복을 집무실로 불렀다.

그래 실상은 좀 드러났는가?

옥사가 일어난 이래로 이미 해가 바뀌었는데도 어찌 된 일입니까? 일찍이 어떤 사람이 영경을 가리켜 삼봉이라고 했으나 이제 아무 단서도 없이 길가에서 들은 말로 인하여 처사(處士-최영경)를 잡아 가두었으니, 불행하게도 죽게 되는 날이면 반드시 공론이 일어날 것이거늘 상공은 어찌 그 책임을 면하시겠습니까?

뜻밖의 당돌한 발언에 정철은 깜짝 놀랐다.

그게 무슨 소린가? 나와 영경은 평소 비록 논의가 상반되기는 했으나 어찌 서로 해치고자 함에 이르리요? 이것은 본래 길가의 뜬소문에서 나온 것이니 나에게 무슨 연관이 있는가?

정철은 이항복이 뭔가를 알고 있는 듯한 눈치여서 더욱 놀랐다. 그러나 이항복은 더욱 놀라운 발언을 했다.

아닙니다. 상공이 영경을 함정에 빠지게 한 것입니다.

이항복은 분개의 기운까지 더해가며 말을 이어갔다.

그 근거가 없는 것을 알면서도 앉아서 쳐다보기만 하고 구하지 않는 것이 어찌 죄를 다스리는 관리의 도리이겠습니까? 역모에 관련된 죄수가 옥에 가득 찼으니 위관이 감히 하나하나 그 연유를 밝힐 수는 없겠지만 영경의 경우는 죄수 가운데 더욱이 역적이라 부를 만한 아무런 근거도 없는 사람인데도 어찌 진실로 구하려 하지 않습니까?

일단 정철은 "내 마땅히 힘을 다해 구할 것이니 걱정 말라"고 무마했다. 이후에도 이항복은 최영경을 옥에서 꺼내기 위해 백방으로 노력한다. 심지어 동인의 우의정 류성룡을 찾아가 부탁해보았으나 류성룡은 "나 같은 이가 어찌 감히 구할 수 있겠느냐"며 한 걸음 물러섰다. 이런 논란이 몇 달 넘게 이어지는 가운데 최영경은 결국 옥 안에서 병으로 죽고 만다. 억울한 죽음이었다. 사람들 사이에서는 최영경을 죽인 것은 정철이라는 이야기가 퍼졌다.

그러나 최영경은 정철보다 성혼을 자신을 죽음으로 몰아간 장본인으로 믿었다. 그가 한성옥으로 잡혀 왔다가 도중에 잠깐 풀려난 적이 있었다. 이때 성혼은 아들 성문준을 최영경에게 보내어 "누구의 죽음을 받아 이에 이르게 되었느냐"고 물은 적이 있었다. 이때 최영경은 문준을 쳐다보며 "네 아비에게 미움을 받아 이렇게 되었다"고 면박을 주었다.

성혼이나 최영경은 세상을 버리려는 뜻이 강했기 때문에 저항적인 인물을 동경하곤 했다. 특히 두 사람은 아주 어릴 때부터 막역한 친구여서 나누지 못한 이야기가 없었다. 최영경은 성혼과 있을 때 스스로 호를 삼봉(三峯)이라고 부른 적이 있었다. 정도전처럼 새 나라를 세울 수 있는 기개와 학식을 갖고 싶다는 소망에서였을 것이다. 그러나 그것은 그저 지나가는 소리에 불과했다.

그런데 최영경이 옥 안에서 생사의 갈림길에 있을 때 두 사람의 관계를 잘 아는 성혼의 제자들이 성혼에게 최영경의 구명을 부탁한 적이 있다. 이때 성혼은 단호하게 "그 사람은 편벽되며 또 어릴 때 자호(自號)를 혹 삼봉이라고 한 적이 있다"고 말했다. 제자들로서도 더 이상 할 말이 없었다.

최영경은 이렇게 세상을 떠났고 기축옥사도 20여 개월 가까이 끌면서 한고비를 넘고 있었다. 이미 이때까지만 해도 조정 관리 중에 이발·이길·백유양·유덕수·조대중·유몽정·김빙 등이 장형(杖刑)으로 죽었고 윤기신·정개청 등은 장형을 받고 유배를 가던 도중에 세상을 떠났으며 이때 최영경은 옥사했다. 지방, 특히 전라도 지역에서는 정여립과 조금이라도 관련이 있는 자들은 훨씬 엄하게 다스려지는 바람에 수백 명이 목숨을 잃고 수백 명이 유배를 떠나야 했다.

이건창은 『당의통략』에서 이렇게 말했다.

사방에서 고변하는 자가 계속 이어져 감옥을 다스린 지 한 해가 넘도록 동인(특히 북인)의 연루자는 모조리 처벌하여 1,000여 명을 헤아렸다.

제9장

임진왜란과 당쟁

전쟁 발발 초기 남인은 몰락하고 서인이 집권하다

1592년(선조 25년) 4월 13일 일본이 바다를 건너 조선을 침략했다. 당시 서인들은 대부분 유배를 가 있었고 조정의 실권은 동인이 쥐고 있었다. 영의정 이산해·좌의정 류성룡·우의정 이양원(李陽元, 1526~1592년)이 삼정승이었으니 동인 중에서 뒤에 북인이 되는 이산해, 남인이 되는 류성룡이 주축이었고 이양원도 이황 문인이니 류성룡과 가까웠다.

일본군이 보름도 되지 않아 한양까지 밀고 올라오자 선조는 궁성을 버리고 북쪽으로 몽진에 나섰다. 5월 2일 개경에 도착했을 때 백성이 길을 막고서 "정철을 불러들이라"고 소리질렀고 신하들은 이산해가 나라를 망쳤다고 지목했다. 이에 신하들과의 격론 끝에 이산해는 유배형에 처하고 류성룡은 그나마 좌의정에서 내쫓는 선에서 마무리됐다.

다시 서인의 시대가 열렸다. 바로 다음 날 최흥원(崔興源, 1529~1603년)이 좌의정, 귀양 갔던 윤두수가 우의정에 제수되고 곧바로 두 사람은 각각 영의정과 좌의정에 제수된다. 두 사람 모두 서인이다. 더불어 함경도 강계로 유배 갔던 정철도 불러올린다. 임진왜란이 서인의 시대를 열어준 것이다.

이렇게 된 데는 전쟁 발발 가능성을 두고서 동인과 서인이 각기 다른 입장을 보였는데 결과적으로 서인 황윤길의 진단이 옳았다는 것이 크게 영향을 미쳤다.

실록에는 윤두수가 정승에 오를 수 있었던 배경에 대해 이렇게 설명하고 있다.

1591년에 일본이 우리나라에게 명나라로 가는 길을 빌려달라고 했을 때 윤두수가 가장 먼저 중국에 그것을 고할 것을 청했다. 이 때문에 임진년의 난리가 일어났을 때 중국이 끝내 우리나라를 의심하지 않았다. 상이 이 일로 그를 인재로 여겨 드디어 재상의 지위에 이르렀다.

같은 서인이지만 윤두수는 정철처럼 날이 서 있지 않았고 성품도 온화해 남인과도 크게 대립하지 않았다. 또 큰일에 임해서는 직언을 아끼지 않는 인물이었다. 이듬해에는 류성룡이 영의정으로 복귀해 남인 영의정에 서인 좌의정의 공동 정권이 만들어졌다.

전쟁 발발 1년 반이 지난 1593년(선조 26년) 10월 1일 선조는 한양으로 돌아왔다. 이때는 명나라가 일본과 추진하는 강화(講和) 협상이 조정의 뜨거운 감자였다. 그런데 이 문제에 관한 한 류성룡과 윤두수는 같은 입장이었다. 즉 두 사람은 중국의 경우 언제나 주변 국가들에 대해 직접 통제보다는 간접 통제를 선호한다며 기미론(羈縻論), 즉 강화를 주장했다. 그러나 선조는 초지일관 강화를 반대하며 일본에 대한 철저한 응징을 내세웠다.

기미론은 특히 전쟁 후반기로 갈수록 선조의 미움의 대상이 되면서 정권의 축이 서인과 남인 모두를 떠나 의병 참여가 많았던 북인 쪽으로 옮겨가는 결정적 계기로 작용하게 된다.

전쟁이 일어난 지 2년이 지난 1594년에 이르면 권세를 회복한 남인들이 다시 정여립의 난 때 죽은 최영경 문제를 들고나온다. 이는 상상할 수 없는 일이다. 전쟁 중에도 당쟁이라니! 이건창은 『당의통략』에서 이렇게 통탄한다.

이때는 종묘나 사직의 터에 풀만 나고 여러 가지 일이 처음 시작하는 것과 같아 어수선한데 대사헌 김우옹의 무리가 제일 먼저 정철의 죄를 논의하며 말했다.
"최영경이 원통하게 죽은 것이 병화(兵禍)를 부른 것이다."
또 사헌부·사간원·홍문관에서는 정엽과 신흠(申欽, 1566~1628년)이 (같은 서인인) 정철을 두둔하고 김우옹을 배척했는데 선조는 이에 정엽의 무리를 파면시켰다. 김우옹은 비록 정인홍과 정여립을 좋아했으나 류성룡을 더욱 중요하게 여겼기 때문에 마침내 남인이 됐다.

군주의 필수 덕목인 강명(剛明) 중에서 한결같음[剛]은 모자라고 눈 밝음[明]은 뛰어난 편이었던 선조는 마음이 점점 서인을 떠나 남인 쪽으로 그리고 다시 북인 쪽으로 옮겨가고 있었다. 같은 해인 1594년

10월 20일 마침내 사헌부에서는 좌의정 윤두수를 향해 포문을 열었다.

좌의정 윤두수는 본래 성품이 음흉한 데다가 탐욕스럽고 교활하여 간신(奸臣)이 국사를 담당하고 있을 때에 그의 사주를 받아 선사(善士)를 해쳐-정여립의 난 당시 두수(斗壽)는 대사헌으로 최영경을 논핵했다.- 옥중에서 굶주림과 추위에 죽게 했고, 죽은 뒤에는 자진(自盡)했다는 말을 지어내 무고한 사람으로 하여금 구천(九泉)에서 원통함을 품게 했으니, 그의 마음 씀이 매우 음흉하고 참혹합니다. 그리고 변란이 일어난 초기에 파천(播遷)할 적에는 조정에 들어와 법을 한 손에 쥐고 전권(專權)을 자행하면서 국가의 위급함은 생각지 않고 오직 재물을 모아 자신을 살찌우는 것만 일삼아 아첨하는 무리를 열읍(列邑)에다 배치시켜놓음으로써 뇌물이 모여들고 채단(彩段)이 무더기로 쌓여 사방에서 못된 짓을 본받아 탐욕스러움이 풍습을 이루었습니다. 때문에 우리나라 사람만이 침 뱉고 욕하는 것이 아니라 중국의 장수도 비루하게 여겼습니다.
또한 뛰어난 이를 질투하고 공 있는 이를 시기하며 언로(言路)를 막음으로써 인심이 흩어지고 국사가 날로 잘못되게 했습니다. 그러니 조야(朝野)의 모든 사람이 누군들 분통스럽게 여기지 않겠습니까. 더구나 3도의 체찰사(體察使)가 됨에 있어서는 맡은 책임이 매우 중한데도 탐욕스럽고 비루한 습관을 고치지 못하여 뇌물이 문전에 운집(雲集)하고 짐바리가 도로에 끊이질 않았습니다.

요약하면 두 가지인데 하나는 최영경 죽음에 관련됐다는 것이고 또 하나는 함부로 권세를 휘두르며 뇌물을 받았다는 것이다. 그런데 이에 대한 선조의 반응이 미지근하다.

> 좌의정이 어찌 그러했겠는가? 이러한 때에 중임을 맡은 대신을 어 찌 논하겠는가?

이는 사실상 상소의 내용은 인정하되 지금은 때가 아니라는 반응이다. 그냥 있을 남인들이 아니다. 이때부터 사헌부와 사간원이 경쟁이라도 하듯 매일 한 건씩 윤두수의 체직(遞職)을 청하는 소를 올렸고 결국 11월 1일 윤두수는 중추부 판사로 물러나게 된다. 일단 2선으로 물린 것이다. 전란 초기 2년 동안 국난 수습에 큰 공을 세운 정승에 대한 예우라 할 수 없다.

당쟁의 시대였다. 윤두수가 물러난 좌의정 자리는 류성룡·김응남·정탁(鄭琢, 1526~1605년)이 번갈아 맡게 된다. 김응남은 류성룡을 따랐고 정탁은 이황과 조식의 문인이다.

이순신, 선조의 발탁 그리고 남인 류성룡의 천거

이순신(李舜臣)은 을사사화가 일어나던 1545년(을사년) 3월 8일 한양 건천동에서 태어났다. 그러나 가정 살림이 어려워 어머니 변씨의 친정이 있는 충청도 아산으로 이사를 갔다. 이순신은 어린 시절을 아산에서 보냈다. 어려서는 두 형을 따라 학문을 익히며 문신의 길을 꿈꿨으나 어느 시점에 무인의 길을 걷기로 결심했다.

이와 관련해 주목해야 할 사람이 그의 장인 방진(方震, 1514~?)이다.

이순신은 스무 살 무렵 방진의 딸과 결혼했다. 이순신이 무신의 길을 택한 데는 보성 군수를 지낸 방진의 권유와 지도가 절대적이었던 것 같다. 아산 현충사 경내에 있는 방진의 비문에는 이순신의 결혼과 관련한 에피소드가 기록돼 있다. 당시 영의정 이준경이 방진에게 이순신과 딸을 결혼시킬 것을 권유했다는 것이다.

22세 때 이순신은 본격적으로 무예를 배우기 시작했고 28세 때 처음으로 훈련원 별과에 응시했지만 말을 타다가 떨어져 왼쪽 다리가 부러지는 바람에 낙방했다. 그리고 4년 후인 선조 9년(1576년) 무과에 급제해 함경도 최전방의 권관(權官-임시 관리)으로 나간다. 오늘날의 초급 장교였던 셈이다.

이후 이순신은 훈련원 봉사·충청도 절도사 군관·함경도 절도사 군관 등을 지내며 사복시 주부에 올랐으나 선조 19년(1586년) 북방의 오랑캐들이 난리를 일으키자 조산보 병마만호가 되어 최전방으로 파견되었다. 이듬해 8월에는 두만강 내 녹둔도 둔전관을 겸하게 되는데 사정을 돌아본 병마만호 이순신은 이 섬의 위치가 고립되어 있기 때문에 군사를 증원해줄 것을 함경도 절도사 이일(李鎰, 1538~1601년)에게 요청했으나 거절당했다.

이후 실제로 오랑캐가 급습하는 바람에 큰 피해를 입었고 절도사 이일은 그 책임을 이순신과 이경록(李慶祿, 1543~1599년)에게 덮어씌웠다. 그 바람에 두 사람은 파직당하고 백의종군을 명받았다. 이일은 그 후에도 계속 이순신의 앞길을 견제했다.

실록을 보면 선조는 임진왜란이 터지기 몇 해 전부터 왜란의 조짐을 경계하고 있었다. 선조가 1589년(선조 22년) 1월 21일 비변사(備邊司)에 '불차채용(不次採用)'의 특명을 내린 것도 그 때문이었다. 그것은 서열에 관계없이 능력이 있는 장수들을 뽑아 올리라는 것이었다. 이에 비변사의 삼정승과 병조판서 등이 각자 대여섯 명씩 후보를 써냈다. 이때 영의정 이산해와 우의정 정언신이 각각 이순신을 추천했다. 중복 추천을 받은 것이다. 여기서 특히 주목해야 할 것은 정언신의 추천이다. 정언신은 이미 이순신을 직접 겪어서 잘 알고 있었기 때문이다.

정언신은 명종 21년(1566년) 류성룡과 함께 문과에 급제했고 사헌부 장령·동부승지 등을 거쳐 함경도 병사로 나가 녹둔도에 둔전을 설치하고 군량미를 비축했다. 이 무렵 이순신과 첫 만남이 있었을 것이다. 이후 한양으로 돌아와 대사헌·부제학 등을 지냈고 선조 16년 (1582년) 오랑캐 니탕개가 침입하자 함경도 순찰사로 임명되어 이순신·신립·김시민·이억기 등을 거느리고 격퇴했다. 이후 함경도 관찰사로 임명되어 변경의 방비를 강화했고 그 공으로 병조판서에 오르고 이때 우의정으로 있으면서 이순신을 천거한 것이었다.

선조의 불차채용 덕에 이순신은 복직하여 전라도 순찰사 이광(李洸, 1541~1607년) 아래에 있다가 정읍 현감을 지낸다.

이광은 1592년 임진왜란이 발발하자 전라도 관찰사로서 충청도 관찰사 윤선각(윤국형), 경상도 관찰사 김수(金晬) 등과 함께 관군을 이끌고 북상하여 한양 수복 계획을 추진했으며 이때 막료인 권율 등이 곧바로 한양으로 진격할 것을 건의했으나 용인에 진을 치고 있는 왜적을 먼저 공격하기로 했다가 기습을 받아 참패했다. 이때의 문제로 결국 많은 전공이 있었음에도 불구하고 파직되어 백의종군하다가 유배를 가게 된다.

한편 선조 24년(1591년) 2월 이순신은 진도 군수로 임명되었다가 곧바로 전라 좌수사로 특진한다. "이천·이억기·양응지·이순신을 남해의 요충지로 보내 공을 세우게 하라"는 선조의 특명이 있었기 때문이다. 즉 육군 이순신을 해군 이순신으로 변모시킨 장본인은 선조다. 물론 거기에는 류성룡의 천거가 있었다.

이순신을 특진시켜 전라 좌수사로 임명하자 대간에서는 반발했다. 아무리 인재가 없다고 하더라도 그것은 지나친 인사라는 것이었다. 물론 이순신이라는 인물 자체를 선조가 당시에 알았을 리는 없지만 서둘러 인재들을 뽑아 전면 배치해야 한다고 했던 것은 선조 자신이었다. 선조는 불안해하고 있었다. 주변 정세의 움직임이 좋지 않았기 때문이다. 여러 차례 이어진 대간들의 이순신 반대 상소에 대한 선조의 답변에서 그 같은 절박감을 읽어낼 수 있다.

지금은 상규(常規)에 구애될 수 없다. 인재가 모자라 그렇게 하게 하지 않을 수 없었다. 그 사람이면 충분히 감당할 터이니 관작의 고하를 따질 필요가 없다. 다시 논하여 그의 마음을 동요시키지 말라.

적어도 이순신을 있게 하는 데 있어 선조의 이 같은 결정이 있었다는 사실을 지워버려서는 안 된다. 선조가 이때 내린 결정의 진가는 1년 후 임진왜란이 일어나자마자 극적으로 드러나게 된다.

남인 지지를 받은 이순신, 서인 지지를 받은 원균

1597년(선조 30년) 1월 22일 전라도 병마사 원균(元均, 1540~1597년)은 글을 올려 자신에게 바다를 맡겨줄 것을 청했다. 이에 선조는 닷새 후에 원균을 경상도 우수사로 발령을 내렸다. 바로 이날 수군 강화와 관련해 전란 내내 양대 축이라 할 수 있는 영의정 류성룡과 중추부 판사 윤두수가 이순신 문제로 충돌한다.

먼저 윤두수가 말했다.

이순신은 조정의 명령을 듣지 않고 전쟁에 나가는 것을 싫어해 한산도에 물러나 지키고 있어 이번 대계(大計)를 시행하지 못했으니, 대소 인신(人臣)이 누군들 통분해 하지 않겠습니까?

이는 마치 이순신이 류성룡의 기미론을 뒷받침하려고 의도적으로 싸우지 않는다는 뉘앙스를 풍긴 것이다. 이에 선조는 적극적으로 화답한다.

이순신이 어떠한 사람인지 모르겠다. 계미년(癸未年-1583년) 이래 사람들이 모두 거짓되다고 했다. 이번에 비변사가 "제장(諸將)과 수령들이 호령을 듣지 않는다"고 말한 것은 다른 까닭이 아니라, 비변사가 그들을 옹호해주기 때문이다. 중국 장수들이 못하는 짓이 없이 조정을 속이고 있는데, 이런 습성을 우리나라 사람들도 모두 답습하고 있다. 이순신이 부산 왜영(倭營)을 불태웠다고 조정에 속여 보고했는데, 영상(領相-류성룡)이 이 자리에 있지만 반드시 그랬을 이치가 없다. 지금 비록 그의 손으로 가토 기요마사의 목을 베어 오더라도 결코 그 죄는 용서해줄 수 없다.

이에 놀라기도 하고 이미 선조의 마음이 원균을 향하고 있음을 간파한 류성룡은 차츰 말을 바꿔간다.

이날 선조와 류성룡의 대화를 보자.

류성룡이 아뢰어 말했다.

이순신은 한동네 사람이어서 신이 어려서부터 아는데, 직무를 잘 수행할 자라 여겼습니다. 그는 평일에 대장(大將)이 되기를 희망했습니다.

상이 말했다.

글을 잘 아는가?

류성룡이 아뢰었다.

성품이 강의(強毅)하여 남에게 굽힐 줄을 모르는데, 신이 수사(水使)로 천거하여 임진년에 공을 세워 정헌(正憲-정2품)까지 이르렀으니 매우 극단적입니다. 무릇 장수는 뜻이 차고 기가 펴지면 반드시 교만하고 게을러집니다.

상이 말했다.

이순신은 용서할 수가 없다. 무장(武將)으로서 어찌 조정을 경멸하는 마음을 갖는가.
우상(右相-이원익)이 내려갈 때 말하기를 "평일에는 원균을 장수로 삼아서는 안 되고 전시에는 써야 한다"고 했다.

류성룡이 아뢰었다.

원균은 나라를 위하는 마음이 깊습니다. 상당산성(上黨山城)을 쌓을 때, 원균은 토실(土室)을 만들어놓고 몸소 성 쌓는 것을 감독했다 합니다.

상이 말했다.

수군의 선봉을 삼고자 한다.

이순신을 천거한 바 있는 이산해는 한술 더 떠 이렇게 말했다.

임진년 수전(水戰)할 때 원균과 이순신이 서서히 장계(狀啓)하기로 약속했다 합니다. 그런데 이순신이 밤에 몰래 혼자서 장계를 올려 자기의 공으로 삼아 원균이 원망을 품었습니다.

우리가 알던 상식이 무너져 내리는 장면이다. 류성룡은 적어도 이순신의 한결같은 보호자는 아니었다. 정확히 말하면 이순신은 선조가 뽑아 쓰고 선조가 버렸다.

정유재란이 끝나가고 있었다. 1598년(선조 31년) 11월 19일 자정 남해 바다 노량에서 해전이 시작됐다. 새벽 2시경 직접 북을 두드리며 독전하던 이순신이 적탄에 맞아 사망했다. 한편 11월 23일 좌의정 이덕형은 "11월 19일 왜적이 모두 철수해 바다를 건넜습니다"라고 보고했다. 이순신의 죽음은 24일에 조정에 보고됐다.

전쟁이 끝나자 류성룡은 내버려지고 북인의 시대가 열리다

이덕형이 임진·정유왜란의 종전을 고하던 11월 23일 사헌부와 사간원은 공동으로 영의정에서 물러나 있던 류성룡을 삭탈관작해야 한다고 아뢰었다. 이에 선조는 "이미 파직시켰다. 어찌 삭탈관작까지 해야겠는가? 그것은 너무 심하다"며 거부했다.

파직과 삭탈관작은 천지 차이였다. 파직이야 다시 복직하면 그만이지만 삭탈관작은 아예 벼슬아치의 명부에서 이름을 지워버리는 것이었기 때문이다. 삭탈관작은 다시 말해 고신(告身)을 빼앗는다는 것으로 사실상 유배를 보내기 직전의 처벌에 준하는 것이다.

오늘날의 우리에게는 『징비록(懲毖錄)』으로도 유명한 서애 류성룡. 선조와 이이가 추진했던 '10만 양병'을 반대하고 전쟁 발발의 가능성을 낮춰본 '죄'를 입어 임진왜란 초기에는 영의정에서 면직되었다가 다시 선조의 부름을 받아 전쟁 기간 내내 민심 수습과 군비 강화 등에 힘썼던 인물이자 무엇보다 이순신을 적극 천거하여 남해 바다를 지켜내게 해준 1등 공신인 류성룡. 왜 그는 임진왜란이 끝난 바로 그날에도 양사의 탄핵을 받고 있는 것일까?

기미(羈縻). 굴레라는 뜻으로 적과 직접 대적하기보다는 간접적인 방법으로 적을 통제하는 방법을 말한다. 당시 류성룡은 명나라 심유경의 대일 협상론을 지지했다. 그것은 대일 강경론을 고수했던 선조의 뜻과 정면으로 배치되는 것이었다. 류성룡의 반대파, 즉 북인은 바로 이 점을 물고 늘어졌다. 그러나 류성룡의 능력을 중시했던 선조는 영의정에서 물러난 류성룡에 대한 더 이상의 처벌을 원치 않았다. 『당의통략』은 류성룡에 대해 "비록 강직한 절개는 모자라지만 그 재주와 식견은 중흥공신(中興功臣)의 으뜸"이라고 적고 있다.

종전을 한 달여 앞둔 선조 31년(1598년) 10월 8일 선조는 삼정승 개편을 단행했다. 영의정을 류성룡에서 이원익으로, 좌의정을 이원익에서 이덕형으로, 우의정을 이덕형에서 이항복으로 교체한 것이다. 이에 대해서는 약간의 분석이 필요하다.

당초 동서 붕당이라고 할 때 동인 쪽에는 이황과 조식의 문인들이 대거 포함되어 있었고 서인 쪽에는 이이·정철·성혼의 문인들이 포진해 있었다. 이후 세자 건저의 사건을 계기로 서인에 대한 일대 숙청이 이뤄져 서인들은 인조반정을 일으킬 때까지는 권력 중심에서 철저하게 소외되었다. 대신 정여립 사건과 겹쳐서 서인에 대한 치죄(治罪)의 정도를 놓고 동인 내부에서 온건파와 강경파가 분열하게 되었다. 이황 계통의 사람들은 온건파인 남인을 형성했고 조식 계통의 사람들은 강경파인 북인을 형성했다. 임진왜란 때도 류성룡이 이끄는 남인은 화친을 주장했고 이산해가 이끄는 북인은 주전론을 내세웠다.

당시 남인에는 류성룡·우성전·이원익·이덕형·이수광·윤승훈·이광정·한백겸 등이 포진해 있었고 북인에는 이산해를 비롯해 유영경·기자헌·박승종·유몽인·박홍구·홍여순·임국로·이이첨·정인홍 등이 포함돼 있었다.

당시 삼정승만 놓고 본다면 마치 남인이 북인에 대해 압도적 우위를 가진 듯이 보인다. 그러나 주요 요직은 북인들이 대거 장악하고 있었다. 이들의 류성룡 탄핵은 남인에 대해 대대적인 공세의 신호탄이었던 셈이다. 결국 이들은 류성룡을 '나라를 잘못 이끈 소인배'라는 뜻의 '오국소인(誤國小人)'이라는 낙인을 찍어 삭탈관작시키는 데 성공한다. 그의 책 『징비록』에서는 자기 후손들이 이 같은 오명을 이어가지 않기를 바라는 마음이 글 구석구석에 깔려 있음을 확인할 수 있다.

류성룡의 퇴장은 사실상 북인의 득세를 뜻했다. 류성룡 탄핵 이후 1년여가 지난 선조 33년(1600년) 1월 21일 마침내 이산해는 영의정으로 복귀하게 된다.

선조 말년 10년은 소인배 북인들의 난장판

이산해가 영의정에 복귀한 이틀 후인 1월 23일 상산군(商山君) 박충간이 붕당의 심화를 우려하는 상소를 올렸다. 특히 그는 당시 정국 상황에 대해 아주 적나라하게 진단했다.

류성룡이 패퇴하자 신진(新進) 남이공(南以恭, 1565~1640년)의 무리가 붕류(朋類)를 불러들여 자신과 의견을 달리하는 자는 축출하고 동조하는 자는 끌어들여 어지러이 박격(搏擊)했으므로 조정이 안정되지 못했는데 누구도 감히 어쩌지 못했습니다. 대북(大北)·소북(小北)의 설이 일어났는데, 이것이 다시 골북(骨北)·육북(肉北)·피북(皮北)으로 나뉘어 듣는 사람들을 경악하게 했습니다. 신은 차마 들을 수가 없었습니다.

그런데 선조는 박충간의 상소를 그 뜻은 칭찬하면서도 저잣거리의 소문을 정리한 수준이라며 내용은 폄하해버렸다. 선조로부터 여간한 총애를 받지 않고서는 당쟁의 한복판에서 당쟁의 폐해를 직설적으로 간한다는 것은 정치생명을 스스로 내던지는 것과 다름없었다. 그만큼 박충간은 깊은 총애를 받고 있던 인물이다. 또 그는 특별한 당파에 소속돼 있지 않아서 이런 이야기를 당당하게 할 수 있었다.

여기서 박충간이 비판의 핵심 인물로 거론한 남이공을 알아둘 필요가 있다. 남이공은 선조 23년(1590년) 문과에 장원급제해 사헌부와 사간원·홍문관 등의 요직을 거쳤고 어린 나이에도 불구하고 1598년 영의정 류성룡을 축출할 때 이발·정인홍 등 북인이 이끄는 당쟁에 적극 가담해 신진 그룹의 지도적 인물로 떠올랐다. 그러나 이듬해인 1599년 북인이 대북과 소북으로 분열할 때 유영경과 함께 소북의 영수가 되었지만 왕위 계승 문제로 유영경과 같이 파직당했다.

이틀 후 대사헌 정창연(鄭昌衍, 1552~1636년)을 비롯한 사헌부 관리들이 박충간을 탄핵하고 나섰다. 같은 날 대사간 이유중(李有中, 1544~1602년)을 비롯한 사간원 관리들도 적극 탄핵에 나섰다. 이유는 같았다. 저잣거리의 쓸데없는 이야기를 주워 모아 성상의 판단을 흐리게 했다는 것이다. 그러나 실은 자신들의 당파를 비판한 데 대한 반격이었다. 정창연은 정유길의 아들이고 이유중은 평판이 좋지 않은 인물이었다. 선조는 받아들이지 않았다.

박충간의 상소는 뜻있는 선비들의 공통된 의견이었다. 조정의 한 줌도 안 되는 정승·대신들만이 당쟁에 몰두하고 있었다. 이 점은 한 달 후인 2월 20일 의병의 화신이자 당시 경상 병사를 맡고 있던 곽재우(郭再祐, 1552~1617년)의 사직상소에서도 그대로 확인된다. 여기서 곽재우는 당쟁의 원인이 선조에게서 비롯되고 있음을 노골적으로 지적하고 있다.

신이 듣기로는 조정에 동서남북의 붕당(朋黨)이 있다고 합니다. 이것이 사실이라면 전하께서는 어느 당이 군자이고 어느 당이 소인이라고 생각하십니까? 어느 당에 군자가 많고 소인이 적으며 어느 당에 소인이 많고 군자가 적다고 여기십니까? 가까이 신임하여 의심하지 않을 현인은 누구이며 의심 없이 멀리 제거해버릴 간인은 누구입니까? 전하께서 어찌 현인을 가까이하려고 하지 않으시겠습니까마는 그가 뛰어나다는 것을 알지 못할 수도 있을 것이며, 전하께서 어찌 간인을 멀리하려고 하지 않으시겠습니까마는 그가 간사하다는 것을 분명히 알지 못할 수도 있을 것입니다.

대소 군신(群臣)이 붕당으로 분립되어 자기 당으로 들어오는 자는 등용시키고 나가는 자는 배척합니다. 각기 당여(黨與)를 위한 사심(私心)으로 서로 시비를 하면서 날마다 비방하고 공격하는 것을 급선무로 여깁니다. 그리하여 국세의 위급함과 생민의 이해와 사직의 존망에 대해서는 전혀 생각조차 않고 있습니다. 그들의 마음은 전하의 나라를 반드시 위망(危亡)하는 지경에 이르게 한 뒤에야 말 작정인 것이니, 아, 통곡하고 눈물 흘리고 장탄식할 만한 일입니다.

그런데 바로 이날 선조는 정승에 대한 인사를 단행했다. 영의정은 이산해가 그대로 맡았고 좌의정에 정탁, 우의정에 이항복을 임명했다. 정탁은 이산해의 사람이었고 이항복은 서인이기는 해도 당파와는 거리를 두는 입장이었다.

그런데 선조 33년(1600년) 3월 30일 아주 주목할 만한 기사가 실록에 실려 있다.

아침에 왕세자가 문안했다. 상이 세자에게 대하는 것이 매우 엄하여 인접(引接)하는 적이 드물었다. 이에 문안할 적마다 외문(外門)에 이르렀다가 물러갔다.

그 이전까지는 늘 따뜻하게 맞아주던 선조가 왜 이날 갑자기 세자에게 냉랭한 반응을 보인 것일까? 이때 명나라는 조선에 주둔시켰던 병력들의 철수를 서두르고 있었다. 그것은 굳이 세자 문제와 관련해 명나라의 눈치를 더 이상 보지 않아도 된다는 뜻이기도 했다. 정확치는 않지만 이런 이유에 더해 장성한 세자를 중심으로 별도의 세력이 형성되고 있는 데 대한 견제의 필요성을 느꼈기 때문일 것이다. 전쟁 기간 때 선위(禪位) 의사를 수도 없이 밝히던 때의 선조는 아니었다.

4월 5일 좌의정 사직을 청한 정탁의 청을 받아들이고 다시 이원익을 임명했다. 그러나 홍문관 부제학 황우한(黃佑漢, 1541~1606년)을 필두로 "이원익은 류성룡의 사람"이라며 좌의정 임명을 취소할 것을 상소했다. 이원익은 두루 존경을 받던 인물이었고 남인이라 하더라도 당파성이 그리 강하지 않았다. 이례적으로 선조는 황우한 등의 청을 받아들일 수 없는 이유를 명확하게 설명한다.

좌상(左相)은 나랏일에 마음을 쏟는 뛰어난 정승이다. 옛날에도 그만한 이가 드물었고 현재도 더 나은 사람이 없다. 이런 사람을 버리고 이렇게 하겠다는 것인가. 만약 그의 견해에 치우친 면이 없지 않다고 한다면 그것은 불가할 게 없다. 이는 아마도 그의 견해가 그러한 것이지, 처음부터 마음에 두고 사사(私邪)로운 마음에서 그렇게 현란(眩亂)하게 류성룡 등을 비호할 계획을 꾸민 것은 아니다.

4월 16일 황우한은 이번에는 병조판서 홍여순(洪汝諄, 1547~1609년)

을 향해 직격탄을 날렸다.

홍여순의 사람됨을 전하께서는 쓸 만하다고 생각하십니까? 그 화가 요원의 불길 같다고 여기지 않습니까? 오늘날 박멸할 책임이 전하께 있지 않습니까? 홍여순의 평소의 용심과 행동을 신들의 입에 올리고 싶지 않습니다. 그러나 나라 사람들이 함께 노여워하고 사류(士類)들이 함께 분해하고 있으니, 전하께서 비록 깊숙이 구중궁궐에 계시더라도 틀림없이 통찰하시어 분명히 아실 것입니다. 홍여순을 탐포하다고 하면 탐포한 점이 진실로 있을 것이고, 홍여순을 심술궂고 음험하다고 한다면 심술궂고 음험한 점도 진실로 있을 것입니다. 홍여순 같은 자는 탐욕은 이미 사방의 이익을 독점했고 횡포는 이미 온 나라의 인심이 떠났으며, 그의 심술은 이미 정론(正論)을 질시했고 음험함은 이미 사림(士林)을 무함(誣陷)했습니다.

이에 대한 선조의 답변은 이원익 때와는 조금 달랐다. 물론 황우한의 청은 받아들일 수 없었다. 다만 "대간들이 일시에 조정 대신들을 배격하여 나라를 비울 작정을 하니 어쩌자는 것이냐"고만 답한다.

홍여순은 선조 1년(1568년) 문과에 급제한 후 두루 관직을 지냈고 임진왜란이 일어나자 병조판서였던 그는 병조(兵曹)의 치무(治務)가 소홀하고 군사들의 원망이 많다 하여 파직당했다.

임란이 발발하자 평소 그의 부정한 축재(蓄財)에 대해 원성을 가진 백성이 그의 집에 불을 질렀다. 또 그는 북인·대북·골북의 당에 속하거나 주도하며 결국 황우한의 탄핵을 계기로 복직됐던 병조판서에서 물러나게 된다. 이후 광해군 즉위년(1608년)에 전라도 진도(珍島)에 유배되어 거기서 죽는다.

　박충간의 탄핵을 받은 남이공이나 황우한의 탄핵을 받은 홍여순은 원래 둘 다 북인에 속했다. 그러나 정치 상황이 변하면서 북인의 수장 격인 이산해와 소장파인 남이공이 대립하게 되었다. 홍여순은 이산해와 함께 대북이었고 유영경과 남이공은 소북이었다. 그런데 1599년 왕위 계승 문제로 소북이 몰락할 때 같은 대북이었던 이산해와 홍여순은 또다시 대립했다. 그래서 이산해의 당을 육북, 홍여순의 당을 골북이라고 했다. 그리고 위에서 박충간의 글 중에 나오는 피북 혹은 중북은 유몽인(柳夢寅, 1559~1623년)이 당수였다.

　세자에 대한 갑작스러운 선조의 태도 변화는 바로 이 같은 육북·골북·피북의 말 그대로 목숨을 건 정쟁과 무관치 않았던 것이다. 후계 문제가 점차 부각되면서 선정(善政)을 향한 선조의 의지도 흐려지고 있었고 그에 비례해 당쟁은 격화되어갔다. 그런 점에서 광해군 시대의 조정 권력 분포뿐만 아니라 결국 광해군을 권좌에서 쫓겨나게 만든 데는 선조의 이 같은 북인 정권 수립이 큰 영향을 미쳤다고 할 것이다.

당쟁의 시대, 신하의 나라

제10장

당쟁 최대 수혜자이자 피해자인
북인 영수 정인홍

산림(山林)으로 출신(出身)한 정인홍

먼저 정인홍이 어떤 사람인지부터 살펴봐야 한다. 정인홍은 조식
(曺植, 1501~1572년)의 수제자로서 최영경·오건(吳健)·김우옹·곽재우
등과 함께 경상남도의 남명학파(南冥學派)를 대표했다.

1573년(선조 6년) 학행으로 천거돼 6품직에 올랐다. 이는 곧 과거를
거치지 않고 문과 장원급제가 맡게 되는 6품직에 바로 올랐다는 말이
다. 당시 삼정승과 이조가 토의해 5명을 뽑아
올렸는데 그 다섯 명은 바로 전 참봉(參奉) 조
목(趙穆, 1524~1606년)·학생(學生) 이지함·생
원(生員) 정인홍·학생 최영경·김천일(金千鎰,
1537~1593년)이다. 이는 훗날 서인-노론이 내세
우게 되는 산림숭용(山林崇用)의 길을 열었다
는 의미가 있다. 그것은 사실상 과거를 무력화

정인홍

하는 것임과 동시에 왕권을 은근히 약화하는 뜻 또한 갖고 있다.

1575년 황간 현감에 나가 선정을 베풀었고 이듬해 지평을 거쳐 1581년 장령에 승진했다. 당시 정인홍의 풍모를 전하는 『선조실록』 선조 14년(1581년) 1월 26일의 기록이다.

정인홍은 사람을 탄핵할 때 강한 세력을 피하지 않고 금령(禁令)을 매우 엄하게 펴서 한때 기강이 자못 숙연함을 깨닫게 했다.

그 무렵 당파가 동서로 양분되자 다른 남명학파 동지들과 함께 동인 편에 서서 서인 정철·윤두수 등을 탄핵하려다가 도리어 해직당하고 낙향했다. 1589년 정여립옥사(鄭汝立獄事)를 계기로 동인이 남북으로 분립될 때 강경파인 북인에 가담해 영수(領首)가 됐다. 1592년 임진왜란이 일어나자 합천에서 성주에 침입한 왜군을 격퇴하고, 10월 영남의병장의 호를 받아 많은 전공을 세웠다. 이듬해 의병 3,000명을 모아 성주·합천·고령·함안 등지를 방어했으며, 의병 활동을 통해 강력한 재지적 기반(在地的基盤)을 구축했다. 1602년 대사헌에 승진, 동지중추부사·공조참판 등을 역임했다.

그리고 1598년 류성룡이 임진왜란 때 화의를 주장했다는 죄를 들어 탄핵하여 파직하게 한 다음, 홍여순·남이공 등 북인과 함께 정권을 잡았다. 이어 류성룡과 함께 화의를 주장했던 성혼 등 서인을 탄핵했다. 북인이 선조 말년에 소북·대북으로 분열되자, 이산해·이이첨(李爾瞻, 1560~1623년) 등과 대북을 영도했다. 선조의 계비 인목대비(仁穆大妃)에게서 영창대군(永昌大君)이 출생하자 적통(嫡統)을 주장하여 영창대군을 옹립하려는 소북에 대항해 광해군을 적극 지지했다.

1607년 선조가 광해군에 양위하고자 할 때 소북의 영수 유영경(柳永慶, 1550~1608년)이 이를 반대하자 탄핵했다가 이듬해 소북 이효원(李效元, 1550~1629년)의 탄핵으로 영변에 유배됐다.

그러나 선조의 갑작스러운 죽음으로 광해군이 즉위하자 유배 도중 풀려나와 대사헌에 기용돼 유영경의 소북 일당을 추방하고 대북 정권을 수립했다. 대북 정권의 고문 내지 산림(山林)의 위치에 있던 그는 류성룡계의 남인과 서인 세력을 추방하고 스승 조식의 추존 사업을 적극 추진하는 한편, 문묘 종사 문제를 둘러싸고 이언적과 이황을 비방하는 소를 올려 두 학자의 문묘 종사를 저지시키려 하다가 팔도 유생들로부터 탄핵을 받았다. 그리고 성균관 유생들에 의하여 청금록(靑襟錄-유적(儒籍))에서 삭제되는 등 집권을 위한 싸움으로 정계에 큰 파문을 일으켰다. 1612년(광해군 4년) 우의정이 되고, 1613년 이이첨과 계축옥사를 일으켜 영창대군을 제거하고 서령부원군(瑞寧府院君)에 봉해졌다. 같은 해 좌의정에 올라 궤장(几杖)을 하사받고 1618년 인목대비 유폐 사건에 가담하여 영의정에 올랐다.

그는 광해군 때 대북의 영수로서 1품(品)의 관직을 지닌 채 고향 합천에 기거하면서 요집조권(遙執朝權-멀리서 조정의 권세를 좌지우지함)하는 위치에 있었다. 그러나 1623년 인조반정으로 참형되고 가산이 적몰(籍沒) 당했으며 끝내 신원되지 못했다.

정인홍의 인물됨에 대한 선조의 오판

훗날의 인목대비인 새 신부와 대례(大禮-임금의 혼인식)를 열흘 정도 앞둔 선조 35년(1602년) 7월 2일 선조는 영의정 이덕형·좌의정 김명원·우의정 유영경 삼정승을 불러들여 정인홍의 사람됨에 관해 깊이 있는 토론을 한다. 거기에는 나름의 이유가 있었다.

정인홍은 조식의 제자로 선조 6년(1573년)에 학행이 있다 하여 문과를 거치지 않고 곧바로 사헌부 지평·장령 등을 지냈다. 선조 초반 사림을 중시하던 분위기에서 있을 수 있는 일이었다. 그러나 성품이 워낙 직선적이어서 선조 14년(1581년) 서인의 정철과 윤두수를 탄핵하다가 오히려 본인이 해직돼 낙향했다. 정인홍이 중앙정치의 중요한 인물로 다시 부상하게 된 것은 경상도 의병장으로서 그가 남긴 혁혁한 전공 때문이었다.

이런 공을 높이 사 선조는 1602년(선조 35년) 2월 정인홍을 오늘날의 검찰총장격인 대사헌으로 발탁했다. 파격(破格)이었다. 이때 정인홍의 나이는 이미 70을 바라보고 있었다. 결국 정인홍은 1년도 되지 못한 11월경 본인의 건강과 반대파의 견제를 넘지 못하고 대사헌에서 물러나야 했다. 그러나 그것은 시작에 불과했다.

선조가 삼정승을 불러 정인홍 문제를 이야기한 것은 그에 관한 논란이 절정에 이를 때였다. 삼정승은 하나같이 정인홍의 과격함을 들어 조정에 두기에는 부적절하다는 의견을 밝혔다. 그러나 선조의 생각은 달랐다. 인재를 보는 눈이 남달리 뛰어났던[明] 선조의 면모는 이날 삼정승과의 대화에서도 두드러진다. 삼정승의 의견을 충분히 듣고 난 선조는 자신의 의견을 이렇게 밝힌다.

인홍에 대해 혹자는 과격하다고 하고 혹자는 말에 병통이 있다고도 하지만, 그 사람은 다른 이와 같지 않아서 빌붙는 일은 결코 하지 않을 것이다. 그의 굳센 절조(節操)는 백번 꺾으려 해도 꺾지 못할 것이다. 일단 불러온 이상 쓰임이 있도록 해야지 어찌 몰아낼 수 있 겠는가.

선조가 이처럼 아꼈던 정인홍도 결국은 11월 조정에서 물러날 수 밖에 없었다. 한편 새로 맞아들인 왕후는 국혼 이듬해 첫딸 정명공주 를 낳았다. 문제는 3년 후인 1606년(선조 39년) 아들 영창대군을 낳으면 서 불거지기 시작했다. 서손(庶孫) 출신이었던 선조가 마침내 왕실의 정통성을 높일 수 있는 계기가 마련됐기 때문이다. 늦은 나이에 본 유 일 적자 영창대군에 대한 선조의 사랑은 극진할 수밖에 없었다. 그것 은 뒤집어보면 서자 출신 세자 광해군에 대한 외면으로 이어질 수 있 다는 뜻이었다.

이 무렵 유영경의 정치적 부상이 눈에 띈다. 선조 37년(1604년) 5월 22일 선조는 영의정에 윤승훈(尹承勳, 1549~1611년), 좌의정에 유영경, 우의정에 기자헌(奇自獻, 1562~1624년)을 임명했다. 마침내 유영경이 최 고의 권력 실세 자리에 오른 것이었다. 이날 실록은 윤승훈에 대해서 는 "능력은 뛰어나지만 성미가 급하고 쉽게 화를 내는 인물"로, 기자헌 에 대해서는 "당파에 물들지 않고 마음가짐이 공평한 인물"로 표현하 고 있다. 특히 기자헌과 관련해서는 "그가 정승이 됐으니 조정도 편안 해지고 만백성도 편안해지겠다"라고까지 극찬을 하고 있다. 그러나 유 영경에 대해서는 아무런 평을 하지 않고 있다.

유영경은 선조 5년 문과에 급제해 사간원 정언 등 청요직을 두루 거쳤다. 임진왜란 때 의병 모집에 공을 세웠고 황해도 관찰사에 올랐 다. 원래는 류성룡과 함께 동인에 속해 있다가 동인이 남인과 북인으 로 나뉠 때 이발과 함께 북인에 몸을 담았다. 1599년 대사헌으로 있을 때 다시 북인이 대북과 소북으로 갈리자 남이공·유희분 등과 함께 소북의 편에 섰다. 당시에는 대북파가 득세할 때였기 때문에 한동안 소외돼 있다가 1602년 이조판서를 거쳐 우의정으로 화려하게 정계에 복귀했다. 그는 당파에 의존하기보다는 선조의 심기를 미리 살핌으로써 단계단계 주도권을 잡아나갔다. 선조는 관리로서의 능력[吏才]이 뛰어났던 점을 들어 그를 중용했다. 물론 적극적으로 선조의 마음을 미리 헤아리는 그의 행태가 싫지도 않았던 것으로 보인다. 자연스럽게 그는 소북의 지도자가 돼 허욱·이효원·송준·성이문 등을 거느리면서 기자헌·정인홍으로 대표되는 대북파와 치열한 암투를 전개했다. 적어도 선조가 죽기 직전까지 유영경은 탄탄대로를 달리는 듯했다.

무엇보다 그는 광해군에서 영창대군으로 마음이 바뀌고 있던 선조의 속마음을 미리 알아차렸다. 다시 말해 광해군 입장에서 볼 때 유영경은 인목왕후보다 더 큰 걸림돌이 아닐 수 없었다.

선조 38년(1605년) 8월 1일 선조는 3년 동안 실어증을 비롯한 오랜 질병으로 인하여 경연을 중단했다가 재개하게 됐으니 왕세자가 신하들과 함께 하례를 해야 하는 것 아니냐고 넌지시 꾸짖는 내용의 비망기를 내렸다. 물론 이것은 원래의 예법에 있는 것이기는 했다. 그 점을 미리 살피지 못한 예조가 잘못을 저지른 것이었다. 그러나 동시에 선조는 약해지고 있었다. 심신이 지칠 대로 지친 그는 누군가로부터 위로를 받고 싶어 했다. 거기에 바로 유영경이 있었다.

다음날 영의정 유영경·좌의정 기자헌·우의정 심희수(沈喜壽, 1548~1622년) 삼정승이 하례를 하겠다고 말했다. 세자와 예조에서까지 나서고 심지어 사헌부는 진하(進賀)의 예를 미리 살피지 못한 예관들을 처벌하겠다고까지 했다. 그때서야 선조는 마지 못한 듯 진하를 받아들인다. 이를 주도한 인물이 유영경이었다.

소북 영수 유영경의 부상

유영경은 바로 다음 해인 1606년(선조 39년) 1월 1일이 되자 즉위 40년이 됐다며 진하할 것을 주청했다. 이때도 선조는 처음에는 짐짓 그럴 필요까지는 없다고 거부했다. 그때까지 조선의 국왕 중에서 재위 40년을 넘긴 임금은 한 명도 없었다. 중종이 재위 39년을 기록한 것이 최고였다. 실은 40년을 기념하자면 다음 해에 하는 것이 정상이었다. 선조는 1567년(정묘년)에 즉위했지만 이해는 명종 22년이므로 1568년 (무진년)이 선조 원년이다. 따라서 1606년은 즉위 39년이 되는 해였다. 그런데도 영의정 유영경은 이를 밀어붙였고 결국 1월 15일 하례와 함께 대대적인 사면이 단행됐다.

그리고 3월 7일 문제의 대군, 영창대군이 세상에 나왔다. 영의정 유영경은 즉각 좌부승지 최염을 시켜 "세종 때에도 광평대군과 임영대군이 태어났을 때 하례를 올렸다"며 "대군 탄생을 축하하는 하례를 올려야 한다"고 건의했다. 이에 좌의정 허욱(許頊, 1548~1618년)과 우의정 한응인은 "대군 한 명을 낳았다고 반드시 하례할 것까지 있겠느냐"고 반대 의견을 표명했다. 이긴창은 『당의통략』에서 유영경은 선조의 뜻이 대군에게 가 있다는 것을 알고서 대군의 지위를 튼튼히 하기 위해 이처럼 하례를 해야 한다고 주장한 것이라고 해석했다. 결국 유영경의 뜻대로 하례는 이루어졌다.

회복하는 듯하던 선조의 건강은 선조 39년(1606년) 4월을 지나면서 급속하게 나빠지기 시작한다. 세자와 약방 도제조(都提調) 유영경의 문안 인사가 이어졌고 매일 침을 맞아야 했다. 증상은 왼팔에 마비 증세가 오고 다리에서 어깨를 거쳐 귀밑까지 통증이 간헐적으로 찾아 오는 것이었다. 한의학에 조예가 깊었던 선조는 자기의 증상을 스스로 진단하고 때로는 적절한 처방을 제시하기도 했다. 9월이 되면서 병세 가 조금씩 더 악화돼갔다. 당시 선조의 치료를 담당했던 어의 중에는 『동의보감』의 저자인 허준(許浚, 1539~1615년)도 포함돼 있었다. 이런 증세는 큰 차도를 보이지 않고 1년 이상 계속됐다.

선조 40년(1607년) 10월 9일 새벽 선조는 잠자리에서 일어나 문을 열고 나가려다가 갑자기 기가 막히면서 쓰러졌다. 궁중 나인이 달려와 이 같은 사실을 세자에게 알렸고 곧바로 세자를 비롯해 유영경·허준 등이 달려왔다. 이들이 왔을 때 선조는 의식을 차리지 못하고 있었다. 숨 막히는 정적만이 편전을 짓누르고 있었다. 허준 등이 각종 약을 번 갈아 먹인 끝에 마침내 약간 의식이 돌아온 선조는 "이 어찌 된 일인 가, 이 어찌 된 일인가"라는 말만 반복할 뿐이었다. 이날 하루 만에도 여러 차례 의식이 멀어졌다가 돌아왔다가를 반복했다. 의원들은 '한 기엄습(寒氣掩襲)'이 원인이라고 진단했다.

의식이 잠깐 돌아오자 선조는 임해군·정원군·인성군·의창군 등 아들들을 궐내에 들어와 머물도록 명했다. 죽음이 임박했음을 예감한 때문이었을 것이다. 임해군은 공빈 김씨와의 사이에서 난 큰아들로 광 해군의 형이었고 정원군과 의창군은 인빈 김씨 사이에서 난 아들들이 다. 정원군은 다름 아닌 인조의 아버지이기도 하다. 인성군은 정빈 민씨와의 사이에서 난 아들이다.

이날 밤부터 세자 광해군이 선조 곁에서 시병(侍病)에 들어갔다. 흥 미로운 것은 무슨 약을 써야 할지를 선조 자신이 일일이 지시하고 있었다는 점이다. 어의들은 중풍이라고 진단한 반면 선조 자신은 심질(心疾), 즉 마음의 병이라고 보았다. 이틀 후인 10월 11일 선조는 삼정승을 빈청에 모이도록 한 다음 비망기를 내렸다.

> 나는 본디 질병이 많아서 평일에도 만기(萬機)의 정무는 절대로 감당하기 어려웠다. 더구나 지금은 병에 걸린 지 1년이 다 돼가는데 조금도 차도가 없어 정신이 혼암하고 심병이 더욱 침중하다. 이러한데도 왕위에 그대로 있을 수 있겠는가? 세자 나이가 장성했으니 고사에 의해 전위(傳位)해야 할 것이다. 만일 전위가 어렵다면 섭정(攝政)하는 것도 가하다. 군국(軍國)의 중대사는 이처럼 하지 아니할 수 없으니 속히 거행하는 것이 좋겠다.

당연하고도 적절한 조치였다. 그런데 영의정 유영경은 좌의정 허욱·우의정 한응인과 함께 전위 의사를 거두어줄 것을 청했다. 자신들은 그 뜻을 받들 수 없다는 것이었다. 이날 왕후도 한글로 된 문서를 통해 선조의 명을 따를 것을 삼정승에게 지시했다. 그것이 어린 영창대군을 살리는 길이라고 보았기 때문일 것이다.

선조의 죽음, 광해군의 즉위

11월 13일 사간 송석경(宋錫慶, 1560~1637년)이 허준이 너무 독한 약을 써서 치료에 효과가 없다며 허준을 탄핵했다. 그러나 송석경의 타깃은 허준 뒤에 있는 인물, 즉 약방 도제조를 겸하고 있는 영의정 유영경이었다. 그 배경에 대해 이건창은 "이산해와 이이첨은 유영경에게 쫓겨나서 오래도록 쓰이지 못했는데 광해군의 은밀한 부탁을 받고 다음 날 계획을 세우고 광해군 빈(嬪)의 오빠 유희분과 밤낮으로 모여 의논했다"고 쓰고 있다. 즉 송석경의 허준 탄핵은 유영경을 제거하기 위한 이산해와 이이첨의 계략의 일환이었다는 것이다. 당시 유희분(柳希奮, 1564~1623년)은 종3품인 사헌부 집의였다.

처음에는 이들의 계략이 적중되는 듯이 보였다. 이틀 후 유영경이 허준에 관한 탄핵은 결국 자신의 책임이라며 대죄(待罪)했다. 그러나 이에 대한 선조의 대답은 굉장히 명쾌했다.

송석경을 비롯한 대간들이 허준을 논죄하고자 하는 진의를 모르겠다. 이는 그에게 약을 쓰지 못하게 하려는 것이고 또 나로 하여금 정양(靜養)하지 못하게 하려는 것이다. 허준은 별로 잘못된 약을 함부로 쓴 죄가 없다. 그대는 사직하지 말라.

누구보다도 한의학을 잘 아는 선조였기에 이 같은 판단을 할 수 있었다.

결과적으로 이에 힘을 얻은 유영경은 역공(逆攻)에 나선다. 유영경은 자기 사람인 송보를 시켜 다른 문제로 송석경을 탄핵토록 했고 선조는 송석경을 파면시켜버렸다. 자신들의 계략이 실패로 돌아가자 대북파의 이산해와 이이첨은 먼저 이성과 이담을 보내 영남의 정경세(鄭經世, 1563~1633년)를 움직이려고 시도했다. 정경세라면 선조의 마음을 움직일 수 있으리라는 계산에서였다.

정경세는 류성룡의 제자로 1586년(선조 19년) 문과에 급제해 요직을 두루 거쳤고 1598년 승지를 거쳐 경상도 관찰사를 지냈다. 재임 중

제3부 | 당쟁의 시대, 신하의 나라

진휼과 교화에 힘써 좋은 평가를 받았다. 이때는 대구에 머물고 있을 때였다. 이성과 이담은 유영경이 왕세자를 위태롭게 하려고 한다면서 이를 비판하는 소를 올릴 것을 권했다. 그러나 스승의 정적인 이산해의 계략을 모를 리 없는 정경세는 정중하게 사양했다.

길이 같지 않으면 서로 꾀하지 않는 법이다.

사실 그는 류성룡의 제자로 퇴계학파의 남인이었지만 당색을 강하게 드러내지는 않았다. 오히려 정경세는 율곡학파의 서인들과 친했고 특히 김장생과 가까웠으며 훗날 송시열과 함께 서인 중에서 노론의 양대 산맥을 이루게 되는 송준길을 사위로 맞아들이기까지 했다.

이후 정경세는 광해군 집권과 함께 성균관 대사성·전라도 관찰사 등을 지내지만 광해군 2년(1610년) 정인홍 일파의 탄핵을 받아 광해군 시절 내내 어려운 시절을 보내야 했다. 그러나 1623년 서인들이 주도한 인조반정이 성공하면서 모든 것이 바뀌었다. 경학과 예학에 조예가 깊었던 그는 정계에 복귀해 대사헌·도승지·형조판서·예조판서·이조판서와 대제학 등을 두루 역임하게 된다. 애당초 이산해 일파와는 함께할 수 없는 인물이었다.

여기서 그만둘 이산해와 이이첨이 아니었다. 어떻게 해서라도 재기를 꿈꾸던 두 사람은 대사헌에서 물러나 고향에 머물고 있던 정인홍을 움직이기로 결심했다. 정인홍으로서도 피할 이유가 없었다. 1월 18일 올린 상소에서 정인홍은 성품대로 직격탄을 쏘았다. 선조가 당초 약속한 대로 전섭(傳攝-왕권을 전위하고 세자로 하여금 섭정케 함)을 하고 선조는 몸조리에 전념하면 되는데 유영경이 권세를 장악해 이를 가로막고 있으니 앞날이 걱정된다는 내용이었다.

신이 보건대 전하의 부자(父子)를 해치는 자도 영경이고 전하의 종
사(宗社)를 망치는 자도 영경이며 전하의 나라와 백성을 해치는 자
도 또한 영경입니다.

너무 나갔다. 선조는 격분했다. 사흘 후 유영경이 사직을 청하는 상
소를 올리자 선조는 만류하며 이렇게 말한다.

정인홍의 상소를 보니 극히 흉악하나 다만 이해하지 못하겠다. 내가
심병(心病)이 있어 똑바로 보지 못하고 슬쩍 보아 넘겼을 뿐이다. 그
중에 나에게 관계된 말이 있었으나 또한 말한 까닭을 모르겠으니
더욱 음흉하다. 인홍이 이유 없이 임금의 마음을 동요시키고 영상
을 모함했으니, 여러 소인 중에 영상을 모함하려는 자가 유언비어를
조작하여 남쪽 지방에 전파시킨 것을 인홍이 주위 모아 이 상소를
한 것인가. 그 말을 비록 따질 만한 것이 못 되지만 무사(無事)한 중
에 일을 만들어내어 지친 간에 부득불 이로 인하여 의심하고 틈이
생겨 조정이 혹 조용하지 못하면 큰 불행이다.

병중에 있었지만 선조는 정인홍의 소가 이산해 무리의 움직임과
연결돼 있다는 것을 꿰뚫어보고 있었다. 다음날 승정원에 내린 비망기
에는 선조의 본심이 보다 정확하게 드러나 있다.

정인홍이 세자로 하여금 속히 전위(傳位)를 받게 하려고 했으니 그

스스로 모의한 것이 세자에게 충성을 다하는 것이라고 여겼겠지만 실은 불충함이 극심하다. 제후의 세자는 반드시 천자의 명을 받은 뒤에 비로소 세자라고 할 수 있다. 지금 세자는 책명을 받지 못했으니 이는 천자도 허락하지 않은 것이고 천하도 알지 못한다. 하루아침에 갑자기 전위를 받았다가 만일 중조(中朝)에서 힐문하기를 "그대 나라에서 말하는 세자는 중조에서 책봉을 허락하지도 않았는데 그대들 임금이 사적으로 스스로 전위했다. 그대들 임금 자리도 천자의 벼슬이나 그대들 임금이 마음대로 할 바가 아닌데 세자도 어찌 감히 사사로이 스스로 받겠는가. 중간에 그렇게 된 까닭이 있는가" 하고 불측(不測)한 누명을 세자에게 더하고 대신에게 힐문하면 어떻게 결말을 짓겠는가.

결국 선조는 정인홍을 비롯해 이이첨과 이산해의 아들인 이경전(李慶全, 1567~1644년) 등을 귀양 보내라고 명했다. 그 바람에 광해군의 입장은 더욱 곤란해졌다. 결국 가만히 있을 수 없게 된 광해군은 1월 25일 자신의 곤란한 입장을 솔직하게 밝혔다.

뜻밖에 정인홍이 입에 담지 못할 말을 만들어 위로 천청(天聽)을 번거롭게 했습니다. 성상의 히교에 "지친 간에 부득불 이로 인해 의심하여 틈이 생기겠다"고 하셨으니 천하에 어찌 이런 일이 있겠습니까. 신은 만 번 죽는 것 이외에는 다시 상달할 바가 없으니 땅에 엎드려 황공할 뿐입니다.

흔히 선조를 폄하할 목적으로 이때 선조가 광해군을 박대했다고 쓴 글들이 종종 있다. 그러나 단 한 차례 선조가 광해군의 세자 지위를 놓고 중국의 책봉을 받지 못한 것과 관련해 부정적 의사를 밝힌 적이 있었지만 그것은 이때의 문제와 전혀 관련이 없었다. 오히려 이때 선조는 광해군을 위로하고 있다.

근래 인심이 극히 흉하여 기필코 조정에 일을 일으키려고 불측한 말을 만들어 이르지 않는 바가 없으니 몹시 마음이 아프다. 세자는 명위(名位)가 이미 결정돼 내가 세자와 조금도 틈이 없는 것은 하늘이 아는 바이다. 누가 감히 흉역한 마음을 두겠는가. 저 소인들이 스스로 흉악한 계책을 만들고 일망타진의 계책을 꾸며 조정을 괴란(壞亂)시키고 부자(父子)를 이간시키려고 했으니 그 마음이 몹시 흉참하다. 그러나 이는 입에 담을 것도 못 되니, 세자는 안심하고 그 일을 마음에 두지 말라.

이렇게 해서 이산해의 계략은 실패로 돌아가는 듯했다. 세자 건저의(建儲議) 문제로 정철을 나락에 밀어 넣었을 때와는 사정이 달랐다. 선조는 이미 그것을 꿰뚫어보고 있었다. 그러나 이 일이 있은 지 며칠 후인 2월 1일 선조는 세상을 떠나고 만다.

1608년(선조 41년) 2월 1일 아침 선조는 약방의 문안 인사에 "지난밤에는 편히 잘 잤다"고 답한다. 오전에는 이이첨과 이경전을 따르던 무리의 귀양을 청하는 사헌부 지평 신광립의 보고를 받는 등 통상적인 집무를 행하기까지 했다.

그런데 오후 2시경 갑자기 선조의 건강은 악화돼 위급한 지경에 이른다. 곧바로 왕세자가 달려왔고 이어 완평부원군 이원익, 중추부 영사 이덕형, 오성부원군 이항복 등 원로대신들이 들어왔다.

어의 허준의 필사적인 노력에도 불구하고 결국 선조는 더 이상 눈을 뜨지 못했다. 얼마 후 왕후는 미리 써놓은 선조의 유언을 공개했다.

형제 사랑하기를 내가 있을 때처럼 하고 참소하는 자가 있어도 삼가 듣지 말라. 이로써 너에게 부탁하니 모름지기 내 뜻을 몸받아라.

보기에 따라서는 영창대군을 부탁한다는 뜻으로도 읽힌다. 그리고 인목왕후는 옥새를 광해군에게 넘겼다. 물론 광해군은 처음에는 받을 수 없다고 여러 차례 사양했다. 그러나 왕위는 결국 광해군에게 가도록 돼 있었다. 묘호는 선종(宣宗), 능호는 목릉(穆陵)으로 정해졌다.

소북을 숙청하는 정인홍의 대북

바로 다음 날 오늘날의 덕수궁 자리에 있던 정릉동 행궁에서 광해군은 보위에 올랐다. 임진왜란의 난리통에 왕세자가 된 지 16년 만이었다. 이때 광해군의 나이 34세였다.

광해군이 왕위에 오르고 처음으로 한 주요 국사는 묘호를 선종에서 선조로 바꾼 것이었다. 2월 8일 대신들이 의견을 모아 광해군에게 건의했다.

신들의 의견은 모두 "대행 대왕께서는 나라를 빛내고 난(亂)을 다스린 전고에 없던 큰 공렬이 있으니, 진실로 조(祖)라고 일컫는 것이 마땅하다"고 했습니다. 예로부터 제왕이 공을 세운 경우에는 조(祖)라고 일컫고 덕(德)이 있는 경우에는 종(宗)이라고 일컫는 뜻이 이 때문인 것입니다. 지금 묘호를 조라고 일컫는 것이 온당할 것 같습니다.

이렇게 해서 우리는 '그'를 선종이 아니라 선조라 부르게 됐다.

그러나 광해군 집권은 결과적으로 선조의 꿈을 물거품으로 만들고 만다. 그것은 선조가 멀리하라 했던 '소인배들'의 득세와 더불어 찾아왔다. 선조의 죽음과 광해군의 즉위는 정치적 역학관계의 대역전극을 예고하고 있었다.

최대의 관심은 역시 영의정 유영경의 처리 문제였다. 유영경은 일단 2월 10일 사직서를 제출했다. 광해군은 윤허하지 않았다. 그러나 정치의 초보자라도 유영경이 궁지에 몰린 쥐 신세가 돼버린 것을 알아차릴 수 있었다.

홍문관·사헌부·사간원 등에서 들고일어났다. 유영경이 광해군에게 가한 아홉 가지 죄목을 거론하며 목을 베야 한다는 주장까지 나왔다. 충성 경쟁이 시작됐고 그 대열에는 한때 유영경에게 붙었던 자들도 다수 포함돼 있었다.

그러나 유영경은 표변해버린 세상인심을 탓할 여유가 없었다. 벌써 목에 칼이 닿은 상황이었기 때문이다. 일단 유영경은 영의정에서 물러났다. 후임은 조정 내외의 신망이 컸던 이원익이었다. 결국 유영경은 함경도 경흥으로 유배를 갔다가 그곳에서 사약을 받았다.

광해군 집권 열흘은 마치 혁명이 난 듯했다. 하루아침에 친형 임해군이 대역 죄인으로 내몰리고 영의정 유영경은 파직당하고 정인홍은 영웅이 돼 돌아왔다. 당시 상황에 대해 실록은 "조야가 마음 아파했다"고 적고 있다. 형제를 사랑하라는 선조의 유교는 하루아침에 휴지 조각으로 변했다. 특히 소인배들을 물리치고 군자를 가까이하려 했던 선조의 오랜 노력은 물거품이 돼버렸다.

물론 여기서 유영경이 군자였는지는 판단을 유보한다. 그러나 적어도 선조가 오랜 경험을 통해 배척하려 했던 이산해나 이이첨은 광해군으로서는 가까이해서는 안 되는 인물이었다. 정인홍 또한 군자인지 소인배인지는 모르겠으나 국가 경영을 논할 수 있는 경륜과는 거리가 먼 인물이었다. 원상(院相)으로 화려하게 복귀했던 이산해야 광해군 집권 직후 얼마 안 가서 세상을 떠났으니 알 수 없지만 훗날 광해군을 폐주로 만든 양대 인물이 결국은 이이첨과 정인홍이었다는 점에서 선조의 판단은 정확했다고 할 수 있다.

그러나 선조는 죽었다. 대북의 세상이었다. 이들은 먼저 광해군의 친형인 임해군을 죽이고 이어 진릉군·영창대군·능창군·연흥군을 차례로 죽였다. 이어 인목대비를 폐모시켰다. 대북파가 '중립 외교'를 했다 하여 광해군 시대를 재평가하자는 움직임이 우리 학계에 일부 있다. 그러나 선조와 광해군의 인사 원칙과 정책을 조금이라도 비교해본다면 그런 주장은 한 치의 설 자리도 없다. 내성외왕(內聖外王)에 다가가려 했던 선조의 꿈은 결국 아들 광해군이 산산조각 내버리고 말았다. 그 자신도 어이없이 신하들의 정변, 즉 인조반정에 의해 권좌에서 쫓겨났다. 그로 인한 온갖 악명은 선조가 덮어써야 했다.

광해군의 콤플렉스를 자극해 영창대군을 죽이다

광해군은 즉위 초부터 정통성 시비에 전전긍긍했다. 인목대비와 영창대군의 존재가 그것이다. 『주역』에 밝았던 정인홍은 영창대군 제거를 둘러싼 논쟁이 한창이던 1613년(광해군 5년) 7월 9일 이런 소(疏)를 올린다.

삼가 보건대 전하께서 자모형제(子母兄弟)의 변을 당하신 것이 순(舜)임금과 정 장공(鄭莊公)이 당한 것보다 더 심한 점이 있으니 전하의 심정이 어떠하시겠습니까.

지금 이 역적이 그 흉악한 꾀를 펼친 것은 실로 간악함을 묘사하는 괴수로서 서로 연결하여 나라 안에 일이 있기를 바란 것이 아침저녁의 일이 아닙니다. 수단과 방법을 가리지 않고 연결하여 인목대비의 세력을 의지하고 영창을 가담시켜 명분을 세웁니다.

아, 당요(唐堯-요임금)의 세상에도 사흉(四兇)의 죄는 오히려 귀양을 가고 주벌을 당함을 면하지 못했는데 지금이 어느 때이며 이것이 어떤 죄인데 도리어 이 사흉과 같은 죄를 아끼십니까.

『주역』 겸괘(謙卦) 육오(六五)에 "남을 침략하는 것이 이롭다[利用侵伐]라는 것은 복종하지 않는 자를 정벌하는 것이다"라고 했으니, 제왕(帝王)은 한결같이 겸공(謙恭)만을 덕으로 삼아서는 안 됩니다. 겸겸(謙謙)의 극치는 반드시 복종하지 않은 자를 정벌하는 경우가 있는 것입니다. 성인이 시의(時義)를 명시하여 이런 형상이 있으므로 이런 말을 한 것이지 어찌 후세 사람을 속이려고 했겠습니까. 이 점이 바로 전하께서 심사숙고해보셔야 할 부분입니다.

그가 올린 이 소는 바로 계축옥사와 직결된 글 중의 하나다. 공자는 『논어(論語)』 「태백(泰伯)」편에서 "곧기만 하고 사리를 알지 못하면

강퍅해진다[直而無禮則絞]"라고 했다. 정인홍이 딱 그런 사람이었다.

그는 소에서 또 순임금과 춘추 시대 정나라 장공을 언급하고 있다. 둘 다 어머니·동생과 관련된 이야기라 정인홍은 이를 언급한 것으로 보인다. 그러나 순임금은 바른 도리로 대처했고 대효(大孝)로 이름이 나 천자의 자리에까지 올랐지만 정나라 장공은 그릇된 도리로 대처했다. 어머니를 겁박한 것이다.

그런데 정인홍은 이를 구분하지 않고 그저 광해군이 처한 어머니와 동생과의 관계로만 언급한 뒤에 『주역』 겸괘(謙卦) 육오(六五)에 '남을 침략하는 것이 이롭다[利用侵伐]라는 것은 복종하지 않는 자를 정벌하는 것이다'라는 구절을 들어 오히려 어머니를 유폐하고 동생을 죽이라고 요구하고 있다.

겸겸(謙謙)의 극치는 반드시 복종하지 않은 자를 정벌하는 경우가 있는 것입니다.

전형적인 곡학아세(曲學阿世)였다. 결국 이복동생 영창대군을 죽이는 계축옥사(癸丑獄事)는 현실이 되고 말았다. 인목대비의 서궁 유폐 또한 강행됐다.

광해군은 정인홍의 위협에 굴복해 유약하고 어두운[柔闇] 임금의 길을 걸었다. 인조반정으로 광해군은 쫓겨나 제주도로 유배를 가야 했고 정인홍은 비명횡사(非命橫死)했다. 정인홍의 『주역』 인용은 상황[時]에도 맞지 않았고 일의 이치[事理=禮]에도 맞지 않았다. 그렇다면 광해군은 왜 정인홍의 위협에 굴복한 것일까? 그것은 자리를 잃을까 근심한[患失位] 때문이다.

제11장

문묘 종사(文廟從祀)의 정치학

정치 투쟁의 도구로 전락한 문묘 종사

왕조 국가에서 신하로서 최고 영예는 종묘(宗廟)에 배향되는 것이다. 그것은 해당 임금 때의 충신을 말하는데 예를 들면 태조의 종사 공신은 조준·이화·남재·이제·이지란·남은·조인옥이고 태종의 종사 공신은 하륜·조영무·정탁·이천우·이래다. 그러나 선조 때부터 당쟁

종묘

이 본격화되자 종묘 배향은 의미가 퇴색하고 문묘(文廟), 즉 공자의 사당에 올라가는 것이 최고의 명예가 된다.

우리 역사에서 문묘에 종사한 첫 번째 인물은 고려 현종 11년(1020년) 최치원이고 2년 후에 설총이 문묘에 들어갔다. 그리고 1303년 고려 충렬왕 때 안유(安裕), 즉 안향이 문묘가 황폐화된 것을 개탄해 국학의 대성전을 다시 짓고 사람을 보내 공자와 70 제자 화상과 제기·악기·경서 등을 가져와 비치해 그 공로로 1319년(충숙왕 6년)에 문묘에 종사됐다.

조선에 들어와서는 태종 7년(1407년)에 성균관 문묘를 완성했다.

문묘란 국학에 세워진 공자의 사당이다. 한나라 때부터 생겨난 것으로 유학을 국가 지도 이념으로 한다는 뜻이기도 했다. 조선은 건국 이념 자체가 유학이었다. 그래서 일찍부터 성균관에 공자를 비롯해 그 제자들의 위패를 봉안하는 대성전이 있었다.

이때까지만 해도 문묘는 그저 공자의 정신을 기리는 정신적 공간에 불과했다. 그러나 이를 처음으로 정치 도구화한 사람은 주자학 이념으로 무장한 조광조다. 중종 초에 사림들을 중심으로 정몽주를 문묘에 종사해야 한다는 의견이 처음으로 제기됐다. 그러면서 조광조는 자기를 따르는 사람들을 시켜 스승인 김굉필을 끼워 넣고 정몽주와 김굉필을 함께 문묘 종사해야 한다는 소를 올리기도 했다. 이에 대해서는 『중종실록』12년(1517년) 8월 7일 사관의 평을 참고할 만하다.

그 뜻은 김굉필을 종사하게 하고 그것을 빙자해 당(黨)을 세우자는 데에 있었는데, 처음부터 정몽주를 위하여 계책을 세운 것은 아니다.

이때의 당이란 다름 아닌 주자당이자 반(反)왕권 세력을 말한다. 결국 이해에 김굉필은 빠진 채 정몽주의 종사가 이뤄졌다. 그리고 이황이 세상을 떠나자 새롭게 5현, 김굉필·정여창·조광조·이언적·이황의 문묘 종사가 이슈로 떠올랐다.

당쟁의 본질을 꿰뚫고 있었던 선조는 재위 내내 사림들의 요구를 묵살해 받아들이지 않았으나 마침내 광해군 2년(1610년) 5현의 문묘 종사가 이뤄진다. 광해군이 파워 게임에서 신하들에게 밀리고 있었다는 뜻이기도 했다. 당시 영의정은 남인의 이덕형, 좌의정은 서인의 이항복이었다.

그런데 이듬해인 광해군 3년(1611년) 3월 26일 정권 실세인 정인홍이 이언적과 이황의 문묘 종사가 부당함을 극론하는 소를 올렸다. 대체로 이황을 겨냥했는데 이황이 자신의 스승 조식을 비방했기 때문이다. 이에 대해 "신이 일찍이 고(故) 찬성(贊成) 이황이 조식을 비방한 것을 보았는데, 하나는 상대에게 오만하고 세상을 경멸한다는 것이고, 또 하나는 높고 뻣뻣한 선비는 중도(中道)를 요구하기가 어렵다는 것이고, 또 하나는 노장(老莊)을 숭상한다"라고 했다. 특히 정인홍은 이황이나 이언적 모두 도리가 없는 세상이라 할 수 있는 명종 때 높은 벼슬을 한 것을 문제 삼았다.

두 사람은 모두 유학하는 사람이라는 칭호를 지니고서 소인이 득세하여 군자를 해칠 때에 구하지 못하고 같이 행동을 한 수치가 있었으니, 신하가 도로써 임금을 섬기다가 불가하면 그만두는 의리와 돌처럼 단단한 절개로 속히 떠나는 의리와는 또한 너무도 다르지 않습니까.

보기에 따라 일리가 없는 것은 아니다. 그러나 여론은 정인홍에게 불리하게 돌아갔다. 당시 사관은 정인홍이 소를 올린 의도를 이렇게 풀어내고 있다.

이 시기에 임금이 덕을 닦지 않아 조정의 기강이 날로 문란해지고 어진 이와 사악한 자가 뒤섞이어 외척들이 용사를 하고 있으니, 군자로서 벼슬하지 못할 이유가 얼마나 많은데 그에 대해서는 한마디의 언급도 없이 유독 이 문제를 가지고 거취를 결정한단 말인가.

더구나 세상이 두 선비를 존숭한 지가 오래되었고 배향을 청한 것이 몇 해째인데 어찌하여 전에는 묵묵히 있다가 지금에 와서 운운하는 것인가. 그의 마음을 헤아려보건대 임금을 협박한 죄를 면하기 어려울 것이다. 대개 인홍의 사람됨이 편협하고 사나우며 식견이 밝지 못한데 방자하게 함부로 지어내어 다시금 돌아보고 거리끼는 것이 없었으므로 세상에서 이르는 현인 군자치고 그의 비방을 입지 않은 사람이 없다.

한마디로 독불장군식 행태로 인해 정인홍에게는 적이 많았다. 그가 가는 곳에는 늘 분열이 있었다.

한편 조선 시대 인물에 대한 문묘 종사의 문이 열리지 다시 숙종 때 이이와 성혼이 서인들의 요구에 따라 문묘 종사됐다. 당시 숙종은 문묘 종사를 일종의 정치적 거래의 선물 정도로 여겼다. 이이와 성혼은 서인들을 다시 불러들인 경신환국 1년 후인 숙종 7년(1681년)에 문묘에 종사되지만 남인이 다시 집권한 숙종 15년(1689년) 출향(黜享)됐다. 그리고 5년 후인 숙종 20년(1694년) 갑술환국으로 복향(復享)된다.

김장생도 종사됐다가 출향을 거쳐 복향된다.

그 후론 주로 정권이 서인-노론-벽파 쪽에 있었기에 송시열·박세채 등이 영조 때 종사됐고 김인후(金麟厚, 1510~1560년)의 경우 당쟁 이전의 사람이라 호남을 배려하는 차원에서 정조 때 종사가 이뤄졌다. 그리고 조헌과 김집은 영조 때 노론의 강한 요구가 있었으나 고종 때에 와서야 종사됐다. 이렇게 해서 흔히 말하는 동방 18현이 만들어진 것이다. 이를 좀 더 구체적으로 살펴보자.

인조·효종·현종이 이이와 성혼의 문묘 종사를 끝내 반대한 까닭

인조는 서인들의 지지로 반정에 성공하고 왕위에 올랐다. 서인들의 종주(宗主)는 송익필이었지만 여러 문제로 인해 내세울 수가 없었고 그 자리를 대신할 인물은 송익필과 평생 교유했던 이이와 성혼이었다. 인조 1년(1623년) 3월 27일 경연(經筵)에서 특진관 유순익(柳舜翼, 1559~1632년)이 이이의 문묘 종사 문제를 꺼낸다. 이때 성혼은 신원이 되지 않아 이이만 거론한 것으로 보인다. 그러나 반정공신 중에 많은 이가 송익필이나 성혼의 문인들이어서 성혼 또한 이들의 종사 대상이었다. 이에 대한 인조의 반응이다.

문묘 종사는 중대한 일이라 가벼이 결단할 수 없다.

승지 민성징(閔聖徵)·시독관 이민구(李敏求, 1589~1670년)·검토관 유백증(俞伯曾, 1587~1646년)·헌납 이경여(李敬輿, 1585~1657년) 등이 입을 맞춘 듯 유순익의 말을 거들었다.

제3부 | 당쟁의 시대, 신하의 나라

이이를 종사하자는 소청(疏請)이 실로 공론에서 나왔음을 상께서도 필시 이미 들었을 것이며, 상의 학문이 고명하시니 그 문집도 혹시 이미 보셨으리라 생각됩니다. 보시다시피 지금 의리가 막히고 도학(道學)이 밝지 못하여 선비들의 지향이 그 방향을 정하지 못하고 있습니다. 쾌히 허락하여 일국의 선비들로 하여금 그 지향할 바를 알게 하소서.

인조는 신하들이 말하는 도학(道學), 즉 주자학에 담긴 반(反)왕권주의 성향을 훤히 알고 있었다. 게다가 아버지를 추숭해 원종(元宗)으로 삼은 데서 보듯 인조는 강한 왕권을 추구한 인물이다. 계속되는 신하들의 요구에 인조는 다시 이렇게 말한다.

내가 불가하다고 말하는 것이 아니다. 문묘 종사는 중대한 일이라 경솔히 할 수 없다는 말이다. 또 그의 문인 제자, 서로 아는 자들의 말만 가지고 갑자기 종사하는 것도 타당치 않은 것 같다.

그 후 이괄의 난(1624년)·정묘호란(1627년) 등으로 나라가 어지러워 문묘 종사 문제는 더는 제기되지 않는 듯했다.

그러나 인조 13년(1635년) 5월 11일 서인 계통의 성균관 유생 송시형(宋時瑩) 등 270명이 연명으로 소를 올리면서 문묘 종사가 다시 조정의 현안으로 떠오른다. 송시형은 송시열의 사촌이기도 했다. 이번에도 인조는 단호하게 거부한다.

이이와 성혼이 비록 선한 사람이기는 하나 도덕이 높지 않고 하자가 있다는 비방을 받고 있으니, 막중한 문묘 종사의 예전(禮典)을 결코 가벼이 의논할 수 없다.

같은 날 남인 계통의 생원 채진후(蔡振後)가 소두(疏頭-소의 주동자)가 돼 이이와 성혼의 문제점을 정면으로 지적하며 두 사람의 문묘 종사를 반대했다. 서인 주도 정권에 그나마 참여했던 남인이지만 이이와 성혼을 이황과 같은 반열에 올리려는 서인들의 이 같은 시도는 도저히 용납할 수 없었던 것이다. 이이는 불교에 빠진 이력으로, 성혼은 왕실에 대한 불충으로 늘 비판을 받아왔다. 채진후의 소에서도 바로 이 문제를 지적하고 있다. 먼저 이이에 대한 비판을 보자.

이이가 무진년(戊辰年-1568년)에 부교리를 사직하면서 올린 소에서 "소싯적에 도학을 찾았으나 학문의 방향을 몰라서 제가(諸家)를 다 섭렵하여보았지만 귀착지는 잡지 못하고, 신세가 불행하여 일찍이 어머니를 여의어서 슬픔을 달래겠다는 부질없는 생각에 드디어 불교에 빠져들어 산속으로 달려가 불교에 종사했다가, 오장을 다 끌어내어 씻어도 가시지 않을 오점을 안고 집으로 돌아와서 부끄러움과 격분에 북받친 나머지 죽을 길을 찾았습니다"라고 했고, 또 "옛날부터 석씨(釋氏-불교)의 해독에 빠진 사람치고 신과 같이 특별히 깊이 빠진 사람은 없습니다"라고 했습니다.

다음은 성혼에 대한 비판이다.

성혼은 임인년(壬寅年-1602년) 선조 대왕께서, 성혼을 삭탈관작하자고 한 양사(兩司)의 계청에 답하기를 "간흉(奸兇)과 무리를 짓고 군부(君父)를 저버린 죄만으로 정죄하라"고 했고, 그 전지 내에 또 이르기를 "임진년에 왜적이 서울을 핍박했는데, 재신(宰臣)의 반열에 있는 신하로서 하루 거리 이내의 경기 지역에 있으면서도 변고를 듣고 달려오지 않았을 뿐만 아니라 대가(大駕)가 그의 거처를 지나가던 날에도 배알하지 않았다.

그 뒤 왕세자가 이천(伊川)에 머무르고 있을 적에 그가 멀지 않은 곳에 피란을 와 있다는 말을 듣고 간곡히 불렀으나, 처음에는 말이 없다는 핑계를 대더니 말을 보내어 다시 불러도 끝까지 나오지 않다가, 성천(成川)으로 옮긴 뒤에야 비로소 왔다. 그러나 곧바로 북적(北賊)이 장치(獐峙)를 넘어오고 있고 왕세자는 용강(龍岡)으로 옮겼다는 소식을 듣고는 앞서기도 하고 뒤서기도 하며 배행하지 않았다. 또 용강이 평양(平壤)의 적과 거리가 가깝자 의주(義州)로 질러가서 보국(報國)은 잊고 자신을 보전할 계책만 세웠다"라고 했습니다. 고금 천하에 군부를 버리고 국난(國難)에 달려오지 않고도 천토(天討)를 면하는 이치가 어디에 있겠습니까?

이에 대한 인조의 답에 그의 본심이 들어 있다.

문성공 이이 등의 종사를 청하는 것은 참으로 너무나 참람되고 외람되니[僭猥] 나 또한 그리되어서는 안 된다는 것을 알고 있다.

이후 서인 쪽에서 삼정승이 나서고 사헌부와 사간원에서 채진후의 처벌을 주장했지만 왕권 강화의 뜻이 분명한 인조는 한 치도 물러서지 않았다.

인조 재위 27년 동안 끝내 뜻을 이루지 못한 서인들은 자신들이 추대하다시피 한 효종이 즉위하자마자 본격적으로 이이와 성혼의 문묘 종사에 나선다. 1649년 태학생 홍위(洪葳) 등 수백 명이 연명으로 이이와 성혼의 문묘 종사를 청하는 소를 올렸다. 이에 대한 효종의 답은 짤막했다.

성묘(聖廟)에 종사하는 것은 막중하고 막대한 전례(典禮)여서 가벼이 의논하기 어려울 듯싶다.

이에 영남 남인도 숫자로 맞섰다. 이듬해인 1650년(효종 1년) 2월 22일 경상도 진사 유직(柳稷, 1602~1662년) 등 900여 명이 소를 올렸다. 이성무 교수는 『단숨에 읽는 당쟁사 이야기』(아름다운날)에서 그 배경을 이렇게 설명하고 있다.

그런데 홍위의 상소는 실로 엄청난 여파를 초래했다. 유직 등 950여 명이 연명한 '우율승무반대소(牛栗陞廡反對疏)'가 올라온 것이다. 이는 서인 측의 종사 운동에 대한 즉각적인 반발이었다. 안동 사림은 도내 10읍에 통문을 돌려 반대 상소를 위한 모임을 개최하고 유직을 상소의 대표자로 추대했다.
상소는 거도(擧道)적인 차원에서 추진되어 영남의 72읍이 대대적으로 궐기했다. 상소를 바치기 위해 상경한 유생들만도 150명을 넘어 조야에 적지 않은 파문을 일으켰다.

우율이란 우계(牛溪) 성혼과 율곡(栗谷) 이이를 통칭한 것이고 승무란 배향을 한다는 뜻이다. 이에 대해 효종은 "잘 알겠다[知道]"고 매우 긍정적으로 답했다.

그런데 석 달이 지난 5월 1일에는 특이하게도 경상도 출신의 진사 신석형(申碩亨) 등 40여 인이 소를 올려 유직의 소를 반박했다. 그런데 이에 대한 효종의 반응은 싸늘했다.

> 그대들이 서로 배척하여 끝없이 분란을 조성하고 있는데, 내가 보기에는 까마귀의 자웅을 가리는 것과 조금도 다름이 없다.

효종 역시 인조와 마찬가지로 심정적으로는 남인 편이었던 것이다. 신석형은 이 소로 인해 영남 유림으로부터 훼가출향(毁家黜鄉) 조치를 당했다. 집은 허물어졌고 고향에서 쫓겨난 것이다.

효종 때도 결국 두 사람의 문묘 종사는 이뤄지지 않았다. 패턴은 인종 때와 같았다. 신권론자인 서인들이 공세를 펼치면 임금은 왕권론자인 남인들을 이용해 방어하는 양상이다. 이런 패턴은 서인의 권력이 훨씬 강해진 현종 때도 그대로 이어졌다.

현종 대는 서인들의 힘이 절정에 이른 때였다. 예송 논쟁에서도 서인들이 압승을 거뒀다. 이런 분위기에 힘입어 송시열과 송준길은 이이와 성혼의 저작들을 현종이 직접 읽어볼 것을 권하는 방식으로 문묘 종사를 압박해 들어갔다.

그러나 유생들의 합의가 없이 이이와 성혼을 문묘에 종사했을 때 생길 수 있는 뒷감당을 하기 어려웠던 현종은 집권 초기에 보여준 관심에도 불구하고 결국 문묘 종사의 결단을 유보했다.

강력한 왕권을 확보한 숙종, 문묘 종사를 당쟁의 선물로 전락시키다

숙종이 즉위하기 직전인 1674년(현종 15년) 갑인 예송 논쟁에서 남인이 승리했기에 숙종 즉위 초반기는 남인 정권이었다. 당연히 종사 논의가 있을 수 없었다.

그러나 숙종 6년(1680년) 경신환국으로 남인이 축출되고 서인이 집권하자 다시 이이·성혼의 문묘 종사가 거론되기 시작했다.

역설적이지만 정국의 주도권을 확실하게 장악한 숙종은 이제 성혼·이이의 문묘 종사 문제를 승리한 당파에 대한 일종의 선물로 여겼다. 서인에서는 이이와 성혼을 이현(二賢)이라고 불렀다. 원래는 파주 삼현(三賢)이라고 해서 송익필까지 포함됐었지만 송익필은 잊혀진 인물이 됐다.

경신환국이 있고 나서 서인들이 집권하자 서인 계통의 관리들과 유생들은 전방위로 숙종을 압박했다. 게다가 대신 김수항(金壽恒, 1629~1689년)·김수흥(金壽興)·정지화(鄭知和, 1613~1688년)·민정중(閔鼎重, 1628~1692년)·이상진(李尙眞) 등이 하나같이 나서 "종사하는 것이 합당하다"고 아뢰자 숙종은 마침내 이듬해(숙종 7년) 9월 "이현(二賢 –이이와 성혼)의 문묘 종사 요청을 윤허하노라"고 말한다. 인조반정 이후 무려 4대 58년에 걸친 논란 끝에 두 사람의 문묘 종사가 이뤄지는 순간이었다.

그전까지는 주로 서인 정권이라 하더라도 일부 남인들이 늘 조정에 참여하고 있어서 반대 의견을 격렬하게 개진할 수 있었는데 경신환국 직후에는 남인 세력이 거의 박멸당하다시피 했기 때문에 이이와 성혼의 문묘 종사는 일사천리로 진행될 수 있었다. 게다가 특정 정파에 전폭적으로 힘을 몰아주는 숙종의 정국 운영 스타일도 이이와 성혼의 문묘 종사가 가능할 수 있었던 결정적 요인 중 하나였다.

이후 이현의 문묘 종사는 환국과 부침을 함께할 수밖에 없었다. 숙종 15년 기사환국으로 남인이 다시 집권하자 곧바로 남인 세력은 유생 등을 동원해 이현의 문묘 출향을 건의했고 얼마 후 숙종은 이들의 출향(黜享) 요청을 윤허했다. 이때 숙종의 말이다.

> 두 신하는 문묘에 종사해서는 안 되는데 나 때문에 문묘를 더럽히게 됐도다. 지금 와서 생각해보니 후회스럽고 한스러운 마음이 늘 간절하다.

숙종은 뼛속까지 정치적인 군주였다. 이런 정도의 말은 아무렇지도 않게 할 수 있는 군주였다. 심지어 갑술환국이 있기 직전인 숙종 20년 2월에는 이현의 출향을 반대하는 글을 엄금하는 비망기를 8도의 군현에 내리기까지 했다.

여기에 이런 대목이 있다.

> 이이나 성혼은 본래 덕이 갖춰진 사람이 아니고 또 가리기 어려운 결점이 많은데도 내가 살피지 못하고서 함부로 종사를 하게 되었다. 그런데 내가 이미 거행했으므로 그 잘못을 바로잡고 시비를 밝힐 방도를 생각하지 않아야 한다고 말할 수 있겠는가? 이것이 교화를 새롭게 하는 처음에 공론을 쾌히 따른 까닭이다.
>
> 다만 그때 혹 이이나 성혼을 위해 편드는 사람도 있었고 조정의 명령을 거역하여 즉각 출향하지 않은 사람도 있었는데, 이 인심이 퇴

남구만

폐하고 의리가 가리워진 때에, 암퇘지가 머뭇
거리듯 사설(邪說)이 멋대로 행해질 근심을 이
미 엄하게 막지 않을 수가 없다.
지금 이후로 감히 이이 성혼의 일로 공론을 고
려하지 않고 몸을 던져 깃발을 드는 자는 마땅
히 문묘를 모독하는 죄로 논할 것을 명백하게
포고하노라!

그리고 한 달여가 지나 서인이 집권하는 갑술옥사 혹은 갑술환국
이 있었다. 이제 숙종은 어떤 태도를 취할 것인가? 다시 복향(復享)을
향 경우 국왕의 체통이 말이 아니었다.

그러나 숙종은 조금도 개의치 않았다. 환국 직후인 4월 21일 성
균관 유학 신상동이 이이와 성혼의 복향을 청하자 일단 "난처하다"
는 입장을 밝힌다. 5월에도 경기도 유생들의 복향 상소가 올라왔다.
이때 예조판서 윤지선(尹趾善, 1627~1704년)과 영의정 남구만(南九萬,
1629~1711년)은 오히려 신중한 처리를 당부하는데, 숙종이 앞장서서 복
향을 결정해버렸다.

이때 남구만과 윤지선은 형식적으로라도 대신들을 불러모아 공론
에 부치는 절차를 밟을 것을 건의했지만 숙종은 "처음에 바른 이를 욕
하는 무리에게 속임을 당해서 두 뛰어난 신하를 출향하기에 이르렀으
므로 내가 항상 후회하고 한탄해왔노라"며 "특별히 두 신하의 복향을
명하노라"고 말했다. 숙종은 어느새 문묘 종사마저 자신의 정치적 도
구로 삼고 있었다. 이후 출향을 주장했던 남인들은 그 자리에서 귀양
을 떠나야 했다.

서인에게 문이 활짝 열린 문묘 종사의 길

인조반정 당시 막후 실력자였던 김장생이 숙종 14년(1688년)에 종사됐으나 이듬해 일어난 기사환국으로 이이·성혼과 함께 출향(出享)됐다가 숙종 43년(1717년)에 복향(復享)됐다.

문묘 종사는 그 후 승리한 당파의 전리품으로 전락했다. 영조 32년(1756년) 노론을 대표해 송시열과 송준길이 종사됐고 정조 20년(1796년)에는 호남을 포용하는 차원에서 김인후의 종사가 이뤄졌다. 조헌과 김장생의 아들 김집은 영조 때부터 노론이 종사를 추진했으나 뜻을 이루지 못하다가 고종 20년(1883년)에야 이뤄지게 된다.

이처럼 문묘 종사 과정에는 조선 중·후기 당쟁과 사상 투쟁의 역사가 고스란히 담겨 있다.

제12장

교하 천도론과 궁궐 조성, 장릉 천장에 숨겨진 치열한 당쟁

광해의 뜻을 받아 지관 이의신이 던진 교하 천도론

실록에서 교하(交河) 천도론이 공식 제기된 시점은 광해군 4년 (1612년) 9월 14일이다.

이날 승정원에서 광해에게 아뢰었다.

지난번에 인의(引儀) 이의신(李懿信)이 소 한 장을 올려 괴탄스러운 말을 마구 늘어놓았습니다. 국도(國都)는 기운이 쇠했고 (경기도 파주 지역) 교하가 길지(吉地)라고 한 것은 더욱 놀라운 말입니다. 이러한 괴이한 말은 덕스러운 말만 듣는 상께 아뢰어서는 안 되므로 신들이 물리치고 받아들이지 않았습니다. 그리고서 겨우 수십 일이 지난 뒤에 또 와서 바쳤습니다.

인의란 말 그대로 의식을 행할 때 식순에 따라 구령을 외치는 일을 맡아보던 관아 통례원(通禮院) 소속 정6품직이다. 광해는 "알겠다[知道]"고만 답했다.

이상하지 않은가? 일개 6품 관리가 천도론을 제기했는데 임금의 반응이 무덤덤하다. 이 문제는 한 달 전인 8월 6일 실록에도 잠깐 나온다.

인의 이의신이 소를 올렸는데 대개 좌도(左道-그릇된 도)의 요언(妖言)에 대해 밝힌 것이었다.

요언의 내용은 곧 경기좌도 파주 교하로 천도해야 한다는 것이다. 그런데도 광해가 "알겠다"고만 말한 것은 이미 임금과 이의신 사이에 교감이 있었기 때문이다. 그렇지 않았다면 이의신은 목숨을 유지하기 어려웠을 것이다.

첫 반박은 예조판서 이정구(李廷龜, 1564~1635년)가 맡았다. 이정구는 서인 윤근수(尹根壽, 1537~1616년)의 문인으로 훗날 인조 때 좌의정에 오르게 된다. 윤근수는 영의정을 지낸 윤두수 동생이다. 11월 15일 그가 올린 소에 이의신이 올린 글의 내용이 포함돼 있다.

지금 의신은 임진년 병란과 역변이 계속해 일어나는 것과 조정 관리들이 분당하는 것과 사방의 산들이 벌거벗은 것이 국도(國都) 탓이라고 합니다.

이에 대한 광해의 답을 보면 이미 광해와 이의신 사이에는 교감이 있었음을 확인시켜준다.

예로부터 새로 도성을 세운 제왕이 많았으니 본래 세웠던 도성을 아주 버린다는 뜻은 아니다. 그리고 의신의 방술이 정미하다고 내가 지나치게 믿는지의 여부를 예관이 어떻게 아는가?

이렇게 해서 광해군 6년 말까지 2년 동안 서인들은 거의 매일 이의신 처벌을 청하는 소를 올렸고 광해는 모두 들어주지 않는 상소 전쟁이 진행됐다. 처벌 논란이 한창이던 광해군 5년(1613년) 1월 1일 자에는 사관이 매우 중요한 사평을 실어놓았다.

왕이 일찍이 지관(地官) 이의신에게 몰래 묻기를 "창덕궁은 큰일을 두 번 겪었으니 내 거처하고 싶지 않다"라고 했는데, 이는 노산(魯山)과 연산(燕山)이 폐치되었던 일을 가리키는 것이다. 의신이 답하기를 "이는 고금의 제왕가(帝王家)에서 피할 수 없었던 변고입니다. 궁전의 길흉에 달린 것이 아니라 오로지 도성의 기운이 빠졌기 때문입니다. 빨리 옮기시는 것이 좋습니다"라고 했다. 왕이 이로 말미암아 창덕궁에 거처하지 않았는데, 여러 신하가 거처를 옮기기를 여러 차례 청했으나 왕이 따르지 않았다.
그 후 행궁에 변괴가 나타나자 비로소 창덕궁에 거처하면서 더욱 꽃과 돌 같은 물건으로 꾸몄지만, 오래 있을 뜻이 없었다. 이에 창경궁(昌慶宮)을 짓도록 재촉하고는 궁이 완성되자 또 거처하지 않고, 드디어 새 궁을 두 채 짓도록 했다. 완성한 후에 거처하려고 했기 때문에 경덕궁(慶德宮-지금의 경희궁)을 먼저 완성했는데 인경궁(仁慶宮)이 채 완성되지 않아 왕이 폐위되었으니, 모두가 의신이 유도한 것이다.

경덕궁은 인조 아버지 정원군 이부의 집이 있던 곳이다. 인경궁은 광해가 인왕산 아래에 짓다가 만 궁궐이다. 앞으로 살피게 될 교하 신도(新都) 추진이 실패로 돌아가자 광해는 먼저 인경궁 공사를 시작하는데 공사 도중에 정원군 집 일대에 왕기(王氣)가 있다는 설이 나돌자 서둘러 이곳에 궁궐을 짓게 했으니 그것이 경덕궁이다. 그 바람에 인경궁 공사는 중단되다시피 했고 인조반정으로 준공을 보지 못했다.

이의신은 누구인가

이의신은 선조와 광해군 때에 걸친 당대 최고의 풍수가(風水家)였던 것으로 보인다. 실록에서 그의 이름은 선조 33년(1600년) 7월 21일에 처음 등장한다. 이때 이미 선조에게 불려가 세상을 떠난 왕비의 장지 문제를 함께 토의하고 있다. 그리고 장례가 끝난 이듬해 5월 14일 이의신에게 포상으로 관직을 내려주었다. 그러니 인의는 겉으로 받은 관직이고 본업은 지관이었던 것이다. 이를 보면 광해와도 일찍부터 가까웠던 인물이다.

이의신은 전라도 해남 사람이다. 부인이 해남 윤씨이고 속설에는 윤선도(尹善道, 1587~1671년)의 고모부였다고 한다. 윤선도도 풍수에 일가견이 있던 남인의 대표적인 유학자였다. 효종이 승하하자 능자리를 선정하는 간산(看山)에 참여하기도 했는데, 정조대왕은 부친인 사도세자의 능을 융릉(隆陵)으로 옮기면서 그를 가리켜 "오늘날의 무학으로 신안(神眼)을 가졌다"라고 칭송했다.

윤선도

그런데 이의신은 왜 새 도읍 후보지로 다른 곳도 아닌 교하를 지목했을까? 그것은 두말할 것도 없이 서인의 본거지였기 때문이다. 송익필·이이·성혼 그리고 심의겸까지 모두 파주 일대를 근거지로 삼고 있었다. 서인들에게 파주란 공맹(孔孟)의 땅이나 마찬가지였다.

만일 다른 곳으로 옮기겠다고 했으면 서인들이 그토록 반대했을까 하는 생각이 든다. 왕조실록을 읽으면서 이처럼 2년 동안 매일, 어떤 경우에는 하루에도 두세 번씩 일개 지관을 처벌하라는 상소를 지속적으로 올린 일은 본 적이 없다. 서인 전체가 들고일어난 것이다.

궁궐 조성에서 보듯 왕기(王氣)가 있는 곳이면 누르려 했던 광해로서는 파주 땅이야말로 자신과 대립한 당파 '서인'의 정신적 고향이니 서인을 물리적으로 정신적으로 제압하는 효과를 거둘 수 있으리라고 여긴 것이다.

천도, 이의신 처벌 논란

광해는 천도 문제가 불거진 지 3개월여가 지난 광해 4년(1612년) 윤11월 5일 교하 천도에 대해 2품 이상 관리들이 의견을 내게 했다. 대신들은 모두 반대했지만 의정부 찬성 박홍구(朴弘耉, 1552~1624년) 한 사람만이 찬성했다.

박홍구는 좌의정에까지 이르는데 북인 당색을 가진 인물이다. 이날 실록은 "이로 말미암아 홍구가 더욱 사랑을 받았는데 당시 의논이 비루하게 여겼다"고 적고 있다.

이런 반대에도 불구하고 광해는 이듬해 1월 3일 비변사에 교지를 내린다.

예로부터 제왕들은 반드시 성읍을 따로 건설하여 예기치 않은 일을 대비했으니 도읍 옮기는 것을 이르는 것이 아니다. 교하는 강화(江華)를 앞에 마주하고 있고 형세가 심히 기이하다. 독성산성(禿城山城-경기도 오산 소재)의 예에 따라 성을 쌓고 궁을 짓고는 때때로 순행하고 싶다. 대신과 해당 당상은 헌관(獻官)·언관(言官)·지관(地官)과 같이 날을 택해 가서 살피고 형세를 그려 오라.

이로써 교하 천도는 본격적으로 국정 최고 이슈가 됐다. 이에 사헌부·사간원·홍문관은 교하를 살피라는 명 자체를 철회해줄 것을 청했다. 교하는 군사적 중요성이 없다는 것이 그들의 논거였다.

이에 남인 영의정 이덕형이 중재안을 냈다. 교하는 습한 저지대이니 도읍으로 부적절하다며 다른 술관과 관상감 관리들이 합동으로 살펴보도록 하자고 했다. 이에 광해는 대간(臺諫)이 그치거든 그리하라고 부분적으로 수용한다.

4월 20일이 되면 삼사는 교하를 살펴보는 일을 중지할 것 외에 이의신을 처벌할 것을 요구한다.

이에 대한 광해의 답변이다.

지리상 형세가 좋으면 보장(保障)으로 삼을 수도 있는 것인데 안 될 것이 뭐가 있는가. 지관(地官)이 자기 방술(方術)에 입각해 진언한 것 역시 그다지 죄줄 일이 못 된다. 윤허하지 않는다.

이처럼 가서 살피는 일은 조금도 진척되지 못한 가운데 광해 6년(1614년) 2월 22일 광해는 이의신에게 실직(實職)을 주라고 명한다. 그래서 두 달 후 이의신은 예빈시(禮賓寺) 주부의 관직을 받는다. 이후 실록은 이의신 이름 앞에 지관 대신 '예빈시 주부'라고 붙이고서 역시 같은 내용의 처벌 주청을 계속 올린다.

광해는 때로는 도읍이라고 했다가 때로는 이궁(離宮)일 뿐이라고 하면서 신하들의 총공세에 맞섰다. 광해 6년(1614년) 6월 14일 실록이다.

역대에 모두 두 도읍이 있었다. 주나라는 만세가 우러러 본받는 나라인데 호경(鎬京)과 낙양(洛陽)이 있었고, 지금 명나라에도 남경과 북경이 있다. 의신이 국가를 위해 큰 계획을 진달한 것은 이궁을 창건하자는 데 불과할 따름이다.

교하 새 수도를 둘러싼 광해와 신하 간 한 뼘도 좁히지 못한 평행선 논쟁은 광해 6년이 저물면서 함께 잦아들었다. 그러나 광해 7년(1615년) 5월 16일 광해는 새로운 이슈를 던진다.

도성 서쪽에 궁궐을 2개 짓다

이날 광해가 말했다.

앞으로 궁궐을 영선(營繕)하는 역사가 있을 것이니 이의신을 군직에 부쳐서 관상감에 상사(常仕)케 하라.

이의신에 대한 광해의 신뢰는 조금도 변하지 않았다. 교하 천도 논쟁 때와 달리 이에 대해서는 큰 저항이 없었다. 이를 위해 만든 것이 선수도감(繕修都監)이다. 이때부터는 성지(性智)라는 승려와 시문용(施文用, 1572~1623년)이라는 인물도 등장한다. 다행히 광해 8년(1616년) 3월 24일 자 실록에는 그 배경을 사관이 명확하게 풀어주고 있다.

> 왕이 성지와 시문룡 등에게 인왕산 아래에다 새 궁궐의 터를 잡게 했다. 왕이 이의신의 말을 받아들여서 장차 교하에 새 도읍을 세우려고 했는데 중론(衆論)이 한꺼번에 일어나서 그렇게 하지 못했다. 이에 성지와 시문룡 등이 왕에게 토목공사를 크게 일으키려는 뜻이 있음을 알고 몰래 인왕산 아래가 궁궐을 지을 만하다고 아뢰자 왕이 크게 기뻐해 즉시 터를 잡으라고 명했다. 이에 이이첨이 비밀리에 아뢰기를 "교하에 대한 의논을 정지하고 이곳에다 궁궐을 지으면 백성이 반드시 앞다투어 달려올 것입니다"라고 했다. 이 당시에 여러 신하가 교하의 일에 대해 앞다투어 간쟁했었는데 인왕산 아래의 역사에 대해서는 더 이상 간쟁하지 못했다.

아마도 서인을 중심으로 한 신하들은 교하 천도를 막아낸 것만으로도 다행이라고 여겼을 것이다. 여기에도 북인 출신 권간(權奸) 이이첨이 개입하고 있음을 보게 된다. 시문용은 성씨가 보여주듯 명나라 사람인데 임진왜란 때 귀화한 장수다. 시문용은 군사·풍수·의술에 정통해 1616년(광해 8년) 정인홍 추천으로 성지·김일룡(金馹龍) 등과 함께 궁궐·왕릉 축조 사업에 참여해 많은 업적을 쌓았다. 그렇지만 1623년(인조 1년) 광해군 정권이 몰락하면서 토목공사를 일으켜 백성을 가렴했다는 죄목으로 처형되었다. 풍수책『감여지남(堪輿指南)』이란 저술을 지은 데서 보듯 이 분야 전문가라 할 수 있다.

그래서 인경궁을 짓기로 했는데 광해 9년(1617년) 6월 11일 다시 새문동(塞門洞)에 또 다른 궁궐을 짓는 논의가 시작됐다. 그것이 경덕궁이다. 당시 광해의 심리 상태를 고스란히 보여준다. 마침 이날 실록은 사관의 평을 실어 맥락을 자세하게 풀어준다.

성지가 이미 인왕산 아래에다 신궐을 짓게 하고, 술인(術人) 김일룡이 또 이궁을 새문동에다 건립하기를 청했는데, 바로 정원군의 옛집이다. 왕이 그곳에 왕기(王氣)가 있음을 듣고 드디어 그 집을 빼앗아 관가로 들였는데, 김일룡이 왕의 뜻에 영합하여 이 의논이 있게 된 것이다.

인왕산의 터는 두 구역이 있는데, 하나는 사직 담장의 동쪽에 있고 또 하나는 인왕동(仁王洞)에 있는바, 바로 소세양(蘇世讓, 1486~1562년)의 청심당(淸心堂) 터이다. 성의 담장은 양쪽이 함께했으나 전우(殿宇)는 서로 달라서 실로 대궐이 2개였는데, 새문동에 또 하나의 대궐을 지어서 셋째 대궐이라고 불렀다. 그런데 한꺼번에 공사를 시작하여 제조와 낭청이 수백 명이나 되었으며, 헐어버린 민가가 수천 채나 되었다.

여러 신하가 먼저 한 궁궐을 지어 이어(移御)한 뒤에 차례차례 공사를 일으키기를 청했으나, 왕이 듣지 않았다. 이에 나라 사람들이 모두 성지를 허물하여 그의 살점을 먹고자 했다. 그러자 성지가 노하여 조사(朝士)들에게 말하기를 "이 한 중놈의 모가지는 조만간에 잘려서 도랑에 내던져질 것이다. 다만 나는 인왕산의 새 터만 정했을 뿐으로, 지금 세 대궐의 역사를 한꺼번에 일으키는 것은 본래 나의 뜻이 아니다. 그런데 조정에서는 어찌하여 한마디 간언이라도 올려 중지시키지는 않고 한갓 나만 탓하는지 모르겠다"고 했다. 듣는 자들이 이 말을 듣고는 부끄러워했다.

성지의 말은 당시 임금과 신하의 실상을 그대로 전한다. 그러나 성지 또한 광해의 총애를 배경으로 막강한 권세를 누렸다. 광해 10년(1618년) 4월 13일 자 실록에 있는 사평이다.

성지는 요승(妖僧)이다. 처음에 인왕산(仁王山) 아래에 왕기(王氣)가 있다는 설을 가지고 왕을 미혹하여 인경궁을 세우게 하고 통정대부(通政大夫-정3품 당상)에 올랐는데, 이번에 또 중추부 첨지사를 제수받아 머리에 옥관자를 두르고 말을 타고 다니는 등 그 위세가 하늘을 찔렀다. 사람들이 모두 그를 지첨지(智僉知)라고 불렀는데 계해년에 복주(伏誅)되었다.

계해년은 인조반정이 일어난 해다. 성지는 반정 직후 처형됐고 김일룡도 두 달 후에 목이 달아났다. 이로써 인경궁 공사는 중단됐고 규모가 작아 늦게 시작하고도 먼저 완성한 경덕궁만 남게 됐다.

이랬으니 안 쫓겨나는 것이 비정상이다. 태종이 왕씨 몰살을 중단시키며 했던 말이 떠오른다.

이씨가 도(道)가 있으면 왕씨가 100명 있다 하더라도 무얼 걱정하겠는가? 그렇지 않고 이씨가 도를 잃으면 왕씨가 아니라도 천명(天命)을 받아 일어나는 자가 없겠는가?

광해는 인조반정 세력에 의해 내쫓겨 나기 전에 이미 이렇게 스스로 허물어졌던 것이다.

파주의 후예들이 옹립한 인조, 파주에 묻히다

인조 13년(1635년) 인조 비 한씨가 세상을 떠났다. 한씨의 능은 이듬해 2월 9일에 정했다. 영의정 윤방(尹昉, 1563~1640년)과 우의정 홍서봉(洪瑞鳳, 1572~1645년)이 여러 지관과 상의한 결과 모두 파주 지방 산이 제일이라고 해서 그곳으로 정했다고 밝혔다. 윤방은 서인 영수였던 윤두수 아들이자 이이 제자다. 홍서봉은 반정 공신이다. 그리고 12월 17일에는 능호를 장릉(長陵)으로 정했다. 고려 인종의 능호도 장릉(長陵)이다.

처음 능은 파주 북쪽 북운천리에 정했다. 그리고 인조도 세상을 떠나 이곳에 묻혔다. 인조도 그곳을 반대했다는 기록은 없는 걸 보면 서인의 본향으로 가서 묻히는 것도 나쁠 게 없다고 생각했을 것이다. 파주에는 왕릉이 장릉 하나뿐이다.

그런데 인조가 세상을 떠난 지 얼마 안 된 효종 즉위년(1649년) 5월 15일 대사헌 조익(趙翼, 1579~1655년)이 상소를 올려 장릉이 좋지 않은 땅임을 주장했다. 조익은 남인 장현광(張顯光, 1554~1637년)에게도 배우고 서인 윤근수에게도 배운 독특한 이력의 소유자다.

당초 장릉(長陵)을 의논해 결정한 것은 지사(地師-술사) 이간(李衎)이 주장했습니다. 그러나 지사 김백련(金百鍊)은 그곳이 좋지 않다고 강력하게 말하고, 또 듣건대 그 뒤에 그곳이 좋지 않다고 말하는 술

제3부 | 당쟁의 시대, 신하의 나라

사(術士)들이 많다고 합니다.

지금 만약 길흉도 분간되지 않고 의혹도 풀리지 않았는데 그대로 그 자리에 능을 모신다면 무궁한 후회가 있을까 염려됩니다. 술사들을 모아 다시 살펴보고 각각 소견을 진술하게 하면 그 길흉을 판정할 수 있을 것입니다.

이 일로 조익은 대사헌에서 물러났다. 숙종 때도 장릉의 지리를 지적하는 상소들이 여러 차례 올라왔다. 방숙제라는 유생의 상소가 있었고 특히 숙종 13년(1687년) 8월 10일에는 전 훈련원 판관 허빈(許彬)이 소를 올려 "장릉 용형(龍穴)이 사수(砂水)로 허물어진 데가 많다"고 하자 영의정 남구만 등을 보내 장릉을 살펴보게 했다. 남구만은 송준길 제자로 정통 서인이다. 10월에는 숙종이 직접 찾아가기도 했다. 11월 20일에는 소를 올려 장릉을 옮길 것을 청했다. 그러나 이때는 이미 옮기지 않기로 결정한 때였다. 대체로 옮겨야 한다는 주장을 하는 쪽은 당연히 남인 쪽 사람들이었다.

장릉 천릉(遷陵) 문제는 영조 때 본격적으로 제기되었다. 영조 1년(1725년) 10월 23일 장릉 위에 불이 났다. 조사 결과 방화였다. 이들은 벌목이 금지된 소나무를 도벌(盜伐)하다가 능을 지키는 병졸에게 잡혀 유배를 갔는데 유배지에서 도망쳐 나와 불을 지른 것이다. 사소한 해프닝이었다.

장릉을 옮기는 문제가 정식으로 제기된 시기는 영조 7년(1731년) 3월 16일이다. 좌의정 이집(李㙫, 1664~1733년)이 말했다. 이집은 노론에 맞선 소론의 대표적 인물이다. 노론은 서인의 정통을 잇고 있었으니 다시 장릉 문제를 제기한 것이라 할 수 있다. 서인-노론 반대파로서는 가장 고위직 인물이 문제를 제기한 것이다.

> 파주의 장릉(長陵)은 선조(先朝) 때 천봉(遷奉)하려는 의논이 있었
> 으나 의논을 하다가 곧 중지했습니다. 근래 듣건대 능침(陵寢) 사이
> 에 뱀이 또아리를 틀고 있는 변이 있어 가끔 출몰한다고 하니, 어찌
> 놀랍지 않겠습니까?
> 세간에서 전해오기를 "이 능을 처음 개광(開壙)할 때에 뱀의 변이 있
> 었으나 총호사(摠護使) 김자점(金自點, 1588~1651년)이 숨기고 그대
> 로 능을 봉했다"고 합니다.

이때는 조정에 소론이 득세할 때라 특별한 반대가 없었다. 영조도
"풍수설에 미혹되지 말라는 선조(先朝)의 가르침이 만세의 교훈으로
내려왔으니 망령되이 의논해서는 안 될 것이다. 그러나 더러운 물건이
지극히 경건한 땅에서 나왔다 하니 듣기에 아주 놀랍고 가슴 아프다"
며 널리 의견을 들어보라고 명한다. 이를 사변(蛇變)이라 불렀다. 그리
고 사흘 후에 장릉을 옮기기로 결정했다. 당시로서는 속전속결이었다.
　문제는 어디로 옮길 것인가였다. 교하로 결정됐다. 소론은 내심 파
주를 벗어나기를 원했지만 드러낼 수 없었고 영조로서는 노론을 의
식하지 않을 수 없었다. 그래서 지금 장릉이 있는 교하로 옮기게 된다.
8월 27일 옛 장릉에서 지금의 교하 장릉으로 옮겼다.
　이처럼 서인 노론은 광해군의 공세로부터 교하를 지켜냈고 마침내
서인 정권이 만든 임금 인조를 교하에 묻음으로써 자신들의 성지를
사수했다. 서인-노론-벽파 300년이 그냥 이루어진 것이 아님을 확인
하게 되는 사건들이다.

　　　　　　　　　　　　　　　　제3부 | 당쟁의 시대, 신하의 나라

제13장

인조반정으로 광해군이 몰락하고
서인이 득세하다

광해군의 폭정, 이이첨의 전횡

실록 속의 광해군은 강명(剛明)한 군주상과는 거리가 멀다. 강(剛)하여 한결같지도 못했고 명(明)하여 눈 밝지도 못했다. 이렇게 되면 권간(權奸)의 세상이 되는 것은 시간문제다. 이이첨이 대표적인 경우다. 그의 출발은 눈부셨다. 1608년 문과 중시에서 장원을 차지할 만큼 일찍부터 두각을 드러냈다.

선조 말기 후사(後嗣) 문제가 제기됐을 때 대북의 영수가 돼 정인홍과 손잡고 광해군 옹립을 주장하다가 갑산으로 유배를 가야 했다. 선조의 뜻은 영창대군에게 있었다. 그러나 그해 2월에 선조가 갑자기 세상을 뜨고 광해군이 즉위하면서 불려와 예조판서에 올랐다.

즉위 초 광해군의 친형 임해군(臨海君)과 영창대군을 옹위하던 소북의 영의정 유영경 등을 죽음으로 내몰았다. 이어서 억울한 옥사를 일으켜 선조의 손자 진릉군(晉陵君)을 죽이고 이어서 영창대군도 죽였다. 그 밖에도 역모를 빌미로 왕실의 능창군(綾昌君)을 죽이고 연흥군(延興君)을 찢어 죽인 다음에 1617년(광해군 9년) 폐모론을 발의해 이듬해 인목대비를 서궁(西宮-지금의 덕수궁)에 유폐시켰다.

이에 서인과 남인은 폐모 반대론으로 맞서다가 관직에서 쫓겨나고 먼 지방으로 유배를 떠나야 했다.

대북에서도 의견이 갈렸다. 영의정이던 기자헌은 폐모론에 반대하다가 길주로 유배를 가야 했다. 그러나 기자헌의 말년을 보면 당시 당쟁이 어느 정도 심했는지를 짐작하게 한다.

그는 광해군 말기에 유배에서 풀려나 강릉에서 은거했다. 1623년 인조반정을 준비하던 김류(金瑬, 1571~1648년)와 이귀 등이 그에게 모의 가담을 청했으나 신하로서 왕을 폐할 수 없다고 거절했다. 또 반정 후에 인조가 등용하려 했으나 나아가지 않았다. 이 때문에 같은 해 7월 역모죄로 서울에 압송됐다. 이듬해 이괄(李适, 1587~1624년)의 난이 일어나자 내응(內應)을 우려한 서인들에 의해 옥에 갇힌 사람 모두와 함께 처형되고 일족도 몰살당했다.

술사 남사고의 예언

조선 중기의 술사 남사고(南師古, 1509~1571년)는 호가 격암(格庵)이다. 일찍이 이인(異人)을 만나 공부하다가 진결(眞訣)을 얻어 비술(祕術)에 정통하게 되었고 앞일을 정확하게 예언하기도 했다고 한다. 명종 말기에 1575년(선조 8년)의 동서 분당(東西分黨)을 예언했고, 임진년(1592년)에 백마를 탄 사람이 남쪽으로부터 나라를 침범하리라 했는데 왜장 가토 기요마사(加藤淸正)가 백마를 타고 쳐들어왔다.

특히 한양의 산세와 관련해 여러 진단을 내렸는데 그중 하나가 이건창의 『당의통략』에 실려 있어 소개한다.

나라의 도읍지인 동쪽에 낙봉(駱峯)이 있고 서쪽에는 안현(鞍峴)이 있어 두 산이 서로 다투는 기상이다. 반드시 동인과 서인의 다툼이 있을 것인데 낙(駱)이라는 글자는 각마(各馬)이므로 동인은 반드시 분열되어서 각자 다 자립하고 안(鞍)자는 혁이안(革而安)이라 서인은 반드시 혁명한 다음에야 편안할 수 있다.

다시 말하지만 같은 성리학 내에서도 동인에서 출발해 남인과 북인으로 갈리고 북인은 다시 대북과 소북으로 나뉜 당파는 대체로 군왕 중심을 인정하는 편에 속한다. 반면에 서인은 주희를 교조적으로 받들기 때문에 철저한 신권(臣權)주의자들이다.

기자헌의 경우 폐모론에 반대하기는 했어도 신하가 왕을 바꿀 수 있다고는 보지 않았다. 그러나 서인들은 이미 그 단계를 넘어서고 있었다. 서인의 당론을 인정하지 않는다면 임금도 자기들 뜻대로 바꿀 수 있다는 생각으로 무장한 것이 서인이었다.

훗날 인조반정의 최대 명분 중 하나가 바로 광해군의 불효(不孝), 즉 폐모(廢母)였다. 인조 1년(1623년) 3월 14일 왕대비가 된 인목대비는 교서를 내려 광해군의 죄목을 크게 두 가지로 말하는데 그중 하나가 자신에 대한 불효이고 또 하나는 명나라에 대한 배신이다.

내 비록 부덕하나 천자의 고명(誥命)을 받아 선왕의 배우자가 된 사람으로 일국의 국모가 된 지 여러 해가 되었으니, 선묘(宣廟-선조)의 아들이 된 자는 나를 어미로 삼지 않을 수 없는 것이다.

그럼에도 불구하고 광해는 참소하는 간신의 말을 믿고 스스로 시기하여 나의 부모를 형살하고 나의 종족을 어육으로 만들고 품 안의 어린 자식을 빼앗아 죽이고 나를 유폐하여 곤욕을 주는 등 인륜의 도리라곤 다시 없었다. 이는 대개 선왕에게 품은 감정을 펴는 것이라 미망인에게야 그 무엇인들 하지 못하랴. 심지어는 형을 해치고 아우를 죽이며 여러 조카를 도륙하고 서모를 쳐 죽였고, 여러 차례 큰 옥사를 일으켜 무고한 사람들을 해쳤다.

그리고 민가 수천 채를 철거하고 궁궐을 두 채 건축하는 등 토목공사를 10년 동안 그치지 않았으며, 선왕조의 구신들은 하나도 남김없이 다 내쫓고 오직 악행을 조장하며 아첨하는 인아(姻婭)와 부시(婦寺)들만을 높이고 신임했다.

인사는 뇌물만으로 이루어져서 혼암한 자들이 조정에 차 있고, 돈을 실어 날라 벼슬을 사고파는 것이 마치 장사꾼 같았다. 부역이 번다하고 가렴주구는 한이 없어 백성은 그 학정을 견디지 못하여 도탄에서 울부짖으므로 종묘사직의 위태로움은 마치 가느다란 실 끈과 같았다.

이것뿐이 아니다. 우리나라가 중국 조정을 섬겨온 것이 200여 년이라, 의리로는 곧 군신이며 은혜로는 부자와 같다. 그리고 임진년에 재조(再造)해준 그 은혜는 만세토록 잊을 수 없는 것이다.

선왕께서 40년 동안 재위하시면서 지성으로 섬기어 평생에 서쪽을 등지고 앉지도 않았다. 광해는 배은망덕하여 천명을 두려워하지 않고 속으로 다른 뜻을 품고 오랑캐에게 성의를 베풀었으며, 기미년 오랑캐를 정벌할 때에는 은밀히 수신(帥臣)을 시켜 동태를 보아 행동하게 하여 끝내 전군이 오랑캐에게 투항함으로써 추한 소문이 사해에 펼쳐지게 했다.

중국 사신이 본국에 왔을 때 그를 구속하여 옥에 가두듯이 했을 뿐 아니라 황제가 자주 칙서를 내려도 구원병을 파견할 생각을 하지 않아 예의의 나라인 삼한(三韓)으로 하여금 오랑캐와 금수가 됨을 면치 못하게 했으니, 그 통분함을 어찌 이루 다 말할 수 있겠는가.

천리를 거역하고 인륜을 무너뜨려 위로는 종묘사직에 득죄하고 아래로는 만백성에게 원한을 맺었다. 죄악이 이에 이르렀으니 그 어떻게 나라를 통치하고 백성에게 군림하면서 조종조의 천위(天位)를 누리고 종묘사직의 신령을 받들겠는가. 그러므로 이에 폐위하고 적당한 데 살게 한다.

반정의 주모자는 누구인가

광해군은 광해군 15년(1623년) 3월에 무력에 의해 쫓겨나기는 했지만 이미 광해군을 끌어내리려는 시도는 1620년경부터 꾸준히 있어왔다. 그렇다면 당시 무력을 장악하고 있던 광해군이 1,500여 명의 오합지졸에 의해 폐위됐다는 것은 곧 그의 무능과 연결짓지 않을 수 없다.

흔히 인조반정을 주도한 2인을 말할 때 신경진(申景禛, 1575~1643년)과 구굉(具宏, 1577~1642)을 꼽는다. 두 사람 모두 당대의 무장이었다. 그런데 당시 선조 주변의 혼맥을 자세하게 들여다보면 인조반정이 일어나게 된 구조적 요인들을 쉽게 알 수 있다.

문제의 인물은 신화국이다. 그의 두 아들이 신잡과 신립이고 장녀는 구사맹과 혼인을 했다. 신경진은 신립의 아들이고 구굉은 구사맹의 아들이다.

평산 신씨 집안과 능성 구씨 집안은 각각 선조와도 사돈 관계였다. 신립의 장녀가 선조와 인빈 김씨 사이에서 난 둘째 아들 신성군과 결혼했다. 인조(능양군)는 신성군의 친동생 정원군의 장남이었으니 신립의 장녀는 인조의 큰어머니였다.

그리고 인조의 아버지 정원군은 구사맹의 다섯째 딸과 결혼을 했다. 따라서 신경진은 인조의 큰어머니의 남자 형제였고 구굉은 인조의 외삼촌이었다.

두 사람의 모의는 상당히 오래전부터 시작됐다. 광해군 7년(1615년) 신경희(申景禧, ?~1615년)가 능창군을 추대해 정변을 모의했다는 사건이 터져 결국 신경희는 국문을 받던 도중 옥사하고 능창군은 살해당하는 일이 벌어졌다. 능창군은 능양군(인조) 동생이었다. 신경희는 신립의 형 신잡의 아들이었다.

능양군 입장에서 보자면 친동생을 잃었고 신경진 입장에서는 사촌동생(신경희)을, 구굉 입장에서는 조카(능창군)를 잃은 셈이었다. 학계 연구에 따르면 이미 이 무렵부터 신경진과 구굉은 동조 세력 규합에 들어간 것으로 보인다.

서인 입장에서는 다행스럽게도 광해군은 중앙정치는 대북 세력(정인홍·이이첨)에 맡기면서 북방은 이항복을 비롯한 서인에게 맡겼다. 이항복은 임진왜란 때만 다섯 차례나 병조판서를 역임했을 만큼 군무에 정통했다. 광해군 초에는 좌의정을 거쳐 북방 수비를 총괄하는 도체찰사를 지냈고 광해군 9년(1617년) 인목대비 폐모에 반대하다가 북청으로 유배를 가 이듬해 세상을 떠나게 된다.

훗날 인조반정 4대장이라고 할 때 신경진 외에 이서(李曙, 1580~

1637년)·김류·이귀가 꼽히는데 이들 4명은 모두 이항복의 도체찰사 시절과 깊은 인연을 맺고 있다. 최명길 또한 일찍이 이항복에게서 『주역』 등을 공부했다.

신경진은 이항복이 도체찰사로 있을 때 막료로 데리고 있었고 이서 또한 마찬가지였다. 김류는 당대의 실력자 정인홍의 견제에도 불구하고 이항복의 천거로 관리로서 성공했으며 이귀는 이항복과 가까웠던 이덕형의 지원을 받은 인물이었다. 이들 네 사람은 하나같이 서인 계통의 인물들이었다.

한편 중앙정계는 대북 세력과 소북 세력의 당쟁이 격화되는 가운데 각종 역모 사건 등으로 희생자들이 늘어나고 있었고 그에 비례해 광해군 정권에 반감을 갖고 초야에 숨는 인사들도 많아졌다. 이런 가운데 광해군 9년 인목대비가 폐비되었다. 여론은 급속도로 반(反)광해군으로 돌아섰다.

신경진과 구굉이 본격적인 행동에 나서기 시작한 것은 이 무렵부터다. 다만 능양군은 능창군 사건 이후 집도 빼앗기고 감시가 워낙 심해 전면에 나설 수 없었다.

일차적으로 무신 이서를 포섭하는 데 성공한 두 사람은 이어 문무를 겸비했다는 김류를 포섭하고 나아가 능양군 추대 계획을 완성하고서 원로 정객 이귀를 끌어들이는 데 성공한다. 이귀는 이미 대북 세력으로부터 위험인물로 간주되어 감시를 받아오고 있던 사람이었다. 최명길은 이귀와의 인연을 고리로 해서 그의 아들 이시백(李時白, 1581~1660년)과 함께 거사에 참여했다. 그런데 광해군 정권은 위험 인물인 이귀를 광해군 13년(1621년) 4월 연금에서 해제한다. 그만큼 무능했던 정권이었다.

광해군 14년(1622년) 8월 신경진과 이귀의 정변 모의가 누설돼 대간의 탄핵이 시작됐다. 그런데도 처벌은 '외직 좌천'에 그쳤다. 심지어 조정에서는 "이귀와 김자점이 반역을 꾀하니 잡아들여 국문해야 한다"는 주장이 계속됐지만 광해군의 귀는 밝지 못했다[不聽].

반정 속으로: 1623년 3월 12일 밤

이날 밤 실록 속으로 들어가보자.

무인 이서와 신경진이 먼저 대계(大計)를 세웠으니, 경진·구굉·구인후(具仁垕, 1578~1658년)는 모두 상의 가까운 친속이었다. 이에 서로 은밀히 모의한 다음, 문사 중에서 위엄과 인망이 있는 자를 얻어 일을 같이하고자 했다. 곧 전 동지(同知) 김류를 방문한 결과 말 한마디에 서로 의기투합하여 드디어 추대할 계책을 결정했으니 곧 경신년(庚申年-1620년)이었다.
그 후 경진이 전 부사(府使) 이귀를 방문하고 사실을 말하자 이귀도 본래 이런 뜻을 두었던 사람이라 크게 좋아했다. 드디어 그 아들 이시백·이시방(李時昉, 1594~1660년), 문사 최명길·장유(張維, 1587~1638년), 유생 심기원(沈器遠, ?~1644년)·김자점 등과 공모했다. 이로부터 모의에 가담하고 협력하는 자가 날로 많아졌다.
임술년(壬戌年-1622년) 가을에 마침 이귀가 평산부사(平山府使)로 임명되자 신경진을 이끌어 중군(中軍)으로 삼아 중외에서 서로 호응할 계획을 세웠다. 그때 모의한 일이 누설되어 대간이 이귀를 잡아다 문초할 것을 청했다. 그러나 김자점과 심기원 등이 후궁에 청탁을 넣음으로써 일이 무사하게 되었다. 신경진과 구인후 역시 당시에 의심을 받아 모두 외직에 보임되었다.

마침 이서가 장단부사(長湍府使)가 되어 덕진(德津)에 산성 쌓을 것을 청하고 이것을 인연하여 그곳에 군졸을 모아 훈련시키다가 이때에 와서 날짜를 약속해 거사하게 된 것이다. 그런데 훈련대장 이흥립(李興立, ?~1624년)이 당시 정승 박승종(朴承宗, 1562~1623년)과 서로 인척이 되는 사이라 뭇 의논이 모두 "도감군(都監軍)이 두려우니 반드시 이흥립을 설득시켜야 가능하다"고 했다.

이에 장유의 아우 장신(張紳)이 흥립 사위였으므로 장유가 흥립을 보고 대의(大義)로 회유하자 흥립이 즉석에서 내응할 것을 허락했다. 그리하여 이서는 장단에서 군사를 일으켜 달려오고 이천부사(伊川府使) 이중로(李重老)도 편비(褊裨-비장)들을 거느리고 달려와 파주(坡州)에서 회합했다.

그런데 이이반(李而胖)이란 자가 그 일을 이후배(李厚培)·이후원(李厚源) 형제에게 듣고 그 숙부 이유성(李惟聖)에게 고하자, 유성이 이를 김신국(金藎國, 1572~1657년)에게 말했다. 이에 신국이 즉시 박승종에게 달려가 이이반으로 하여금 고변(告變)하게 하고 또 승종에게 이흥립을 참수하도록 권했다. 이반이 드디어 고변했으니 이것이 바로 12일 저녁이었다.

그리하여 추국청(推鞫廳)을 설치하고 먼저 이후배를 궐하에 결박해 놓고 고발된 모든 사람을 체포하려 하는데, 광해는 바야흐로 후궁과 곡연(曲宴)을 벌이던 참이라 그 일을 머물러 두고 재결하여 내리지 않았다. 승종이 이흥립을 불러서 "그대가 김류·이귀와 함께 모반했는가?" 하므로 "제가 어찌 공을 배반하겠습니까?"라고 하자 곧 풀어주었다.

의병은 이날 밤 이경에 홍제원(弘濟院)에 모이기로 약속했다. 김류가 대장이 되었는데 변란을 고발했다는 말을 듣고 포자(捕者)가 도착하기를 기다려 그를 죽이고 가고자 했다. 지체하며 출발하지 않고 있는데 심기원과 원두표(元斗杓, 1593~1664년) 등이 김류 집으로 달려가 말하기를, "시기가 이미 임박했는데, 어찌 앉아서 붙잡아 오라는 명을 기다리는가"라고 하자 김류가 드디어 갔다.

이귀·김자점·한교(韓嶠) 등이 먼저 홍제원으로 갔는데, 이때 모인 자들이 겨우 수백 명밖에 되지 않았고 김류와 장단의 군사도 모두 이르지 않은 데다 고변서(告變書)가 이미 들어갔다는 말을 듣고 군중이 흉흉했다. 이에 이귀가 병사(兵使) 이괄을 추대하여 대장으로 삼은 다음 편대를 나누고 호령하니, 군중이 곧 안정되었다. 김류가 이르러 전령(傳令)하여 이괄을 부르자 괄이 크게 노하여 따르려 하지 않으므로 이귀가 화해시켰다.

상이 친병(親兵)을 거느리고 나아가 연서역(延曙驛)에 이르러서 이서의 군사를 맞았는데, 사람들은 연서를 기이한 참지(讖地)로 여겼다. 장단의 군사가 700여 명이며 김류·이귀·심기원·최명길·김자점·송영망(宋英望)·신경유(申景裕) 등이 거느린 군사가 또한 600~700여 명이었다.

밤 삼경에 창의문(彰義門)에 이르러 빗장을 부수고 들어가다가, 선전관(宣傳官)으로서 성문을 감시하는 자를 만나 전군(前軍)이 그를 참수하고 드디어 북을 울리며 진입하여 곧바로 창덕궁(昌德宮)에 이르렀다. 이흥립은 궐문 입구에 포진하여 군사를 단속하여 움직이지 못하게 했다. 초관(哨官) 이항(李沆)이 돈화문(敦化門)을 열어 의

병이 바로 궐내로 들어가자 호위군은 모두 흩어지고 광해는 후원문(後苑門)을 통하여 달아났다. 군사들이 앞을 다투어 침전으로 들어가 횃불을 들고 수색하다가 그 횃불이 발에 옮겨붙어 여러 궁전이 연소했다.

상이 인정전(仁政殿) 계상(階上)의 호상(胡床)에 앉았다. 궁중의 직숙관(直宿官)이 모두 도망쳐 숨었다가 잡혀 왔는데, 도승지 이덕형(李德泂)과 보덕(輔德) 윤지경(尹知敬) 두 사람은 처음엔 모두 배례를 드리지 않다가 의거임을 살펴 알고는 바로 배례를 드렸다. 명패(命牌)를 내어 이정구 등을 불러들이니, 새벽에 백관이 다 모였다. 박정길(朴鼎吉)이 병조참판으로 먼저 이르렀는데, 판서 권진(權縉)이 뒤미처 이르러 "정길이 종실(宗室) 항산군(恒山君)과 함께 군사를 모았는데, 지금 들어왔으니 아마도 내응할 뜻을 둔 것 같다"라고 했으므로 곧 정길을 끌어내어 참수했다. 항산군을 잡아다 문초하니, 혐의 사실이 없어 석방했다. 그런데 정길은 당연히 참형을 받아야 할 자라 사람들이 모두 그의 참수를 통쾌하게 여겼다.

그리고 상궁(尙宮) 김씨(金氏)와 승지 박홍도(朴弘道)를 참수했다. 김 상궁은 선묘(宣廟-선조)의 궁인으로 광해가 총애하여 말하는 것을 모두 들어줌으로써 권세를 내외에 떨쳤다. 또 이이첨의 여러 아들과 박홍도의 무리와 결탁하여 그 집에 거리낌 없이 무상으로 출입했다. 이때에 와서 맨 먼저 참형을 받았다. 홍도는 흉패함이 흉당 중에서도 특별히 심한 자라 궐내에 잡아들여 참수했다. 광해는 의관(醫官) 안국신(安國臣)의 집에 도망쳐 국신이 쓰던 흰 의관을 쓰고 있는 것을 국신이 와서 고하므로 장사들을 보내 떠메어 왔고, 폐세자(廢世子)는 도망쳐 숨었다가 군인들에게 잡혔다.

결국 1623년 3월 13일 광해군은 쫓겨났다. 서인이 드디어 조선의 주인이 되는 순간이었다. 그 후로 숙종을 제외한다면 어느 누구도 조선의 임금이라고 당당히 말할 수 없는 나라가 된 것이다. 이로써 사실상 300년 서인 집권 시대가 열렸다.

공신들의 배후 인물, 김장생이 사실상 '혁명 공약'을 내리다

인조반정에 참여한 공신은 정사공신(靖社功臣), 즉 사직을 안정시킨 공신이라 부른다. 그런데 이들 중 1등 공신 상당수는 송익필이나 그의 수제자 김장생과 인연이 깊다. 먼저 김류는 신립을 보좌해 임진왜란 당시 탄금대 전투에서 사망한 김여물(金汝吻, 1548~1592년)의 아들인데 부자가 다 송익필의 제자다. 신경진도 송익필에게 배웠다. 이귀는 송익필의 벗 이이에게 배웠고 김자점은 또 다른 벗 성혼에게 배웠다. 심기원은 송익필의 행동대장 정철의 제자 권필(權韠, 1569~1612년)에게 배웠다. 심명세는 송익필의 벗 심의겸의 손자이고 이서와 구굉 또한 김장생의 문인이다.

이렇게 해서 김장생은 사실상 배후의 스승으로 추앙을 받게 된다. 훗날 그의 직계 제자가 바로 송시열이다.

반정 후 사헌부 장령(掌令-정4품관)에 임명된 김장생은 자리를 사양하면서 대신에 일종의 '혁명 공약'이라 할 향후 지침 8가지를 이귀·김류·장유·최명길에게 보낸다. 이를 통해 서인들이 품고 있었던 바람직한 정치관을 살필 수 있다.

국가가 불행하여 적신(賊臣)이 날뜀으로써 200년 예의의 나라로 하여금 모두 금수(禽獸)의 지경으로 빠지게 했는데, 일찍이 구국 혁신의 대공이 이처럼 갑자기 공들의 손에서 이루어질 줄은 짐작하지 못했다. 이미 땅에 떨어진 기강을 바로잡고 망해가는 국운을 부지했으니 이는 실로 불세출의 의거이다.

그러나 모든 일은 시작이 어려운 것이 아니고 유종의 미가 어려운 것이니, 반드시 시종일관 선처하여 인심이 흡족해한 후에야 후세에 할 말이 있게 되고 사우(師友)를 저버림이 없을 것이다. 조금이라도 잘못이 있어 인심에 차지 못하면 훗날 말하는 자는 필시 오늘날의 의거는 나라를 위해 역적을 토벌한 것이 아니라 오로지 부귀를 위해 한 것이라 할 것이니 두려워하지 않을 수 있겠는가.

『서경(書經)』에 이르기를 "무한한 행복은 또한 무한한 걱정이다"라고 했듯이 오늘날의 책임은 전부 공들의 몸에 모인 것이라 삼가 공들을 위해 걱정하는 바이다.

첫째, 임금이 즉위한 처음에는 오직 보좌를 어떻게 하느냐에 달려 있으니, 의당 가언(嘉言)과 지론(至論)으로 날마다 상 앞에 개진하면서 좌우로 보도하여 요순 이상의 임금이 되도록 하여야 한다. 『서경』에 이르기를 "처음을 조심하고 마침을 삼가라"고 했으니 힘쓰지 않아서야 되겠는가. 오늘날의 형세는 마치 거꾸로 매단 것을 풀어놓은 격이다. 기갈(飢渴)이 극심할 때에는 음식을 가리지 않는 법이니, 맹자의 말에 "일은 옛사람에 비해 절반이나 공로는 반드시 배나 된다"는 것이 바로 지금을 두고 한 말이다. 만약 그대로 폐습을 답습하며 급급히 구제하지 않는다면 크게 기대하던 나머지 필시 백성이 실망할 것이다. 난리 후 백성을 괴롭히던 폐정과 잡세를 모두 면제하며 공안(貢案)을 고치고 방납(防納)을 막은 후에야 도탄에 빠진 백성의 고통이 위로될 수 있을 것이다.

둘째, 폐조가 윤리와 기강을 무너뜨리고 스스로 화를 취한 데 대해서는 말할 것이 없으나 일국에 군림한 것이 여러 해가 되었고, 세자는 실덕(實德)은 없으나 특별한 과오도 드러나지 않았으니, 더럽더라도 참고 둘 다 목숨을 보전하게 하는 것이 실로 성세(聖世)의 미덕이다. 처음에는 도로에서 와전하기를, 세자가 반란군에게 잘못되었다고 했으나, 며칠 안 되어 사실이 아님을 알았다. 병인반정(~중종반정) 때 세자와 왕자가 모두 보전되지 못한 데 비하여 이 얼마나 다행한 일인가. 오직 여러분이 끝까지 잘 주선하여 후세의 구실거리를 제공하지 않는다면 또한 훌륭하지 않겠는가. 병인반정 때는 주문(奏聞)이 명확하지 못하여 양위라고 일컬었으니, 노산군(魯山君) 때의 일과 같은 점이 있었다. 그리하여 중원 사람들이 오랫동안 의심을 품어 심지어는 그대 나라 상왕이 어디에 있느냐는 말까지 했다. 지금은 솔직하게 말하여 전일과 같은 일이 없게 하라.

셋째, 역적이 창궐하여 그 무리가 많다. 모후(母后)를 유폐하고 강상을 무너뜨린 것, 유폐와 시해를 청한 상소, 정청(庭請)한 처사 등 그들의 죄상을 추구하면 비록 모두 죽이고 용서하지 않아도 가하다. 그러나 왕자(王者)의 옥을 다스리는 법에 있어 차등의 분별이 없을 수 없다. 오형(五刑)과 오류(五流)의 경중대소가 법전에 소상히 실려 있으니, 저울대를 잡고 신중히 살펴 혹시라도 남형(濫刑)이 없게 하라. 흉도라 해서 꼭 죽이고자 하지 말고 같은 무리라 해서 꼭 용서하고자 하지 말라. 그리고 인척이라 해서 의심을 두지 말고 거짓 명성으로 해서 꺼리지 말라. 죽일 수도 있고 안 죽일 수도 있는 자에게는 되도록 가벼운 형을 가하라. 세상에선 오왕(五王)의 유화(遺禍)로 경계를 삼으나 이는 군자의 말이 아니다.

넷째, 지난 폐조(廢朝-광해군) 때는 사람을 위해 벼슬을 택하고 정사는 재물로 이루어졌다. 그리하여 간신배를 신임하고 현량한 자들을 내쫓아 끝내는 나라를 잃고 말았다. 지금의 계책은 먼저 조정을 바루고 널리 인재를 거두어 공도(公道)를 넓히고 사의(私意)를 막는 데 있다. 피차를 논할 것 없이 현량하면 곧 등용하며, 장단점을 비교하여 모두 그 직위에 적합한 연후에 백관이 협력과 화합을 이룰 것이며 모든 업무가 밝아질 것이다. 정청(庭請)한 무리와 인척 중에는 쓸만한 사람이 있어도 먼저 이들을 등용하여 임금의 사심을 열어놓고 사방에 실망을 주어서는 안 된다. 『서경(書經)』에 이르기를 "관직은 오직 뛰어난 인재에게 내린다"라고 했고, 또 이르기를, "서관(庶官)은 임금이 친애하는 사람을 시키지 않는다"라고 했다. 힘쓰지 않아서야 되겠는가.

다섯째, 국가의 치란(治亂)은 기강의 수립 여하에 달려 있고, 기강의 수립 여하는 임금이 어떻게 유지하느냐에 달렸다. 진실로 임금의 강단을 분발하고 나라의 대강(大綱)을 정리하여 상하가 서로 노력해서 상호 협력의 조화를 이루며, 백관이 서로 규계하여 각기 분당하는 사심이 없으며, 상줄 건 상 주고 벌줄 건 벌주어 권장과 징계를 적절히 하며, 뛰어난 이를 등용하고 간사한 자를 물리치며 좋고 나쁜 것을 제대로 밝히며 궁부(宮府)가 일체가 되어 내외가 서로 도운 연후에야 조리가 바르고 매사가 순조로워 나라의 다스림이 날로 빛나는 발전을 이룩할 것이다.

여섯째, 정의와 영리(營利), 공사의 분별은 성인의 말씀에 몹시 분명하다. 진실로 위에 있는 사람이 먼저 대본(大本)을 세우고 공명정대한 길을 넓히고 일대의 선치를 크게 천명하지 못하면 어떻게 고질적으로 쌓인 폐습을 혁신할 수 있겠는가. 폐조가 사심을 따르고 공의를 무시한 처사를 말할 만한 것이 비일비재하지만 사람을 쓰고 과거를 보이는 것에서 더욱 심했다. 현우(賢愚)와 재부재(才不才)를 막론하고 오직 뇌물 바친 다소만을 보았으므로 결국 나라가 나라 꼴이 못 된 것이다. 반드시 이 두 가지 일을 공정히 하고 이 공정심을 미루어 나아가 모든 분야에 확장시켜, 한 가지의 일도 공정에서 나오지 않는 것이 없고 한 사람도 공정으로 말미암지 않는 자가 없은 후에야 요행을 바라는 것과 부정한 벼슬길을 막을 수 있어 치도(治道)가 크게 변할 것이다.

일곱째, 『서경』에 이르기를 "치도에 오르내림이 있으며 정치는 그 풍속으로 말미암아 변한다"라고 했으니, 풍속을 바꾸는 것은 오직 임금의 심기일전(心機一轉)에 있는 것이다. 지금 탐욕의 풍속이 세상을 옮겨놓았고 사욕의 물결이 하늘에 닿았다. 조정의 치란과 민생의 고난이 이로 말미암는 것이다. 반정 초기니, 먼저 본원을 맑게 하지 않을 수 없다. 검약으로 아랫사람을 통솔하여 혼탁한 자를 물리치고 청백한 자를 등용하며, 아랫사람을 해치고 윗사람을 이롭게 하던 폐정을 모두 혁파하고, 백성을 해치고 자신을 살찌우던 수령을 일체 제거하여 염치를 숭상하며 지치(至治)를 기필하라. 공들도 청렴 조신으로 처신하여 조정을 격려하며, 주고받는 일을 반드시 엄격하고 정직하게 하여 정국(靖國-중종반정) 때 삼대장(三大將)의 소행과 같이 하지 말라.

여덟째, 나는 공들이 거사한 이후 기쁜 마음은 적고 걱정되는 생각이 많다. 밤중에도 잠을 이루지 못하며 걱정되는 마음이 조금도 풀

리지 않는다. 지금 공들의 성대한 덕업으로 태평을 이룩한다면 내
비록 물러나 초야에 있어도 그 혜택을 받는 것이 많으리라. 지금 정
목(政目-인사발령)을 보건대 나를 대관(臺官)으로 삼았으니 참으로
놀라운 일이다. 오랫동안 버려진 중에 이처럼 특별한 대우를 받았으
니, 의당 신병을 참고 나아가 새 임금에게 사은하며 그 화기 넘치는
존안을 뵙고 물러나 제공들과 함께 두루 주선하여 성대한 업적의
만 분의 일이나마 보답해야 할 것이나, 나이 80에 가깝고 보니 두 귀
를 전혀 들을 수 없다. 일찍부터 조정에 있던 자라도 물러나야 할 처
지인데 더구나 몸을 부축받고 다니며 다시 벼슬의 반열에 수행하겠
는가. 이에 마음속에서 우러나는 진심을 말하여 멀리 있는 나의 얼
굴을 대신한다. 여러분은 채택하여 처리해주기 바란다. 그러면 그보
다 더한 다행함이 없겠다.

여기서 말한 오왕의 유화에서 다섯 왕이란 부양군왕(扶陽君王) 환
언범(桓彦範)·평양군왕(平陽君王) 경휘(敬暉)·한양군왕(漢陽君王) 장간
지(張柬之)·박릉군왕(博陵君王) 최현위(崔玄暐)·남양군왕(南陽君王) 원
서기(袁恕己)를 말한다.

당(唐)의 측천무후(則天武后)가 위독할 때, 장역지(張易之)와 장창
종(張昌宗) 형제가 그를 시병(侍病)하면서 역모를 꾀했다. 그러나 오왕
이 협력하여 그 둘을 죽이고 중종(中宗)을 옹립하여 황제로 세우고 공
신이 되었다. 중종의 황후 위후(韋后)가 정치에 간여하고, 측천무후의
조카 무삼사(武三思)가 위후와 간통하여 집권한 다음 오왕을 모함하
여 외방에 귀양 보냈다가 제명(帝命)을 위조하여 주이정(周李貞)을 시
켜 다 살해하게 했다.

그런데 오왕이 역모를 평정하고 공을 세웠을 당시에 낙주 장사(洛州長史) 설계창(薛季昶)이 경휘(敬暉)에게 말하기를 "두 역적을 죽였지만 무삼사 일파를 제거하지 않으면 안 된다"고 했으나 말을 듣지 않아, 무삼사가 먼저 도모하여 오왕이 모두 패망하게 되었다. 오왕의 유화란 역적의 무리를 살려두어 화를 자초한 것을 말한다.

이귀 등이 이 글을 받고 크게 기뻐하면서 이 글을 상에게 올렸다. 인조는 이를 보고 나서 가상히 여기며 찬탄했다고 한다. 여기서 김장생은 사심(私心)을 버리고 공의(公義) 혹은 공의(公議)를 따르라고 했지만 이미 서인 일당독재에서 공의가 설 자리는 없어졌다. 그것은 곧 편중된 인사(人事)로 나타나게 된다. 산림(山林) 정치가 탄생하는 순간이기도 하다.

제14장

인조반정으로
'신하 나라' 조선이 탄생하다

정사공신(靖社功臣)의 나라

1623년 3월 13일부터 다음 날 아침까지 진행된 거사로 임금은 광해에서 인조로 바뀌었다. 스스로 '반정(反正)'이라 부르지만 찬탈이었다. 정권이 대북에서 서인으로 옮겨가는 순간이었다.

조선에는 모두 네 차례 정변이 있었다.

정변 이후 임금과 공신 간 역학관계는 거사 준비 과정에서 임금이 관여한 정도에 정확히 비례했다. 태종은 70%, 세조는 50%, 인조는 20%, 중종은 0%였다.

'인조반정'은 따라서 공신 세상이 열린 것이나 다름없었다. 고도의 정치력을 발휘해야만 인조는 왕권을 어느 정도라도 회복할 수 있는 처지에 놓였다. 인조 시대 당쟁을 살필 때는 마땅히 이 점을 고려하면서 접근해야 한다.

같은 해 윤 10월 공신 책봉이 이뤄졌다.

1등 공신은 김류·이귀·김자점·심기원·신경진·이서·최명길·이흥립·구굉·심명세(沈命世) 10명이었는데 이흥립은 이괄의 난이 일어났을 때 자살하는 바람에 삭탈되어 1등 공신은 9명이 된다. 이들은 훗날 흔히 '반정 9공신'으로 불리게 된다.

그런데 좌의정에 올랐던 심기원도 회은군 이덕인을 왕으로 추대하려 했다는 역모에 걸려들어 능지처참되고 삭탈되었고, 김자점 또한 삭탈됐다.

2등 공신은 이괄·김경징(金慶徵)·신경인(申景禋)·이중로·이시백·기시방(奇時昉)·장유·원두표·이해(李澥)·신경유(申景裕)·박호립(朴好立)·장돈(張暾)·구인후·장신·심기성(沈器成) 15명이었는데 이괄은 반란으로 뒤에 빠졌다.

3등 공신은 박유명(朴惟明)·한교·송영망·이항·최내길(崔來吉)·신경식(申景植)·구인기(具仁墍)·조흡(趙潝)·이후원·홍진도(洪振道)·원우남(元祐男)·김원량(金元亮)·신준(申埈)·노수원(盧守元)·유백증(兪伯曾)·박정(朴炡)·홍서봉·이의배(李義培)·이기축(李起築)·이원영(李元榮)·송시범(宋時范)·김득(金得)·홍효손(洪孝孫)·김련(金鍊)·유순익·한여복(韓汝復)·홍진문(洪振文)·류구(柳頓) 28명으로 모두 53명이었다.

1등은 대부분 거사 당일 홍제원에 모인 사람들이고 2등과 3등은 거의 뒤에 합세한 경우인데 주로 1등 공신들의 자식이나 형제들이었다. 이귀·이시백 부자가 그랬고 신경진·신경인·신경식 형제들이 그랬으며 최명길·최내길 형제 또한 같은 경우였다.

그런데 홍제원에 적극 참여한 이괄이 1등이 아닌 2등에 포함됐다. 김류 때문이었다.

제3부 | 당쟁의 시대, 신하의 나라

공신 분열이 시작되다, 이괄과 김류

실록에는 기록되어 있지 않은데 이긍익의 『연려실기술』 '인조조 고사본말'에는 거사에 성공한 3월 14일 자로 중요한 사실 하나를 기록하고 있다.

반정 이튿날 반정에 참여했던 여러 장수가 어전에서 일을 의논할 때 이귀가 아뢰었다.

"어제의 공적은 이괄이 기여한 바가 많았으니 마땅히 그를 병조판서로 삼아야 합니다."

이괄이 자리를 피하면서 말했다.

"신에게 무슨 공적이 있으리오. 다만 일에 임해 회피하지 않았을 뿐입니다. 어제 대장인 김류가 약속 시간에 오지 않아서 이귀가 신에게 그를 대신케 했는데 김류가 늦게 왔으므로 그를 베고자 했으나, 이귀가 극력 말려서 시행하지 못했습니다."

자리에 앉아 있던 모든 사람이 실색했다.

이에 김류가 말했다.

"이경(二更)으로 시간을 정했으니 병법으로 논한다면 미리 온 자가 마땅히 참형을 당하여야 한다."

한교가 "병법에는 그런 말이 없다"고 하자 김류가 "『오자(吳子-전국시대의 명장 오기(吳起)가 지은 병서)』에 있다"고 했다. 그러자 이귀가 말했다.

"『오자』에는 병졸이 장수 명령을 기다리지 않고 먼저 돌진하여 명령을 어기면 참(斬)한다는 말은 있으나 미리 도착한 자를 참한다는 말은 듣지 못했다."

또 그때 임금이 쇠고기와 술을 많이 준비해 반정에 참여했던 장수와 병졸을 모화관(慕華館)에서 대접했는데, 좌석 서열을 정하는 데 있어 이귀는 호위대장(扈衛大將)으로 북쪽에 앉았고, 김류는 거의대장(擧義大將)으로 이귀 위쪽에 앉았으며, 이괄 이하의 모든 장수들은 동서로 나누어 앉게 되었다.

이괄은 자기 자리가 김류의 아래인 것에 분노하여 물러나 흘겨보았다. 이에 이귀가 좋은 말로 화해시켰더니 이괄이 분노를 참고 자기 자리에 가 앉았다.

뒤에도 이괄은 일마다 김류와 서로 맞섰고 또 이괄 아들이 반정에 참여했는데도 등용되지 않았으며 그 아우 수(璲)는 문과에 합격했는데도 벼슬자리를 얻지 못했을 뿐만 아니라 공훈이 도리어 김류 아들 김경징보다 아래였는 데다 이괄이 또한 평안 병사로 서쪽 변방에 나가게 되니 앙앙거리며 분노를 품고 갑자년의 변(-이괄의 난)을 일으켰다.

실제로 병조판서 자리는 나흘 후인 3월 18일 김류에게 돌아갔다. 이괄은 거사 당시 함경도 병마절도사였지만 이때부터 좌포도대장으로 한성부 치안을 맡았다.

이괄의 난

이성무 교수의 『단숨에 읽는 당쟁사 이야기』에 따르면 반정 직후 인조와 공신들 관계는 이랬다.

목숨을 담보로 한 거사였으므로 정치적 대가도 컸다. 인사권·군사권을 비롯한 핵심 권력이 그들의 수중으로 들어갔다. 그런데 이들 정사공신을 책정하는 과정에서 상당한 잡음이 일었다. 공신 집단의 친인척들이 설치는 바람에 반정의 명분이나 정당성이 퇴색되었다. 그들은 반정 후에도 여전히 사병을 보유한 채 위세를 과시했다. 이에 인조가 사병 해체를 종용하는 전교를 내리기까지 했지만 소용없었다. 오로지 국정을 전단하며 자신들의 기득권을 강화하는 데만 부심했다. 인조는 그런 공신 세력을 견제하고자 했으나 뜻대로 되지 않았다.

1400년에 태종 이방원이 단행한 사병 혁파와 관료 중심 정치 문화가 무너지고 공신들 나라로 되돌아간 꼴이었다.

이괄의 난은 인조의 어설픈 인사가 자초한 것이나 마찬가지다. 반정 두 달 후인 5월 여진족 움직임이 심상치 않다는 보고가 들어오자 인조는 장만(張晩, 1566~1629년)을 도원수, 이괄을 부원수 겸 평안 병사로 임명했다. 장만은 최명길 장인이다. 인조는 이괄에 대한 신뢰가 있어 그를 보낸 것이지만 이괄은 이를 좌천으로 받아들였다. 이괄은 영변에 주둔하면서 조선 최정예부대 1만 5,000여 명을 거느리고 여진 침략에 대비했다. 이것이 어쩌면 훗날 두 차례 호란의 전조(前兆)였는지 모른다.

장만

이듬해 1월 17일 이괄이 반란을 도모한다는 고변이 조정에 올라왔다. 인조는 반신반의했으나 조사를 하지 않을 수도 없어 우선 이괄

아들 이전(李旃)을 한양으로 압송해 오도록 했다. 이에 이괄은 아들을 압송하러 온 금부도사 고덕률·심대림 등을 죽이고 반란을 일으켰다. 반란의 진행 과정은 우리가 다루려는 당쟁 문제와는 관련이 없다.

이괄은 무서운 기세로 남하해 2월 11일 한양에 입성했고 선조 아들 흥안군 이제를 왕으로 추대했다. 인조는 공주로 피난했다. 이괄은 입성한 날 도원수 장만이 이끄는 토벌군에 대패해 경기도 이천 쪽으로 달아났다가 2월 14일 부하 장수 이수백·기익헌에게 살해당했다. 인조는 2월 18일 한양으로 돌아왔다.

이괄의 난 자체는 당쟁 때문은 아니고 사사로운 원한 때문이지만 결과적으로 이 사건은 인조 시대 국방 문제, 당쟁과 관련해 큰 영향을 주게 된다. 먼저 인조의 공주 몽진을 계기로 수도 방어 중요성이 강조되면서 국왕 호위를 위해 설치된 어영청이 중앙군으로 확대 개편되었다. 동시에 관서 지방의 병력이 대거 반란에 동원되었다는 이유로 관서 지방 방어력이 크게 약화되었다.

공서와 청서의 분열

인조 정권은 절대다수 서인과 극소수 남인 참여로 이뤄졌다. 그런데 문제는 정사공신 책봉과 더불어 이미 서인 내에 큰 균열이 생겼다는 것이다. 정변에 참여한 서인은 공서(功西), 정변에 참여하지 않은 서인은 청서(淸西)로 나뉘었다.

공서는 아무래도 인조의 뜻을 받들며 통치 안정을 위해 남인이나 심지어 북인까지도 정권에 참여시키려 했다. 청서 입장에서는 자신들이 차지해야 할 자리를 다른 당파가 가져간다는 것은 안 될 말이었다.

제3부 | 당쟁의 시대, 신하의 나라

그 중심인물이 김상헌(金尙憲, 1570~1652년)이다.

김상헌은 선조 때 좌의정 정유길의 외손자로 광해군 때 벼슬에 나와 정인홍을 탄핵한 적이 있다. 1613년 인목대비 아버지 김제남이 죽을 때 아들 김광찬이 김제남 아들 김래의 사위라는 이유로 파직당해 안동에 내려가 지내다가 인조반정을 맞았다.

이건창의 『당의통략』이 전하는 이 무렵 당쟁 구도다.

반정 초에 공신들이 정권을 잡게 되어 선비들이 많이 따랐는데 그 중에서도 김상헌은 유독 식견이 뛰어났다. 이때 훈서(勳西-공서)와 청서로 나뉘었고 오래지 않아 노서(老西)와 소서(少西)로 변했다. 훈서 가운데는 김류가 노장층 영수이고 이귀는 소장층 영수였다. 노서는 신흠·오윤겸(吳允謙)·김상용(金尙容, 1561~1637년)이었는데 이들은 서인과 남인을 함께 등용하려고 힘썼다. 이 때문에 삼사(三司) 박정·나만갑(羅萬甲, 1592~1642년)·이기조(李基祚)·강석기(姜碩期) 등은 다 김상헌의 기풍을 흠모해 스스로를 소서라고 이름했다.

이 중 흥미로운 인물은 김상용이다. 그는 김상헌 형이며 우의정에 올랐고 병자호란 때 왕족을 시종하고 강화도로 피란했다가 이듬해 강화성이 함락될 때 화약에 불을 질러 자결했다. 그런데 동생과는 조금 다른 길을 걷고 있었다.

동생 김상헌은 초지일관 근본주의자였다. 인조 2년(1624년) 1월 25일 김상헌을 기복(起復)시켜 이조참의 관직을 내려주려 했으나 사양했다. 기복이란 상중에 불러올려 관직을 내리는 것을 말한다. 같은 해 8월 28일 김상헌은 대사간이 됐다. 광해군 때 동부승지(정3품 당상관)였으니 같은 품계를 맡은 셈이었다. 당시 실록이 전하는 인사 평이다.

김상헌은 사람됨이 단정하고 깨끗하며 언동이 절도에 맞고 안팎이 순수하고 발라서 정금(精金)이나 미옥(美玉)과 같았으므로 바라보면 늠연(凛然)하여 사람들이 감히 사사로운 뜻으로 범하지 못했고 문장도 굳세고 뛰어나며 고상하고 오묘하여 옛글 짓는 법에 가까웠다. 조정에서 벼슬한 이래로 처신이 구차하지 않고 악을 원수처럼 미워해 여러 번 배척당했으나 이해(利害)와 화복(禍福) 때문에 마음을 움직이지 않았다.
광해 때는 폐기되어 전야(田野)에 있었는데 반정(反正)한 처음에는 상중이기 때문에 곧 등용되지 못했다가 상을 마치자 맨 먼저 이조참의에 제배(除拜)되었다. 이때에 이르러 간장(諫長-대사간)에 제배(除拜)되니 사람들이 다 그 풍채를 사모했다.

김상헌은 인조와 공신들이 주도하던 남인과 북인 포용정책을 보합위주정치(保合爲主政治)라고 공격하며 공신들과 날을 세웠다. 심지어 이귀를 직접 공박하기도 해 젊은 사대부들의 기대를 모았다.

김류와 김상헌이 정면충돌하다

김류는 반정 후 이괄과의 충돌을 이겨내고 병조판서로서 인조를 공주까지 호가했고 이조판서에 올라 다른 당파에 대해서도 열린 태도를 보였다.

거사 바로 다음 날 소북 원로 김신국을 추천하며 이렇게 말했다.

> 김신국은 재능과 국량이 상당히 있어 등용할 만합니다. 신이 일찍이 강계 부사(江界府使)가 되었을 때 신국이 평안 감사여서 익히 그의 재능을 압니다.

실제로 김신국은 평안 감사로 기용됐고 이괄의 난 때는 연좌되어 국문을 당하기도 했으나 무혐의로 밝혀졌다. 1627년 정묘호란 때는 호조판서로 금나라 사신과 조약을 맺었으며 공조·형조판서를 거쳐 1636년 병자호란 때는 인조를 모시고 남한산성에 들어가 결사항전을 주장하기도 했다.

그런데 더 큰 인사 문제가 기다리고 있었다. 인조 3년(1625년) 2월 4일 김상헌이 이조참의가 되던 날 소북 영수 남이공이 대사간에 임명됐다. 남이공은 북인임에도 광해군 때 폐모 논의에 참여하지 않았다. 두 달 후인 4월 5일 남이공은 대사헌으로 옮겼다.

한 달 후인 5월 7일 홍문관에서 직격탄을 날렸다. 김상헌을 따르는 홍문관 응교 박정(朴炡, 1596~1632년)이 앞장섰다. 이에 최명길과 장유는 보합(保合)이 중요함을 역설하며 만류했으나 끝내 홍문관 부응교 유백증, 교리 나만갑·김반, 부수찬(副修撰) 이소한 등과 함께 소를 올려 남이공 교체를 주장했다.

이에 이조판서 김류는 10일 사직 표명으로 맞섰다. 인조는 사직서를 물렸다. 이번에는 응교 박정 등이 11일 사직서 제출로 맞섰다. 13일 경연에서 『맹자』를 읽은 다음에 정치 현안을 이야기하던 중 김류가 말했다. 남이공을 지지하는 자기 입장을 밝힌 것이다.

신은 보잘것없는 자질로 욕되게 전석(銓席-이조판서)을 차지했으니 밤낮으로 생각하는 것은 오직 마음을 치우치지 않게 가지고서 우러러 상의 뜻에 보답하려 할 뿐입니다. 요즘 신이 남이공을 쓴 일은 사심을 둔 것이 아닙니다. 신의 생각에도 남이공이 소싯적에는 경박해 일 벌이기를 좋아한다는 비방이 없지 않았으니 그의 처신을 점검하면 인망에 차지 못한 점이야 있겠지만, 현명한 군주가 반정하여 재주와 기량이 있는 신하를 버리지 않는 중이고 또 편당의 화는 나라를 망치기에 족한 것이라서 신이 항상 경계하여왔습니다. 때문에 이공을 대각에 의망(擬望)함에 있어 삼공(三公)에게 문의해보았더니 모두들 가합하다고 했습니다. 그런데 옥당(-홍문관) 논의가 갑자기 경각 간에 나왔으니, 신은 모르겠습니다마는 동배 중에 청질(淸秩)을 지낸 자가 과연 모두 남이공보다 낫습니까? 옥당이 삼공의 말을 기다리지도 않고 또 장관에게 청하지도 않고서 경솔하게 발론했으니 참으로 좋지 못한 일입니다.

김류는 "편당의 화"를 언급했다. 당파가 형성될 우려가 있다는 말이었다. 결국 남이공이 함경도 관찰사로 나가는 선에서 이 문제는 마무리됐다.

이 논란이 한창일 때 김상헌은 도승지로 인조 지근거리에 있었다. 5월 17일 인조는 박정 등을 지방으로 좌천시켜버린다. 인조는 문제를 정확히 인식하고 있었다.

마음을 같이하는 사람은 편들고 뜻을 달리하는 사람은 배척하는 조짐을 자라나게 할 수는 없다. 내가 이를 걱정해 그 병폐를 경계시

제3부 | 당쟁의 시대, 신하의 나라

컸더니 저들이 다시 장황한 말로 공론을 가탁하고 허위를 꾸미어 군상(君上)을 속이고 있다. 그런데도 대각은 조용하기만 한 채 바로 잡는 사람이 없으니 오늘날의 국사는 한심하다 할 만하다. 박정 등 다섯 사람을 논사(論思)하는 시종(侍從)의 지위에 그대로 둘 수 없으니 아울러 체직시키고 해당 조로 하여금 궐원에 따라 외방에 보직 시키게 함으로써 그 버릇을 징계케 하라.

인조는 분노하고 있었다. 이에 도승지 김상헌이 나섰다.

박정 등을 외직에 보임하라는 명은 신들이 즉시 전지(傳旨)를 받들어 해사(該司)에 분부하도록 하겠습니다. 다만 남이공이 헌장(憲長-대사헌)에 합당치 않다는 논의 또한 박정 등이 갑자기 지어낸 것이 아닙니다. 이를 "마음을 같이하는 사람은 편들고 뜻을 달리하는 사람은 배척한다"고 하는 것은 실로 실정이 아닙니다. 더구나 박정 등의 상소에 지리하고 외람한 말이 있기는 합니다마는 또한 어찌 감히 공론을 가탁하고 허위를 꾸며 군상을 속일 마음이 있겠습니까. 박정 등은 오래도록 경연에서 상을 모시었으니 진실로 다른 뜻은 없습니다. 삼가 생각건대 상의 아량은 하늘처럼 넓으시니 필시 재차 생각하실 것이기에 신들은 삼가 붓을 쥐고 기다립니다.

완곡하지만 박정 등을 구원하려는 뜻이 분명했다. 이 무렵 최명길도 소를 올려 양측을 화해시키려 했다. 그런데 그 소 중에 조선 시대 당쟁 때 흔히 말하는 당파의 구조와 영수(領袖)가 어떻게 정해지는지를 서술한 대목이 있다. 이는 우리가 당쟁을 입체적으로 이해하는 데 필요한 실마리를 제공해준다.

당이 나눠진 이래 지금까지 주축이 된 자는 전조(銓曹-이조)를 근본으로 삼고 삼사(三司-사헌부·사간원·홍문관)를 조아(爪牙-손톱과 발톱)로 삼았습니다. 또 그중에서 덕망이 있는 한 사람을 추대해 감주(監主-영수)로 삼았습니다.

무릇 인재를 등용하는 것과 막는 것, 정사의 옳고 그른 것들이 한결같이 감주의 사사로운 방에서 결정됨으로써 삼사 의논이 한 입에서 나오는 것과 같습니다.

인사권이 있는 사람에게는 탄핵이나 논박을 하지 못해 감주의 입에는 안장을 맨 말들이 문 앞에 가득하고 당당하던 조정은 드디어 사당의 와굴(窩窟-소굴)이 되었습니다.

반정한 뒤에는 이쪽이나 저쪽의 인재들이 일시에 등용되었는데 이는 다 자기들의 명망으로 인한 것으로 다른 사람이 이끌어주어 오른 것이 아니었으므로 이조 권한이 약해지기 시작했고 사헌부·사간원에서 국사를 논의하는 데도 상관 지시를 받는 일이 없어졌습니다.

남이공은 비록 유희분·박승종과 친했기는 하지만 폐모론을 주장한 자들과는 원수가 되어 여러 해 동안이나 귀양 갔었으며 국사의 경험도 이미 오래되어 계획이나 사려가 넉넉하여 진실로 함께 나라의 일을 도모할 만합니다.

이는 곧 박정 등의 감주가 김상헌임을 간접적으로 밝힌 글이다. 인조 또한 그래서 이들을 '편당'으로 보았던 것이다. 이에 김상헌이 이끄는 청서는 인조·김류·최명길 등을 '보합'이라고 비판했다.

'인조 조정의 조헌'을 자처하는 이귀

흥미로운 것은 이 싸움에서 김류와 어깨를 나란히 하는 공신이었으면서도 반걸음 뒤처져 있던 이귀가 보여준 입장이다. 이귀는 그 후에도 입장을 오락가락하는 경우가 종종 있었는데 아마도 당쟁 노선보다는 개인적인 정치적 입지 때문이었던 것으로 보인다. 논쟁이 한창이던 5월 13일 이귀는 경연에서 이렇게 말했다.

요즘 박정 등의 논의가 경솔하다고는 하지만 만일 공론을 가탁하여 자신과 의견을 달리하는 사람을 배척한다고 한다면 그것은 본의가 아닙니다. 예로부터 사류(士類)는 자기 의견을 고집하는 것을 직절(直截-곧은 처신)로 여기는 경우가 많았습니다.

돌려 말하기는 했지만 김상헌 의견과 거의 같았다. 5월 20일 두 사람이 정면으로 충돌했다. 그날 실록이다.

상이 조강에 『맹자』를 강했다. 특진관 이귀가 박정 등이 무죄힘을 극력 진언하고 또 나만갑의 재주와 기국을 칭찬했으며 또 김류가 때를 타서 사람을 모함한 잘못을 공박했다. 좌상 윤방도 박정 등을 외직에 보임해서는 안 된다고 말했으나 상이 받아들이지 않았다. 김류가 더욱 화를 내어 이귀에게 서신을 보내 말했다.
"양사(兩司) 논박이 이미 극심하여 두렵기 그지없는데 또 상신(相臣)

의 큰 힘이 가세하니 외로운 이 사람은 아, 어디로 가야 합니까? 바라건대 대감은 제가 살 수 있는 길을 가리켜주십시오."

이는 이귀에 대해 불평하는 뜻을 품은 것이었다. 박정은 한때의 청류(淸流)로 또 과감하게 직언하는 풍도가 있었는데 당시 재상에게 미움을 사서 끝내 외직에 보임되기에 이르렀으므로 사람들이 모두 애석하게 여겼다.

마지막 문장은 실록 사관의 평이다. 이들은 이미 청류 혹은 청서 편이었던 것이다.

그렇다면 이귀는 왜 김류에 반기를 든 것일까? 이성무 교수의 풀이다.

이런 상황에 공신 이귀가 갑작스럽게 개입해 정국은 더욱 혼전을 거듭하게 되었다. 공신 세력의 핵심인 그가 청서를 두둔하고 나선 것이다. 반정의 원훈이었지만 김류에게 밀려 이인자로 처져 있었고 인사권까지 김류가 독차지하고 있는 것에 불만이 컸다. 따라서 그가 청서를 두둔한 것은 김류를 견제하려는 의도에서였다.

이렇게 왕과 공서, 공서와 청서, 공서와 공서가 서로를 견제하는 분쟁의 양상에 견디다 못한 인조는 특단의 조처를 강구했다. 일단 당사자인 남이공을 외직인 함경 감사로 발령했다. 그런 다음 이귀를 파직하고 박정·나만갑을 귀양 보냈다. 결과는 청서의 참패였다.

공서와 청서의 대립은 인조 7년을 전후해서 노서와 소서의 대립으로 바뀌었다가 병자호란의 와중에 척화와 주화로 나뉘어 다시금 첨예하게 대립하게 되었다.

박정·나만갑 등을 외방으로 내쫓고 두 달이 지난 7월 12일 이귀가 인조에게 아뢰었다.

옛날에 조헌을 괴귀(怪鬼)라 했으나 그 뒤에 사람들은 과연 조헌의 말을 생각하게 되었으니 신은 곧 오늘날의 조헌입니다. 신의 말이 들어맞은 것이 또한 많으니 멀리 내다보는 사람이라 할 만합니다.

신 이귀가 전하를 보좌함에 만일 (김류처럼) 아부했다면 반드시 부귀를 이루어 이미 정승 자리에 이르렀을 것이고, 신 또한 (김류처럼) 조정을 핑계하여 무죄한 학사(學士)를 물리쳤다면 작위도 얻을 수 있고 임금의 총애도 굳힐 수 있었을 것입니다.

지금 세 학사가 외직에 보임된 것은 참으로 불행인 것입니다. 근일 이것 때문에 사대부들 사이에 기상이 수참(愁慘)합니다. 나만갑 같은 자에 이르러서는 조금도 벌할 만한 죄가 없고, 재능이 많고 천성이 곧으니 버릴 수 없는 사람입니다. 신이 김류에게 묻기를 "나만갑이 무슨 죄가 있는가?" 했더니 김류 또한 "그가 무죄하나 다만 그 마음씨가 험함을 죄준다"고 했습니다. 사람을 논함에 어찌 마음을 주벌하는 법을 쓸 수 있겠습니까. 나만갑의 죄는 정엽 사위가 된 데에 불과합니다. 정엽이 대사헌으로 있을 때 박정과 함께 김류 아들 김경징이 살인한 죄를 논했는데 오늘날 나만갑이 외직에 보임된 것은 여기에서 싹튼 것입니다.

이에 대한 인조의 답이다.

찬성 이귀가 조정을 업신여기고 공로를 믿고 교만방자하니 극히 놀랍다. 먼저 파직하고 뒤에 추고해 훈신이 제멋대로 하는 버릇을 징계토록 하라.

정엽은 송익필 제자로 정통 서인이다. 그러면 '세 학사' 박정·유백증·나만갑은 그 후에 어떻게 되었을까?

함평 현감으로 쫓겨 갔던 박정은 이듬해 문과 중시에 급제해 동부승지가 되었고 그 후 병조참의에 있다가 붕당을 지어 자기 당파만 천거했다는 탄핵을 받아 남원 부사로 좌천됐고 홍문관 부제학에까지 올라 소서파 핵심 인물로 활약했다.

이천 현감으로 나갔던 유백증은 정묘호란 때 중앙 관직으로 복귀했으나 1629년 공서를 공격하다가 가평 군수로 좌천됐다. 그러나 1634년 인조 생부 정원군 추숭 논의 때는 입장을 바꿔 적극 찬성해 2년 후 이조참판에 올랐다. 그 후 대사헌에 이르렀다.

강동 현감으로 쫓겨 갔던 나만갑은 이귀의 도움으로 중앙으로 복귀했고 그 후 김류 등의 탄핵을 받아 귀양을 갔다. 고향에서 은거 생활을 하던 중 1636년 병자호란이 일어나자 단신으로 남한산성에 들어가 공조참의·병조참지로서 군량 공급에 큰 공을 세웠다.

이들 세 사람 이력은 당쟁이 격화된 시절을 살아야 했던 인조 초 관리들의 전형적인 프로필이라 하겠다.

제15장

당인(黨人) 이귀의 정치적 이력

이이에게 공부하면서 서인 길에 들어서다

당쟁이 시작돼 요동을 치다가 결국 주자학 세력이 정권을 잡게 되는 때를 기록한 『인조실록』의 인조 11년(1633년) 2월 15일 이귀의 졸기(卒記)에는 젊은 시절 이귀 모습을 이렇게 정리하고 있다.

> 강개한 성품에다 큰 뜻을 품어 벼슬에 오르기 전부터 자주 글을 올려 국사를 말했는데 그 말이 수천 마디나 되었다.

이귀가 문과에 급제한 것은 두 차례 왜란이 끝난 1603년(선조 36년)이다. 그러나 그의 이름이 실록에 등장하는 것은 훨씬 이전부터다. 선조 17년(1584년) 8월 18일 생원 신분으로 글을 올린 때문이다. 당시 서인이 궁지에 몰리고 있었는데 사헌부·사간원이 이이와 성혼 그리고 심의겸이 서로 결탁을 맺었다고 비판하니 아마도 그것은 억울하다는 논리를 담은 글로 보인다.

그러나 이이·성혼·심의겸 그리고 송익필이 (심의겸은 빼고) 파주 3걸 운운했던 것은 공공연한 사실이었다. 28세 생원 이귀는 이미 서인 당파에 깊이 몸을 담고 있었던 것이다.

『국조인물고』에는 그의 집안 배경과 어린 시절 모습이 약간 등장한다. 그는 두 살 때 아버지를 여의고 어머니 안동 권씨를 따라 남쪽 어딘가에 살다가 15세 때 한양으로 돌아왔다고 한다. 이 무렵 이이를 스승으로 모시고 공부하면서 선조 15년(1582년) 생원시에 합격했다.

이 무렵은 동서 간 당쟁이 격화되면서 이이·성혼·송익필이 중심이 된 서인이 동인에게 밀리고 있었다. 그래서 아마도 글을 올렸던 것으로 보인다. 성품 또한 나서기를 좋아하고 괄괄해 거침이 없었다.

선조 17년(1584년) 이이는 세상을 떠났고 이듬해 9월 2일 이귀는 또 대사헌 이식을 비판하는 글을 올렸는데 당시 이식은 피혐하면서 사직을 청한 다음에 이귀를 정면으로 비판했다.

이이가 심의겸 문하에서 몸을 일으켰다는 것은 온 나라가 다 아는 것이어서 그가 의겸과 깊고 밀접하게 결탁한 실상은 절대로 숨길 수가 없습니다. 그런데 생원 이귀가 사우(師友)를 비호해야 한다는 것만을 알고 군부를 기만해서는 안 된다는 것을 생각하지 않고서 교묘하게 말을 날조하고 부당하게 그를 구원하기 위해 도리어 신들이 기만(欺罔)한다고 하면서 드러나게 비방하고 배척했습니다.

이귀의 논리는 그 후 서인들이 초지일관 견지한 입장이다. 동인은 왕권, 서인은 신권 세력이었음을 감안한다면 "군부를 기만해서는 안 된다"는 발언은 분명 동인 입장이다.

선조 20년(1587년) 3월 7일에는 이귀가 올린 소를 보고서 직접 승정원에 불러 물어보기도 하는데 내용은 이런 것이다. 이귀는 소를 올리면서 심의겸 문하에 들고난 사람은 이이 등만이 아니라 동인들도 많았다고 했다. 바로 이 때문에 선조는 다시 그 동인들이 누구인지를 캐물었다. 이에 이귀는 당시 동인을 이끌던 이산해를 비롯해 박근원·송응개 등을 구체적으로 지적했다.

이렇게 되면 선조 입장에서 문제가 조금 달라지는 것이다. 동인이 왕당파인 줄 여겼더니 몰래 외척 실세 심의겸과도 줄을 대고 있었다는 것이 되기 때문이다.

생원 신분으로 대사헌 정인홍을 저격하다

임진왜란 당시 이귀는 지방 하급관리를 전전했다. 『국조인물고』에 나오는 일화 하나다.

체찰사 이덕형 공이 공을 소모관(召募官-모집책)으로 삼아 영남을 다닐 때였다. 정인홍이 자신의 명성을 믿고 교만 방자하게 위세를 부리며 다녔는데, 주군(州郡), 방백(方伯), 사명(使命)을 받들고 간 자들이 모두 두려워 피하면서 감히 대항하지 못했다. 공은 합천(陝川)으로 공문을 보내어 그의 죄상을 열거하고 그의 종을 가두었다. 정인홍이 크게 노하여 공이 우계 성혼의 문인(門人)이라 하여 그의 무리 문경호(文景虎)를 사주(使嗾)하여 상소해서 우계를 배척하게 했는데 간당(奸黨)으로 지목했다. 정인홍이 대사헌(大司憲)이 되기에 미쳐서 공이 상소하여 그가 향리(鄕里)에 있을 때 저지른 죄 열 가지를 거론하여 이에 좌죄(坐罪)되어 파직되었고, 정인홍에 대한 임금의 권우(眷遇) 역시 쇠퇴하여 뜻을 펴지 못하고 돌아갔다.

이귀는 일종의 '자살공격대'였던 셈이다. 당시 북인을 중시하던 선조가 정인홍을 시골로 되돌려 보낼 정도였다니 이귀의 기세 또한 만만치 않았음을 볼 수 있다. 이 일은 선조 35년(1602년) 3월 일어났다. 정인홍이 대사헌직을 버리고 향리로 돌아가자 경상도 의령 진사 오여온(吳汝穩)이라는 사람이 이귀를 맹비난하는 글을 올렸다. 그중 일부다.

간사한 무리가 올바른 사람을 모함하기 위해 반드시 불측(不測)한 이름을 첨가하는 것은 곧 일반적인 형태입니다. 사마광의 충성스럽고 어짊에 대해 장돈(章惇)은 간사하다고 지목했으며, 주희의 정도(正道)에 대해 호굉(胡紘)은 위학(僞學)이라고 배척했으니 예로부터 소인이 올바른 사람은 공함(攻陷)하는 데는 거리낌이 없었습니다. 하물며 이귀와 같이 은밀히 독기를 부리는 정신병자는 또 어떻겠습니까. 본성이 거짓되고 종적이 무상하여 계미년(癸未年-1583년) 이후 이이가 당국(當國)할 때는 이이에게 의탁하고, 성혼·정철이 조정을 독점할 때는 성혼과 정철에게 의탁하여 냄새를 찾아 그림자처럼 따라다녔습니다. 평생 사업이 오직 남을 공격하는 일에만 전력했는데 전후에 올린 황탄(荒誕)한 소도 모두 남의 손을 빌린 것으로 출세하고 벼슬을 매개하는 자료로 삼았습니다.
그러므로 그때 사람들은 상소하는 악마로, 사류들은 도깨비로 지목해 성명을 눈으로 보기만 해도 구토를 하려고 했으니 다시는 입에

　제3부 | 당쟁의 시대, 신하의 나라

거론할 것도 없습니다. 그러나 신의 지나친 염려로는, 어지러이 늘어놓은 이귀의 말을 성명(聖明) 아래서 그 경중을 따질 수 없지만 이귀가 출몰하는 것으로 세태의 변천을 볼 수 있습니다. 너그러이 용납하여 덮어주다가 그것이 효시(嚆矢)가 되어 혹 군부에게 시험을 하거나 올바른 사람에게 시험하는 자가 없지 않을 것입니다. 이귀의 몸이야 출몰하다가 말더라도 이귀의 말이 뒷날 뜻을 펼 날이 있을 줄 어찌 알겠습니까? 신은 사슴을 말이라고 한 진(秦)나라 조고(趙高) 같은 간신이 또 그 사이에서 틈을 엿볼까 두렵습니다.

47살에 문과에 급제해 벼슬길에 나서다

선조 36년(1603년) 47세의 이귀는 문과에 급제했다. 남들보다 20년 이상 늦은 나이였다. 그로써 형조좌랑(刑曹佐郞)에 제수되고, 안산 군수(安山郡守)·양재 찰방(良才察訪)·배천 군수(白川郡守) 함흥 판관(咸興判官)을 역임했다. 안산 군수는 조선 초 1차 왕자의 난 때 이숙번이 맡았던 관직이기도 하다.

마침 실록에는 그가 양재 찰방을 맡았을 때 그에 대한 평판이 실려 있다.

본디 경망한 사람으로 말재주가 약간 있었다. 일찍부터 권력과 이익의 길에 들어 자신을 부지하려고 꾀했으므로 비록 여러 차례 상소를 올렸지만 한마디 말도 볼 만한 것이 없었다. 또 시대의 의논을 경망하게 평론하여 아무런 꺼림이 없었기 때문에 번번이 남들에게 타기되어 세상에 용납되지 못했다.

이런 이귀에게 큰 위기가 찾아왔다. 광해군 집권과 함께 그가 그렇게도 배척했던 정인홍이 이끄는 북인, 그중에서도 강경한 대북파가 정권을 잡았기 때문이다. 그러나 그는 광해군 초부터 정인홍에 대한 공격을 늦추지 않았다.

이를 통해 이귀는 '강직하다'는 세평을 얻게 된다. 『광해군일기』 광해 2년(1610년) 4월 20일 자는 파격적으로 이귀에 대한 논평만 싣고 있다.

이귀는 이이와 성혼을 사사했다. 강개(慷慨)하여 의논하기를 좋아했으므로, 자주 상소하여 시사를 말했다. 일찍이 정인홍을 꾸짖는 장문의 소를 올려 그의 죄를 논핵했는데, 그로 인해 당시 사람들에게 미움을 받았다. 이때에 이르러 숙천 부사가 되어 전임 부사 윤삼빙(尹三聘)이 뇌물을 받고 공물을 훔친 죄를 논핵했다. 이 때문에 당시 세력이 있던 삼빙이 마침내 대관(臺官)을 사주하여 논박하게 한 것이다.

광해군 치하에서 이귀가 살아낸 모습을 『국조인물고』는 이렇게 정리하고 있다.

그 후 숙천 부사(肅川府使)로서 통정대부(通政大夫-정3품 당상)에 승진했다. 임자년(壬子年-1612년, 광해군 4년)에 상(喪)을 당해 여묘(廬墓) 3년을 살았다. 이때 적신(賊臣)이 용사(用事-전횡)하여 연달아 역옥(逆獄)을 일으켜 자신의 총애를 굳히고 위엄을 떨쳐 죽거나 귀양간 사대부가 서로 이어졌다. 장차 국구(國舅-임금 장인) 김제남(金悌

제3부 | 당쟁의 시대, 신하의 나라

男)을 모함하여 죽이려고 하니, 공은 당시 재상 오성(鰲城) 이항복과 한음(漢陰) 이덕형 두 공에게 글을 보내어 말하기를 "만약 국구를 죽이게 되면 반드시 모비(母妃)를 폐(廢)할 것이다. 지금 구하지 않으면 비록 폐모(廢母)하는 일을 막으려고 해도 미치지 못할 것이다"라고 했는데, 두 재상은 탄식만 하고 그 말을 따르지 못했다.

김제남을 죽이고 또 영창대군을 죽인 다음 대비(大妃)를 유폐(幽閉)하고 존호(尊號)를 제거하여 서궁(西宮)이라고 부르는 등 흉도들의 폐욕(廢辱)이 이르지 않은 바가 없었다. 공은 한교를 보내어 이이첨에게 화복(禍福)으로 깨닫게 했더니, 이이첨이 조금 멈칫해서 대비의 화가 다소 저지되었으니, 이는 모두 공의 힘이었다. 해주 목사(海州牧使) 최기(崔沂)가 모함을 받아 체포되자 친구들이 감히 찾아가보지 못했는데 공만이 유독 가서 만나다가 죄를 입어 이천(伊川)으로 귀양 갔다.

반정 거사를 준비하다

이천에 유배를 간 것은 광해군 8년(1616년)의 일이다. 3년 후인 1619년에 유배가 풀렸지만 이미 이귀는 광해군에 대해 다른 마음을 품었다.

여기서는 인조반정과 관련해 이귀의 모의 상황을 중심으로 정리해보자. 그는 거사를 꿈꾸며 특이하게도 아들 이시백·이시방을 모두 끌어들였다. 그만큼 그의 뜻이 단호했다고 볼 수 있는 대목이다.

인조반정이 일어나기 2년 전인 광해군 13년(1621년) 4월 어느 날 신경진이 이귀에게 거사를 타진했다. 이 당시 이귀는 부인상을 당해 집에 머물고 있었고 광해군 때 줄곧 지방 한직으로만 돌다가 평산 부사로 있을 때였다. 이귀는 두 아들과 사돈 김자점까지 끌어들였다. 최명길과 장유도 아들 이시백을 매개로 거사에 참여했다. 이처럼 이귀는 거사 조직 과정에서 결정적 기여를 했다.

1623년 거사 당일에도 이귀는 중요한 역할을 했다. 서대문 밖 홍제원에서 군사들이 모일 때 대장 김류가 늦게 도착했다. 이에 이귀는 이괄에게 지휘를 부탁했고 이괄이 지휘를 막 시작할 때 김류가 나타났다. 그 바람에 둘 사이에는 지휘권을 둘러싼 약간의 다툼이 있었다. 이를 나서 중재한 인물이 이귀다.

거사 성공 후 정사공신이 책봉되었을 때 1등 공신은 김류·이귀·김자점·심기원·신경진·이서·최명길·구굉·심명세 9명이었다. 그중 여러 명이 이귀가 끌어들이거나 관계가 깊었던 인물들이다. 아들 이시백과 이시방은 2등에 이름을 올렸다. 이귀의 위세가 어느 정도로 올라갈 수 있는지는 불문가지다.

정사공신(靖社功臣)의 나라

이제 이귀의 출세 가도를 따라가 보자. 거사에 성공한 당일 이귀는 이조참판에 제수됐다. 1623년 실록 3월 14일 자가 전하는 이귀 인물평이다.

이귀는 사람됨이 호방했다. 소시부터 강개하며 큰 뜻이 있어 항상 사공(事功)으로 자임했다. 계축옥사가 일어났을 때 당시 정승에게 편지를 보내 국구(國舅) 김제남의 사형을 완화하고 자전을 보호할 것을 청했으나 당시 정승이 따르지 못했다. 급기야 폐모론이 일어나자 한교를 이이첨에게 보내 화복으로 설득시켰는데 그 말이 몹시 준엄하여 이첨의 기가 꺾였다. 광해의 무도함이 날로 극심한 것을 보고 늘 분개하며 종사를 부지하고자 하여 동지를 규합하여 은밀히 광복(匡復)을 모의하다가 드디어 김류 등과 함께 중흥의 위대한 업적을 이루었다.

이조참판은 요직이긴 해도 높은 벼슬은 아니다. 그러나 고속승진은 시간문제였다. 김류는 병조판서로 한 등급 위였다. 7월이면 이귀는 사헌부 대사헌으로 자리를 옮긴다. 그런데 같은 날 이귀는 우찬성을 겸한다. 대사헌은 종2품, 우찬성은 종1품 자리다. 이를 겸직한 것이다. 그러면서 이귀는 우찬성으로서 주로 군사에 관한 일에 많은 의견을 냈다. 급속도로 정치 한복판으로 들어가고 있었다.

당시 상황을 굳이 태종 시대를 끌어들여 비유하자면 김류는 하륜, 이귀는 이숙번에 해당하는 인물이었다. 김류는 꾀가 많은 인물이었고 이귀는 다소 광직(狂直)한 사람이었다.

인조 2년에는 좌찬성으로 옮긴다. 이제 남은 것은 정승뿐이었다. 그러나 이귀는 살아서는 끝내 정승 자리에 오르지 못했다. 인조가 볼 때 정승감은 아니었던 것이다. 이는 마치 태종이 이숙번을 정승에 올리지 않은 것과 일맥상통한다 할 것이다.

당시 유림들이 이귀를 평한 말, 잡군자(雜君子)

인조 3년(1625년) 3월 25일 인조가 경연에서 『맹자』를 읽었는데 이

때 이귀가 특진관 자격으로 참여해 당시 인물들에 대한 평을 했다. 여기서 서인 훈구파의 인식을 엿볼 수 있다.

맹자 이후에는 주자가 나와 지나간 성인들을 계승하고 다가오는 후학들을 개도하여 사문(斯文)에 큰 공이 있었습니다. 우리나라로 말하면 조광조가 도학으로 세상에 이름났었는데 이어 사림의 화가 있었고, 이 이후부터는 선비들의 풍습이 크게 무너졌습니다. 그 뒤에는 이황이 유자(儒者)의 공부에 독실했고, 이황이 죽은 뒤에는 이이와 성혼이 도학에 고명했으며, 폐조 10년 동안에는 아무도 없었습니다.

반정 뒤에 이르러서는 정엽이 사유(師儒)의 장관이 되어 선비들을 모아놓고 학문을 강론했으나, 모두가 과거 공부하는 선비들이었습니다. 김장생은 일을 맡기기에는 우활한 듯해도 서울 안에 머물러 있으면 후학들이 모범으로 삼을 수 있었을 것인데, 뜻을 결단하고서 시골로 돌아갔습니다. 장현광도 벼슬살이에 뜻이 없어서 물러가버리고 오지 않습니다. 이는 진실로 국가의 큰 손실입니다. 박지계(朴知誡)는 경학을 궁리한 선비로서 조금도 조정에 죄를 얻은 일이 없는데도 한 번 배척하고는 다시 부르지 않으니, 유자를 대우하는 도리가 아닌 듯싶습니다.

대개 초야의 선비들이 처음에 반열에 들어오면 으레 기롱과 모욕을 자초하고, 세속의 선비들은 과거에 급제하여 명사가 되는 수가 많습니다. 폐조(廢朝-광해군)가 기강을 어지럽힌 나머지 전하께서 즉위하셨으니, 이는 곧 한 번 크게 다스려지는 시기입니다. 학문하는 사람들을 불러들여 흥기하는 터전이 되게 하소서.

한마디로 숭용산림(崇用山林), 즉 과거에 나오지 않은 서인 사람들을 두루 써야 한다는 말이다.

그런데 이날 실록 사관의 평이 신랄하다.

이귀는 지조가 단정하지 못하고 언어가 법도가 없어 이 때문에 세상 사람들에게 웃음거리가 되었으나, 젊어서 (이이나 성혼에게) 사숙(私淑)한 기초가 있어서 그의 뜻이 이러한 것이다.

또 임금을 친애하고 국사를 근심하여 뭇사람의 비방도 피하지 않고, 생각이 있으면 반드시 진달(進達)했는바, 충분(忠憤) 한 가지만은 그와 비교될 사람이 드물었기 때문에 다시 사람들이 이귀를 잡군자(雜君子)라고 했다. 경연에 입시했을 적에 저촉되거나 거슬리는 말이 많아도 상이 죄주지 않았고, 진신(搢紳)들에게 욕설하기를 거리낌 없이 해도 사람들이 성내지 않았다. 매일같이 차자를 올리고 상소했으나 말을 써주지 않았고, 국가 일을 도모하고자 온갖 정성을 다했으나 한갓 수고로울 뿐 도움이 없었다. 평생의 행사가 대부분 이와 같았다.

이귀는 인조 3년 말 김류와의 충돌로 관직을 박탈당하고 지방에 가서 지내야 했다. 사실상 유배였다. 그런데 해가 바뀌어 인조 4년(1626년) 1월 22일 김류가 이조판서, 이귀가 병조판서를 맡는다.

그리고 이틀 후 이귀는 당시 조정에서 매우 민감하게 여기던 문제와 관련해 약식 상소인 차자(箚子)를 올리는데, 이것이 정국에 큰 파란을 몰고 온다. 2년 후 본모습을 드러내는 인조 친아버지 '정원군 추숭 문제'였다.

이 문제는 이미 반정에 성공한 직후 인조가 반정 사실을 정원군 사당에 고할 때부터 생겨났다. 즉 인조나 공신들은 마땅히 정원군을 아버지, 인조를 아들로 불러야 한다고 했다. 이에 반해 주자학을 존중하는 조정 신하들은 인조가 할아버지인 선조의 대통을 이었으니 선조를 아버지로 부르고 정원군을 백숙부로 불러야 한다고 맞섰다. 박지계는 전자를 지지했고 김장생은 후자를 지지했다. 이는 왕실을 특별 존재로 볼 것이냐 일반 사대부와 같은 수준으로 볼 것이냐의 문제로 훗날 예송 논쟁의 뿌리가 되기도 한다.

사림을 비롯한 조정 신하들은 대체로 김장생 주장이 옳고 박지계 주장은 임금에게 아첨하려는 것이라고 보았다. 그래서 이때는 인조도 한 걸음 물러서 정원군을 대원군으로 올리는 선에서 타협했다.

정원군 추숭의 쌍두마차, 이귀와 최명길

이귀가 병조판서가 되기 8일 전인 1월 14일 인조 어머니 계운궁 구씨가 세상을 떠났다. 그래서 인조는 국장을 준비토록 하고 자신이 상주가 되어 삼년상을 행하려 했다. 그러나 조정 신하들은 대원군 부인에 준하는 장례를 치러야 한다고 맞섰다. 또 삼년상은 안 되고 1년상을 해야 한다고 주장했다. 이 또한 김장생 의견을 따른 것이다.

이런 와중에 인조 의견에 동조하는 이귀를 병조판서에 임명한 것은 이귀를 앞세워 이 문제를 풀어내려는 인조의 구상에 따른 것으로 볼 수 있다. 실제로 이귀는 인조를 노골적으로 옹호하는 차자를 1월 24일에 올린다.

곧바로 온 조정이 들고일어났다. 이에 홍문관 부제학 최명길은 중재를 명분으로 하면서도 이귀 의견에 동조했다. 이에 최명길에 대한 탄핵 요구도 거세졌다. 이에 이귀는 병조판서에서 물러나 연평부원군으로 돌아간다.

정묘호란 때 강화를 주장하다

정묘호란이 일어나자 이귀는 앞장서 인조가 안전한 곳으로 피해야 한다고 주장했다가 대간을 비롯한 조정 신하로부터 혹독한 비판을 당한다. 훗날 병조호란 때 최명길이 당하게 될 처지의 전조라 하겠다. 『국조인물고』는 당시 상황을 이렇게 요약하고 있다.

> 정묘년(丁卯年-1627년, 인조 5년)에 금(金)나라 군사가 침략해 3성(城)을 함락시키니, 제진(諸鎭)이 모두 궤멸하여 거가(車駕)가 강도(江都)로 행행했다. 대간이 서울을 떠나야 한다는 논의를 낸 것을 공의 죄로 삼아 찬출(竄黜)하기를 청했다. 금나라 군사가 평양(平壤)에 이르러 강화(講和)를 요구하니, 묘당의 의논이 마땅히 허락하는 답서를 보내야 한다고 했다. 대간이 또 강화하자고 한 것을 공의 죄로 삼아 힘껏 공격했다.
>
> 화의(和議)가 정해지고 양사의 논의가 더욱 준열(峻烈)해지자 여러 재상이 처음에 했던 말을 차츰 바꾸었다. 공은 대간과 임금 앞에서 쟁론하기를 "싸우지도 못하고 지키지도 못하며 강화도 하지 못한다면 나라를 어떻게 하겠다는 것입니까? 오늘날 조정 신하 중 그 누가 강화하고자 하지 않겠습니까? 그런데도 겉으로만 큰소리를 치고 있습니다"라고 했는데, 심지어 눈물을 흘리고 분해하며 꾸짖었다.

금나라 군사가 물러간 후 공은 여러 차례 대평(臺評-사헌부의 비판)을 입어 연달아 네 번이나 차자를 올려 물러가기를 빌면서 대신으로 하여금 죄의 정상을 변명하기를 청했다. 대신이 말하기를 "서울을 떠나자는 의논이 처음 이귀(李貴)에게서 나온 것이 아닙니다. 이귀가 임금을 사랑하고 나라를 걱정하여 난리에 임하여 자신을 잊어 우리 조선이 이처럼 있게 되었습니다. 어찌 죄를 주어야 한다고 말할 수 있겠습니까?"라고 하니, 임금이 하교하기를 "이귀의 충성은 해와 달을 꿰뚫을 정도이니, 연소배들이 짓밟을 바가 아니다"라고 했다.

정원군 추숭에 앞장서다

재위 6년을 맞은 인조는 왕권을 강화하고 싶었다. 문제는 반정을 함께한 서인은 철저한 신권주의자들이었다는 점이다. 그나마 이귀·최명길 정도가 인조 편에 서주었다.

1630년(인조 8년) 8월 음성(陰城) 현감 정대붕(鄭大鵬)이 정원군 추숭 문제를 다시 제기했다. 그는 "계운궁의 상례를 국상으로 치르고도 정원군을 추숭하지 않는 것은 문제"라고 주장했다. 인조는 그의 의견이 고마웠지만 대다수 조정 신하는 격하게 반발했다. 정대붕 상소를 계기로 이귀는 정원군을 추숭하고, 그를 모시는 묘(廟)를 세우라고 주장했다. 이귀는 무리를 동원해 추숭을 요청하는 소를 연달아 올리게 하는 등 여론 조성에 나섰다.

이듬해 4월 인조는 대신들을 모아놓고 정원군 추숭의 뜻을 공식적으로 발표했다. 그간 논란 속에서도 어느 정도 자신감을 얻은 덕분이었다. 물론 조정 대신들과 3사, 예조 관원들 그리고 교조적인 유생들의 반대 상소가 빗발쳤다. 이에 인조는 반대하는 신하들을 시정잡배로 부르고 성균관 유생들을 괴물이라고 부르면서까지 물러서지 않았다. 이때 보여준 이귀 모습은 단순히 충신이라고 보기에는 민망할 정도다. 추숭 논란이 한창이던 인조 9년 11월 25일 이귀는 이조판서에 임명된다. 이날 실록이다.

이귀를 이조판서로 삼았다. 이귀가 일찍이 경연에서 상에게 아뢰었다.

"지금 추숭(追崇)하는 의논을 막는 자들을 전관(銓官-이조)이 모두 거두어 쓰기 때문에, 추숭하는 의논이 행해지지 않고 있습니다. 신 같은 자는 도저히 전장(銓長-이조판서)이 될 수 없는 것입니까?"

이어 홍서봉이 뇌물을 받았다고 극력 비난하니, 마침내 상이 홍서봉을 파직시키도록 명했다. 이귀는 아뢸 일이 있을 때마다 오랫동안 앉아서 얘기하면서 손으로 임금의 옷과 띠를 잡아당기기까지 했는데, 상이 일러 말했다.

"경은 그만하라. 다른 사람도 일을 아뢰고 싶어 한다."

계해년(癸亥年-인조 1년, 1623년) 이후로 이귀가 일찍이 이조판서에 의망되었으나 임명받지 못하다가, 이때에 이르러 비로소 임명되었다.

대신이 자리를 자천(自薦)하는 것은 선비로서 체모를 잃는 일이었다. 그래서 한동안 이귀는 자천했다는 이유로 대간의 탄핵을 받아야 했다.

드디어 인조 10년(1632년) 추숭도감이 설치됐고 정원군 묘를 장릉

(章陵)으로 고치고 인조 13년에 원종 내외 신주를 종묘에 모심으로써 13년에 걸친 추숭 문제는 일단락됐다. 그 일이 옳고 그르고를 떠나 이귀가 없었다면 인조는 결코 이 일을 완수할 수 없었을 것이다.

그러나 이 일로 인해 이귀는 조정 대신은 물론 성균관 유생과 재야 산림으로부터 말할 수 없는 비난을 받아야 했다. 그리고 그가 걸었던 길을 뒤에 최명길이 따라 걷게 된다.

이듬해 이귀는 세상을 떠났다. 이에 인조는 애통해하며 다음과 같이 말했다.

이귀는 자기가 알고 있는 일을 말하지 않음이 없었으니, 충성을 다하여 나라를 보필한 충직(忠直)한 신했다. 이제 갑자기 세상을 버려 내가 매우 슬피 애도한다.

그가 정승에 이르지 못한 것을 내가 매우 후회한다. 그에게 영의정을 추증하고, 특별히 상지인(相地人)을 보내 땅을 가려 장례를 지내주라.

그의 아들 이시백은 판서를 일곱 번이나 역임했고 마침내 영의정에까지 올랐다. 이시방은 현종 때 공조판서에 이르렀다.

제16장

인조 시대 서인의 분열

권력 앞에서 갈라지는 서인들

붕당정치의 분화는 철저하게 권력 장악 여부와 연결돼 있다. 처음에는 하나의 사림이었다가 동인과 서인으로 분열된 것도 선조 때 사림이 권력을 장악하면서부터였다. 이때 모두 주자학을 신봉했지만 그래도 왕권 입장에 동조하는 사람들이 동인이었고 보다 급진적으로 주자학 고수를 고집한 사람들이 서인이었다.

선조 초기 일부를 제외하면 서인은 권력에서 소외됐다. 그래서 서인은 인조반정 때까지는 하나의 당으로 뭉쳐 있었지만, 집권당이었던 동인은 정여립 난과 임진왜란을 거치면서 남인과 북인으로 갈라섰다. 남인은 서인에 대한 온건파, 북인은 강경파였다.

선조 후반기 북인이 권력을 잡자 다시 소북과 대북으로 나뉘었고 광해군을 밀었던 대북이 광해군 시대를 독점했다. 이에 서인과 남인이 손을 잡고 대북 정권과 대립했다.

한편 광해군 때 집권 세력 대북은 다시 골북·육북·중북으로 분열 양상을 보였다. 이런 와중에 반정이 일어나 마침내 서인이 권력을 장악했다.

훈서 혹은 공서의 경우 노장층은 김류가 영수였고 소장층은 이귀가 영수였다. 훈서는 대체로 선조 때 동인, 광해군 때 대북처럼 왕권을 옹호하는 세력이었다. 대체로 반정에 참여한 공신들이 주력이었다.

반면에 서인이긴 하지만 반정에는 참여하지 못했던 세력이 청서를 형성했고 김상헌이 영수였다. 좌의정 정유길의 외손자이자 김상용의 동생으로 임진왜란 중이던 1596년 문과에 급제한 김상헌은 무난히 관리 생활을 지냈고 광해군 4년(1611년)에는 동부승지에까지 올랐다. 그러나 대북 정인홍이 이황을 거세게 비판하자 그를 탄핵했다가 광주 부사로 좌천당했다. 1613년 인목대비의 아버지 김제남이 죽을 때 김상헌의 아들이 김제남의 손자사위였기에 파직당하자 반정이 일어나던 1623년까지 10년 동안 안동에서 은거하며 지냈다.

반정 이후 이조참의에 발탁되자 남인과 북인을 품어 안으려는 인조와 훈서파의 보합(保合)정치에 맞서 시비선악(是非善惡)을 명확히 할 것을 주창하며 단번에 청서파 영수가 됐다. 이에 참여한 인물이 신흠·오윤겸·나만갑·강석기 등이었다.

양대 호란으로 인해 최명길과 김상헌이 맞서다

인조 때는 말년에 원두표와 김자점이 각각 영수였던 원당(元黨)과 낙당(洛黨)이 충돌하기도 하고 김육이 이끄는 한당(漢黨)과 김장생 아들 김집(金集, 1574~1656년)이 이끄는 산당(山黨)이 충돌하기도 했다. 낙

당이란 김자점 호가 낙서(洛西)였기 때문이다. 그러나 인조 때 가장 큰
당쟁은 정묘호란과 병자호란 전후에 일어난 최명길의 주화파와 김상
헌의 척화파 간 충돌이다.

먼저 인조 5년(1627년) 정묘호란 때다. 이해 1월 누르하치에 이어 황
제에 오른 홍타이지가 군사 3만을 이끌고 평안도 일대를 침략하고 평
안도 앞 가도(椵島)에 진을 치고 있던 명나라 말기 무장 모문룡(毛文龍,
1576~1629년)을 공격했다. 그 후 후금 군대는 남하를 계속해 황해도 황
주에 이르자 조선 조정에 화의를 제안했다. 당시 조선 조정에서는 누
구도 강화를 주창하는 이가 없었는데 최명길 홀로 화의를 주창했다.
이에 사헌부·사간원에서는 최명길 유배를 청했다. 죄목은 강화를 청
했다는 것이다. 같은 해 2월 13일 자 『인조실록』이다.

완성군(完城君) 최명길이 군국(軍國)의 정사를 마음대로 천단(擅斷)
하여 나라를 그르치고 일을 낭패시킨 죄가 한둘이 아닙니다. 서울
을 떠나는 계책을 일찍 정한 것과 임진강을 지킬 것이 없다는 의견
도 이를 시종 주장한 사람은 명길입니다. 자기 견해를 실행하기 위해
공의를 억제함으로써 국사를 이렇게 막바지에 이르게 만들었으니,
어찌 통분하지 않을 수 있겠습니까. 지금에 이르러서도 또 화의를
자기의 책임으로 삼아 이에 교활한 오랑캐를 믿을 만하다 하고 항
복한 장수를 충절이라 하는가 하면 온 나라의 힘을 다 기울여 끝없
는 욕심을 채워주고 천승(千乘)의 존엄함을 굽혀 견양(犬羊-오랑캐)
의 무리를 친히 접견하게 했으니, 이는 다 명길이 한 짓입니다. 무릇
혈기가 있는 사람이면 분개하지 않는 이가 없으니 속히 찬출하도록
명하여 대중의 분노를 통쾌하게 해주소서.

인조는 이들의 요구를 받아들이지 않았다. 이렇게 해서 최명길이 앞장서서 2월 20일 강화 교섭이 이루어졌다. 그러나 이는 시작일 뿐이었다. 우선 후금의 강화 조건이 무리했고 그중에서도 명나라를 돕지 말라는 요구는 조선으로서는 받아들이기 힘들었다. 그보다는 사대주의에 물든 조선 조정 관리들은 받아들일 생각 자체가 없었다. 이들은 누구보다 주희를 따르는 사람들이었기 때문이다.

조선의 진회로 지탄받는 최명길

당시 조정 안에서 최명길을 도와 강화론에 힘을 보탠 이는 뜻밖에도 이귀였다. 2월 10일 자에 보면 당시 인조는 후금 사신을 만나보려했고 이에 주요 신하들을 불러 토의를 한다. 이때 이귀는 "화친하지 않으면 망한다"며 사신을 만나볼 것을 청했다. 이에 사간 윤황(尹煌, 1571~1639년)은 이귀를 향해 "진회가 화친을 주장했지만 반드시 이귀와 같지는 않았을 것"이라고 정면 비판했다. 그리고 윤황은 "국사가 이지경에 이른 것은 이귀와 최명길의 죄입니다"라고 말했다.

당시 조정 신하 대부분의 의견을 대변한 윤황은 전형적인 주전론자로 그 후에도 주화를 반대하며 이귀·최명길 등 주화론자의 유배를 청하고, 항장(降將)은 참할 것을 주장했다. 그런데 주화는 항복이라고 했다가 왕의 노여움을 사서 삭탈관직되어 유배의 명을 받았으나 삼사(三司)의 구원으로 화를 면했다.

이듬해 다시 사간이 되었고 길주 목사·안변 부사·사성·승지·대사성 등을 거쳐 1635년 대사간에 이르렀다. 1636년 병자호란이 일어나자 정묘호란 때와 같이 척화를 주장하다가, 집의 채유후(蔡裕後), 부제학 전식(全湜)의 탄핵을 받았다. 특히 전식이 쓸데없는 논의로 나라를 그르친 죄를 청하자, 인조 또한 "부박(浮薄)한 풍습은 통렬히 징계해 다스리지 않을 수 없어 이에 죄를 정한다"라고 하여, 영동군에 유배되었고 그 후 풀려나 고향에서 죽었다.

이때부터 시작된 "최명길=진회"라는 등식은 이후 병자호란을 거쳐 그가 죽은 한참 이후까지 꼬리표처럼 따라붙었다. 병자호란이 터지려 하자 최명길은 다시 강화를 주장했고 이에 척화론자 홍문관 부교리 윤집은 소를 올려 최명길을 비판했다. 여기에도 최명길=진회 등식이 나온다.

국정을 도모하는 것은 귓속말로 하는 것이 아니고 군신 간에는 밀어(密語)하는 의리가 없는 것입니다. 의로운 일이라면 1,000만 명이 참석하여 듣더라도 무엇이 해로울 것이 있으며 만일 의롭지 못한 것이라면 아무리 은밀한 곳에서 하더라도 부끄러운 것이니 비밀로 한다 하더라도 무슨 이익이 있겠습니까?

아, 옛날 화의를 주장한 자 중에 진회보다 더한 사람이 없는데 당시에 그가 한 언어와 사적(事迹)이 사관(史官)의 필주(筆誅-비판)를 피할 수 없었으니, 비록 크게 간악한 진회로서도 감히 사관을 물리치지 못한 것은 명확합니다. 대체로 진회로서도 감히 하지 못한 짓을 최명길이 차마 했으니 전하의 죄인이 될 뿐 아니라 진회의 죄인이기도 합니다.

최명길이 인조와 독대를 통해 주화론을 밀어붙인 것을 비판하는 것이다.

진회는 왜 이렇게 비난의 대상이 됐는가

진회는 남송 사람으로 휘종(徽宗) 정화(政和) 5년(1115년) 진사 시험에 합격하고, 정강(靖康) 2년(1127년) 금나라 군대가 장방창(張邦昌)을 세우는 것을 반대하는 글을 올렸다가 휘종과 흠종 두 황제를 따라 포로로 금나라에 갔는데, 나중에 금나라 임금의 동생 달라(撻懶)를 신뢰하게 되었다. 고종(高宗) 건염(建炎) 4년(1130년) 배를 빼앗아 돌아왔다. 소흥(紹興) 원년(1131년) 참지정사(參知政事)에 올랐다가 곧 재상이 되었다.

다음 해 탄핵을 받아 낙직(落職)했다가 8년(1138년) 복귀했다. 이후 19년을 집정하면서 장준(張浚)과 조정(趙鼎)을 유배 보내고, 한세충(韓世忠)·악비·장준(張俊) 세 장수의 병권(兵權)을 회수하고, 악비를 살해했다. 사사롭게 당을 만들어 자신과 의견이 다른 사람은 배척하고, 여러 차례 대옥(大獄)을 일으켜 한때 충신양장(忠臣良將)의 씨가 말라버렸다.

12년(1142년) 회하(淮河)와 진령산맥(秦嶺山脈)을 잇는 선을 국경으로 하여, 금나라와 남송이 중국을 남북으로 나누어 점유하기로 합의했다. 그 조건으로 송나라는 금나라에 대하여 신하의 예를 취하고, 세폐(歲幣)를 바쳤다. 이를 소흥화의(紹興和議)라 부른다.

유능한 관리였지만 정권 유지를 위해 '문자옥(文字獄)'을 일으켜 반대파를 억압했기 때문에 민족주의와 이상주의를 내세운 후세의 주자학파(朱子學派)로부터 혹독한 비난을 받았다. 그의 손에 옥사(獄死)한 악비가 민족의 영웅으로 존경받는 데 반해 그에게는 간신(奸臣)이라는 낙인이 찍혀 있다.

여기서 우리가 관심을 가져야 할 사항은 두 가지다. 하나는 오랑캐를 대처함에 진회는 주화론을 통해 나라를 보전했다는 사실이다. 이는 고스란히 후금 그리고 청나라와 조선 관계에 그대로 대입된다.

그보다 더 중요한 점은 양면적 평가가 가능할 수 있는 진회의 대처에 대해 다름 아닌 주희를 통한 일방적 평가가 이뤄졌고 그것이 조선에도 그대로 유입돼 주전파의 핵심 논거가 됐다는 사실이다. 그동안 우리 학계에서는 이 연결고리를 소홀히 했다. 그 바람에 주전-주화 논쟁에 담긴 주자학적 함의를 전혀 비판적으로 읽어내지 못했다.

실제로 최명길의 학문 수련을 살펴보면 조선 내 정통 주자학자들과는 딴 길을 걸었음을 알 수 있다.

최명길은 스승 신흠에게 학문을 배웠다. 신흠은 주자학자이면서도 폭넓은 공부를 했다. 무엇보다 신흠은『주역』에 정통했는데 그는 주희의 상수역학을 버리고 정이천의 의리역학을 따랐다.

최명길은 스스로 젊어서『주역』을 수천 번 반복해서 읽었다고 털어놓기도 했다. 게다가 최명길은 한때 양명학에도 관심을 쏟았다. 이런 학력을 감안할 때 최명길은 애초부터 명분에 사로잡히는 주자학도가 아니었고 실용주의자였음을 알 수 있다.

진회에 대한 평가도 시대에 따라 바뀌어왔다. 예를 들면 진회의 노력이 있었기에 왕조가 망하지 않고 150년 동안 존속될 수 있었다는 지적이 그것이다. 오히려 남송을 유린했던 금나라가 남송보다 50년 먼저 망했다.

특히 오늘날 도광양회(韜光養晦), 즉 실력이 모자랄 때는 예리함을 숨기고 남몰래 실력을 기른다는 관점에서 보자면 진회나 최명길은 재평가되지 않을 수 없다.

주전파 김상헌의 부상

김상헌은 반정으로 발탁된 이후 청서파 영수로서 이조참의·도승지·판서 등을 두루 지냈고 1632년(인조 10년)에는 인조가 생부를 원종(元宗)으로 추존하는 데 반대해 벼슬에서 물러났다. 그래서 정묘호란 때는 딱히 최명길과 충돌할 일은 없었다.

그러나 예조판서로 있던 1636년(인조 14년)에 병자호란이 일어나자 예조판서로서 주화론을 배척하고 주전론을 주창하는 선봉에 선다. 이해 12월 17일 자 『인조실록』이다.

예조판서 김상헌이 청대해 화의(和議)의 부당함을 극언하니 상이 용모를 바르게 했다.

이듬해 남한산성에서 버티던 인조는 마침내 청나라에 항복을 결심하고 글을 지어 올리게 했다. 1637년(인조 15년) 1월 18일 자다. 유명한 장면이 나오는 바로 그날이다. 조선 최대 굴욕의 날이기도 하다.

대신이 문서(文書)를 품정(稟定)했다. 상이 대신들을 인견하고 하교해 말했다.
"문서를 제술(製述)한 사람도 들어오게 하라."
상이 문서 열람을 마치고 최명길을 불러 앞으로 나오게 한 뒤 온당하지 않은 곳을 감정(勘定)하게 했다.
이경증(李景曾)이 아뢰어 말했다.
"군부(君父)를 모시고 외로운 성에 들어와 이토록 위급하게 되었으니, 오늘날의 일에 누가 다른 의견을 내겠습니까. 다만 이 일은 바로 국가의 막중한 조치인데 어떻게 비밀스럽게 할 수 있겠습니까? 대간, 2품 이상을 불러 분명하게 유시하는 것이 어떻겠습니까?"

상이 일러 말했다.

"사람들의 마음은 성실성이 부족하여 속마음과 말이 다르다. 나랏일을 이 지경으로 만든 것도 이 때문이니, 이 점이 염려스럽다."

김류가 아뢰었다.

"설령 다른 의논이 있더라도 상관할 것이 없습니다."

상이 일러 말했다.

"그렇다."

최명길이 마침내 국서(國書)를 가지고 비국(備局-비변사)에 물러가 앉아 다시 수정을 가했는데, 예조판서 김상헌이 밖에서 들어와 그 글을 보고는 통곡하면서 찢어버리고, 이어 입대(入對)하기를 청해 아뢰었다.

"명분이 일단 정해진 뒤에는 적이 반드시 우리에게 군신(君臣)의 의리를 요구할 것이니, 성을 나가는 일을 면하지 못할 것입니다. 그리고 한번 성문을 나서게 되면 또한 북쪽으로 행차하게 되는 치욕을 면하기 어려울 것이니, 군신(羣臣)이 전하를 위하는 계책이 잘못되었습니다. 진실로 의논히는 지의 말과 같이 이성(二聖-인조와 소현세자)이 마침내 겹겹이 포위된 곳에서 빠져나오게만 된다면, 신 또한 어찌 감히 망령되게 소견을 진달하겠습니까? 국서를 찢어 이미 사죄(死罪)를 범했으니, 먼저 신을 주벌하고 다시 더 깊이 생각하소서."

상이 한참 동안이나 탄식하다가 일러 말했다.

"위로는 종사를 위하고 아래로는 부형과 백관을 위하여 어쩔 수 없이 이 일을 하는 것이다. 경의 말이 정대하다는 것을 모르지 않으나 실로 어떻게 할 수 없기 때문에 나온 것이다. 한스러운 것은 일찍 죽지 못하고 오늘날의 일을 보게 된 것뿐이다."

김상헌이 대답했다.

"신이 어리석기 짝이 없지만 성상의 의도가 어디에 있는지는 압니다. 그러나 한번 허락한 뒤에는 모두 저들이 조종하게 될 테니, 아무리 성에서 나가려 하지 않더라도 되지 않을 것입니다. 예로부터 군사가 성 밑에까지 이르고서 그 나라와 임금이 보존된 경우는 없었습니다. 진 무제(晉武帝)나 송 태조(宋太祖)도 제국(諸國)을 후하게 대우했으나 마침내는 사로잡거나 멸망시켰는데, 정강(靖康)의 일(-송나라 흠종 때 금나라 태종이 휘종과 흠종 부자를 비롯해 황족들을 변경(汴京)에서 붙잡아 금나라로 데려간 변란)에 이르러서는 차마 말하지 못하겠습니다. 당시의 제신(諸臣)도 나가서 금(金)나라 왕을 보면 생령을 보전하고 종사를 편안하게 한다는 것으로 말을 했지만, 급기야 사막(沙漠)에 잡혀가게 되자 변경(汴京)에서 죽지 못한 것을 후회했습니다. 이러한 지경에 이르게 되면 전하께서 아무리 후회한들 무슨 소용이 있겠습니까?"

이때 김상헌의 말뜻이 간절하고 측은했으며 말하면서 눈물이 줄을 이었으므로 입시한 제신 중에 울며 눈물을 흘리지 않는 이가 없었다. 세자가 상의 곁에 있으면서 목놓아 우는 소리가 문밖에까지 들렸다. 그 글은 다음과 같다.

"조선 국왕은 삼가 대청국 관온 인성 황제에게 글을 올립니다.【이 밑에 폐하(陛下)라는 두 글자가 있었는데 제신이 간쟁하여 지웠다.】삼가 명지(明旨)를 받들건대 거듭 유시해주셨으니, 간절히 책망하신 것은 바로 지극하게 가르쳐주신 것으로서 추상과 같이 엄한 말 속에 만물을 소생시키는 봄의 기운이 같이 들어 있었습니다.

삼가 생각건대 대국이 위덕(威德)을 멀리 가해주시니 여러 번국(藩國)이 사례해야 마땅하고, 천명과 인심이 돌아갔으니 크나큰 명을 새롭게 가다듬을 때입니다. 소방은 10년 동안 형제의 나라로 있으면서 오히려 거꾸로 운세(運勢)가 일어나는 초기에 죄를 얻었으니, 마음에 돌이켜 생각해볼 때 후회해도 소용없는 결과가 되고 말았습니다. 지금 원하는 것은 단지 마음을 고치고 생각을 바꾸어 구습(舊習)을 말끔히 씻고 온 나라가 명을 받들어 여러 번국과 대등하게 되는 것뿐입니다. 진실로 위태로운 심정을 굽어살피시어 스스로 새로워지도록 허락한다면, 문서(文書)와 예절(禮節)은 당연히 행해야 할 의식(儀式)이 저절로 있으니, 강구하여 시행하는 것이 오늘에 있다고 하겠습니다.

그리고 성에서 나오라고 하신 명이 실로 인자하게 감싸주는 뜻에서 나온 것이긴 합니다만, 생각해보건대 겹겹의 포위가 풀리지 않았고 황제께서 한창 노여워하고 계시는 때이니 이곳에 있으나 성을 나가거나 간에 죽는 것은 마찬가지일 것입니다. 그래서 용정(龍旌)을 우러러보며 반드시 죽고자 하여 자결하려 하니 그 심정이 또한 서글픕니다. 옛날 사람이 성 위에서 천자에게 절했던 것은 대체로 예절도 폐할 수 없지만 군사의 위엄 또한 두려웠기 때문입니다.

그러나 소방의 진정한 소원이 이미 위에서 진달한 것과 같고 보면, 이는 변명도 궁하게 된 것이고 경계할 줄 알게 된 것이며 마음을 기울여 귀순하는 것입니다. 황제께서 바야흐로 만물을 살리는 천지의 마음을 갖고 계신다면, 소방이 어찌 온전히 살려주고 관대하게 길러주는 대상에 포함되지 못할 수가 있겠습니까. 삼가 생각건대 황제의 덕이 하늘과 같아 반드시 불쌍하게 여겨 용서하실 것이기에, 감히 실정을 토로하며 공손히 은혜로운 분부를 기다립니다.'

끝내 인조가 삼전도 굴욕을 당하자 김상헌은 안동으로 은퇴했다. 1639년 청나라가 명나라를 공격하기 위해 요구한 출병에 반대하는 소를 올렸다가 청나라에 압송되어 6년 후 풀려 귀국했다. 1645년 특별히 좌의정에 제수되고, 기로소에 들어갔다.

효종이 즉위해 북벌을 추진할 때 그 이념적 상징으로 '대로(大老)'라고 존경을 받았으며, 김육이 추진하던 대동법에는 반대하고 김집 등 서인계 산림(山林)의 등용을 권고했다.

이를 계기로 김상헌 집안은 노론-벽파로 이어지는 정통 주자학 계통 신하들의 정신적 지주가 되고 훗날 순조비를 배출해 안동 김씨 세도정치의 밑거름을 마련해주게 된다. 김상헌은 효종 3년(1652년) 세상을 떠났는데 졸기(卒記) 일부다

인조반정(仁祖反正)이 있자, 대사간으로서 차자를 올려 '여덟 조짐[八漸]'에 대하여 논한 것이 수천 마디였는데, 말이 매우 강개하고 절실했다. 대사헌으로서, 추숭(追崇)이 예에 어긋난다고 논하여, 엄한 교지를 받고 바로 시골로 돌아갔는데, 오래지 않아 총재(冢宰)와 문형(文衡)에 제수되었다가 상의 뜻을 거슬러 또 물러나 돌아갔다.
병자년 난리에 남한산성에 호종해 들어가, 죽음으로 지켜야 한다는 계책을 힘써 진계했는데, 여러 신료가 세자를 보내 청나라와 화해를 이루기를 청하니, 상헌이 통렬히 배척했다. 출성(出城)의 의논이 결

정되자, 최명길이 항복하는 글을 지었는데, 김상헌이 울며 찢어버리고, 들어가 상을 보고 아뢰었다.

"군신(君臣)은 마땅히 맹세하고 죽음으로 성을 지켜야 합니다. 만에 하나 이루지 못하더라도 돌아가 선왕을 뵙기에 부끄러움이 없을 것입니다."

물러나 엿새 동안 음식을 먹지 아니했다. 또 스스로 목을 매었는데 옆에 있던 사람이 구하여 죽지 않았다.

상이 산성을 내려간 뒤 상헌은 바로 안동(安東) 학가산(鶴駕山) 아래로 돌아가 깊은 골짜기에 몇 칸 초옥을 지어놓고 숨어 목석헌(木石軒)이라 편액을 달아놓고 지냈다. 늘 절실히 개탄스러워하는 마음으로 한밤중까지 잠을 이루지 못했다.

주화파 최명길의 관력(官歷)

청군이 물러간 뒤 최명길은 우의정으로서 흩어진 정사를 수습하는 데 힘을 쏟았다. 이에 국내가 점점 안정되었으며, 가을에 좌의정이 되고 다음 해 영의정에 올랐는데, 그사이 청나라에 사신으로 가서 세폐(歲幣-해마다 바치는 공물)를 줄이고 명나라를 치기 위한 징병 요구를 막았다. 1640년 사임했다가 1642년 가을에 다시 영의정이 되었다.

이때 임경업(林慶業, 1594~1646년) 등이 명나라와의 내통하고 조선의 반청적(反淸的) 움직임이 청나라에 알려져, 다시 청나라에 불려가 김상헌 등과 함께 갇혀 수상으로서 책임을 스스로 당했다. 이후 1645년에 귀국해 계속 인조를 보필하다가 인조 25년(1647년)에 죽었다. 그의 졸기 일부다.

추숭(追崇)과 화의론을 힘써 주장함으로써 청의(淸議)에 버림을 받았다. 남한산성의 변란 때는 척화(斥和)를 주장한 대신을 협박하여 보냄으로써 사감(私感)을 풀었고 환도한 뒤에는 그른 사람들을 등용하여 사류와 알력이 생겼는데 모두 소인으로 지목했다. 그러나 위급한 경우를 만나면 앞장서서 피하지 않았고 일에 임하면 칼로 쪼개듯 분명히 처리하여 미칠 사람이 없었으니, 역시 한 시대를 구제한 재상이라 하겠다. 졸하자 상이 조회에 나와 탄식하기를 "최상(崔相)은 재주가 많고 진심으로 국사를 보필했는데 불행하게도 이 지경에 이르렀으니 진실로 애석하다"라고 했다.

『인조실록』은 효종 때 편찬됐다. 김상헌과 달리 분량도 매우 짧고 내용도 야박한 것은 효종 때 권력과 붓을 잡은 신하들이 모두 김상헌 계열이었기 때문이다.

제4부

탕평의 실패

제17장

효종 때 본격
산림 정치 시대가 열리다

인조 말기 당쟁 상황

이건창은 『당의통략』에서 인조 말기 당쟁 상황을 이렇게 정리했다.

인조 말년에 이르러 또 원당·낙당·산당·한당이 나누어졌다. 원당
영수는 원평부원군 원두표였고 낙당은 상락부원군 김자점이 영수
였는데, 다 공신이었다. 산당은 김집이 영수였는데 송준길과 송시열
이 보좌했으며 모두 충청도 연산(連山) 회덕(懷德)의 산림 속 사람들
이므로 산당이라고 일컬었다. 힌당은 김육과 신면(申冕, 1607~1652년)
이 영수였는데 한강 변에 살고 있어 한당이라고 이름했다.

원두표는 인조반정 2등 공신으로 공서에 속해 김상헌이 이끄는 청
서를 탄압했고 그 후에 공서가 정권을 장악하자 같은 공서의 김자점
과 권력을 다퉈 원당과 낙당이 분립하게 되었다.

김자점은 인조반정에 참여했고 정치적 부침을 겪기는 했지만 인조 말 좌의정에 올랐다. 인조를 부추겨 소현세자를 죽이는 데 결정적 역할을 했고 세자빈 강씨를 죽이는 데도 일조했다.

그러나 후원자 인조가 죽고 효종이 즉위하자 홍천으로 유배됐고 이에 청나라를 끌어들여 역모를 꾸미다가 아들 김익과 함께 복주(伏誅) 당했다. 전형적인 권간(權奸)이었다.

김집은 서인의 대부 김장생의 아들로 인조 때는 관직 임명에도 불구하고 대부분 나아가지 않았고 효종이 즉위하자 김상헌의 특정에 따라 이조판서에 임명됐다. 문과를 거치지 않은 산림이 조정에 중용되기 시작한 시발점이 된 것이다. 그러나 그는 중앙정치에는 얼마 머물지 않았다. 그는 무엇보다 서인의 핵심으로서 송익필-김장생으로 이어지는 계보를 송시열에 잇는 역할을 했다.

김육은 서인이면서도 학자형보다는 관료형이었고 이념형보다는 실무형이었다. 그는 화폐 유통, 수레 보급, 시헌력(時憲曆) 제정 등에 관심을 쏟았고 효종 때 우의정에 올라 대동법을 확장 시행 등에 적극 노력했다. 이로 인해 대동법에 반대하는 김집과 충돌했는데, 이는 산당과 한당의 오랜 대립으로 이어졌다. 이 갈등은 현종을 거쳐 숙종 때까지 이어지게 된다.

효종 즉위가 갖는 의미

효종(孝宗, 1619~1659년)은 인조와 인열왕후(仁烈王后) 한씨(韓氏) 사이에서 소현세자에 이어 둘째 아들로 태어났으며 당초 왕위에 오를 수 없는 봉림대군(鳳林大君)이었다. 1636년 병자호란이 일어나자 이듬해 세자와 함께 청나라에 볼모로 잡혀가 8년 동안 머물렀다. 이로 인해 청나라에 대한 원한이 깊었다.

1645년 소현세자가 의문의 죽음을 당하자 세자로 책봉됐고 1649년 인조가 죽자 왕위를 뒤이었다. 그는 즉위하자마자 낙당 김자점 세력을 제거하고 청서파를 중용했으며 신하들과 함께 비밀리에 북벌 계획을 추구했다. 실제로 그는 북벌을 지지하는 원두표를 병조판서에 임명하고 이완(李浣, 1602~1674년)을 훈련대장으로 임명해 군사력 증강에 힘을 쏟았다.

그러나 이때는 청나라가 국위를 떨치던 때라 북벌은 엄두도 못 냈고 오히려 1654년 청나라가 러시아와 충돌하자 청나라 강요로 러시아 정벌에 동원되기도 했다. 이른바 나선정벌(羅禪征伐)이다. 두 차례 정벌에 조선군은 각각 150명, 260명이 참전했다.

대동법을 둘러싸고 김육의 한당과 김집의 산당이 충돌하다

대동법이란 한마디로 화폐제도가 제대로 정착되지 못한 결과였다. 조선은 나라 재용의 기반을 전세(田稅) 이외에 공물과 진상 그리고 잡역에 두고 있었다. 문제는 공물과 진상이었는데 이를 곡물로 대신하자는 것이 대동법의 골자다.

선조 때 일시적으로나마 대공수미법(代貢收米法)이 실시되어 백성의 고통을 덜어주었고 남인 이원익(李元翼)이 광해군 초에 선혜(宣惠)라는 이름으로 경기도에 처음 시행하기도 했다. 그 후 강원도에서도 시행했다.

이런 흐름 속에서 효종이 즉위하고 김육을 우의정에 기용하자 김집을 비롯한 산당은 반대 입장을 분명히 했다. 효종이 집권 초 산당보다 한당을 가까이 한 이유는 바로 소현세자의 죽음 때문이다. 이들은 특히 세자빈 강씨의 죽음에 대해 원한을 갖고 있었고 나아가 강빈 신원을 요구하기도 했다. 그러니 효종으로서는 김집이 이끄는 산당에 대해 거리를 둘 수밖에 없었다. 효종은 즉위하자마자 김육을 우의정에 임명했고 즉위년(1649년) 11월 5일 김육은 호서와 호남 지방에 대동법을 확대 실시할 것을 건의했다.

당시 김육이 올린 소(疏)의 일부다.

대동법(大同法)은 역(役)을 고르게 하여 백성을 편안케 하기 위한 것이니 실로 시대를 구할 수 있는 좋은 계책입니다. 비록 여러 도(道)에 두루 행하지는 못하더라도 기전(畿甸)과 관동(關東)에 이미 시행하여 힘을 얻었으니 만약 또 양호(兩湖) 지방에서 시행하면 백성을 편안케 하고 나라에 도움이 되는 방도로 이것보다 더 큰 것이 없습니다. 졸곡(卒哭) 후에 바로 의논했어야 했는데 객사(客使)가 마침 이르러 와서 아직까지 미루고 있었습니다. 지금은 객사가 이미 갔는데도 묘당(廟堂)의 논의가 조용해 들리지 않으니, 신은 못내 괴이하게 여깁니다. 만약 신이 나오기를 기다려 회의하려고 했다면 신은 불행하게도 병으로 누워 있으니 역시 일을 그르친 죽을 죄입니다.

신이 이 일에 급급한 것은 이 일은 즉위하신 초기에 시행하여야지 흉년이 들면 또 시행하기가 어렵습니다. 그런데 세운(歲運)이 조금 풍년이 들었으니 이는 하늘이 편리함을 빌려준 것입니다. 명년의 역사를 겨울 전에 의논해 정하여아 시행힐 수 있습니다. 신이 미치지 못할까 염려하는 것은 이 때문입니다. 신으로 하여금 나와서 회의하게 하더라도 말할 바는 이에 불과하니, 말이 혹 쓰이게 되면 백성의 다행이요, 만일 채택할 것이 없다면 다만 한 노망한 사람이 일을 잘못 헤아린 것이니, 그런 재상을 어디에 쓰겠습니까?

김육은 직을 걸고 대동법을 건의하고 있다. 효종도 이 사안의 본질을 꿰뚫고 있었다. 여러 신하를 불러 의견을 물어보니 편리하다는 의견과 불편하다는 의견이 갈렸다.

이에 효종이 말했다.

대동법을 시행하면 대호(大戶)가 원망하고, 시행하지 않으면 소민이 원망한다고 하는데, 원망하는 대소가 어떠한가?

이에 모두 "소민의 원망이 큽니다"라고 말했다. 그럼에도 대동법은 바로 시행되지 않았다. 김육은 대동법을 실시하지 않으려면 자신을 파직하라고 정면으로 맞섰다. 그러나 효종은 김육을 파직하지 않으면서 대동법 시행의 결단을 미뤘다. 이유는 김집·송준길·송시열이 반대했기 때문이다.

『효종실록』 1년(1650년) 1월 13일 기록이다. 여기서 김육은 유명한 '삼불가퇴론(三不可退論)'과 '삼불가불퇴론(三不可不退論)'을 제시한다.

우의정 김육이 조상들의 묘를 성묘하기 위하여 양주(楊州)로 물러갔다. 이보다 앞서 김육이 대동법(大同法)을 시행할 것을 청하자, 상이 이조판서 김집에게 물으니, 김집은 시행하는 것이 불가하다고 하고, 또 건의하여 원로 대신에게 인재를 물어 차례에 구애받지 말고 등용하기를 청했는데 이에 김육이 소를 올렸다.

"인재를 등용하는 권한은 인주(人主-임금)의 대병(大柄)이므로 아래에서 마음대로 해서는 안 됩니다."

이로 인해서 두 사람이 화합하지 못했는데, 그 뒤로 김육은 여러 번 상소하여 사직을 청하면서 아뢰어 말했다.

"신하가 임금을 섬기는 도리는 진퇴가 분명하고 그 마음에 변함이 없어야 할 뿐입니다. 나아가야 할 때 물러나는 것은 잘못이며, 물러가야 할 때 나아가는 것도 잘못입니다. 미관말직에 있는 자도 오히려 그러해야 하는데, 더구나 대신의 반열에 있는 자이겠습니까.

대체로 물러가서는 안 되는 경우가 셋이며, 물러가지 않으면 안 되는 경우가 셋입니다. 이를테면 자신에게 국가의 안위가 걸려 있어 국가의 존망에 관계된 자가 첫째요, 산림(山林)에서 와서 덕망이 세상을 덮는 자가 둘째요, 나이가 젊고 근력이 있어 국사를 담당할 만한 자가 셋째이니 이상은 물러가서는 안 되는 경우입니다.

그리고 자신이 분명히 일 만큼 재덕(才德)이 부족한 경우가 첫째요, 나이가 이미 많고 노쇠하여 치료하기 어려운 병을 지닌 자가 둘째며, 남의 비웃음이나 당하며 쓰이기에는 부적합한 말을 하는 자가 셋째이니, 이는 물러가지 않으면 안 되는 경우입니다.

이제 신은 분에 넘치는 은총으로 치사(致仕)할 나이가 넘었으니 물러가야 하겠습니까, 물러가지 않아야 하겠습니까? 옛사람을 들어 말하건대 자신에게 국가의 존망이 걸린 한(漢)의 제갈량(諸葛亮)이나 백성의 인망이 간절했던 진(晉)의 사안석(謝安石)이나 나이가 노쇠하지 않았던 송(宋)의 문천상(文天祥)의 경우와, 참람되지만 비교해본다면, 하늘을 나는 봉새와 땅속 벌레의 차이 정도일 뿐만이 아니며, 시세의 어려움도 한(漢)이나 진(晉)·송(宋)의 경우와도 다릅니다. 조금이라도 그대로 나아가야 할 도리가 어디에 있습니까? 삼가 바라건대 성명께서는 속히 치사를 허락하여주소서."

사실상 김집과 자기 중에서 한 사람을 고르라는 압박이었다. 결국 21일 김집은 김육과의 마찰로 인해 판서직을 버리고 고향 연산으로 돌아갔다. 이에 김장생 문인 영의정 이경석(李景奭, 1595~1671년)이 나섰다. 병자호란 직후 삼전도 비문을 지은 그 이경석이다. 28일에 올린 그의 소 일부다.

대동법(大同法)은 본래 백성을 편리하게 하기 위한 것이니, 널리 많은 사람의 의견을 들어보고자 하는 것은 상세하고 신중하게 하려는 데 목적이 있는 것으로 당초 고의로 모나게 반대하려고 한 것이 아닙니다. 그런데 말이 돌고 도는 과정에서 동료 재상이 인피(引避)하는 말이 될 줄이야 어찌 생각이나 했겠습니까? 결국 이조판서가 낭패스러워 돌아가기에 이르렀는데, 신도 동료 재상(-김육)에게 다른 뜻이 없었다는 것을 압니다만, 이조판서로서야 어찌 떠나지 않을 수 있었겠습니까!

대동법에 대해서는 원두표도 반대했다. 효종 2년(1651년) 8월 3일 영의정에 오른 김육이 원두표를 겨냥해 효종 앞에서 공격했다.

호조판서 원두표는 본래 남을 이기기 좋아하는 병통이 있어 자기 마음에 싫은 것은 반드시 하지 않으려고 합니다. 어찌 다른 사람이 없기에 이 사람으로 하여금 오래도록 재리(財利)의 권한을 전담하게 하십니까? 대동법에 대한 의논이 있으면서부터 한번도 신을 직접 찾아와 의논한 적이 없었습니다. 체통이 이처럼 무너지고서야 무슨 일을 할 수 있겠습니까.

결국 3년 후인 1654년 김육·조익 등 대동법 실시론자들이 승리를 거둬 충청도에도 대동법을 실시했고 각 도로 점차 확대되어 나갔다. 효종 9년(1658년) 9월 5일 그가 세상을 떠나자 실록은 이런 졸기(卒記)를 남겼다.

사람됨이 강인하고 과단성이 있으며 품행이 단정·정확하고, 나라를 위한 정성을 천성으로 타고나 일을 당하면 할 말을 다 하여 기휘(忌諱)를 피하지 않았다.

병자년에 연경에 사신으로 갔다가 우리나라가 외국 군사의 침입을 받는다는 말을 듣고 밤낮으로 통곡하니 중국 사람들이 의롭게 여겼다. 평소에 백성을 잘 다스리는 것을 자신의 임무로 여겼는데 정승이 되자 새로 시행한 것이 많았다.

양호(兩湖)의 대동법은 그가 건의한 것이다. 다만 자신감이 너무 지나쳐서 처음 대동법을 의논할 때 김집과 의견이 맞지 않자 김육이 불평을 품고 여러 번 상소하여 김집을 공격하니 사람들이 단점으로 여겼다.

그가 죽자 상이 탄식하기를 "어떻게 하면 국사를 담당하여 김육과 같이 확고하여 흔들리지 않는 사람을 얻을 수 있겠는가?"라고 했다. 나이는 79세였다. 그의 차자 김우명(金佑明, 1619~1675년)이 세자(-홋날의 현종)의 국구(國舅)로서 청풍부원군(淸風府院君)에 봉해졌다.

서인 지도자로 떠오르는 '산림(山林)' 송시열

인조·효종 때 서인과 남인에서는 각기 당론을 주도할 큰 인물들이 성장하고 있었다. 서인에서는 송시열이, 남인에서는 윤선도가 바로 그 주인공들이었다.

송시열은 8세 때부터 친척인 송준길 집에서 함께 공부하게 되어 훗날 양송(兩宋)으로 불리는 특별한 교분을 맺게 되었다. 12세 때 아버지로부터 『격몽요결』·『기묘록(己卯錄)』 등을 배우면서 주자·이이·조광조 등을 흠모하도록 가르침을 받았다.

김장생 문하에서 학문 연마에 몰두하던 송시열은 1631년(인조 9년) 스승 김장생이 세상을 떠나자 김집에게서 계속 성리학과 예학의 세계관을 갈고닦았다. 그리고 스물일곱 살 되던 인조 11년(1633년) 송시열은 생원시에 장원으로 급제해 그해 10월 성종의 아버지인 의경세자(훗날 성종에 의해 덕종으로 추존)의 능인 경릉(敬陵) 참봉에 제수되었으나 곧바로 사직했다. 이미 조정에서는 송시열의 학문적 깊이에 대한 소문이 자자했다.

2년 후인 1635년(인조 13년) 송시열은 대군(大君) 사부로 임명되어 봉림대군의 학문 연마를 책임지게 된다. 물론 세자의 사부가 정1품이고 세손의 사부가 종1품인 데 비하면 그의 관직은 종9품이었으니 여전히 참봉 수준이었지만 그래도 일국의 대군을 가르친다는 것은 여간

송시열

명예가 아니었다.

송시열을 대군 사부로 추천한 인물은 다름 아닌 김장생의 제자이자 그런 점에서 송시열의 선배이기도 했던 최명길이었다.

당시 송시열은 스물아홉, 봉림대군은 열일곱이었다. 봉림대군은 훗날 효종으로 숙종의 할아버지다. 그때만 해도 소현세자가 건재했으므로 누구도 봉림대군이 인조의 뒤를 이어 왕위를 계승하게 될 것이라고는 생각지 못했다.

6개월 정도밖에 안 되지만 송시열이 대군 사부를 맡았던 일은 그가 봉림대군과 깊은 인연을 맺었다는 사실 이외에도 그 관직으로 인해 송시열이 인조의 삼전도 굴욕을 직접 눈으로 목격하게 된다는 점에서 깊은 의미가 있었다. 게다가 훗날 소현세자가 아닌 봉림대군이 왕위에 오르면서 6개월 '대군 사부'의 파장은 끝모르게 확장된다.

병자호란이 일어났을 때 송시열은 봉림대군의 사부였다. 당시 봉림대군은 인조의 비빈들과 함께 강화도로 피신을 하지만 송시열은 인조의 파천 행렬을 따라 남한산성에 함께 들어갔다. 그래서 청년 송시열은 45일 동안 남한산성에 머물면서 인조의 모든 것을 가까이에서 살필 수 있었다.

산성으로 피해 들어간 지 열흘째 되던 12월 24일 겨울비가 하염없이 내리는 가운데 인조는 세자와 함께 너른 마당 한가운데에 섰다. 하늘에 죄를 빌기 위함이었다.

오늘 이 지경에 이른 것은 저희 부자가 죄를 지은 때문입니다. 성안의 군사나 백성이야 무슨 죄가 있습니까? 하늘이 재앙을 내리시려거든 저희 부자에게 내리시고, 모든 백성을 살려주시옵소서!

이 광경을 송시열은 어떤 마음으로 지켜보
았을까? 최종적으로는 인조가 청나라 태종 앞
에 머리를 조아리며 신하의 예를 올리는 것까
지 두 눈으로 똑똑히 목격해야 했다. 송시열의
남한산성·삼전도 체험은 인조에 대한 측은과
충성보다는 국가적 치욕에 따른 분노를 자아

윤휴

냈던 것으로 보인다.

　당시 송시열의 솔직한 심정은 병자호란 직후 속리산 복천사에서
윤휴(尹鑴, 1617~1680년)를 만나 통곡을 하면서 나눈 대화에서 그대로
드러난다. 훗날 자신과 최악의 정적이 되는 바로 그 윤휴다.

　혹시 우리가 정치를 하게 될 경우 결코 오늘의 치욕을 잊지 말자.

　청년 송시열에게 조선의 패배와 인조의 굴욕이 준 충격은 이루 말
할 수 없었다. '이것이 무슨 나라라고 할 수 있는가?' 어쩌면 그때부터
이미 송시열은 정신적으로는 망명을 해버렸는지 모른다.

　병자호란이 끝난 후 인조는 허물어진 체통, 즉 정당성 확보를 위해
송시열이나 송준길 같은 산림의 인사들을 조정에 끌어들이려고 무진
애를 썼다. 송시열의 경우에도 여러 차례 관직을 제수하여 조정에 출
사해줄 것을 요청받았다. 인조 22년과 23년에는 인조가 송시열과 송
준길에게 정5품직인 사헌부 지평을 제수하며 조정 참여를 권했으나
두 사람은 단호하게 거부했다.

　이 점에서 '양송'은 스승 김장생과 비슷한 경로를 걷는다. 조정의
관직 권유와 단호한 거부가 반복되면서 두 사람의 관직은 계속 높아

만 갔고 더불어 산림에서의 명성 또한 하늘을 찌르고 남을 정도였다. 이미 조선이라는 나라는 송시열과 송준길 같은 인물을 끌어안기에는 구조적으로 취약성을 드러내고 있었다는 뜻이기도 하다. 그러나 양송은 정치와 '절연'하는 입장은 결코 아니었다. 오히려 자신들의 뜻은 오로지 현실 정치를 통해서만 실현할 수 있다는 관점을 한순간도 버리지 않았다. 그런 점에서 송시열은 이황과는 확연하게 구별된다.

남인의 예봉(銳鋒) 윤선도

우리에게 전라도 해남 보길도를 배경으로 지은 「어부사시사(漁父四時詞)」로 유명한 윤선도는 그 흔한 졸기(卒記) 하나 없다. 『현종개수실록(顯宗改修實錄)』에 "윤선도가 죽었다[尹善道死]"가 전부이다. 1680년(숙종 6년) 경신대출척으로 서인이 남인을 숙청하고 정권을 잡자 판교(判校) 정감(鄭勘)의 건의로 실록개수청(實錄改修廳)을 설치하고 개수에 착수했다. 즉 3년 전에 편찬한 『현종실록』이 숙종의 독촉으로 불과 서너 달 만에 급급히 편찬되어 기사에 착란(錯亂)·소략(疎略)한 부분이 많고, 또 남인 주도로 편찬했기 때문에 서인에 대해 편파적으로 기술한 부분이 적지 않다는 지적 때문이다.

그런데 남인이 편찬했다는 『현종실록』에도 그의 졸기는 없다. 아마도 관직이 판서에 오르지 못해서였기 때문일지 모른다. 그렇다면 『현종개수실록』에 "윤선도가 죽었다[尹善道死]"라고 기록한 것은 훗날 윤선도가 제시한 예론이 서인으로서는 너무 아팠기 때문인지 모른다.

윤선도는 성균관 유생이던 광해군 8년(1616년) 당시 권력자인 이이첨·박승종·유희분 등을 규탄하는 병진소(丙辰疏)를 올렸다. 이로 인해 함경도 경원으로 유배됐다. 인조반정으로 이이첨 등이 처형되자 유배에서 풀려나 의금부도사에 제수되었으나 석 달 만에 사직하고 고향 해남으로 내려갔다.

1628년(인조 6년) 별시문과(別試文科) 초시에 장원으로 합격해 봉림대군(鳳林大君)·인평대군(麟坪大君)의 스승이 됐다. 그 당시 법률로 대군의 사부(師傅)는 관직을 겸할 수 없음에도 특명으로 공조좌랑(工曹佐郞)·형조정랑(刑曹正郞)·한성부서윤(漢城府庶尹) 등을 5년간 역임했다. 1633년(인조 11년) 문과에 급제한 뒤 예조정랑(禮曹正郞)·사헌부지평(司憲府持平) 등을 지냈다.

그러나 이듬해 강석기의 모함으로 경상도 성산(星山) 현감(縣監)으로 좌천된 뒤, 이듬해 파직됐다. 그 뒤 해남에서 병자호란으로 왕이 항복했다는 소식을 접하자 보길도(甫吉島)에 은거했다. 그로부터 10년 동안 한가로운 은거 생활을 했고「어부사시사」를 지은 것도 이때였다.

1657년(효종 8년) 71세에 다시 벼슬길에 올라 동부승지에 이르렀으나 송시열과 맞서다 관직에서 쫓겨났다. 이 무렵 「시무팔조소(時務八條疏)」와 「논원두표소(論元斗杓疏)」를 올려 왕권의 확립을 강력히 주장했다. 1659년 효종이 죽자 예론문제(禮論問題)로 서인과 맞서다가 삼수에 유배됐다. 1667년(현종 8년) 풀려나 부용동에서 살다가 그곳 낙서재에서 85세로 죽었다.

윤선도는 성품이 직선적이고 과격했지만, 재주가 많고 특히 예학과 풍수에 조예가 깊었다. 또한 남인으로서 당성도 강해 정면으로 왕권 강화를 일관되게 주장했다. 서인으로서는 걸림돌이 아닐 수 없었다.

효종 9년(1658년) 7월 25일 도승지 김좌명(金佐明, 1616~1671년)이 효

종에게 아뢰었다. 김좌명은 김육의 아들로 앞서 언급한 김우명 형이다. 훗날 숙종의 정치적 대부 역할을 하는 김석주(金錫冑, 1634~1684년)가 바로 김좌명 아들이다.

엊그제 윤선도가 소를 올리려고 정원에 왔었는데 말이 매우 많았습니다. 대체로 정개청을 신원하려는 것으로서 정철·김장생·박순의 이름을 두루 들추어내고 또 정개청이 지은 배절의론(排節義論)과 국청에서 공초한 말을 베껴 넣고 또 송준길·이단상(李端相)의 일을 거론하면서 이단상의 아버지까지 욕했습니다. 이같이 괴상하고 망령된 소는 평시라 하더라도 입계할 수 없는 것인데, 더구나 전하께서 편찮으시기 때문에 누차 물리쳤습니다.

정개청은 동인 계통의 인물로 예학과 성리학에 조예가 깊어 호남 지방을 대표하는 명유로 알려져 있었다. 벼슬은 동인 정승 이산해의 천거로 곡성 현감을 지내는 데 그쳤다.

그는 1589년 정여립의 난 때 연루자 색출이 지방 선비들까지 확대되는 와중에 1590년 5월 정여립과 동모했다는 죄목으로 체포되어 평안도 위원으로 유배되었다가 다시 같은 해 6월 함경도 경원 아산보(阿山堡)로 이배되고, 7월 그곳에서 죽었다.

그가 역사에 이름을 남기게 된 것은 기축옥사에 피화된 뒤 400여 명에 이르는 그의 제자들이 신원 운동을 치열히 전개했을 뿐만 아니라, 1616년(광해군 8년) 그를 봉사하는 자산서원(紫山書院)을 전라도 무안 엄담에 건립한 뒤 1694년(숙종 20년)까지 집권 세력의 당색에 따라 몇 차례 치폐(置廢)를 반복해 서원과 당쟁의 연계라는 드문 예를 보여주었기 때문이다. 자산서원 치폐는 남인 집권 시에 건립·복설되고, 서인 집권 시에는 훼철되는 우여곡절을 겪었다.

윤선도가 소를 올리려 했던 것도 이런 문맥 속에 있었던 것으로 보인다. 그러나 현종 시대에 들어 윤선도는 예학, 그중에서도 복제(服制)에 관한 탁견으로 왕실을 옹호하며 송시열이 이끄는 서인에 맞서는 탁월한 이론가로 우뚝 서게 된다.

제18장

현종 때 생사를 건
두 차례 예송(禮訟) 논쟁이 일어나다

효종의 관을 짧게 만든 서인 송시열

1659년(현종 즉위년) 5월 4일 효종이 41세의 나이로 세상을 떠났다. 이어 외아들 현종(顯宗)이 왕위에 올랐다. 이때 그의 나이 19세였다. 그런데 이틀 후 믿을 수 없는 일이 일어났다. 효종의 관을 준비하면서 짧게 만드는 바람에 판자를 구해 덧대어야 하는 사고가 발생한 것이다. 책임자는 송시열이었다. 과연 그 일은 송시열의 실수인가 아니면 의도적 행위인가? 훗날 남인이 편찬한 『현종실록』은 이날의 일에 대해 분명히 책임 소재를 따지고 있다.

신이 삼가 살피건대, 재궁(梓宮-관)제도는 국초부터 정해진 것으로 300년 동안 준용해왔으나 폐단이 없었는데, 지금 척수가 부족하여 판자를 이어서 쓰고 있으니, 이세 어서 무너운 여름철에 베 끈을 매지 않은 소치가 아니겠는가. 심지어 길이까지 부족했으니, 이는 더욱 이치 밖의 일로서 소렴을 잘못했다는 것을 훤히 알 수 있는 것이다. 시열이 예(禮)를 안다고 자처하면서 군부의 상에 일찍이 전고에 없었던 부판으로 된 재궁을 써가면서까지 자기 실정이 탄로날까 봐 염을 다시 할 것을 청하지 않아, 마지막 보내는 대례에 막대한 이변이 있게 했으니, 시열의 죄야말로 이루 다 꾸짖을 수 있겠는가!

태화는 원상으로 있으면서 끈을 매지 않은 것을 보고서도 강력히 다투지 않았고, 척수가 부족함을 보고도 염을 다시 할 것을 청하지 않은 채 앞장서서 부판을 쓰자는 논의를 꺼내 시열의 뜻만을 순종했으니, 그의 마음에는 선왕은 저버릴 수 있어도 시열은 거스를 수 없다고 여긴 것이 아니었겠는가! 비열한 인간이 행여 지위를 잃을세라 걱정하는 꼴이 이 지경에 이르렀으니, 만약 그의 죄를 논하기로 들면 시열보다 덜할 게 별로 없을 것이다. 그런데 그를 황각(黃閣-의정부)에다 30년씩이나 두고 그의 말대로만 따랐으니, 아, 나라가 망하지 않은 것이 다행이다.

그러나 숙종 6년(1680년) 경신대출척으로 서인이 남인을 숙청하고 정권을 잡자 『현종실록』 수정에 들어가 3년 후인 1683년 『현종개수실록』을 완성한다.

같은 날 일에 대해 『현종개수실록』은 이렇게 변명하고 있다.

옥체의 풍위가 보통에 비해 큰 데 대해 재궁은 비록 즉위 초부터 비치했으나 유래의 척도를 따랐을 뿐이었다. 상사를 당해 널을 다루는 날에 이르러서야 비로소 그 길이와 넓이가 부족한 것을 알았다. 다른 재목을 찾아 얻지 못함으로써 부판을 쓰게 된 것은 참으로 부득이한 데서 나온 것인데, 모함하는 자들은 교포를 묶지 않고 염습 고치기를 청하지 않은 것으로 송시열에게 죄를 돌렸다. 또 태화가 맨 처음 부판을 쓸 것을 발론한 것으로 시열의 뜻에 영합하는 것이 라고 말한다.

이것이 당쟁(黨爭)이며 역사 서술에 그대로 반영된다. 그 후 곧바로 시작된 예송 논쟁에서 보여준 송시열의 태도를 감안할 때 이는 단순한 실수가 아니라 의도적 도발로 보는 것이 온당할 것이다.

1차 예송 논쟁, 송시열에 의한 예학의 정치 도구화

효종이 승하하자 곧바로 효종의 모후(계모) 자의대비 조씨의 복상 기간을 3년으로 할 것인가 1년으로 할 것인가에 놓고서 서인과 남인 간에 당론이 갈렸다. 1차 예송 논쟁인 기해예송(己亥禮訟) 논쟁이 시작된 것이다.

복제(服制) 문제가 복잡하게 진행된 이유는 효종이 집안의 사적인 관계로 보면 대비의 둘째 아들인 셈이고, 왕위 계승이라는 면에서 보면 적자가 되므로 어느 쪽으로 보는가에 따라 복을 입는 기간이 달라졌기 때문이다. 사대부들은 『주자가례』를 따르고 왕실은 『국조오례의』를 따르고 있었는데, 『오례의』에 바로 이러한 사례가 없는 것이 문제였다. 그러나 왕실의 경우 『오례의』를 준용하면 그만인 사안이기도 했다.

다만 현실적으로 자의대비가 인조 맏아들 소현세자 상을 당하여 이미 삼년상 상복을 입은 것이 문제라면 문제였다. 이런 상황에서 송시

열이 이끌던 서인은『주자가례』를 따를 것을 주
장했다.『주자가례』에 따르면 부모가 아들을 위
해 상복을 입는 경우, 장자가 죽었을 때는 삼년상
이고 둘째 이하의 아들일 경우에는 기년상이었
다. 그래서 송시열 등은 "효종이 자의대비에게는
둘째 아들인 데다 비록 왕위를 계승했다고는 해

허목

도 적자이면서 장자가 아닌 경우에 해당되어 기년상을 해야 한다"라
고 주장했다.

이에 맞서 허목(許穆, 1595~1682년)이 이끄는 남인은 "효종이 왕위
를 계승했으므로 장자로 대우해 삼년상을 해야 한다"고 주장했다.

1차 예송은 서인들의 주장에 따라 기년복으로 일단락되었고, 윤선
도는 유배를 떠나야 했다. 예송은 표면적으로는 복제 문제였지만 현실
적으로는 서인과 남인의 권력투쟁이었다. 서인은 왕실 무력화를 본격
적으로 시도했고 남인은 반왕당파 서인 세력을 역모로 몰아 제거하려
했다.

이 당시에는 현종이 아직 권력이 튼튼하지 못한 데다가 송시열·송
준길에게 의지하는 바가 컸기 때문에 어쩔 수 없이 왕실을 모독하는
이론에 가까운 송시열의 손을 들어주어야 했다. 현종 말기 그가 2차
예송 논쟁 때 서인을 폐출하려 시도했다는 점에서도 1차 예송 논쟁에
서 서인의 손을 들어준 것은 다소 불가피한 조치였다고 할 것이다.

2차 예송 논쟁, 현종의 뒤늦은 각성과 분노

1차 예송 논쟁으로 조정 신하들이 남인과 서인으로 갈려 예송 문

제로 끝없는 논란을 벌이자 현종은 "만일 다시 복제를 가지고 서로 모함하는 자가 있으면 중형을 쓰리라"고 금지령을 내렸다. 그런데 현종 15년(1674년) 2월 효종의 비이자 현종의 모친인 인선왕후 장씨가 세상을 떠났다.

행인지 불행인지 그때까지 1차 예송 논쟁을 촉발시킨 장본인이었던 인조 계비 자의왕대비가 여전히 생존해 있었다. 1차 예송 논쟁 때는 아들 사망에 따른 복제 문제였다면 이번에는 며느리 사망에 따른 복제 문제였다. 그러나 구조적으로는 동일해 이미 예송 논쟁의 재촉발은 예정된 것이나 마찬가지였다.

1차 때만 해도 현종이 어렸지만, 그사이에 15년이라는 세월이 흘렀다. 현종도 이제 나름의 관점이 있을 때였다.

현종 15년 2월 23일 대비(인선왕후) 장씨가 56세를 일기로 승하했다. 예조판서 조형과 참판 김익경 등은 당초 사흘 후인 2월 26일 자의왕대비 상복과 관련해 기년복을 입어야 한다는 의견을 올렸다. 그것은 곧 대비를 인조의 큰며느리로 본다는 뜻이고 이는 곧 효종도 장자로 본다는 뜻이었다. 그런데 15년 전에 있었던 1차 예송에서는 효종은 사실상 장자가 아닌, 둘째 아들로 간주되어 자의왕대비는 당시 삼년복(참최복)이 아닌 일년복(기년복)을 입은 바 있다. 송시열이 이끄는 서인의 예론에 따른 것이었다. 결과적으로 이번 예조의 의견은 송시열의 예론을 뒤집은 것이다.

문제는 바로 다음날 터진다. 예조에서 자신들의 의견을 스스로 번복하는 입장을 아뢴 것이다.

신들이 어제 복제(服制)의 절목 가운데 왕대비께서 입을 복제에 대해 기년복으로 헤아려 정해 재가를 받았습니다. 그런데 '가례복도(家禮服圖)'와 명나라 제도에 며느리의 복은 기년복과 대공복(大功服-9개월)의 구분이 있었으며, 기해년 국상 때도 왕대비께서 기년복을 입으셨습니다.

이로 본다면 이번 복제는 대공복이라는 게 의심할 것이 없는데, 다급한 사이에 자세히 살피지 못하여 이처럼 경솔히 하다 어긋나게 한 잘못이 있었으니 황공함을 금하지 못하겠습니다.

이에 현종은 일단 "알았다"고 짧게 답한다.

그러나 이미 속으로는 10년 이상 참아왔던 분노의 불길이 타오르고 있었다. 분위기는 이날 기사에 대한 사관의 평을 통해 어느 정도 엿볼 수 있다.

기해년의 복제를 처음 정할 때 송시열이 의논을 수렴하면서 국가의 복제는 기년이라고 핑계 대었는데, 그 뜻은 가공언(賈公彦)의 주소(注疏) 중에서 서자를 세워 후사를 삼았을 경우에 해당하는 설을 위주로 한 것이었다.

이때에 이르러 예조가 애초에 국가의 복제는 기년이라고 의논을 정해 올리자, 당시 선비의 이름으로 행세하며 송시열에게 편당 지은 자들이 송시열의 의논과 크게 차이가 나는 것을 미워해 옥당 사람들에게 편지를 보내 위협하니 예조판서 조형 등이 여론에 죄를 얻을까 두려워서 기년복을 다시 대공복으로 고쳐서 올렸다.

『현종실록』 편찬을 주로 남인이 맡은 것을 감안하더라도 사관의 이 지적은 사실과 크게 다르지 않은 것으로 보인다. 당시 '여론'이란 공론이 아니라 송시열당의 당론 혹은 송시열의 의견이었다.

침착한 성품의 현종은 일단 기년복이냐 대공복이냐를 떠나 대비의 장례 절차에 차질을 빚었다는 이유로 예조판서 조형·참판 김익경·참의 홍주국·정랑 임의도 등을 잡아다가 심문할 것을 명했다. 본질적인 문제는 일단 남겨두고 우회하려는 뜻이었다. 아직은 때가 아니라고 판단한 것이다.

여기서는 조형이 어떤 인물인지 알아둘 필요가 있다. 그가 남인이라면 의도적인 도발을 한 것이고 서인이라면 (서인들의 입장에서 볼 때는) 정말로 어처구니없는 실수를 한 것이기 때문이다. 더욱이 서인이라면 실은 많은 서인이 송시열이 세운 당론과 달리 무의식중에 현종을 장자로 보고 있었다는 뜻이기도 하다는 점에서 조형의 인물됨과 당파는 대단히 중요하다.

경력부터 보자. 조형(趙珩, 1606~1679년)은 승지를 지낸 조희보(趙希輔) 아들로 인조 8년(1630년) 문과에 급제했고 1636년 병자호란 때 남한산성에 들어가 독전어사(督戰御史)가 됐으며, 인조가 환도한 후 병조좌랑에 올랐다.

이후 이조좌랑·승지·충청 감사·대사간·도승지 등을 두루 거쳤으며 이어 형조판서와 공조판서를 거쳐 대사헌을 지냈다. 1665년 의금부 지사·우참찬을 거쳐 이듬해 공조판서·좌참찬·예조판서·의금부판사 등을 거쳐 이때 예조판서로 있다가 고초를 겪게 된 것이다. 이미 이때 그의 나이 70을 바라보고 있었다.

그는 당파와는 일정하게 거리를 두는 입장이었고 굳이 말하자면 대세에 따라 서인 입장을 따르는 편이었다고 할 수 있다. 그러나 당쟁의 시대였다. 어느 한쪽에 온 몸을 던지지 않는 인물들이 설 자리는 거의 없었다. 이는 그가 숙종 5년(1679년) 6월 18일 세상을 떠났을 때 서인 쪽에서 쓴『숙종실록』에 실린 졸기를 보아도 알 수 있다.

전 판서 조형이 졸(卒)했다. 조형이 조금 간약(簡約)하다는 평이 있었으나, 사람됨이 느슨하고 무능하기 때문에 요직에 등용되지 못한 데다 사당(邪黨-남인)들이 그가 일찍이 예론(禮論)에 가담했다 하여 여러 해 동안 폐치했는데, 이때에 와서 죽으니 나이 74세였다. 뒤에 충정(忠貞)이란 시호가 내려졌다.

즉 자신들의 편에 섰음에도 불구하고 자의왕대비의 복제를 처음에 기년제로 올리는 등의 '잘못'을 저지른 데 대해 "사람됨이 느슨하고 무능하다"고 통박하고 그로 인해 훗날 양주에 유배를 가게 된 것 또한 깎아내리고 있다. 조형은 서인과 남인 모두로부터 환영받지 못했던 것이다. 적극적 당파주의자가 아니라는 이유에서였다.

한편 입장을 바꿔 대공복설을 올렸다 하여 훗날 조형과 함께 유배를 가게 되는 참판 김익경(金益炅, 1629~1675년)은 철저한 서인으로 송시열의 문인이었다. 특히 그는 김장생의 셋째 아들 김반의 여섯째 아들로 세자(훗날 숙종)의 장인인 김만기의 아버지 김익겸의 막냇동생이다. 숙종에게는 처작은할아버지였던 셈이다.

자의왕대비의 복제를 둘러싼 논쟁은 조형 등이 유배를 가는 것으로 일단락되는 듯했다. 자의왕대비의 복제는 대공복으로 결정되었다. 적어도 중앙조정에서는 현종이나 중신들도 더 이상 그 문제는 언급하지 않았기 때문이다.

그러나 중대 현안 앞에서 이뤄진 억지스러운 침묵은 더 큰 폭풍우를 부르는 조짐이었다.

일개 유생이 올린 상소가 조정과 국가를 뒤흔들다

인선왕후가 세상을 떠나고 자의왕대비의 복제가 대공복으로 정해져 5개월이 흐른 현종 15년(1674년) 7월 6일 남인 계통의 대구 유생 도신징(都愼徵, 1604~1678년)이 문제의 상소를 올렸다. 이 상소는 남인들의 논리를 일목요연하게 정리해 보여줄 뿐만 아니라 당시 현종 자신의 생각을 거의 그대로 대변하고 있었다.

신이 비록 보잘것없으나 그래도 없어지지 않는 이성이 있으므로 충정에 격동되어 어리석고 미천한 신분을 헤아려보지도 않은 채 천릿길을 달려와 엄한 질책을 받게 되더라도 신의 소견을 말씀드리려고 했습니다.

그런데 나이 60이 넘어 근력이 쇠약한 데다 불꽃 같은 더위를 무릅쓰고 오다가 중도에서 병이 나 지체한 바람에 집에서 떠난 지 한 달이 넘어서야 간신히 도성으로 들어와 보니, 말씀드릴 기회는 벌써 지나 이미 발인한 뒤였습니다. 전하의 지극하신 효성에 감동되어 하늘과 사람이 순조롭게 도와 대례(大禮)를 완전하게 마쳤으니 이는 오늘날의 큰 다행이긴 하나, 후세에 보일 원대한 계책은 아닙니다. 그러나 "지나간 일이므로 말하지 않는다"고 공자가 말씀하셨으므로 지금 이에 대해서는 논하지 않겠고 예(禮)가 잘못된 점만 들어 말씀드리겠습니다.

왕대비께서 인선왕후를 위해 입는 복에 대해 처음에는 기년복으로 정했다가 나중에 대공복으로 고쳤는데 이는 어떤 전례를 따라 한 것입니까? 대체로 큰아들이나 큰며느리를 위해 입는 복은 모두 기년의 제도로 되어 있으니 이는 국조 경전에 기록되어 있는 바입니다. 그리고 기해년 국상 때 왕대비께서 입은 기년복의 제도에 대해서 이미 "국조 전례에 따라 거행한다"고 했는데, 오늘날 정한 대공복은 또 국조 전례에 벗어났으니, 왜 이렇게 전후가 다르단 말입니까.

만약 주공이 제정한 "큰며느리를 위해서는 대공복을 입어준다"는 예에 따라 행했다고 한다면,『주례(周禮)』가운데 "시아버지와 시어머니를 위해서는 기년복을 입고 큰며느리를 위해서는 대공복을 입는다"는 것은 증명할 수 없는 것으로, 모두 후세에서 준행하지 않고 있습니다.

당나라 위징(魏徵)이 건의하여 이 부분을 고쳤고, 송나라 주자도 고전을 모아『가례(家禮)』를 편찬하면서 "큰며느리를 위해서는 기년복을 입어준다"고 했고, 명나라 구준(丘濬)이『가례의절(家禮儀節)』을 편찬할 적에도 변동하지 않고 그대로 따랐습니다. 그리고 본조(-조선)의 선정신(先正臣-옛 명신) 정구(鄭逑)가 만든 오복도(五服圖) 가운데『주례』의 "큰며느리는 대공복을 입어준다"는 것을 버리지 않고 그대로 둔 것은, 의심스러운 것은 그대로 전히 는『춘추』의 예를 지킨 것뿐이지 후세에서 따라 하라고 한 것이 아닙니다.

그러고 보면 큰며느리에게 기년복을 입어주는 것은 역대 여러 선비가 짐작해 정한 것으로서 성인이 나오더라도 개정할 수 없다는 것이 이처럼 명백합니다.

그런데 지금 사사로운 견해로 참작해 가까운 명나라가 제정한 제도를 버리고 저 멀리 삼대(三代)의 옛날 예를 취했으니 전도된 것이 아 닙니까. 더구나 일찍이 국가에서 제정한 예에 따라 기해년에는 큰아 들에게 기년복을 입어주었는데, 반대로 지금에 와서는 국가에서 제 정한 뭇 며느리에게 입어주는 복을 입게 하면서 예경(禮經)에 지장 이 없다고 했으니 그 의리가 후일에 관계됩니다.

왜냐하면 왕대비 위치에서 볼 때 전하가 만일 뭇 며느리한테서 탄 생한 것으로 친다면 전하는 서손(庶孫)이 되는데, 왕대비께서 춘추 가 한이 있어 뒷날 돌아가셨을 경우 전하께서 왕대비를 위해 감히 중대한 대통을 전해 받은 적장손(嫡長孫)으로 자처하지 않을 수 있 겠느냐는 것입니다. 예로부터 지금까지 중대한 대통을 이어받아 종 사의 주인이 되었는데도 적장자나 적장손이 되지 못한 경우가 과연 있었습니까. 전하께서 적장손으로 자처하신다면 양세(兩世)를 위해 복을 입어드리는 의리에 있어서 앞뒤가 다르게 되었으니 천리의 절 문에 어긋나지 않습니까.

무릇 혈기가 있는 사람치고 어느 누가 놀라고 분개하지 않겠습니까. 그런데 안으로는 울분을 품고도 겉으로는 서로가 경계하고 주의시 키면서 아직까지도 누구 하나 전하를 위해 입을 열어 말하는 사람 이 없으니, 이러고도 나라에 사람이 있다고 할 수 있겠습니까. 예라 는 한 글자가 세상 사람들이 기피하는 바가 되어 사람마다 제 몸을 아끼느라 감히 입을 열지 못하더니 더없이 중대하여 말하지 않을 수 없는 이러한 때를 당해서도 일체 침묵을 지키는 것을 으뜸으로 여기어, 조정에 공론이 없어지고 재야의 사기가 떨어지고 말았습니 다. 국사가 이 지경에 이르렀으니 어찌 한심하지 않겠습니까.

전하께서 참으로 선뜻 깨닫고 즉시 반성하여 예관으로 하여금 자세히 전례를 상고토록 분명하게 지시해서 잘못된 것을 고치고 올바른 제도로 회복시킨 다음, 후회한다는 전교를 널리 내려 안팎의 의혹을 말끔히 씻어준다면, 상례 치르는 예에 여한이 없을 것이고 적장손의 의리도 밝혀질 것입니다.

떳떳한 법을 바로잡아 도에 합치되게 하는 것이 참으로 이 일에 달려 있으며, 말 한마디로 나라를 일으켜 세울 수 있는 기회가 바로 오늘입니다. 이렇게 했는데도 능히 백성의 마음을 기쁘게 하고 국시를 확실히 정하지 못하게 된다면, 망령된 말을 한 죄로 벌을 받는다 하더라도 신은 실로 달게 여기겠습니다.

신이 대궐문 앞에서 이마를 조아린 지 반달이 지났는데도 시종 기각을 당하기만 했으니, 국가의 언로가 막혔으며 백성의 목숨이 장차 끊어지게 되었습니다. 신이 말하려 하는 것은 오늘날 복을 낮추어 입은 잘못에 대한 것일 뿐인데, 승정원이 금지령을 어기고 예를 논한다는 말로 억압하면서 받아주지 않고 물리쳤습니다.

아, 기해년의 기년복에 대해서는 경상도 선비들이 올린 소로 인해 이미 교서를 반포하고 금령을 만들어놓았습니다. 그러나 오늘날의 대공복에 대해서는 금령을 만들지도 않았는데 지레 막아버리니 정원의 의도가 아무래도 이상합니다.

과거에 기년복으로 정할 때 근거로 한 것은 국조 전례였는데 지금 대공복으로 정한 것은 상고해볼 데가 없으니, 맹자가 이른바 '예가 아닌 예'란 것이 이를 두고 한 말입니다. 대공복이 잘못되었다는 것은 미천한 자들도 알 수 있는데 잘 알고 있을 정원으로서 이렇게까지 막아 가리고 있으니, 전하께서 너무 고립되어 있습니다. 재야의 아름다운 말이 어디에서 올 수 있겠습니까.

진(秦)나라는 시서(詩書)를 읽지 못하도록 금령을 만들었다가 결국 나라를 망치고 말았습니다. 그런데 어찌 성스런 이 시대에 예경을 논하지 말라는 금령을 새로 만들 줄이야 생각이나 했겠습니까. 신이 소를 올려 한번 깨닫게 되기를 기대했는데 안에서 저지하니 뜻을 못 펴고 되돌아가다 넘어져 죽을 뿐입니다만, 국가가 장차 어느 지경에 놓일지 모르겠습니다. 마음이 조여들고 말이 움츠러들어 뜻대로 다 쓰지 못했습니다. 대궐을 향해 절하고 하직하면서 통곡할 뿐입니다.

현종은 읽고 또 읽었다. 어렵사리 도신징의 상소를 전해 받은 현종은 한 구절 한 구절 읽을 때마다 분노가 머리끝까지 솟구치는 것을 느껴야 했다. 어느 하나 자신의 속뜻과 다를 바가 전혀 없었다.

'도대체 서인이란 자들은 뭐하자는 사람들인가?' '송시열, 그대는 과연 무슨 생각으로 일을 이 방향으로 끌어왔으며 지금은 도대체 무슨 생각을 하고 있는가?' '대신이란 자들은 나를 임금이라고 생각이나 하는가?' 끝 모를 분노의 의문들이 머릿속을 복잡하게 만들었다. '나는 그동안 뭘 했던 건가?' 자책과 함께 향후 대처 방안에 대해 고민하지 않을 수 없었다.

일전불사(一戰不辭). 현종의 마음은 이미 확전 쪽으로 잡혀가고 있었다. 평소의 그답지 않은 면모였다. 하지만 그러지 않고서는 나라가 더는 나라가 아닐 것이기 때문이다. '한창 잘 자라고 있는 세자에게 뭘 물려주겠는가?'

도신징의 상소는 크게 두 가지로 구성돼 있다.

하나는 송시열을 필두로 한 예론이 효종을 서자(庶子)로 취급하는 논리라는 것이고, 또 하나는 자신의 상소를 승정원에 포진된 서인 세력이 반달 동안이나 가로막았다는 것이다.

국왕을 가장 가까이에서 모셔야 하는 승지들까지 자기편이 아니라는데 현종은 경악했다. 도신징의 말대로 자신은 고립돼 있었다.

도신징의 상소가 올라오자마자 대사간으로 임명된 전 예조참판 김익경이 현종을 찾아와 인피(引避)하겠다는 의사를 밝혔다. 인피란 어떤 사건이 발생했을 때 직간접적으로 연루된 사람이 관직을 내놓고 물러나 처벌을 기다리겠다는 뜻을 말한다.

삼가 듣건대, 어떤 유생이 소를 올려 왕대비께서 입은 복제에 대해 예조에서 정한 것이 예에 맞지 않다고 논했다 들었습니다. 그러나 그 소가 하달되지 않아 어떻게 말했는지 자세히 알 수 없는 데다가 또 옳고 그름과 잘잘못에 대해 지레 논해 가릴 필요는 없습니다만, 신은 그 당시 예관의 한 사람이었는데 어떻게 태연히 있을 수 있겠습니까?

일종의 선수를 치고 나온 것이다. 그런데 여기서 중요한 것은 두 가지다. 하나는 도신징의 상소가 현종에게 전달되자마자 승정원에 포진된 서인 계통의 승지들이 김익경을 비롯한 서인의 핵심 인사들에게 그 같은 사실을 전달했다는 것이다. 또 하나는 현종이 그 내용을 공개하지 않았다는 점이다. 서인 진영은 불안과 공포에 빠져들기 시작했다.

전전긍긍(戰戰兢兢). '과연 주상은 이 일을 어떤 방향으로 끌고 가려고 하는가?'

김익경이 인피하자 사간원의 사간 이하진(李夏鎭, 1628~1682년), 정

이광적

언 안후태(安後泰, 1636~1682년) 등이 엄호사격에 나섰다.

이미 지나간 일인데 그 일로 인피할 것까지야 뭐가 있겠습니까. 김익경으로 하여금 출사하게 하소서.

그러나 서인 입장에서 보자면 이하진이나 안후태의 지원 논리는 무성의한 것이었다. '이미 지나간 일'이 아니라 '잘못된 일'이라고 했어야 하는 것이다.

결국 닷새 후인 7월 11일 사헌부 장령 이광적(李光迪, 1628~1717년)이 나서 "상복제도는 이미 정해져 있는 것인데 유생이 올린 소는 망령되고 그릇된 것입니다. 그런데도 그것을 제대로 분변하지 못하여 공론으로부터의 비난을 면치 못하게 되었습니다. 이하진과 안후태는 좌천시키고 김익경은 출사하게 하소서"라고 소를 올렸다.

'공론으로부터의 비난을 면치 못하게 되었다? 또 공론인가?'

현종이 볼 때 서인들이 '노는 꼴'이 가관이었지만 일단은 이광적의 상소를 받아들여 이하진과 안후태를 현직에서 내쫓았다.

이때 현종은 몸이 좋지 않은 데다가 치통에 시달리고 있었다. 그러면서도 그동안 틈틈이 공부하고 연마해온 예론 탐구를 바탕으로 도신징의 상소에 대한 치밀한 검토에 들어갔다. 검토 결과 도저히 묵과할 수 없다는 결론을 내린 현종은 7월 13일 영의정 김수흥을 비롯한 대신들을 부른다.

왕권과 신권이 정면 충돌하다

현종은 먼저 영의정 김수흥에게 질문을 던진다.

왕대비께서 입을 상복제도에 대해 예조가 처음엔 기년복으로 의논
해 정하여 들였다가 뒤이어 대공복으로 고친 것은 무슨 곡절 때문
에 그런 것인가?

이 말을 듣는 순간 김수흥은 '올 것이 오고야 말았구나!'라고 생
각했을 것이다. 현종과 김수흥의 예론 쟁론에 앞서 먼저 김수흥에
대해 알아둘 필요가 있다. 김수흥(金壽興, 1626~1690년)은 좌의정을
지낸 김상헌(金尚憲) 손자로 원래는 중추부 동지사 김광찬(金光燦,
1597~1668년) 아들인데 동부승지를 지낸 김광혁(金光爀)에게 양자로
입적되었다.

무엇보다 눈여겨봐야 할 사실은 그가 병자호란 당시 척화파의 선
봉장이었던 김상헌 손자라는 사실이다. 김상헌의 형 김상용도 호란 때
일부 종실을 호종해 강화도로 피난했다가 1637년(인조 15년) 1월 청군
이 강화도를 함락시킬 때 남문 누각에 올라가 화약을 터트려 분사(焚
死)한 절의의 인물이었다.

청나라 태종에게 굴욕을 당한 인조로서는 절의의 두 형제가 아무
래도 부담스러웠겠지만 의문의 죽음을 당한 형 소현세자를 이어 왕위
에 오른 효종은 정당성 강화 차원에서 두 사람의 절의(節義)가 필수불
가결했다. 특히 김상헌은 70 노구를 이끌고 청나라에 인질로 끌려갔다
가 다시 돌아오면서 대로(大老)라는 극찬을 받으며 하늘을 찌를 듯한

명망을 이뤘다.

송시열은 예론이라는 이론 면에서는 송익필·김장생·김집의·정신을 계승했다면 절의의 현실 정치에서는 김상헌을 이었다. 송시열에게 김장생·김집 부자가 마음이었다면 김상헌은 몸이었다.

송시열은 1645년(인조 23년) 경기도 모처에 은거하고 있던 김상헌을 직접 찾아뵀었고 자신의 아버지 송갑조의 묘갈명을 부탁하기도 했다. 당시 산림들 사이에 묘갈명을 부탁한다는 것은 그만큼 존경을 표시한다는 뜻이었다. 김상헌 또한 송시열을 '태평책을 품은 경세가', '주자를 이은 종유(宗儒)'라며 극찬을 아끼지 않았다. 이때 김상헌은 75세였고 송시열은 38세였다.

김수흥은 이 무렵인 1648년(인조 26년) 사마시를 거쳐 1655년(효종 6년) 문과에 급제했다. 이듬해에는 아우 김수항과 함께 문과 중시에서도 거듭 급제했다. 송시열이 김상헌의 손자인 김수증(金壽增)·김수흥·김수항 삼 형제에게 건 기대는 각별했다. 특히 양자 입적을 통해 김상헌의 종지(宗旨)를 계승한 김수흥에게 모든 애정을 쏟아부었다. 이런 지원에 힘입어 김수흥은 대사간 도승지 등을 거쳐 현종 3년(1662년)에는 34세 나이로 예조판서에 오른다. 송시열을 비롯한 서인의 지원이 절대적이었음은 물론이다.

부친상을 당해 한동안 중앙정계를 떠나 있던 김수흥은 1672년(현종 13년) 우의정으로 복귀했는데 이때 좌의정이 바로 송시열이었다. 그리고 2년 후 송시열은 배후로 물러나고 김수흥이 영의정에 올랐을 때 자의왕대비의 복제 문제가 점차 커져가고 있었던 것이다.

김수흥 입장에서 보자면 효종을 서자로 보려는 서인의 예론은 단순히 왕권에 대한 반대를 넘어 할아버지의 절개를 드높이 숭상하는 사안이기도 했다.

현종의 질문에 김수흥은 간단하게 답한다.

기해년에 이미 기년복을 입으셨기 때문입니다.

그러나 이는 현종을 너무 얕잡아본 대답이 아닐 수 없었다. 이미 현종은 예론에 관한 이론 무장을 거의 끝낸 상태였기 때문이다.

그때의 이야기를 다 기억은 못하지만 중국 고대의 예법(古禮)이 아닌 국제(國制)에 따라 1년복으로 정한 것으로 안다. 그렇다면 이번 왕대비의 대공복도 국제에 따른 것인가?

명확한 사실은 효종이 승하한 기해년 때 자의왕대비는 기년복을 입었다. 그런데 현종은 국제에 따랐다고 생각하고 있었고 송시열을 비롯한 서인들은 '내심' 고례를 따른 것으로 간주하고 있었다. 문제는 다시 인선왕후가 죽자 자의왕대비의 복제 문제가 불거지면서 이 점을 분명히 하지 않을 수 없게 되었다는 데 있었다.

서인들도 외형적으로는 국제를 따랐다고 이야기를 해오고 있었기 때문에 이번에도 자의왕대비의 복제는 두말할 것도 없이 국제에 따라 기년복을 입어야 했다. 하지만 서인들도 더 이상 내심을 숨기고 있을 수만은 없었다. 그래서 무리수를 써가며 기년복을 대공복으로 바꾼 것인데 도신징의 상소가 계기가 되어 자신들의 의도가 만천하에, 그것도 현종 앞에서 드러나게 돼버린 것이었다.

김수흥은 "고례에 따르면 대공복입니다"라며 정면돌파를 시도했다. 문제는 이럴 경우 자기모순에 빠진다는 것이다. 이 점을 현종은 놓치지 않았다.

기해년에는 국제를 사용하고 오늘날에는 옛날의 예를 쓰자는 말인데 왜 앞뒤가 다른가?

김수홍은 "기해년에도 고례와 국제를 함께 참작해 사용했고 지금도 그렇게 한 것"이라고 얼버무리며 넘어가려 하자 현종은 평소와 달리 단호함을 보였다.

그렇지 않다. 그때는 분명 국제를 썼던 것이고 그 뒤 문제가 되어 고례대로 하자는 다툼이 있었을 뿐이다.

김수홍이 수세에 몰리자 같은 서인 계열의 행호조판서 민유중이 거들고 나섰다.

기해년에는 고례와 국제를 함께 참작해 인용했습니다.

그러나 현종은 들은 척도 아니하고 다시 김수홍에게 따져 물었다.

자, 그러면 국제에 따를 경우 이번에는 어떤 복이 되는가?

김수홍은 "국제에는 맏며느리의 복은 기년으로 되어 있습니다"고 답한다. 이에 현종의 목소리는 점점 커져가고 얼굴에도 노기(怒氣)가

제4부 | 탕평의 실패

나타나기 시작했다.

> 그렇다면 지금 왕대비께서 거행하고 있는 대공복은 국제와 무슨 관계가 있는가? 이건 놀라운 일이다. 기해년에 사용한 것은 국제였지 고례가 아니다. 만일 경들의 주장대로 기해년에 고례와 국제를 함께 참작해 사용했다고 한다면 오늘날 대공복은 국제를 참작한 것이 뭐가 있는가? 내 실로 이해가 안 간다.

만며느리라면, 즉 효종을 장자로 간주했다면 국제로 하더라도 대공복이 아닌가 하는 정면 반박이었다. '효종을 적장자로 삼을 수 없다'는 서인들의 묵계(默契)는 하나둘 허물어지기 시작했다. 현종이 다시 한번 "기해년에 조정에서 결정한 것은 국제를 따른 것"이라고 못 박으려 하자 결국 김수홍은 본심을 드러낸다.

> 그렇지 않습니다. 고례를 따랐기 때문에 따지는 자가 그렇게 많은 것입니다.

너무 나갔다. 현종은 확실하게 논의의 주도권을 잡았다.

> 고례에서 장자의 복은 어떻게 되는가?

김수홍으로서는 "참최 삼년복입니다"라고 답할 수밖에 없었다. 자기모순의 덫에 단단히 걸려들었다. 자기 입으로 기해년에는 국제가 아닌 고례를 따랐다고 해놓고 장자의 복은 참최 삼년복이라고 말해버렸으니 당시 현종은 장자가 아닌 중자(衆子) 취급을 받았다는 것을 스스로 인정한 꼴이 돼버린 것이다.

상황은 끝났다. 그때서야 현종은 도신징의 상소를 김수흥에게 내보이며 읽어볼 것을 권한다. 김수흥과의 논쟁을 통해 현종은 자기 아버지가 서인들로부터 정통성을 인정받지 못하고 인조의 서자 취급을 당하고 있다는 것을 분명하게 알았다. 더불어 도신징의 상소가 한 치 어긋남도 없이 정확했다는 확신을 갖게 됐다.

이후 현종은 자의왕대비 복제를 기년복으로 바꾸고 영의정 김수흥을 춘천으로 귀양 보냈다. 또 예론의 주무부서인 예조의 판서·참판 등을 하옥한 다음 귀양을 보냈다. 그리고 충주에 물러나 있던 남인의 영수 허적(許積, 1610~1680년)을 불러올려 영의정으로 삼았다. 전광석화 같은 조치를 통해 정권교체를 추진한 것이다. 훗날 숙종이 여러 차례 보여주게 되는 환국(換局)의 모델이라고 할 수 있다.

그런데 예송 논쟁 불과 한 달여만인 8월 10일 갑작스러운 복통을 호소하던 현종이 위독한 상태에 빠진다. 허적이 명을 받고 한양에 들어온 것은 8월 16일. 영의정 허적은 남인이었지만 좌의정 김수항·우의정 정지화 등은 서인이었다. 병환의 와중에도 이들 3상과 함께 처사촌인 우승지 김석주 등을 두루 인견하고 세자를 부탁한 현종은 8월 18일 창덕궁에서 숨을 거둔다. 이때 현종의 나이 34세였다. 그로써 서인 세력을 숙청하려는 계획은 일단 전면 중단될 수밖에 없었고 예송 논쟁도 미완으로 남았다.

제19장

서인 영수 송시열을 제압하는
어린 임금 숙종의 강명(剛明)

숙종이 바로 친정을 하게 된 까닭

1674년 숙종이 즉위했을 때 나이 13세였다. 이런 경우 통상적으로 20세 정도 될 때까지는 대비가 수렴청정을 하는 것이 일반적이었다. 그러나 숙종은 수렴청정을 건너뛰고 친정(親政)을 했다. 그런데 숙종의 친정은 곧바로 정국에 직접적인 영향을 가져왔다. 그것은 곧 당파의 세력 관계에도 영향을 미칠 수밖에 없었다.

숙종의 아버지 현종(顯宗, 1641~1674년)은 비교적 무난하고 반듯한 인물이었다. 정치를 함에 있어서도 크게 무리수를 두지 않았고 재위 15년 3개월 동안 커다란 업적도 없었지만 이렇다 할 큰 실정도 없었다. 특이하게도 현종은 조선 국왕 중에 유일하게 정실 왕후 한 사람만을 아내로 두었다. 그가 바로 명성왕후 김씨다. 두 사람 사이에는 1남 3녀가 있었다. 그 1남이 숙종이고 3녀는 명선공주·명혜공주·명안공주였다.

현종이 승하하자 어린 숙종이 의지할 데라고는 어머니 명성왕후와 그 집안밖에 없었다. 명성왕후는 김우명 딸로 1642년 5월 17일 서울에서 태어났다. 김우명은 영의정을 지낸 김육의 아들이다. 송시열과 충돌했던 명성왕후의 아버지 김우명에 대한 졸기는 "성품이 어리석고 지나치게 거만했다"는 문장으로 시작하고 있다.

김육의 큰아들 김좌명(1616~1671년)은 병조판서를 지냈고 작은아들 김우명은 딸이 왕비가 되는 바람에 청풍부원군에 봉해져 현종 시대의 막강한 실력자로 부상했다. 그는 집안 배경상 서인이면서도 송시열과 틀어지는 바람에 남인 계열의 허적과 가깝게 지냈다. 현종 말기에서 숙종 초기까지 남인 세력이 득세한 데는 김우명과 함께 조카이기도 한 김좌명의 아들 김석주 역할도 크게 작용했다.

수렴청정의 걸림돌 자의대왕대비

명성왕후 김씨(이때는 이미 대비였지만 편의상 명성왕후라고 칭하겠다)는 수렴청정을 하고 싶었을 것이다. 아무리 어린 왕이 똑똑하다고 해도 열세 살은 너무 어렸다. 성종을 보더라도 정희 왕대비가 스무 살이 될 때까지 수렴청정을 했던 전례가 있다. 명종도 문정왕후의 수렴청정이 있었다. 그런데도 숙종이 즉위할 당시 원상(院相)들이 국정을 사실상 대행하는 체제는 세우면서도 대비의 수렴청정 이야기는 단 한번도 나오지 않았다.

수렴청정할 생각이 애당초 없었다면 모르겠지만, 그렇지 않고 수렴청정을 하고 싶었으나 어쩔 수 없이 그만둘 수밖에 없었다면 그것은 아마도 자의대왕대비의 존재 때문이었을 것이다. 수렴청정을 하게 된다면 우선순위는 명성왕후 김씨가 아니라 자의대왕대비에게 있었다.

그렇다면 자신의 의지와는 전혀 무관하게 두 차례에 걸쳐 상복 문제로 조선의 조정을 뒤흔들어놓았던 자의대왕대비는 어떤 인물이었는가를 알아둘 필요가 있다.

자의대비, 즉 장렬왕후 조씨는 말 그대로 비운의 왕비였다. 1624년생으로 열다섯 살 때인 1638년(인조 16년) 3년 전 세상을 떠난 인렬왕후 한씨의 뒤를 이어 인조 계비(繼妃)가 되었다. 그러나 피부병이 있는데다가 후궁 중에서 소용(귀인) 조씨가 인조의 총애를 받는 바람에 이궁(離宮)으로 쫓겨나 사실상 별거에 들어갔다. 게다가 장렬왕후는 아이를 낳지 못하는 석녀(石女)였다.

그러나 소현세자가 죽고 세자위에 오른 봉림대군(훗날의 효종)은 장렬왕후에 대해 친어머니 대하듯 지극한 효성을 보였다. 실제로 경덕궁에 쫓겨나 있던 장렬왕후가 왕실 어른으로 제대로 대접을 받게 된 것은 인조가 죽고 효종이 즉위한 뒤부터였다. 효종은 즉위하자마자 계모인 장렬왕후를 창덕궁으로 모셔왔고 효종 2년에는 자의(慈懿)라는 존호까지 올렸다. 그 유명한 '자의대비'라는 말은 이렇게 해서 탄생하게 된 것이다.

이런 자의대비였기에 왕실 내에서 별다른 파워가 있을 리 없었다. 정작 자신의 상복을 둘러싼 당쟁이 격화될 때도 그와 관련된 단 한마디의 말도 하지 않았다. 실은 말할 처지도 되지 않았고 말을 한다고 해도 귀 기울여줄 사람이 단 한 명도 없다는 것을 정확히 인식하고 있었다. 그러니 손주며느리인 명성왕후 김씨가 그를 진심으로 챙겨줄 리만무했다.

그럼에도 불구하고 자의대왕대비의 존재 자체가 명성왕후 입장에서 보자면 껄끄러울 수밖에 없었다. 수렴청정을 할 경우 절차가 대단히 복잡해지고 특히 시간이 지나면서 적대 세력이 자의대왕대비에게 접근하지 말란 법도 없었다. 결국 수렴청정보다는 숙종의 친정(親政)을 자기 집안이 음양으로 돕는 것이 가장 효과적이겠다는 쪽으로 의견이 수렴된 것으로 보인다. 마침 자신의 뜻을 정확히 대변해 아들 국왕의 곁에서 보좌할 수 있는 사촌 김석주가 있었다.

숙종에게 냉혹(冷酷)의 기술로서 정치를 가르친 김석주

명성왕후 김씨의 종형(從兄), 즉 사촌오빠인 김석주의 존재가 아니었다면 명성왕후는 수렴청정 포기라는 결단을 못 내렸을지 모른다. 김육의 후손답게 서인이면서도 '친(親)남인 반(反)송시열' 성향을 갖고 있던 김석주는 특히 서인과의 일전불사, 남인으로의 정권교체를 추진했던 현종 말년에 주목을 끌 수밖에 없는 위치에 있었다. 현종이 급사했을 때 현종의 그 같은 유지(遺志)를 고스란히 이어서 관철할 수 있는 유일한 적임자였다. 게다가 숙종과 혈육이었다. 결론부터 말하자면 흔들리는 집권 초반기의 혼란을 극복하고 어리고 미숙한 숙종을 권력의 반석 위에 올려놓은 1등 공신이 다름 아닌 김석주였다.

김석주

김석주(金錫冑, 1634~1684년)는 어려서부터 문무에 뛰어났다. 남아 있는 영정에서 보듯이 어릴 때부터 그의 모습은 호랑이를 닮았다는 소리를 들었다. 현종 3년 문과에 장원급제해 사헌부·사간원 등의 청요직을 두루 거쳤으나 한당이라 하여 서인 중에서도 핵심인 송시열 산당에는 들지 못했다. 전통적으로 김육 집안과 송시열은 같은 서인이면서도 대동법 논쟁에서 촉발된 현실주의 노선(한당)과 명분주의 노선(산당)의 대립으로 인해 갈등을 빚어왔다. 여기에는 약간의 추가 설명이 필요하다. 김석주의 조부 김육은 일찍이 대동법을 힘써 주장했고 반면 김장생의 아들 김집은 철저한 반대론이었다.

그런데 한당과 산당의 대립은 김육이 죽자 더욱 격화되며 대를 이어가게 된다. 김육을 장례 지내면서 김좌명 등이 '참람하게' 수도(隧道)를 파서 산당의 비난을 자초했다. 수도란 평지에서 묘소까지 난 길을 말하는 것으로 왕실에서만 낼 수 있었다. '참람하게'란 분수를 넘어서 왕실의 영역을 침범했다는 뜻이다.

서인 계통의 대신(臺臣) 민유중 등이 법에 의거하여 김좌명 등을 죄주기를 청했다. 이때 이조판서 송시열이 민유중의 편을 들어 김좌명을 몰아세웠다. 그로 인해 김석주 집안에서는 산당에 대해 깊은 원망을 갖게 되었다.

게다가 현종 때 김석주는 중궁 사촌이라는 이유로 인사상의 불이익까지 받아야 했다. 그러나 현종이 말년에 제2차 예송 논쟁을 주도하면서 김석주는 핵심 참모로 떠오른다. 도신징의 상소가 올라왔을 때 현종이 은밀하게 부른 이가 바로 좌부승지였던 처사촌 김석주였다. 당시 현종은 제1차 예송 논쟁을 재검토하기 위해 김석주로 하여금 당시의 주요 문건들을 정리해 보고할 것을 명했는데 김석주는 남인 허목의 상소를 비롯해 주로 남인의 입장을 옹호하는 문건들을 중심으로 보고를 함으로써 현종의 서인 제거 결심에 결정적 영향을 주었다.

이후 그가 숙종 10년(1684년) 51세로 세상을 떠나기까지 그의 노선이 곧 숙종의 노선이었다고 할 만큼 두 사람은 정확하게 같은 노선을 걸었다. 숙종은 어머니의 사촌 김석주의 길을 따랐고 김석주는 숙종의 의중을 미리 따랐다. '표범의 정치' 숙종과 '범의 정치' 김석주는 누가 먼저랄 것도 없이 같은 길을 걸어갔다.

우선 숙종 즉위년 한 해 4개월여 동안만 김석주의 특진 과정을 추적해본다. 8월 23일 숙종이 즉위했을 때 김석주는 우승지로 있었다. 한 달 후인 9월 20일 김석주는 수어사(守禦使)로 임명된다. 수어사란 정묘호란 이후 북방의 경계를 강화하면서 남한산성에 설치됐던 중앙 군영으로 굳이 오늘날에 비유하자면 수도방위사령관에 해당하는 요직이었다.

원래 이조와 병조에서 올린 인사 후보군에는 들어 있지 않았으나 숙종의 특명으로 품계가 다소 낮음에도 불구하고 김석주가 발탁된 것이다. 그리고 수어사의 경우 비변사 일원으로 국가 중대사를 논의할 때 직접 참여하여 발언할 수 있었다.

10월 10일에는 송시열에게 현종의 묘지문을 지으라고 명했으나 끝까지 사양하자 신하들은 이단하와 김석주 두 사람을 추천했고 결국 숙종은 김석주로 하여금 묘지문을 쓰도록 한다. 이 또한 김석주에 대한 총애를 만천하에 확인해주는 결정이었다.

또 열흘 후인 10월 20일 이조참판 남구만이 사직서를 내자 통상 만류하는 관례를 뿌리치고 단번에 수리해버렸다. 이조참판은 사람을 뽑는 자리이므로 서인 세력을 물리치고 그 자리에 김석주를 박아놓기 위함이었다.

실록의 평이다.

당시 임금은 서인들을 미워했는데 김석주는 (서인임에도 불구하고) 취향이 조금 다르다고 생각하여 김석주를 인사 책임자로 끌어다 두기 위함이었다.

실제로 이날 김석주는 이조참판에 오른다. 그러면서도 수어사를 겸직했다. 문무의 핵심 요직을 동시에 장악한 것이다. 서인들은 반발했다. 혈육을 중용해서는 안 된다는 논리였다. 그게 부담스러웠는지 11월 13일 김석주는 이조참판에서 물러나겠다는 사직 상소를 올렸다. 그러나 숙종은 일언지하에 사직서를 물린다.

맡은 바 직무에 충실하라!

오히려 숙종은 불과 22일 후인 12월 5일 김석주를 도승지로 제수하여 최측근에 갖다놓는다. 서인을 제거하는 작전을 보다 긴밀하게 협의하기 위한 조처였다. 서인들은 분노와 원망 속에서도 김석주의 일거수일투족을 그저 바라볼 수밖에 없었다. 그의 말과 행동이 곧 숙종의 뜻이었기 때문이다. 한마디로 김석주는 숙종의 주석지신(柱石之臣)이었다.

13세 소년왕 숙종, 67세 대로(大老) 송시열과 한판 대결을 벌이다

1674년(숙종 즉위년) 8월 21일 아버지 현종이 세상을 떠난 지 사흘밖에 안 되었고 자신은 아직 왕위에도 오르지 않은 13세 세자는 송시열을 원상(院相)으로 삼기로 했다. 원상이란 어린 임금이 즉위했을 때 주요 정무를 삼정승과 공신들이 함께 처결하는 제도로 조선에서는 세조 말기에 처음 생겨 성종처럼 어린 임금이 즉위하면 국왕이 친정(親政)을 펼치기 전까지 한시적으로 운용되던 제도였다.

이미 현종이 승하한 다음 날인 8월 19일 영의정 허적·좌의정 김수항·우의정 정지화 3상(相)이 원상을 맡기로 했는데 이틀 후 원상인 허적 등이 전임 대신 중에서 덕망이 있는 인물은 원상으로 삼는 사례가 있었으니 송시열도 원상에 명하는 것이 좋겠다고 하자 세자는 기꺼이 승낙했던 것이다. 그러나 마침 서울 도성밖에 머물고 있던 송시열은 거부의 의사를 보내왔다.

> 범죄(犯罪)를 한 것이 지극히 중하여 한양 가까운 곳에서 대죄(待罪)한 지가 이미 한 달이 되었습니다. 선침(仙寢-현종의 시신)이 아직 식지도 않았는데, 어찌 차마 갑자기 무죄(無罪)로 자처하면서 임금 계신 곳에 드나들 수가 있겠습니까?

이런 가운데 원상을 비롯한 신하들의 즉위 요청은 이어졌고 마침내 8월 22일 대비전의 강청(强請)을 수용하는 형식으로 세자는 왕위에 오르게 된다.

즉위식이 있던 날 성균관 유생 이심 등은 송시열이 도성 밖에 머물러 있는 것은 도리에 맞지 않다며 신정(新政) 초기에 송시열을 중용해야 한다는 상소를 올렸다. 숙종은 바로 다음 날 사람을 보내어 송시열을 당장 한양으로 들어오도록 명했으나 송시열은 수원으로 내려가버렸다. 어린 숙종의 호의(好意)에 대한 두 번째 거부였다.

숙종이 내민 세 번째 손길은 능지(陵誌), 즉 현종의 묘지문을 지어 올리라는 명이었다. 그러나 송시열은 상소문을 올려 간곡하게 거절했다. 숙종의 반응은 "경의 상소를 보고 내가 매우 놀랐다"였다. 송시열은 9월 8일 재차 상소를 올려 능지를 지을 수 없는 자신의 입장을 밝혔다. 숙종의 독촉이 이어지자 송시열은 한강을 건너와 도성에는 들어오지 않고 다시 자신을 처벌해줄 것을 청하는 상소를 올렸다. 송시열로서는 남인이 득세하고 있는 정국에서 현종과의 사이에 있었던 '애매한 문제'가 명료하게 풀리기를 기대했는지 모른다. 사실 그 문제가 모호하게 남아 있는 가운데 조정에 복귀한다는 것은 남인들의 덫에 걸리는 죽음의 길일 수도 있다는 것을 송시열이 몰랐을 리 없다.

9월 17일 숙종은 정치화를 중추부 영사로 임명하면서 송시열에게도 중추부 판사라는 관직을 제수했다. 숙종의 네 번째 손길이었다.

남인의 반격, 정국을 뒤흔든 유생 곽세건의 상소

송시열의 중추부 판사 임명은 남인들을 위기감 속으로 몰아넣기에 충분했다. 남인들이 정국을 장악한 것은 아직 두 달도 되지 않았다. 서인의 영의정 김수흥이 예론을 잘못 쓴 책임을 지고 귀양을 떠나야 했던 것이 현종 15년(1674년) 7월 16일이었다. 이때부터 현종은 송시열의 문인들을 제거하려고 결심을 했고 막 실행에 옮기려던 초창기에 갑자기 세상을 떠나버린 것이다.

남인의 허적이 김수흥의 뒤를 이어 영의정이 되긴 했으나 김수흥의 동생인 좌의정 김수항, 전 영의정 정태화의 사촌 동생인 우의정 정지화 등은 모두 서인의 핵심인 데서 알 수 있듯이 남인의 세상이라고 하기에는 아직 일렀다. 이런 상황에서 송시열 복귀는 곧 남인의 몰락이었다.

9월 25일 남인 전통이 강한 진주 유생 곽세건(郭世楗, 1618~1686년)이라는 인물이 총대를 멨다.

요약하면 다음과 같다.

기해복제(1차 예송) 때 효종이 서자라는 말을 주창한 것이 송시열인데 이 사론(邪論)에 동조한 김수흥은 유배를 갔거늘 송시열이 무사하다는 것은 법에 어긋난다. 게다가 이런 조정의 죄인으로 하여금 능지를 짓게 한다는 것은 있을 수 없는 일이다. 적통을 바로잡은 것은 현종의 최대 업적 중 하나인데 만일 송시열이 사실대로 기록한다면 그것은 서자를 주장한 자신의 잘못을 자복하는 것이 되고, 또 선왕의 미덕을 은폐하려 한다면 그 업적을 인멸하는 결과가 되기 때문에 송시열은 능지를 쓰는 붓을 잡기가 어려울 것이다.

일언가파(一言可破), 단칼에 정곡을 찔렀다. 일개 유생의 상소에 조정 대신들이 보인 반응을 보면 곽세건이 올린 소의 파괴력을 짐작하고도 남는다.

곽세건 소는 도신징의 소에 버금가는 폭발력을 갖고 있었다. 다음 날 대사헌 민시중과 지평 신완이 곽세건에 대한 엄한 국문을 요청한 것을 시발로 사간 이무도 곽세건을 단죄할 것을 주청했다. 이어 좌의정 김수항은 곽세건의 소가 자신의 형 김수흥을 배척한 것이라는 이유로 사직을 청했고 우의정 정지화도 사직 의사를 밝혔다. 조정 내 서인들이 모두 들고일어났다.

이 정도 되면 아무리 대담한 국왕이라도 섬뜩할 수밖에 없다. 조선 국왕의 왕권은 세조를 끝으로 쇠락의 길에 들어섰고 신하들이 이렇게 나오면 십중팔구 없었던 일로 하면서 덮어버렸다. 더욱이 서인들에게는 송시열이라고 하는 태산과도 같은 인물이 버티고 있지 않은가?

그러나 오판(誤判)이었다. 숙종은 100년에 한 번 나올까 말까 하는 권력왕(權力王), '호모 폴리티쿠스(Homo politicus)'였다. 날 때부터 임금이 될 사람이었다. 원자로 태어나 세자로 있다가 왕위에 오른 사람이었다. 조선에서 날 때부터 임금이 될 사람이 실제 왕위에 오른 경우는 연산군·인종에 이어 숙종이 세 번째였다. 이들은 무엇보다, 또 누구보다 강한 왕권을 추구하는 성향을 보이기 마련이다. 게다가 정변을 통하지 않아서 신세를 져야 할 공신들이 없었다.

군주로서 본인의 능력만 탁월하다면 왕권 강화를 추구하기에는 더없이 좋은 조건이 바로 '날 때부터 임금이 될 사람의 즉위'였다. 연산군은 무능한 데다가 문란했고 인종은 즉위해 1년도 안 돼 죽었지만 숙종은 달랐다. 뒤에 보게 되겠지만 숙종은 태종에 버금갈 정도의 정치력을 갖춘 인물이다.

곽세건의 소가 올라온 지 이틀 후 숙종은 영의정 허적·중추부 영사 정치화·좌의정 김수항·승지 김석주를 불러 각자의 의견을 들어본다. 허적 입장이 가장 애매할 수밖에 없었다. 자신은 당파가 다른 김수항과 함께 국정 운영을 원만하게 하는 데 힘쓰고 있는데 그 같은 괴이한 소가 올라와 당혹스럽다는 것이었다. 그러나 유생이 소를 올렸다는 이유로 중벌을 가하는 것은 옳지 않으니 유생 자격을 박탈하는 선에서 처벌이 이뤄지면 좋겠다고 말한다.

김수항도 자신은 당파를 떠나 허적과 협력에 최선을 다하고 있는데 자기 형이 연루되는 이 같은 일이 터져 입장이 곤란하다고 했고 정치화·김석주는 강력한 처벌을 주장했다. 결국 곽세건 문제는 과거시험 자격을 박탈하는 '정거(停擧)' 조치를 취하는 선에서 마무리됐다. 처벌이 너무 약했다. 서인의 완패였다. 대신 송시열이 능지를 쓰는 일은 계속 추진하기로 했다.

다음날 다시 서인들이 벌떼처럼 들고일어났다. 대사헌 민시중(閔蓍重, 1625~1677년)과 대사간 윤심(尹深, 1633~1692년) 등이 곽세건을 먼 곳으로 유배 보내야 한다고 주청했다. 10월 2일에는 성균관 유생 한석우를 비롯한 180명이 연명으로 상소를 올려 곽세건을 처벌하고 송시열의 억울함을 풀어줄 것을 청하는 소가 올라왔다.

이에 대한 숙종의 반응은 "이들을 벌주고자 하는데 어떤가?"였다. 허적과 김수항의 만류로 그냥 넘어갔지만 이미 눈 밝은 조정 대신들은 머리를 갸웃거리기 시작했다. 남인과 서인에 대한 어린 임금의 태도가 확연히 다르지 않은가?

이런 상황에서 송시열에게 계속 능지를 쓰도록 한다는 것은 송시열 입장에서 보자면 도저히 받아들일 수 없는 조치였다. 자신을 모욕하는 자는 봐주고 자신을 옹호하는 자는 처벌하려 하면서 또 자신에게는 능지를 맡기려 한다? 주상 혼자의 뜻인가? 아니면 뒤에 누가 있는가? 있다면 허적인가 아니면 주상의 모친인 대비인가? 일단 송시열은 다시 한양을 떠났다. 10월 6일 숙종은 능지를 짓는 일을 송시열이 아닌 김석주에게 맡긴다.

숙종은 여기서 그치지 않았다. 연이어 송시열을 옹호하고 곽세건을 처벌해야 한다고 주장했던 사헌부 지평 이수언(10월 5일), 예조정랑 김광진(10월 6일), 홍문관 수찬 강석창(10월 7일) 등에 대해 10월 7일 파직을 명하고 "앞으로 상소를 올려 예(禮)를 논하고 선왕에 대해 말하는 자는 역률(逆律)로 다스리겠다"고 선포했다. 원상 허적조차 깜짝 놀라 "역률이란 말은 함부로 써서는 안 되니 중률(重律)로 고쳐줄 것"을 청했으나 숙종은 비망기를 통해 '일죄(一罪)'로 고쳐서 답했다. 일죄란 사형으로 사실상 역률로 다스리겠다는 뜻이었다. 허적이 재차 글을 올리자 숙종은 마지 못해 '역(逆)'자를 '중(重)'자로 바꿔주었다.

실제로 경기도 유생 이필익이라는 인물은 10월 29일 곽세건을 공격하는 상소를 올렸다가 그 즉시 함경도 경흥으로 유배를 가야 했다. 이때도 영의정 허적의 중재로 유배지가 강원도 안변으로 조정되기는 했지만 송시열을 중심으로 한 서인 세력에 대한 숙종의 태도는 점점 강경해지고 있었다.

숙종이 놓은 덫에 걸린 대제학 이단하

11월 1일 대제학 이단하(李端夏, 1625~1689년)가 대행대왕(-현종)의 행장(行狀)을 지어 올렸다. 실은 송시열의 핵심 제자인 이단하로 하여금 능지 못지않게 중요한 행장을 지어 올리게 한 것은 대단한 정치적 함의를 갖는 행위였다. '너는 과연 어떻게 기록할 것인가?'를 보겠다는 숙종의 치밀한 계산이 깔려 있었다.

숙종과 이단하 논쟁은 불과 몇 개월 전 현종과 영의정 김수흥 논쟁을 연상시키기에 충분했다. 이단하가 지은 행장을 꼼꼼하게 읽어본 숙종은 먼저 얼핏 보기에 '사소한' 문제부터 시비를 걸었다. 현종이 복제를 바로잡은 후에 복제 문제에 책임이 있는 대신과 예관을 처벌했는데 이단하의 글은 '대신과 예관을 처벌한 후 국가 전례(典禮)가 바로잡혔다'고 거꾸로 서술해놓았다는 것이다.

이단하는 곧바로 이 부분을 바로잡아 다시 행장을 올렸다. 이에 대한 숙종의 반응은 더욱 싸늘했다. 이단하로서는 당혹스러울 수밖에 없었다. 명을 받아 고치라고 해서 고쳤는데 오히려 추고(推考)할 것을 명하는 것 아닌가? 추고란 조선 시대 때 벼슬아치의 죄과를 조사하는 것을 말한다.

이단하의 불길한 예감은 이어지는 숙종의 말을 들으면서 조금씩 분명해져갔다.

선왕(-현종)께서는 친히 예경(禮經)의 본의(本意)를 상고하셔서 한결같이 예경에 따라 복제를 바로잡으셨다. 그런데 지금 이 행장에서 '특별히' 바로잡았다고 말한 것은 마치 선왕께서 예경에 의거하지 아니하고 억지로 정한 것처럼 되었으니, 속히 고쳐서 다시 들이라.

이미 어린 임금이 지향하는 바를 알아차린 대신들도 많았다. 걱정은 과연 이 어린 임금이 어디까지 이 문제를 몰아갈 것인지였다. 무엇보다 서인 계열 신하들은 극도의 공포감에 빠져들 수밖에 없었다.

제3라운드. 어렵사리 고쳐서 다시 들고 간 이단하의 행장에 대해 숙종은 이번에는 영의정 김수흥을 처벌한 이유를 두고 다시 문제를 제기했다. 행장에 김수흥이 벌을 받게 된 이유를 '실대(失對)'라고 적어놓았는데 잘못 대답해서 그런 게 아니라 다른 의논을 냈기 때문에 처벌을 받았다는 것이었다.

아버지 현종이 영의정의 실수를 이유로 처벌을 할 만큼 옹졸한 인간이라는 말이냐는 질책과 함께 김수흥을 포함한 누군가, 즉 송시열이 주도한 '다른 의논'에 대해 책임을 물으려 했던 현종의 본뜻을 왜 왜곡하고 있는가라는 정면 추궁이었다.

그러나 행장에 '송시열' 이름 석 자를 자신의 손으로 쓰는 순간 이단하는 그 자리에서 목숨은 부지하겠지만 이미 서인 사림 세계에서는 송장이나 마찬가지였다.

일단 이단하는 애초에 행장 작성을 명받을 때 자신이 김석주와 함께 "다른 의논을 부탁했다"는 대목은 도로 거두어달라고 청했더니 전하께서도 그르다고 하지 않으셨지 않으냐고 되물었다. 그것은 사실이었다. 그러나 여기서 물러설 숙종이 아니었다.

그렇지만 실대(失對)라고 한 것은 온당치 못하니 속히 다시 적어 올리라!

이렇게 해서 이단하가 드디어 '예경(禮經)을 잘못 인용했으므로 대사(大事)를 당하여 대신(大臣)이 직임을 잘못 행했다'는 뜻으로 고쳐서 올렸다. 그나마 이단하로서는 스승 '송시열' 이름 석 자를 행장에 기록하지 않을 수 있게 된 것으로 위안을 삼으려 했는지 모른다.

그러나 이미 단 한마디로 정곡을 찌르는 일언가파(一言可破)의 숙종은 제4라운드를 준비하고 있었다. 이단하의 수정본을 읽은 숙종은 "(영의정 김수홍이) 선왕(先王)의 은혜를 망각하고 (송시열이 제기한) 다른 의논을 부탁했다는 말이 『승정원일기(承政院日記)』에 실려 있는데 지금 이 행장에는 끝내 싣지 않았으니, 이는 무슨 뜻이냐?"고 몰아세웠다. 마침내 이단하로서는 피하려야 피할 데가 없었다.

숙종은 『승정원일기』를 근거로 "다른 의논을 부탁했다"는 말을 추가할 것을 명했고 이단하는 그것만은 절대로 할 수 없다고 버텼다. 결국 사태를 불안하게 지켜보던 영의정 허적이 중재에 나섰다. "예경을 잘못 인용했고 대사를 당하여 대신의 직임을 잘못 행했다"는 정도의 말이면 '실대'와는 비교할 수 없는 큰 책임을 김수홍에게 물었으니 이 정도에서 그치는 것이 조정의 화합을 위해서도 좋겠다는 논리였다. 허적의 오랜 설득 끝에 결국 이단하는 "不從禮經而從他人之議罪首相(예경을 따르지 아니하고 타인의 예론을 따랐다 하여 수상(영의정)을 죄주었다)"는 13자를 첨입하고 일단 '사지(死地)'에서 몸을 피할 수 있었다. 문제는 '타인(他人)'이라는 대목이 포함됐다는 사실이다. 타인은 바로 송시열이었기 때문이다. '타인'이라고 적은 것만으로도 이미 이단하는 스승에게 큰 죄를 지은 셈이었다.

숙종, "스승만 알고 임금은 알지 못하는구나!"

숙종이나 이단하나 일단 이 정도로 행장 문제는 일단락된 줄 알았다. 그런데 한 달도 지나지 않은 11월 29일 박봉상이라는 진사가 "타인이란 누구를 가리키는 것입니까?"라며 정곡을 찌르는 소를 올렸다. 이 점을 분명히 하고 나서 행장을 완성해도 늦지 않다는 것이었다. 실은 숙종 자신이 원하던 바였다.

일개 진사의 소였음에도 불구하고 숙종이 해당 문장을 즉각 고치겠다고 반응한 데서 그의 의중이 드러난다. 숙종은 바로 그날 이단하에게 문제의 대목을 개정할 것을 지시했다. 박봉상이 던진 불씨로 인해 거의 꺼져가던 짚단에 다시 불이 붙기 시작했다.

이단하로서도 더는 물러설 수 없었다. 다음날 이단하는 개정한 행장 대신 상소를 올렸다. 이에 숙종은 즉시 이단하를 불러들였다. 직접 말해보라는 취지였다. 역시 송시열 문제였다.

선조(先朝-현종)께서 수상을 죄주라는 전지(傳旨) 가운데에 다만 다른 예론(他論)에 붙었다는 하교만 있었고, 당초에 사람 이름은 지적하지 아니하셨습니다. 지금 신(臣)이 만약 모인(某人)을 가리켜서 말한다면, 이는 신 스스로 내리는 말이 되고 선왕(先王)의 전지가 아닌 것입니다. 어떻게 감히 이렇게 하겠습니까?

'타론(他論)'이 아니라 '타인지의(他人之議)'로 고쳐야 했던 대목이 아무리 생각해도 마음에 걸렸던 것이다. 그래서 이단하는 더는 고쳐 쓰는 것은 불가하다는 입장을 보였다.

제4라운드는 이단하가 먼저 시작하고 있었다. 숙종도 "선왕의 뜻은 판부사(判府事)가 예경(禮經)을 그릇되게 논했다고 여기셨는데, 어찌하여 이렇게 고치지 않느냐?"며 맞받아쳤다.

이제 숙종이 '판부사(중추부 판사)'라고 특칭을 함으로써 '타인'이 누구인지가 보다 분명해졌다. 사정이 이렇게 되자 이단하 입에서도 '송시열'이란 이름이 나오지 않을 수 없었다.

선왕(-현종)께서는 그 사람을 모르시는 것이 아니었는데, 그 이름을 구체적으로 거명하시지 아니하신 것은, 양조(兩朝-효종·현종)에서 빈사(賓師-스승)로 예대(禮待)하시던 신하인지라 차마 갑자기 그 이름을 지적하여 현저하게 배척하시는 뜻을 나타낼 수가 없었기 때문이 아니겠습니까? 비록 그 이름을 쓰지 아니한다 하더라도 후인(後人)이 어찌 이 일을 알지 못하겠습니까? 선왕의 포용하시는 덕(德)이 더욱 빛날 것입니다. 신이 끝내 봉명(奉命)하지 못하는 것은 이 때문입니다.

현종도 알면서 지나간 일을 굳이 자신이 이름을 거론한다는 것은 현종의 뜻과도 배치되는 것 아니냐며 숙종의 약점을 넌지시 건드려보는 논법이었다. 이단하로서 펼칠 수 있는 논리도 어쩌면 그것밖에 없었는지 모른다. 천성이 그런지 어려서 그런지 몰라도 아직 우회의 묘(妙)를 모르는 숙종이었다.

장자(長子)를 위하여 응당 3년을 입어야 할 것인데 기년(朞年-1년)으로 내렸기 때문에, 선왕께서 그 잘못을 아시고 고치신 것이다.

자신의 아버지를 거론하며 책임을 회피하지 말라는 경고였다. 이에 이단하는 자신은 더는 고쳐 쓸 수 없으니 다른 사람에게 행장 개수 책임을 맡기는 게 좋다며 배수의 진을 쳤다. 급기야 숙종의 입에서도 '송시열' 이름 석 자가 튀어나온다.

송시열이 나라의 전례(典禮)를 그릇되게 논했기 때문에 선왕께서 특별히 바로 고치시고, 그 뒤에 수상이 송시열의 뜻에 따랐다는 이유로 죄주신 것이니, 이러한 뜻으로 고쳐서 말을 만들어 들이게 하라.

일단 탑전(榻前-어전)을 물러 나온 이단하는 아무리 생각해도 숙종의 명을 받들 수가 없었다. 고민 끝에 그는 다시 소를 올려 다른 사람으로 하여금 개수 책임을 맡겨달라고 청했다.

숙종은 진노했다.

내가 어린 임금이라고 하여 무시하는 소치이니 중률로 다스리겠다.

이에 놀란 승정원에서 중재에 들어갔고 오랜 설득 끝에 이단하도 나름의 방법을 찾아내 이런 대목을 추가시켰다. "宋時烈所引禮(송시열 소인례)", 즉 송시열이 예론을 이끌었다는 뜻이다. 이단하로서는 스승의 이름을 노출은 시켰지만 '예를 이끌었다'는 말은 적어도 송시열이 기년복을 주장했다는 점은 지적하지 않았기 때문에 스승에 대한 도리는 지킬 수 있다고 본 것이었다.

이 점을 숙종이 모를 리 없었다. '잘못 이끌었다'로 고쳐 넣으라는 엄명이 떨어졌다. '소(所)'를 '오(誤)'로 바꾸라고 명한 것이다. 이단하로서는 따르지 않을 수 없었다.

이단하로서도 넘어서는 안 될 선을 넘어버렸다. 이단하의 고민은 깊었다. 12월 18일 그사이 '이조참판'으로 승진해 있던 이단하는 장문의 소를 올렸다. 그중에 이런 대목이 포함돼 있었다.

신은 송시열에게 스승과 제자의 의(義)가 있습니다. 행장을 고쳐 올릴 때 엄명(嚴命)에 핍박되어 이미 그의 성명(姓名)을 썼으며, 또 성교(聖敎)를 받고 오(誤)자를 그 이름 아래에 썼습니다. 신이 마땅히 문생의 의리로 인피(引避)하고, 다시 다른 사람에게 고쳐 명하시도록 청했어야 할 것인데, 생각이 여기에 미치지 못했으니, 후회막급일 뿐입니다.

이를 읽어본 숙종의 분노는 극에 달했다.

한갓 사표(師表-스승)만 알고 군명(君命)이 있음은 알지 못한 것이니 신하로서 임금을 섬기는 도리가 어찌 이와 같은가?

곧바로 이단하는 삭탈관작 문외출송을 당했다. 송시열을 정점으로 하는 서인 세력에 대한 본격적인 선전포고가 시작되는 시점이었다. 당시 분위기에 대해 이건창은 『당의통략』에서 "이때 숙종의 나이는 14세였는데 온 조정에서 두려워 떨지 않는 사람이 없었다"고 적고 있다.

송시열, "청풍 김씨의 참소가 드디어 실행되는구나!"

비록 현종의 급서로 중단되기는 했지만 현종 입에서 "임금에게 박하게 하고 누구에게는 후하게 하는가"라는 말이 나온 직후 영의정 김수홍은 귀양길에 올라야 했다.

그때 중단된 서인 숙청 작업은 불과 몇 달 후 숙종 입에서 "한갓 사표(師表-스승)만 알고 군명(君命)이 있음은 알지 못한 것이니 신하로서 임금을 섬기는 도리가 어찌 이와 같은가?"라는 말이 나온 직후 급속하게 재개되었다.

이단하에 대한 삭탈관작 문외출송 명이 떨어진 12월 18일 사헌부와 사간원에 포진해 있던 남인 계통의 장령 남천한(南天漢, 1607~1686년), 지평 이옥(李沃, 1641~1698년), 헌납 이우정(李宇鼎, 1635~1692년), 정언 목창명(睦昌明, 1645~1695년)이 합동으로 계(啓)를 올려 송시열 파직을 청하자 숙종은 그 자리에서 "아뢴 대로 하라"고 답한다. 당시 송시열은 중추부 영사라는 직함을 갖고 있었다.

그러나 다음날 대사간 이합(李柙, 1624~1680년)은 구차스럽게 송시열 파직 합동 상소에 참여할 수 없다며 하명을 기다리겠다는 상소를 올렸다. 이에 대한 숙종의 불같은 반응이다.

당을 비호하면서 공갈 협박하는 작태가 아닌 것이 없으니 진실로 놀라울 따름이다.

이미 송시열 파직을 둘러싼 논쟁 과정에서 남인과 서인의 치열한 정치 투쟁이 진행되었고 그 과정에서 숙종은 서인들이 송시열의 파직을 반대하는 족족 삭탈관직을 명했다. 이합은 그 첫 희생물에 불과했다. 그리고 서인이 떠난 자리에는 속속 남인이나 김석주와 가까운 인물들로 채워졌다.

송시열의 파직이 정해지자 서인들의 반격은 점점 더 거세졌다. 12월 20일 중추부 판사 정지화가 나서 16년 전의 일로 구신(舊臣)들을 조정에서 내쫓는다면 현재의 조정을 위해 좋을 일이 없다고 말했고 22일에는 사간 이헌이 "사화(士禍)가 박두하고 있다"며 자신을 교체해줄 것을 청했다. 이미 칼을 뽑은 숙종은 바로 다음 날 이헌을 사간에서 체직시켜버렸다.

이헌이 감히 (내가) 사론(邪論)을 주워 모았다느니 갑자기 참소 무함하는 말을 따른다느니라고 한 말은 극히 참람하며, 예(禮)를 그르친 잘못을 완전히 엄폐하고 그른 것을 옳다고 하면서 방자하게 당(黨)을 비호하는 모습을 보니 극히 놀랍다.

숙종의 서인 숙청 의지가 워낙 강해 김석주의 주선으로 대사간에 오른 이지익(李之翼, 1625~1694년)조차 12월 25일 사직 상소를 올렸다. 송시열의 예론에는 동의하지 않지만 그렇다고 지금처럼 처벌하려는 것은 온당치 못하다는 취지였다. 이로 인해 이지익은 서인과 남인 모두로부터 부정적 평가를 받게 된다. 당파의 시대에 자기의 길을 걷는 것은 그만큼 험난했다.

송시열 파직을 끌어냈던 남인의 장령 남천한·지평 이옥·헌납 이우정·정언 목창명 등은 다시 12월 26일 송시열의 삭탈관작과 문외출송을 청하는 상소를 올렸고 숙종은 기다렸다는 듯이 그 자리에서 "아뢴 대로 하라"고 답했다. 문외출송이란 한양 밖으로 추방하는 벌이다. 점점 처벌의 수위가 강해지고 있었다.

다음날 야대(夜對-야간 경연)에서 『논어』를 진강한 다음 시독관 윤지완(尹趾完, 1635~1718년)이 나서 송시열의 억울함을 호소하자 숙종은 그 자리에서 윤지완 체직을 명한다. 그 자리에 있던 동지사 남구만도 나서 송시열을 옹호하려 하자 말을 제대로 시작도 안 했는데 숙종은 말허리를 끊으며 "본분에 넘치는 말을 하지 말라"고 호통을 쳤다.

해가 바뀌어 숙종 1년(1674년) 1월 2일 장령 남천한과 정언 이수경(李壽慶, 1627~1680년)이 합계하여 이번에는 송시열뿐만 아니라 송준길·이유태 등을 모두 벌할 것을 청했다.

그런데 송준길은 이미 이 세상 사람이 아니었다. 송시열과 이유태(李惟泰, 1607~1684년)는 먼 곳으로 귀양을 보내자는 것이었고 송준길은 생전의 관직을 삭탈하자는 것이었다. 예송 논쟁이 말 그대로 남인과 서인의 대결로 본격화하는 순간이었다. 여기서는 숙종도 일단 숨 고르기를 한다. 그리고 마침 이날 숙종은 남인의 양대 이론가인 허목과 윤휴의 경연 출입을 특명으로 내렸다.

당시 송시열에 대한 숙종의 인식은 단순명료했다.

송시열은 효종의 예우를 입었는데도 보답하려고 생각하지 않고 도리어 서자(庶子)라는 폄칭(貶稱)을 가했으니, 어찌 죄가 없을 수 있겠는가?

그것은 분명한 사실(史實)이자 사실(事實)이었다. 그러나 동시에 인조 이래 조선은, 아니 조선 왕실은 뜻있는 신하들이 선뜻 받아들이기에는 정통성을 크게 상실하고 있었다. 이 또한 부정할 수 없는 사실(史實)이자 사실(事實)이었다. 14세 소년왕 권력이 68세 대로(大老) 권력을 제압하고 있었다.

1월 5일 우의정 김수항이 사직서를 제출했고 다음날에는 남구만이 사직서를 올렸다. 1월 9일에는 좌의정 정치화가 열한 번째 상소를 올렸으나 윤허하지 않았다. 영의정 허적을 제외하고 좌·우의정 모두 사직하겠다는 일종의 스트라이크를 벌이고 있었다. 이런 가운데 마침내 1월 12일 숙종은 "송시열을 멀리 귀양 보내라"는 명을 내린다.

"올 것이 오고야 말았다"

당시 충청도 진천 길상사에 머물고 있던 송시열은 유배 소식에 "청풍 김씨의 참소가 드디어 실행되는구나. 지금까지 더뎌진 것은 임금께서 많이 참으신 것이다"라며 담담하게 현실을 받아들였다.

청풍 김씨는 김육의 집안을 말한다. 결국 68세 대로 송시열은 함경도 덕원으로 유배를 떠나야 했다.

제20장

당인(黨人) 송시열을 이해하는 데 필수적인 네 장면

아버지 송갑조가 심어준 학문관

300년 조선 당쟁의 정점은 숙종과 송시열, 두 사람의 정면충돌이다. 송시열은 한순간도 자신이 조선 국왕의 신하라는 생각을 한 적이 없다. 그는 오직 주희만을 존중하는 당인(黨人)이었다. 이런 관점에서 송시열 생애의 주요 매듭들을 짚어볼 필요가 있다.

송시열은 1607년(선조 40년) 충청도 옥천군 이원면 구룡촌에서 났다. 그곳은 그의 외가였다. 그때만 해도 외가에서 출산하는 것이 사대부 집안에서 하나의 관례였다. 아버지 송갑조(宋甲祚, 1574~1628년)는 명종비 인순왕후의 능 강릉(康陵) 참봉을 지낸 것이 전부다.

송갑조는 기개 하나만큼은 누구에게도 뒤지지 않았다. 광해군 때 송갑조는 사마시에 급제했다. 당시 급제자들은 광해군과 서궁에 유폐되어 있던 인목대비의 관계가 좋지 않은 점을 감안해 서궁에는 인사를 가지 않겠다는 상소를 준비했다. 일찍부터 실권을 가진 광해군과 대북 세력에게 점수를 따놓겠다는 발상이었다. 그러자 송갑조는 홀로 분연히 반대했다. 그리고 혼자 서궁에 가서 인목대비를 찾아뵙고 절을 올렸다.

그 바람에 송갑조는 유적(儒籍)에서 삭제당하는 처벌을 받아야 했다. 그러나 그 때문에 인조반정으로 정권을 장악한 서인들은 그에게 강릉 참봉 자리를 주었다. 참봉이란 종9품의 말 그대로 미관말직이었지만 송갑조가 해본 거의 유일한 벼슬자리였다. 이후 송갑조는 사옹원 봉사(종8품)도 잠시 지낸다.

벼슬은 낮았지만 그의 학문은 탄탄했다. 어린 송시열의 공부도 그가 직접 가르쳤다. 송갑조는 송시열에게 공부를 가르치면서 늘 다음과 같이 강조했다고 한다.

주자가 있은 후에 공자가 있고, 율곡이 있는 후에 주자가 있으니 공자를 배우려면 마땅히 율곡으로부터 시작해야 한다.

이것은 당시 서인이라면 대부분 공유하고 있던 학서(學序), 즉 학문하는 순서였다. 서인-노론-벽파가 잇게 되는 학서다.

8세 때부터 친척인 송준길 집에서 공부를 배우기 시작한 송시열은 아버지로부터 열두 살 때 이이의 『격몽요결』을 배웠다. 이 책은 말 그대로 '몽매를 깨뜨리는 간략한 요령'이라는 뜻으로 일종의 어린이용 성리학 입문서라고 할 수 있다. 이미 『소학(小學)』은 읽었을 것이기 때문에 송시열의 주자학적 세계관은 점점 더 강화되어가고 있었다고 볼 수 있다.

여기에 더하여 송갑조는 송시열에게 김정국의 『기묘록』과 허봉의 『해동야언』 등을 읽도록 했다. 둘 다 중종 때 조광조 일파가 훈구파로부터 화를 당한 기묘사화 등을 다루고 있었다. 아마도 송갑조의 작은할아버지 송인수(宋麟壽, 1499~1547년) 이후 송시열 집안에 면면히 이어져 내려오는 가학(家學)이자 가풍(家風)이었을 것이다. 송갑조의 아버지, 즉 송시열의 할아버지 송응기는 도사(都事, 종5품)를 지냈고 송갑조의 할아버지, 즉 송시열의 증조할아버지 송구수(宋龜壽, 1497~1538년)는 태조 이성계의 능인 건원릉 참봉을 지낸 것이 전부일 정도로 중앙조정에서 두각을 나타내지 못했다.

'서인 산림(山林)의 원조' 김장생 문하에 들어가다

열여덟 살 무렵인 1625년(인조 3년) 도사 이덕사의 딸과 혼인한 송시열은 본격적인 학문 수련을 위해 성리학과 예학을 가르치며 명성을 얻고 있던 김장생을 찾아간다. 김장생을 알면 '양송(兩宋)' 송시열과 송준길이 보인다. 또 훗날 그의 증손자인 김만기의 딸이 숙종과 결혼해 왕비의 자리에 오르게 된다.

김장생(金長生, 1548~1631년)은 선조 때 이이의 지우(知友)이자 대사헌을 지낸 김계휘의 아들로 문과를 거치지 않고 선조 11년(1578) 31세에 학행(學行)으로 천거되어 예종의 능인 창릉(昌陵) 참봉이 되고, 1581년 이성계에 관한 명나라의 잘못된 기록을 바로잡기 위한 종계변무(宗系辨誣)의 일로 아버지를 따라 명나라에 다녀와서 돈녕부 참봉이 되었다. 중간급 관리를 두루 거치다가 광해군 즉위와 함께 북인 세력이 득세하자 충청도 연산으로 낙향해 제자 양성과 예학(禮學) 연마에 몰두했다.

어려서 김장생은 송익필에게서 사서(四書)와 주희의『근사록』을 배웠다. 김계휘는 학문에 뜻을 두고 정진하는 아들을 자랑스러워하며 "우리 아이가 이러하니 나는 근심이 없다"고 흡족해했다고 한다. 송익필에게서 '예학(禮學)'을 익혔다면 이이의 문하에서는 '성리학'을 배웠다. 예학과 성리학은 김장생 학문의 양대 축이며 이후 서인들의 세계관을 지배하는 중요한 지적 근간(根幹)으로 자리 잡게 되며 이런 전통은 송시열에게도 고스란히 이어진다. 차이가 있다면 송시열은 양자의 뿌리를 주희로 보고 주자학 근본주의로 나아간 정도이다.

1613년(광해군 5년) 광해군 정권을 대표하는 권간(權奸)이었던 이이첨이 선조의 적자인 영창대군을 죽이고 나아가 인목대비까지 모살하려 했던 계축옥사가 일어났을 때 김장생의 이복동생인 김경손·김평손 등이 연루되어 고문을 받다가 죽는 일이 벌어졌다. 이이첨 일당의 '살생부'에는 김장생의 이름도 포함돼 있었을 것이다.

그러나 이이첨의 협박과 회유로 영창대군 옥사의 주범 역할을 했던 박응서(朴應犀, ?~1623년)가 "김장생은 뛰어난 사람입니다. 오히려 우리가 처음 모의할 때 그가 알까 봐 두려워했습니다"고 적극 옹호하는 바람에 목숨은 건질 수 있었다.

이 사건이 김장생에게 준 충격은 컸다. 이후 그는 연산으로 내려가 문을 닫아걸고 외부 사람들을 일체 만나지 않고 오직 경시 읽기와 사색으로 시간을 보냈다. 그가 세간의 주목을 다시 받게 된 것은 인조반정이 일어난 이후였다.

서인 세력의 도움을 받아 광해군을 몰아낸 인조는 1623년(인조 1년) "김장생은 내가 잠저(潛邸-임금에 오르기 전에 살던 집)에 있을 때부터 익히 그 이름을 들었노라"라며 사헌부 장령을 제수하고 한양으로 올라올 것을 명했다. 이때 김장생의 나이 76세 때였다. 김장생은 정중히 사양했다. 이듬해 2월 이괄의 난이 일어나 인조는 남쪽으로 파천(播遷)해야 했는데 이때 김장생이 공주에서 인조를 맞이했다. 난이 끝나고 환도하던 인조는 김장생에게 원자(-소현세자)의 교도(敎導)를 맡아줄 것을 명했다. 이후 김장생은 강학관에 임명돼 원자의 교육을 맡았고 인조 3년(1625년) 8월 원자가 세자로 책봉되자 김장생은 특별히 가선대부(嘉善大夫-종2품)에 올라 중추부 동지사에 제수되었다. 그의 세자 교육에 대한 인조의 만족감이 그만큼 컸다는 뜻이다.

그러나 이때 김장생은 연산으로 물러나 다시 학문 연구와 제자 양성에 힘쓴다. 열여덟 청년 송시열이 연산으로 김장생을 찾아간 것은 바로 이때였다. 이미 '세자를 가르친 스승'이라는 명성이 자자했으리라는 것은 두말할 필요도 없다. 이후 송시열도 송준길과 더불어 '세자를 가르친 스승'으로 이름을 얻게 된다. 김장생 문하와 조선 왕실의 인연은 이렇게 세자 교육을 중심으로 계속 이어갔다.

당시 김장생은 연산에서 둘째 아들 김집의 도움을 받으며 전국에서 몰려온 전도유망한 청년 제자들을 길러냈다. 제자들은 김장생을 '노선생', 김집을 '선생'으로 불렀다. 이렇게 해서 조선 예학의 학맥은 송익필-김장생-김집으로 이어지고 있었다.

당시 연산에서 송시열과 함께 김장생에게 학문을 익힌 인물로는 송준길·이유태·이상형·송시영·송국택·이덕수·이경직·임의백·유계·김경여·윤선거·윤문거·김익희 등이 있었고 최명길도 젊어서 김장생에게 배운 바 있었다. 이들은 대부분 훗날 서인 기호학파의 중핵 인물로 성장하게 된다. 그러나 이때만 해도 당색은 그리 완고하지 않아 호남 남인 계열의 인물들도 제자군에 포함돼 있었다.

그 후 봉림대군 사부가 되고 병자호란을 인조 가까이에서 겪은 일에 대해서는 앞에서 살펴본 바 있다.

공(公)을 버리고 사(私)를 택한 송시열, 서인이 노론과 소론으로 분열되다

숙종이 집권한 후 남인을 내쫓는 경신환국 때까지만 해도 숙종의 마음은 남인의 복선군(福善君)에게 7, 서인의 김석주에게 3 정도의 비중을 두고 있었다고 볼 수 있다. 그러나 숙종 5년(1679년) 중반부터 남인들의 과도한 당파성과 무능에 숙종이 조금씩 넌덜머리를 내기 시작했고 그 점을 간파한 김석주는 송시열을 비롯한 서인 핵심 인사들과 비밀리에 의견을 교환하며 새로운 정권 준비에 들어갔다.

경신환국(庚申換局)으로 남인은 배척됐고 서인은 복귀했다. 그러나 엄밀히 말하면 서인이라고 다 서인은 아니었다. 송시열을 중심으로 하는 서인 주류가 있었다면 김석주를 중심으로 하는 서인 비주류가 있었다. 문제는 힘이 비주류에 있었다는 사실이다. 그것은 숙종의 의중이기도 했다.

이때 숙종의 마음은 김석주에게 90% 이상 가 있었다고 해도 과언이 아니다. 서인의 시대가 열리고 2년이 지난 숙종 8년(1682년) 5월 김석주는 우의정에 오른다. 이제 김석주는 배후의 권력도 아니고 숨은 군부 실세도 아니었다.

즉위 초 다른 권한은 남인에게 줘도 병권만은 김석주에게 남겨야 했기에 줄곧 병조판서를 지냈던 김석주는 숙종 6년(1680년) 10월 12일 이조판서로 자리를 옮긴 다음 의금부 판사를 거쳐 숙종 8년 5월 18일 우의정에 제수된다. 마침내 정승의 자리에 오른 것이다.

그가 정승에 오른 지 다섯 달 열흘만인 10월 21일 전 병사 김환과 출신 이회, 기패관 한수만 등이 남인 허새(許璽, ?~1682)·허영(許潁, 1650~?) 등이 역모를 꾸며 '삼복(三福)' 중에 유일하게 살아남은 복평군을 왕으로 추대하려 했다고 고변했다. 이런 일은 늘 그렇지만, 소론의 입장을 대변하는『숙종실록 보궐정오』는 이를 어영대장 김익훈(金益勳, 1619~1689년)이 공을 세우기 위해 조작한 것으로 서술하고 있다. 김익훈은 김석주의 지휘하에 있던 인물이라는 점에서 본다면 그랬을 가능성은 대단히 크다.

김장생의 손자이자 인경왕후 김씨의 작은할아버지이기도 한 김익훈이 김석주의 사주를 받아 연이어 고변했다. 김익훈은 원래 자신이 고변했던 허새·허영 등의 '역모 사건'이 뜻대로 되지 않자 별도의 사건을 꾸며 남인들을 다시 고변한 것이다.

김익훈은 인경왕후 아버지 김만기의 작은아버지로 1678년 광주부윤을 거쳐 경신환국 이후 남인을 축출하는 데 앞장섰으며 그 공으로 보사공신 2등에 올랐다. 이후 형조참판·어영대장 등 핵심 요직을 거쳤으나 김석주가 주도한 남인 축출에 관한 음모는 오히려 서인 내의 반발을 불러 노론과 소론이 갈리는 빌미를 제공하기도 했다. 애당초 너무나도 무리한 시도였기 때문이다. 이후 1689년 기사환국(己巳換局)으로 남인들이 정권을 장악하자 공신의 지위를 빼앗기고 강계로 유배되었다가 고문으로 생을 마감하게 된다.

숙종 6년(1680년) 4월 남인을 몰아낸 숙종은 5월에 보사공신(保社功臣)을 책봉한다. 1등 공신은 김석주와 김만기였다. 2등 공신은 이입신(李立身) 1명이었다. 그런데 그해 9월 5일 김석주가 상소를 올려 정원로를 이중간첩으로 활용할 때 공을 세운 인물들에게도 공신 책봉을 해야 한다고 주청해 그해 11월 22일 이사명·김익훈·조태상·신범화 등 4명이 2등 공신에, 이광한·이원성이 3등 공신에 추가로 책록됐다.

당시 공신 책봉이 얼마나 무리했는지는 그날 실록을 보면 알 수 있다. 통상 공신을 정하려면 빈청(賓廳)에 전·현직 정승들이 모두 모여 공적을 정확히 가린 다음에 1·2·3등을 정하고 국왕의 재가를 받는 것이 순서이다. 그런데 이날 실록은 공신 추가 작업이 졸속에 의한 것임을 생생하게 증언한다.

> 빈청에서 공신의 훈공을 등록하는데 다만 영의정 김수항이 원훈(元勳)인 이조판서 김석주와 더불어 상의해서 감정했고, 그 밖에 시임(時任-현직) 대신과 원임(原任-전직) 대신은 모두 불참했다.

여기서 눈여겨봐야 할 대목은 김수항·김석주·김익훈의 밀접한 커넥션이다. 흥미로운 것은 김수항은 김상헌의 손자, 김석주는 김육의 손자, 김익훈은 김장생의 손자라는 사실이다. 당시 조선은 이처럼 한 줌도 안 되는 권문세가 사람들이 대대손손 권력을 이어가고 있었다.

숙종 8년(1682년) 2월 20일 김익훈은 영의정 김수항의 추천으로 총융사에 임명된다. 총융사란 수도 방어를 위해 경기도 외곽의 수원·남양 등지에 설치된 군부대를 총괄하는 사령관직이다. 실은 그 전날 숙종의 장인 김만기가 육군참모총장에 해당하는 훈련대장에서 물러나자 김수항은 후임으로 어영대장으로 있던 김석주를 추천했고, 다시 비게 되는 어영대장에는 신여철과 김익훈을 추천했는데 숙종이 신여철(申汝哲, 1634~1701년)을 선택하자 이날 김익훈을 총융사로 추천해 임명한 것이었다.

신여철은 영의정을 지낸 신경진의 손자이다. 그리고 5월 18일 병조 판서 겸 훈련대장으로 있던 김석주가 우의정으로 정승에 오르자 후임 훈련대장에 신여철, 후임 어영대장에 김익훈이 임명된다. 당시 이들에 대한 숙종의 신임이 얼마나 컸는지를 쉽게 알 수 있다.

이 어영대장 김익훈이 그해 10월 밀계를 올려 김환 등의 일을 고변했던 것이다. 이건창이 『당의통략』에서 기록한 전후 맥락은 이렇다. 여전히 남인들의 동향에 불안감을 느끼고 있던 숙종이 김석주에게 감시를 철저히 할 것을 명했다. 이에 김석주는 무인 김환(金煥, ?~1689년)으로 하여금 남인 감시의 책무를 맡겼다.

김환은 원래 서인이었지만 벼슬은 남인에게서 받아 남인들과도 두루 친분이 있었다. 그래서 김환은 처음에는 '간첩' 노릇을 할 수 없다고 버텼으나 김석주가 죽이겠다고 협박하는 바람에 어쩔 수 없이 일에 말려들게 된다. 밑그림은 이미 김석주가 그리고 있었다.

허새와 허영은 한강 위에 산다. 너는 그 이웃으로 이사해 함께 어울려 장기를 두다가 네가 상대편 왕을 잡으면 "나라를 취하는 것도 이와 같이 하는 것입니다"면서 그들의 의중을 떠봐라. 허새 등이 호응하는 것 같으면 너는 허새에게 함께 모반을 하자고 말하라!

아무리 실제 우의정이 내린 명이지만 도저히 받아들일 수 없었다. 김환은 "만일 그랬다가 허새 등이 역심(逆心)이 없으면 내가 역적으로 몰리게 되지 않습니까?"라고 물었다. 그러자 김석주는 자신만 믿으라며 김환을 안심시킨 뒤 거액의 은화(銀貨)까지 제공했다. 거사 자금이었다. 더불어 김석주는 김환으로 하여금 유명견도 주의 깊게 감시할 것을 명했다. 유명견(柳命堅, 1628~1707년)은 이름난 선비여서 김환이 갑자기 얽어 넣기에는 문제가 많았다. 그래서 그의 척족이자 문객인 전익대(全翊戴, ?~1683년)라는 인물과 사귀면서 그 실상을 있는 그대로 보고했다. 이후 김환이 김석주의 지시대로 하자 허새와 허영이 솔깃한 반응을 보였다.

한편 이런 공작이 한창 진행 중인 가운데 그해 11월 김석주가 사은사로 청나라에 가게 된다. 숙종으로서는 정국이 불안한 상황이었기 때문에 김석주를 청나라에 보내고 싶은 마음이 없었다. 그러나 이미 청나라에 김석주 이름이 통보된 상황이어서 달리 바꿀 수 있는 방도도 없었다.

결국 청나라 연경으로 떠나지 않을 수 없게 된 김석주는 자신의 행동대장 김익훈에게 뒤를 부탁했다. 자신이 그동안 추진해온 음모의 골격을 전달해주었음은 물론이다. 뒤늦게 음모에 뛰어든 김익훈은 서둘렀다. 그래서 김석주가 없는 사이 김환을 몰아세웠다. 내몰린 김환은 전익대를 만나 유명견에게서 알아낸 것이 없느냐고 다그쳤다. 이에 전익대가 "유명견이 활을 만드는 것을 보았는데 의심할 만한 일입니다"라고 답했다.

그런데 이미 세상의 눈은 모든 것을 알고 있었다. 시중에 "김환이 겉으로는 정탐하는 척하면서 실은 모반하려는 것이다"는 유언비어가 파다하게 퍼졌다. 이에 놀란 김환이 전익대를 찾아가 "너는 나를 따라 고변하라. 거절하면 반드시 너를 먼저 죽이겠다"고 협박했고 전익대는 "유명견이 모반한다는 증거가 없는데 어찌 차마 무고할 수 있는가"라고 맞섰다. 한마디로 일이 꼬여버린 것이다.

사태가 급박해진 김환은 일단 전익대를 가둔 다음 김익훈을 통해 허새와 허영이 모반을 한다고 고변했다. 이것이 1차 고변이었다. 사흘 후에는 이와 전혀 무관하게 별도의 고변이 있었다. 문제는 김환이 고변 후 벼슬을 받게 되자 전익대 문제가 골칫거리로 떠오른 것이다. 일단 김환은 전익대에 대한 이야기는 전혀 하지 않았다.

바로 이때 김석주가 연경에서 돌아왔다. 김익훈으로부터 전말을 전해 들은 김석주는 아방(兒房)에서 직접 주상께 밀계를 올리면 될 것이라는 처방을 내놓았다. 아방이란 대궐 안 장군들이 휴식을 취하는 곳이었다. 이에 김익훈은 "나는 글을 쓸 줄 모르는데 어떻게 하지요"라고 걱정하자 김석주가 밀계의 주요 내용을 써주었다. 밀계의 핵심 중 하나는 전익대를 함께 엮어 넣는 것이었다.

국청에 잡혀 온 전익대는 김환이 승진해 있는 것을 부러워하며 유명견이 반역을 꾀했다고 고변했다. 물론 근거 없는 거짓말이었다. 즉각 국청에서는 유명견을 잡아 들였다. 그러나 대질 결과 터무니없는 거짓으로 드러났다.

다시 정리하면 첫째로 김환의 고변이 있었고 이어 김중하(金重夏)가 민암(閔黯, 1636~1693년)을 지목하는 고변이 있었고 셋째로 김익훈의 아방 밀계가 있었다. 흔히 이 셋을 합쳐 임술고변(壬戌告變)이라고 한다. 최종 조사 결과 유명견과 민암은 무고임이 드러났고 김중하와 전익대는 귀양을 가야 했다. 특히 전익대는 참수형을 당한다. 김중하의 고변도 김익훈의 작품이었다. 결국은 자신을 지켜줄 사람이 없는 전익대만 죽고 나머지는 다 살아서 관직에도 오르고 생명을 부지했다.

모든 게 어설퍼서 삼척동자도 전후 사정을 다 알게 됐다. 점차 김익훈은 '공적(公敵)'으로 떠올랐다. 당시 상황에서 김석주를 직접 탄핵할 수 없었기 때문에 원망은 모두 김익훈을 향했다.

특히 젊은 사림을 중심으로 김익훈을 비난하는 논의가 거세져갔다. 일단 김익훈을 내쳤으나 얼마 후 다시 불러들였다. 이에 대간 유득일(俞得一, 1650~1712년)과 박태유(朴泰維, 1648~1696년)가 김익훈을 강도 높게 탄핵하자 숙종은 대노해 두 사람을 지방관으로 내쫓는다. 숙종의 생각은 이러했지만 좌의정 민정중의 생각은 달랐다. 민정중은 이미 영의정 김수항과 호포법 문제 등으로 갈등을 빚은 바 있었기 때문에 문제의 근본적 해결을 위해 숙종에게 산림의 의견을 구할 것을 청한다. 그래서 송시열·박세채(朴世采, 1631~1695년)·윤증(尹拯, 1629~1714년) 세 사람의 의견을 들어보는 자리를 만들려 한다.

한편 대사성으로 있을 때 김익훈을 앞장서서 탄핵한 바 있는 승지 조지겸(趙持謙, 1639~1685년)은 당시 경기도 여주에 머물고 있던 송시열을 찾아가 사건의 전말을 이야기한 다음 의견을 구했다. 소장파 편을 들어달라는 요청이었다. 처음에는 송시열도 조지겸의 이야기를 들은 후 "사태가 진실로 그와 같다면 김익훈을 죽여도 족히 아까울 것이 없겠소이다"고 말했다. 이에 힘을 얻은 조지겸은 한양으로 돌아와 "대로의 소견도 우리와 마찬가지일세"라고 말했다.

숙종 9년(1683년) 1월 송시열은 한양 도성에 들어왔다. 그때 김석주가 송시열을 찾아가 자신의 입장에서 본 이번 사건의 전말을 전해주었다. 김석주가 김익훈의 무죄를 강변하자 송시열도 입장이 난처해졌다. 김수항과 민정중도 만났을 것이다. 송시열의 생각은 바뀌고 있었다. 이런 가운데 숙종은 "대로(大老)의 결정을 따르겠다"며 송시열에게 책임을 떠넘겼다. 여러 차례 요청이 있었지만 송시열은 쉽게 단안을 내리지 못했다. 서인의 지도자이고자 했던 그는 자칫 이번 일로 서인이 분열되는 것을 원치 않았을 것이다.

1월 19일 주강에서 송시열은 마침내 자신의 생각을 밝힌다.

신이 죄를 기다리는 일이 있습니다. 문순공 이황의 문인이었던 조목
은 이황이 죽은 뒤에 그의 자손을 보기를 마치 동기와 같이 했습니
다. 그가 관직에 있을 적에 지성으로 경계하여 과실을 면하게 하여
주었으므로, 당시나 후세에서 모두 조목이 그의 스승을 위하여 도
리를 다했다고 일컬었습니다. 신은 문원공 김장생에게서 수학했으
므로, 그의 손자 김익훈과 신이 서로 친한 것은 다른 사람과 자연히
다릅니다. 근일(近日)에 김익훈이 죄를 얻을 것이 매우 중한데, 신이
평소에 경계하지 못하여서 그로 하여금 이 지경에 이르게 했으니,
신은 실지로 조목의 죄인입니다.

자기 몸을 던져서라도 김익훈을 옹호하겠다는 뜻을 밝힌 것이다.
숙종으로서도 원하던 바였다. 조지겸·오도일(吳道一, 1645~1703년)·유
득일 등 젊은 사류의 실망은 컸다. 이제 원망은 김익훈에서 송시열로
향하고 있었다. 이렇게 해서 서인은 송시열을 따르는 노론과 그를 비판
하는 소론으로 갈리게 된다.

송시열의 유언(遺言): "직(直)"

숙종 15년(1689년) 초 정권은 다시 서인에서 남인으로 바뀌었다. 기
사환국이다. 3월 5일에는 윤휴의 문인이었던 우의정 김덕원(金德遠,
1634~1704년)의 청을 받아들여 윤휴의 복권을 명한다.

윤휴는 경학(經學)을 깊이 연구한 선비로서 대대로 국은(國恩)을 입어 지위가 경재(卿宰)에 올랐으나, 오직 시무(時務)에 익숙하지 못하여 논의가 다소 거칠기는 했지만, 국가를 근심하고 임금을 사랑하는 단성(丹誠)은 진실로 내가 아는 바이다. 불행하게도 경신년에 간사한 무리가 송시열을 위하여 보복하려고 그 죄를 나열하며 터무니없이 무함하지 않음이 없었다. … 세월이 여러 해가 지났는데도, 아직도 신원(伸寃)하지 못했으니 이는 나의 본뜻이 아니다.

윤휴를 재평가했다는 것은 곧 송시열의 죽음을 의미할 수도 있었다. 송시열은 2월 4일 숙종의 명에 따라 제주도로 유배를 가 있었다. 2월과 3월 두 달 동안은 주로 현직에 있던 서인 세력들을 제거하는 작업이 진행됐고 이어 3월과 윤 3월 두 달 동안은 이미 세상을 떠난 서인과 남인에 대한 재평가 작업이 이뤄졌다. 그 과정에서 이이와 성혼의 문묘 배향도 남인들의 요구에 따라 없었던 일로 하게 됐다. 남인들로서는 서인의 뿌리인 이이와 성혼이 문묘에 배향된 일을 도저히 받아들일 수 없었기 때문이다.

서인 숙청과 남인 복권은 100여 일에 걸쳐 진행됐다. 이때 이뤄진 피의 숙청으로 20명 가까이가 각종 방법으로 처형되었다. 유배를 떠나야 했던 사람은 60여 명, 파직과 삭탈관작 등을 당한 사람이 20여 명이었다. 경신환국 이후 서인들이 남인들에게 가했던 복수의 규모와 비슷했다. 말 그대로 당동벌이(黨同伐異)였다.

이 무렵 숙종은 송시열을 '큰 우두머리[巨魁]'라고 부르고 있었다. 함께할 때는 대로(大老)라 불렀으나 이제 최소한의 경칭도 생략해버린 것이다. 인현왕후 민씨의 폐서인 문제가 한풀 꺾여가던 5월 30일 전 별검 이기주와 유생 이탁이 송시열의 억울함을 호소하는 소를 올렸다. 두 사람은 이 소가 오히려 송시열의 명을 재촉하는 화근이 될 줄은 몰랐을 것이다.

두 사람의 소를 읽어본 숙종의 반응이다.

아! 송시열의 더할 수 없는 흉악함을 모두 다 언급할 수 없으나, 우선 그 가장 중대한 것에 대하여 말하자면, 효묘(孝廟-효종)를 폄하하고 낮춰 속임이 선조(先朝-현종)에 미쳤고, 국본(國本)을 동요시켰으니, 진실로 이는 역사에 죄를 짓는 큰 잘못이다. 이기주 등도 사람이니, 어찌 송시열의 죄가 쌓이고 악함이 차서 천토(天討)를 면하기가 어려움을 알지 못하리오? 그런데 이에 감히 국문하기를 명한 뒤에 잇따라 상소하여 지어낸 뜻이 교묘하고 참혹하며 그 말이 위험하니, 오늘날 국가에서 조금이라도 기강이 있다면 어찌 감히 이와 같이 무엄(無嚴)할 수 있겠는가? 임금을 잊고 당(黨)을 위해 죽는 무리를 중한 율(律)로 다스려서 악함을 징계하는 법을 엄하게 하지 않을 수 없다. 소두(疏頭-상소의 주동자) 이기주와 이탁을 아울러 극변(極邊)에 멀리 귀양 보내라.

4월 21일 인현왕후 민씨의 문제가 처음 거론되던 날 송시열에게는 한양으로 올라와 국문을 받으라는 명이 내려가 있었다. 물론 두 사람의 소가 아니었어도 이미 83세의 송시열은 국문을 받는 도중 사망할 가능성이 컸다. 그러나 두 사람의 소는 분명 숙종을 자극했다.

6월 2일 대신과 비변사 관리들을 불러 국사를 논의하던 중 의금부 판사 민암은 엉뚱한 제안을 한다.

송시열의 지극히 흉하고 악함은 국문을 기다리지 아니하고도 알 수 있습니다. 우리 조종(祖宗)께서 나라를 세움이 인후(仁厚)하여 일찍이 대신을 국문하지 아니했으니, 대신에게 물어서 처리하는 것이 마땅합니다.

권대운

이게 무슨 말인가? 남인의 모사꾼인 민암이 이런 말을 한 이유는 굳이 국문하지 않고 죽여버리자는 뜻이었다. 이에 숙종이 영의정 권대운(權大運, 1612~1699년)에게 묻자 권대운도 "성상께서 참작해 처리하시는 것이 좋겠습니다"라고 말한다. 숙종의 결정으로 국문 없이 사사(賜死)시키자는 말이었다. 국문 과정에서 서인들이 동요하고 결집할 가능성도 배제할 수 없었다. 남인들은 당시 숙종의 마음이 서인에 대해 극단적으로 적대적임을 알고 이 점을 활용하려 했다. 이번에도 역시 숙종은 추호의 망설임도 없었다.

의금부 도사가 내려가다가 만나는 그곳에서 사사시키라.

이때 송시열은 제주의 바다를 건너 한양을 향해 붙잡혀 올라오고 있었다. 그것이 자신의 최후임도 알고 있었을 것이다. 이미 국문 통지를 받자마자 그것이 사형 통보임을 예감한 송시열은 유서나 마찬가지인 소를 썼다. 짧게나마 자신의 억울함을 호소하는 내용이었다.

송시열은 6월 7일 전라도 정읍에 도착했다. 수많은 제자가 함께하는 길이었다. 다음 날 아침 의금부 도사 권처경이 사약을 들고 정읍을 찾았다. 사약을 마시기 전 송시열은 제자들에게 유언을 남겼다.

학문은 마땅히 주자를 위주로 할 것이며, 사업은 마땅히 효종이 하고자 했던 뜻을 위주로 해야 한다.

'효종이 하고자 했던 뜻'이란 명나라를 받들기 위한 북벌 대의였다. 숙종의 말처럼 자신은 효종을 속인 바 없다는 항변이기도 했다. 그리고 자신의 관은 '덧붙인 판자[付板]'를 사용하라고 했다. 이는 효종 때 장례를 치르며 관의 크기를 잘못 예상해 관에 판자를 덧붙여야 했던 일을 상기시킨 것으로 효종에 대한 자신의 단심(丹心)을 다시 한번 강조하기 위함이기도 했다. 그리고 송시열은 조용히 사약을 마셨다.

그의 졸기(卒記)는 『숙종실록』 15년 6월 3일 자에 실려 있다. 여기에는 제자 권상하에게 마지막으로 남긴 말이 나온다.

하늘과 땅이 만물을 낳아주는 이치와 뻬어난 이가 만물 만사에 응하는 이치는 곧음[直]뿐이다. 공자·맹자 이래로 서로 전하는 것은 오직 하나의 직(直)자뿐이다. 주자께서 제자들에게 부탁한 것도 이에서 벗어나지 않는다.

이 말은 곧 자신은 성(誠)을 강조한 이이의 학통이 아니라 직(直)을 강조한 송익필의 학통을 잇겠다는 내밀한 선언이었다.

송시열은 생전에 송준길의 권유를 받아들여 송익필의 묘갈명을 지은 바 있었다. 이 또한 송익필 학통 계승에 대한 자부임은 두말할 필요도 없다.

제21장

숙종 때
이합집산하는 신하들

5년 만에 다시 정권을 잃은 남인의 '무능'

서인-노론의 종주(宗主) 송시열이 사사되고 정권은 자연스럽게 남인 쪽으로 넘어갔다. 기사환국(己巳換局)이다. 그러나 남인은 무능함으로 인해 숙종으로부터 정권을 맡을 만하다는 인정을 받지 못했고 결론적으로 5년 만에 다시 서인, 그중에서도 소론에 정권을 넘겨주게 된다. 그 후 먼 훗날 정조 때 채제공(蔡濟恭, 1720~1799년)이 잠깐 기용된 것을 제외하면 남인은 더는 정권을 담당하지 못하는 영원한 야당으로 남게 된다.

도대체 기사환국 이후 남인들은 어떤 행태를 보였기에 왕당파(王黨派)임에도 불구하고 절대왕권을 추구했던 숙종으로부터 버림받게 된 것일까? 이는 당시 남인 정권을 이끌었던 면면을 보면 조금 더 쉽게 알 수 있다.

기사환국 이후 외형적으로 보면 권대운·목래선(睦來善, 1617~

1704년) · 김덕원 삼정승이 이끄는 체제였지만 내부를 들여다보면 별도의 실력자들이 있다. 장희빈의 오빠인 장희재를 제외하더라도 눈여겨봐야 할 인물들이 있었다. 이현일과 민암이었다.

이현일(李玄逸, 1627~1704년)은 외조부 장흥효(張興孝, 1564~1633년)의 문하에서 퇴계학파 성리학을 전수했다. 장흥효는 김성일 · 류성룡 · 정구에게 학문을 익혔다. 효종 3년(1652년) 친형 이휘일(李徽逸)과 함께 『홍범연의(洪範衍義)』를 편찬했고, 현종 7년(1666년)에는 송시열의 기년설을 비판한 영남 유생들의 연명 상소에 참여했다. 남인들이 정권을 잡은 숙종 즉위년(1674년)부터 허목 등의 추천으로 누차 관직에 임명되었으나 부친상 등을 이유로 나아가지 않다가 1678년 공조정랑 · 사헌부 지평 등에 임명되어 비로소 출사했다.

그러나 1680년 경신환국으로 서인이 정권을 잡자 향리에 은거했다가, 기사환국으로 다시 남인이 집권하자 성균관 좨주(祭酒)를 거쳐 대사헌에 올랐다. 그의 역할은 정치적이라기보다는 학술적인 데 있었다. 어쩌면 숙종 집권·초 윤휴와 허목이 했던 역할을 그가 했다고 할 수 있다. 일종의 남인판 '산림(山林)'이라고 할까? 물론 송시열이나 송준길 등에 비하면 무게감이 현저하게 떨어진다.

숙종의 인현왕후 처리에 반대해 한동안 관직에 물러나 있던 그는 1692년 다시 대사헌 · 병조참판 · 우참찬 · 이조판서 등을 두루 거치게 된다. 물론 그 비중이나 역량 면에서 비교가 안 되겠지만 그나마 남인 쪽에서 찾아볼 수 있는 '리틀 송시열'이었다고 할 수 있다.

그렇지만 이현일 중용이 갖는 의미는 상당히 컸다. 그의 중용은 무엇보다 제1차 남인 집권기의 실패에는 기호 남인들이 영남 남인들을 배제해 스스로 세력 기반을 확보하는 데 실패했다는 자성에 따른 것이었다. 기사환국 직후 기호 남인들이 이현일을 적극적으로 불러올린 것도 그 때문이었다. 송시열에 버금갈 수야 없지만 그래도 이황·김성일·장흥효로 이어지는 영남의 학맥을 잇고 있던 이현일은 남인들 입장에서는 소중한 자산이 아닐 수 없었다. 실제로 이현일도 영남 남인들의 중앙정계 진출을 위해 많은 노력을 쏟기도 했다. 그러나 이현일이 미처 포부도 제대로 펴보기 전에 갑술환국이 일어나 그의 꿈은 미완으로 남게 된다.

그에 반해 민암은 숙종에게는 일종의 행동대장이었다. 서인에게 김석주가 있었다면 남인에게는 민암이 있었다. 인현왕후 민씨를 내쫓고 송시열을 사사시키는 데도 민암은 결정적인 역할을 했다.

숙종 15년(1689년) 12월 19일 숙종은 당시 홍문관 대제학 민암의 건의를 받아들여 인조 때 이후 유명무실해졌던 사가독서제를 부활한다. 사가독서제란 유망한 신진인사들에게 휴가를 주어 독서를 하게 하던 제도로 세종이 만든 인재양성제도이다. 그 자체만으로 민암이 올린 건의는 좋은 것이라고 할 수 있다.

당시 사가독서를 하는 요원으로 유세명·민창도·이현조·김문하·채팽윤·홍돈·권중경 등 7명이 선발됐다. 문제는 그중 민창도(閔昌道, 1654~1725년)가 민암 조카라는 사실이었다. 그것도 수석합격이었다.

민암의 형이자 민창도의 아버지인 민희(閔熙, 1614~1687년)는 허적과 같은 탁남계로 숙종 초에 좌의정까지 지냈고 경신환국 때 서인들에 의해 유배를 당해 유배지 순천에서 죽었다. 원래 합격자 명단에 민창도 이름은 없었다. 그런데 우의정 김덕원까지 나서 문제 될 것이 없다고 주장해 결국 민창도는 사가독서를 할 수 있었다. 이에 대한 실록 사관의 평이다.

이때 민암이 조정의 정권을 잡고서 재상을 압박하고 임금을 지휘함이 이에 이르니, 사람들이 모두 흘겨보았다.

물론 두 사람이 실력자로 부상했다고는 하나 숙종의 권위에는 전혀 도전하지 못했다. 그저 숙종 비위에 맞춰가면서 적당히 정적인 서인 세력들을 숙청하는 데 힘을 쏟는 정도였다. 이 무렵 숙종의 왕권은 조선 500년을 통틀어, 즉 태종이나 세조도 비교가 안 될 만큼 막강했다.

'숙종 때의 윤원형' 장희재

장희빈의 오빠 장희재(張希載, 1651~1701년)는 숙종보다 열 살, 장희빈보다는 여덟 살 위였다. 윤원형에게 첩 정난정이 있었다면 장희재에게는 기생 숙정이 있었다.

숙정은 원래 동평군 이항(李杭, ?~1701년)의 계집종이었다. 동평군 이항은 이 무렵 거의 독보적으로 숙종에게 총애를 받던 종친이었다. 장희재 입장에서 보자면 한편으로는 여동생을 통해, 다른 한편으로는 동평군을 통해 숙종에게 영향력을 행사할 수 있었다.

원래 장희재는 시전에서 입신출세한 인물로 종실에서는 동평군과 관리 중에서는 민암의 세력과 긴밀한 네트워크를 형성했다. 1683년(숙종 9년) 3월 13일에 인조반정 60주년을 맞아 정명(貞明)공주의 집에 조정 대신들이 대거 모여 잔치가 벌어졌다. 정명공주는 선조와 인목대비 사이에서 난 딸로 이때 80세로 아직 살아 있었다. 이때는 서인들의 세상이었다.

숙정은 노래를 잘한다는 소문이 있어 잔치에 불려갔다. 술이 몇 순배 돌자 한 손님이 숙정의 손을 잡고 희롱하자 당시 포도부장으로 문앞에 와 있던 장희재가 숙정을 몰래 빼내어 달아나버렸다. 이 소식이 좌의정 민정중 귀에 들어갔다. 민정중은 당장 장희재를 불러들일 것을 명했고 장희재는 장형을 당해야 했다. 민씨 집안에 대한 장희재의 원한은 여기서 비롯됐다고 실록은 풀이한다.

윤원형이 을사사화를 주도해 사림에 치명타를 안겼다면 장희재는 동평군 민암 등과 함께 숙종을 움직여 서인들을 일거에 축출하는 기사환국을 이끌어냈다. 다만 윤원형의 경우 문과 급제 출신의 문신이었던 데 비해 장희재는 중인 신분에 불과했다.

환국 이후 1년여가 지난 숙종 16년(1690년) 8월 장희재는 내금위장에 특채된다. 당시 병조판서가 민암이다. 이듬해에는 병조판서 민종도(閔宗道, 1633~?)의 후원으로 장희재는 금군(禁軍) 별장에 오른다. 민종도도 민암처럼 여흥 민씨이면서 남인 계통 집안이었고 민암 못지않게 장희재의 후원자 역할을 맡았다.

그리고 숙종 18년(1692년) 3월 6일 장희재는 다시 총융사로 발탁된다. 특채·특진·발탁의 연속이었다. 김익훈이 역임한 바 있는 총융사는 수도 외곽의 남양·수원·장단의 군사요충지를 관장하는 총융청의 최고 지휘관으로 종2품에 해당하는 고위직이었다.

이듬해 2월 장희재는 한성부 우윤에 임명된다. 오늘날의 서울시 부시장에 해당한다. 이에 대해 사간원 등의 비판이 이어지자 숙종은 곧바로 장희재를 포도대장으로 임명한다. 그 또한 종2품직이다. 그러나 장희재의 벼락출세는 이것으로 끝이었다. 이미 희빈 장씨에 대해 숙종은 싫증 내지 염증을 느끼고 있었고 남인과 함께하는 국정 운영에 대해서도 부정적 의견이 커갔기 때문이다.

남인의 능력에 대한 숙종의 뿌리 깊은 불신

숙종에게 서인은 다루긴 어렵지만 신뢰할 수 있었고 반대로 남인
은 다루긴 쉽지만 믿음이 가지 않았다. 기사환국 이후 9개월 정도밖에
되지 않은 11월 21일 숙종은 의미심장한 비망기를 내린다.

경화(更化-기사환국)한 뒤에 여러 어진 이가 더불어 같이 나아와 조
정이 깨끗하고 밝으며 임금이 신하에게, 신하가 임금에게 정과 뜻이
흐르고 통하여 일호(一毫)도 시기하거나 의심하는 마음이 다시 없
으니, 이는 바로 좋은 정치를 할 만한 기회이다. 어찌하여 백관이 직
무에 태만하고 포기함이 날마다 더욱 심해져, 침상에서 쉬고 누워
있으면서 오직 몸이 편한 것만 도모하는가? 묘시(卯時)에 출근하여
유시(酉時)에 파하거나 진시(辰時)에 출사하여 신시(申時)에 파하는
것이 법전(法典)에 있는데, 태만함이 버릇이 되어 개좌(開坐-출근하
여 정상적으로 사무를 보는 것)가 드물다. "형(刑)은 형벌이 없기를 기약
하여야 백성이 중(中)에 합한다"는 것이 성인(聖人)의 밝은 가르침인
데, 옥송(獄訟)이 쌓이고 밀리는 것이 근래에 더욱 심해지고 있으니,
세월을 끌면서 마땅히 결단할 것을 결단하지 아니하고 있다.

양사(兩司-사헌부와 사간원)는 이목(耳目)을 맡은 곳이고, 옥당(玉堂-
홍문관)은 논사(論思)하는 곳인데, 잠깐 들어왔다가 잠깐만에 나가
니 무슨 일이 제대로 되겠는가? 혹시 큰 의논이나 큰 시비(是非)에

관계되는 데가 있으면, 문득 병이 있다고 핑계를 대고 승정원은 후설(喉舌)의 중함을 맡았는데도 임명받은 지 오래되지 아니하여 문득 곧 체직(遞職-보직 이동)을 도모한다. 요즈음 대신이 건의하여 엄명을 내렸음에도 폐단의 고질(痼疾)이 이미 심하여 전과 같으니, 다시 무엇으로 퇴폐한 기강을 떨쳐 엄숙하게 하여 모든 정무가 함께 밝아지기를 바라겠는가? 오직 이와 같으므로 각사(各司)의 관원이 하는 일 없이 한가로이 세월만 보내면서 관청에 나와 직무 보는 것을 전사(傳舍-여관)에 들르는 것처럼 하며, 한 사람도 나랏일을 담당하여 그 이룩한 보람을 드러내는 이가 없으니, 이는 진실로 위에 있는 사람이 성심으로 지도하고 통솔하지 못한 소치이다.

돌이켜 자신을 반성하여 부끄러워함에 어찌 끝이 있겠는가? 만약 옛 버릇을 통렬히 고쳐서 함께 마음을 새롭게 하지 아니하면, 국가의 근심을 이루 다 말할 수 없음이 있을 것이다.

남인들의 무능(無能)에 대한 1차 경고였다. 숙종은 적어도 국정에 관한 한 철저하고 부지런했으며 유능했다. 그의 성격상 무능한 사람은 두고 보질 못했다. 그러나 남인들은 워낙 세력이 소수였기 때문에 국가 운영 능력에 필요한 인재 풀을 갖추지 못하고 있었다. 남인들은 숙종의 이 같은 경고를 의례적인 것으로 들었을 뿐 남인에 대한 경고로 이해하지 못했다. 남인 집권이 영속되리라고 믿었기 때문이다.

개인적으로 볼 때 숙종은 검약했고 늘 국가 자원을 절약하고 세금을 줄여주는 데 관심이 깊었다. 이런 그의 태도는 당쟁과는 무관하게 일관성을 보였다. 그리고 이런 주제로 관리들에게 책문(策問)을 요구하는 일도 잦았다. 이 또한 숙종이 어떤 당파의 국정 운영 능력과 태도를 재는 중요한 잣대였다.

숙종 17년(1691년) 1월 3일 일어난 우의정 김덕원 파직 사건은 당시 군권(君權)과 신권(臣權)의 과도한 비대칭 관계를 단적으로 보여준다. 이날 영의정 권대운·좌의정 목래선·우의정 김덕원과 삼남 지방의 가뭄, 전세 감면 등 국정 현안에 대해 이런저런 이야기를 나누던 중 김덕원이 이렇게 말한다.

신이 듣건대, 선묘(宣廟-선조)께서 편찮으실 때 신하들이 입시(入侍)했더니 무명에 물들인 포장을 치고 무명 바지를 입으시기까지 했으므로, 이 때문에 신하들의 조복(朝服)이 감히 오늘날처럼 고울 수 없었고, 환시(宦侍)들은 감히 비단옷을 입지 못했다 합니다.

계묘년(1663년, 현종 4년) 신이 가주서(假注書)로 있을 때 내관(內官-내시)과 함께 기우제(祈雨祭)를 지내고 돌아오는 길에 강의충(强義忠)이라는 내관과 이야기할 기회가 있었습니다.

신이 그에게 내탕(內帑)의 다과(多寡)를 물었더니, 강의충이 말하기를 "인조대왕께서는 여염에 사셔서 백성의 일이 어려움을 환히 아시므로, 몸소 검소하여 절약해서 쓰셨으므로 내사(內司)의 저축이 계속 풍부했었습니다. 효종대왕께서는 변방 밖의 풍상(風霜)에 괴로움을 고루 겪으셨으므로, 모든 일에 힘써 간약(簡約)하게 하셔서 저축이 모자라지는 않았습니다. 금상(今上-현종)의 조정에 이르러서는 깊은 궁중에서 태어나 자라셨으므로, 절약하여 쓰는 방도가 두 조정만 못하여 지금은 내장(內藏)이 자못 비었다"고 했습니다. 그 말이 참으로 절실하니, 더욱 검약(儉約)하여 절약해서 쓰는 방도에 힘쓰소서.

숙종이 처음에는 "자못 마음을 열어 받아들이다가" 강의충이라는 말을 듣는 순간 얼굴에 분노가 나타나기 시작했다. 숙종이 화가 난 이유는 첫째 신하가 내시와 함께 선대 국왕들을 논평했다는 것, 둘째 자신의 아버지인 현종이 마치 방탕했던 것처럼 말한 것, 셋째 궁궐에서 자라기는 자신도 마찬가지이므로 간접적으로 자신을 겨냥한 것 등이었다.

이때 강의충은 이미 죽고 없는 사람이었다. 그런데도 숙종은 더욱 화를 내며 강의충을 내시 명단에서 즉시 삭제하고 그 아들 사위·아우·조카 이름까지도 모두 삭제할 것을 명하며 "차후 이런 일이 한 번 더 생기면 효시(梟示)하겠다"고 말한다.

한마디로 김덕원은 죽을죄를 저지른 것이나 마찬가지였다. 그 자리에서 김덕원을 파직했다.

권대운과 목래선이 나서봤지만 숙종은 단호했다. 선조에 대해 내시가 평을 했다는 것도 있을 수 없는 일인데 대신이 내시의 말을 듣고서 그대로 어전에서 이야기한다는 것은 더더욱 있을 수 없는 일이라는 것이다. 권대운과 목래선이 "대신의 말실수로 그 자리에서 파직시키는 것은 대신을 예우하는 도리가 아닙니다"라고 재차 설득을 시도했으나 숙종의 분노는 더욱 커질 뿐이었다.

이 일은 숙종과 김덕원의 역학관계뿐만 아니라 숙종과 삼정승의 역학관계도 큰 차이가 없었음을 보여준다. 남인은 무능하기도 했지만 무력(無力)했다. 그 결과 숙종은 마음속 깊은 곳에서 남인 세력을 무시하게 되었다.

재환국을 도모하는 서인 세력

이 무렵 서인 세력의 재기를 위해 가장 부지런하게 움직인 인물은 김춘택(金春澤, 1670~1717년)이었다. 이때 20대 초반의 열혈 청년이었던 김춘택은 숙종의 장인 김만기의 손자로 이미 뛰어난 문재(文才)를 자랑하고 있었다. 그러나 기사환국과 함께 남인이 집권하자 서인 노론 핵심 집안의 후손으로서 앞길이 막힌 데 대한 불만이 클 수밖에 없었다.

정철·윤선도·김만중 등과 같이 문학적 자질이 뛰어난 인물들의 정치는 상당히 과격하다는 공통점이 있었다. 이런 점에서 김춘택도 예외는 아니었다. 이건창의 『당의통략』에 따르면 김춘택은 김석주의 사람됨을 흠모했다고 한다. 김석주가 김만기와 가까운 때문이기도 하겠지만 김석주의 음모와 공작정치를 멋지게 생각한 때문인지도 모른다.

김춘택은 위험할 정도로 대담했다. 먼저 궁인의 동생을 첩으로 맞아들여 궁중의 정보를 입수하는 데 나선다. 이를 위해 은화 1,000금을 아낌없이 투자했다. 심지어 당대 최고의 실력자인 장희재의 부인과 정을 통하며 남인들 동태에 대한 깊은 정보를 빼냈다고 한다. 말 그대로 온 몸을 던졌다.

일설에 의하면 그는 작은할아버지 김만중(金萬重, 1637~1692년)이 유배지 남해에서 쓴 『사씨남정기』를 한문으로 번역해 은밀하게 궁녀들을 통해 숙종에게 전달토록 했다고 한다. 비록 중국을 무대로 했지만 『사씨남정기』에 나오는 사씨 부인은 인현왕후, 유한림은 숙종, 요첩 교씨는 희빈 장씨임을 누구나 알 수 있다. 물론 이런 이야기는 실록에는 전하지 않는다. 다만 숙종의 마음을 바꿔보려는 김춘택의 집요함이 두드러지는 일화다.

　김춘택은 심지어 왕실의 숙안공주와 숙명공주도 포섭하는 데 성공했다. 두 공주는 효종의 딸로 숙종에게는 고모들이었다. 그중 특히 숙안공주는 남인에 대해 원한이 뿌리 깊었다. 숙안공주와 익평군 홍득기 사이에서 난 아들 홍치상이 기사환국 때 남인들에 의해 사사를 당했기 때문이다.

　김춘택을 비롯해 신진인사들이 중심이 된 서인 세력의 움직임을 남인이라고 해서 내버려두지는 않았다. 남인은 적어도 실권을 갖고 있었다. 남인 쪽의 사령탑은 우의정 민암이었다. 양측의 정보전은 치열하게 전개됐다. 그러나 결국 민암 쪽이 패했다.

하룻밤 사이에 서인 '소론' 세상으로 바뀌다

　숙종 20년(1694년) 4월 1일 밤은 짧고도 길었다.

　비망기가 내려지자마자 영의정 권대운·좌의정 목래선·대사헌 이봉징 등 남인 정권을 이끌었던 대소신료들이 순식간에 삭탈관작 당하고 우의정 민암·의금부 판사 유명현·의금부 지사 이의징·정유악·의금부 동지사 목임일 등 국문을 주도했던 남인 인사들은 절도로 유배를 떠나야 하는 죄인이 됐다. 심지어 집에 머물고 있던 승정원과 삼사의 관리들도 모두 파직당했다.

　오죽했으면 당장 영의정을 제수해야 하는데 명을 받들 승지가 하나도 없었다. 그래서 어쩔 수 없이 숙직을 위해 대궐에 나와 있는 오위장 황재명을 '가승지(假承旨-임시 승지)'로 임명하고 곧바로 서인 소론의 영수이던 남구만을 영의정으로 임명한다. 또다시 백지상태에서의 조각(組閣)이 시작된 것이다.

숙종은 권력이 무엇인지를 누구보다 잘 아는 사람이다. 곧바로 훈련대장에 기사환국으로 쫓겨났던 신여철을 다시 임명했고 병조판서에는 강릉 부사로 나가 있던 서문중(徐文重, 1634~1709년)을 임명했다. 그리고 남인 이현일이 맡았던 이조판서에는 유상운(柳尚運, 1636~1707년)을 서용했다. 최소한의 인선을 마친 숙종은 세 가지 중대 사안에 관한 입장을 밝힌다.

첫째, 국본(國本)을 동요시키는 자는 용납하지 않는다. 서인 세상이 되었다고 해서 세자를 흔들려 해서는 안 된다는 것이다.

둘째, 폐인(廢人-폐서인된 인현왕후 민씨)을 비롯해 홍치상과 이사명을 신원하려는 자는 용납하지 않는다. 서인이 다시 집권했다고 해서 기사환국이나 자신의 폐비 결정에 시비를 걸 생각을 하지 말라는 것이다.

셋째, 이상(李翔, 1620~1690년)을 신원하려는 자는 용납하지 않는다.

이를 어길 경우는 역률(逆律)로 다스리겠다고 못 박았다. 이런 점을 고려할 때 숙종의 선택은 이미 정해져 있었다. 서인 중에서도 이런 점들을 수용할 수 있는 소론과 함께 정권을 끌어가겠다는 뜻이었다. 특히 세 번째로 말한 이상을 신원하지 말라는 이야기는 송시열의 죽음을 신원하려 들지 말라는 뜻이기도 했다. 이상은 철저하게 송시열을 따르던 인물로 송시열이 사사된 직후 모함을 당해 1690년 1월 19일 옥중에서 사망한 인물이기 때문이다.

소론 중심의 정권을 세우겠다는 숙종의 이런 의중은 이미 남구만을 영의정으로 정한 데서 분명하게 드러났다. 남구만은 개국공신 남재(南在)의 후손으로 어려서는 송준길 문하에서 학문을 익혔고 효종 7년(1656년) 문과에 급제했다. 그 후 사간원·홍문관·사헌부의 요직을 거쳐 전라도와 함경도 관찰사를 지냈고 이때 북방의 방어를 튼튼히 했다.

숙종이 즉위한 후에는 남인 정권하에서 서인임에도 불구하고 대사성·형조판서·한성 부좌윤 등을 역임하지만 이때 남인의 핵심 인물인 윤휴·허견 등을 탄핵하다가 남해로 유배를 가기도 했다.

숙종 6년(1680년) 경신환국이 일어나 남인이 실각하자 조정에 복귀해 도승지·대사간 등을 지냈고 특히 1683년(숙종 9년)에는 병조판서가 되어 북방에 무창과 자성 등 두 군을 설치해 영토 보전에 기여했다. 아마도 함경도 관찰사 때의 경험이 크게 도움이 됐을 것이다. 서인 내에 노론과 소론이 나뉘자 소론 영수로 추앙을 받았다.

이듬해인 1684년 우의정, 1685년 좌의정을 거쳐 2년 후인 1687년 영의정에 오르지만 2년 후 기사환국이 일어나 강릉으로 유배를 갔다가 이때 다시 영의정을 맡게 된 것이다. 능력이나 포용력 면에서 숙종의 말할 수 없는 큰 신뢰를 받았던 인물이다. 실제로 7년 후인 1701년 장희빈의 사사 여부를 둘러싸고 노론의 김춘택 등이 사실상의 사형을 주장하자 그에 맞서 가벼운 형을 주장했으나 결국 숙종이 사사(賜死)를 결정하자 중추부 영사를 사직하고 낙향했다. 그 때문에 삭탈관작되고 유배까지 가야 했지만 6년 후에 다시 숙종의 부름을 받아 봉조하(奉朝賀)에 오른다. 우리에게는 "동창이 밝았느냐 노고지리 우지진다"로 시작되는 시조로 친숙한 인물이기도 하다.

다음 날인 4월 2일에는, 숙종도 어찌나 급했던지 이조의 절차를 생략하고 일단 기사환국 때 물러난 사람 중 죽지 않고 서울에 있는 사람들은 물러날 때의 자리에 모두 그대로 임명할 것을 명한다. 더불어 죄를 얻었던 서인들에 대한 대대적인 사면령이 떨어졌다. 벌써 세 번째 환국이라 숙종은 일사천리로 밀어붙였다.

'숙종의 율곡' 박세채의 절절한 시대 진단

4월 3일에는 박세채를 우찬성으로 명해 불러들일 것을 명한다. 허목·윤휴·송시열·이현일 등이 했던 일종의 정신적 지주로서의 '산림' 역할을 박세채에게 맡기겠다는 뜻이었다. 남구만이 소론의 실천적 지도자였다면 박세채는 이론적 지도자라고 할 수 있다. 남구만보다 두 살 아래였던 박세채는 신흠의 외손자다. 홍문관 교리를 지낸 아버지 박의(朴猗)가 김장생 문하에서 학문을 익혀 박세채도 이이의 『격몽요결』로 학문을 시작했다.

그는 김상헌과 김집 문하에서 성리학을 공부했고 송시열·송준길 등과도 학문적 교유관계를 유지했다. 현종 초 예송 논쟁 때는 송시열의 기년설을 지지했고 그 때문에 숙종 즉위와 함께 시작된 남인 정권에는 참여할 수 없었다. 경신환국으로 서인이 집권하자 본격적으로 정치에 나섰고 노론과 소론이 나뉠 무렵 그는 남구만과 함께 소론의 영수로 떠올랐다. 당시 그는 송시열과 어깨를 나란히 할 만큼 학문적 영향력 면에서 빼어났다.

이 무렵 박세채는 자신이 소론이기는 했지만 노론과 소론을 중재하는 데 정치인으로서 최선의 노력을 다했다. 그러나 결과는 참담한 실패였다. 이 점에서도 박세채는 자신이 사표로 삼았던 이이를 닮았다. 그래서 당시에도 최석정(崔錫鼎, 1646~1715년) 같은 사람은 박세채를 이이에 비견하기도 했다. 물론 이이가 진정한 당쟁 중재자였는지는 오늘날에 와서는 의문스럽다.

이후 박세채는 당쟁 해결을 위한 논리화 작업에 들어가 '황극탕평론(皇極蕩平論)'을 정립하게 된다. 황극탕평이란 4서 3경 중 『서경(書經)』에 나오는 말로 기자(箕子)가 주나라 무왕에게 진정했다고 하는 '홍범구주(洪範九疇)'에 나온다.

황극이란 '황건기유극(皇建其有極)'의 준말로 풀어쓰면 황제 혹은 군주가 지극한 표준(極)을 세운다는 뜻이다. 탕평이란 말도 홍범구주에 나오는 말로 '무편무당 왕도탕탕 무당무편 왕도탕탕(無偏無黨 王道蕩蕩 無黨無偏 王道平平)'에서 나온 말로 편과 당을 짓지 않으면 왕도가 크게 이뤄진다는 뜻이다. 이는 당파 위주의 주희식 붕당론을 받드는 노론에 대한 정면 비판이었다. 동시에 왕권 강화의 의지가 누구보다 강력했던 숙종으로서는 매력을 느낄 수밖에 없는 정국 운영론이었다.

숙종은 이런 박세채를 4월 27일 좌의정에 임명한다. 같은 날 윤지완은 우의정에 제수된다. 이건창은 『당의통략』에서 "윤지완이 우의정이 되었는데 무릇 의견을 올릴 때 다 남구만과 함께했다"고 적고 있다. 그의 형 윤지선은 이미 좌의정을 지낸 바 있고 동생 윤지인도 훗날 병조판서에 오른다. 이렇게 해서 남구만·박세채·윤지완의 소론 삼정승 체제가 갖춰진 것이다.

그러나 박세채의 입궐은 두 달 가까이 지연되었다. 스무 차례에 가까운 사직소를 올린 끝에 마침내 윤 5월 29일 박세채는 명을 받아들였다. 6월 4일 박세채는 '사본차(四本箚)'로 불리는 차자(箚子―약식 상소)를 4통 올린다.

첫째는 "임금의 청납(聽納)을 넓히는 것"인데, 숙종이 지난날의 일을 징계 삼아 앞으로의 도모를 신중하게 하기를 바란 것이었다.

둘째는 "국체(國體)를 높이는 것"인데, 이는 무엇보다 숙종이 자신의 마음을 바로잡아야 백관들도 역시 마음을 바로잡을 수 있다는 것이었다. 이 점은 특히 숙종에게 중요했다. 박세채는 숙종의 성정을 '희로(喜怒)의 폭발'이라고 부르며 감정을 잘 다스릴 것을 간곡하게 청했다.

셋째는 "인심(人心)을 따르는 것"인데, 어떤 일을 할 때 사람들의 마음이 옳은지 그른지를 깊이 살펴보아 일을 처리하라는 것이었다.

넷째는 "붕당(朋黨)을 소멸시키는 것"인데, 역시 성명에게 사람의 쓰고 버림과 진퇴(進退)를 당색(黨色)으로 하지 말고 한결같이 개개인의 현명(賢明) 여부를 중시할 것을 바란 것이었다.

박세채의 이 같은 소에 따라 숙종은 7월 20일, 자신을 돌아보고 그동안의 정국에 대해 반성하는 교서를 반포한다. 여기에 당쟁의 폐해와 원인 등에 대한 숙종의 생생한 인식이 들어 있다.

당시 일을 맡아 다스리던 사람들로 하여금 피차를 논할 것 없이 각각 편당하는 풍습에 주력하기를 그만두지 않게 만들었으니, 청남(淸南)과 탁남(濁南), 노론과 소론에서 대개(大槪)를 미루어볼 수 있다. 매양 생각이 이에 미칠 적마다 마음이 에이는 듯하다. 그 연유를 따져보면 진실로 허물이 나에게 있는 것이니, 어찌 감히 자신을 용서할 수 있겠는가마는, 미루어 논한다면 또한 편당하는 풍습이 빌미가 되지 않은 경우가 없었다.

대저 임금의 명령을 거행하는 것보다 큰일은 없다. 그런데 사당(私

黨)에 관계되면 임금의 명령도 따르지 않는 경우가 있다. 관정(官政)을 보는 것보다 중요한 것은 없다. 그런데 사당에 관계가 되면 관정도 거행하지 않는 경우가 있다. 사람 쓰기를 옳게 하느냐 잘못하느냐보다 중요한 것은 없다. 그런데 사당에 관계되면 출척(黜陟)에 공정하지 못한 경우가 있다. 일에 대한 의논을 옳게 하느냐 그르게 하느냐보다 간절한 것은 없다. 그런데 사당에 관계되면 가부(可否)를 올바르게 하지 않는 경우가 있다. 무릇 이는 모두가 강령(綱領)을 세우고 기율(紀律)을 펴며 현명한 사람을 얻어 일을 처리하는 바이다. 그러나 돌아보건대, 편당하는 풍습 때문에 해치지 않는 것이 없어, 차라리 군부(君父)를 저버릴지언정 차마 그 당을 저버리지는 않으니, 다시 어떻게 국가의 급무(急務)를 먼저 하고 사사로운 원수를 뒤로 돌리겠는가? 국사(國事)의 계획과 민중의 근심거리는 서로 까마득하게 잊고 거침없이 모두가 이러고만 있으니, 내가 장차 누구의 힘에 의지하겠는가?

또 서로 처신하는 것을 살펴보건대, 비록 한때 함께 벼슬하고 있으면서도 정의(情誼)가 통하지 못하고 마치 연월(燕越)처럼 지내 전혀 충성하고 공경하며 자신을 반성하는 도리는 없고 매양 원망과 한탄으로 불안해하는 마음만을 가지고 있다. 대소(大小)와 신구(新舊)가 갈수록 서로 시모히며 본받기만 하여, 천 갈래 만 갈래의 짓이 대개 공정함을 배반하고 사사로움만 따르는 것이 많다. 중외(中外)의 학교(學校) 선비들에 있어서도 시속(時俗)을 따르며 기세를 타서 제멋대로 배척하되 더욱 끝없이 싸움질하는 곳이 되었으니, 그 끼쳐질 폐해는 장차 나라가 나라 꼴을 못 갖추어 완전히 뒤집혀 멸망하게 되어도 구원할 수 없는 데 이를 것이다.

그러니 또한 어찌 감히 임금과 신하가 같은 덕과 같은 마음으로 다스려진 세상을 이루게 되기를 바랄 수 있겠는가? 아! 심한 일이로다. 또한 알 수 없지만, 조정의 신하나 초야의 선비로서 능히 이런 풍습을 깊이 싫어하며 개연히 분발하고 쭈뼛하게 마음으로 놀라, 나와 함께 이런 생각을 같이할 사람이 있는가? 지나간 해에 내가 일찍이 시 한 수(首)를 가지고 조정 신하들을 깨우친 적이 있었다. 그러나 아직까지 이로 인해 마음을 고치고 풍습을 바꾼 사람을 들어보지 못했으니, 개탄스러운 일이다.

대저 어찌 조정 신하들만의 잘못이겠느냐? 내가 더러는 희로(喜怒)에 있어서 잘못하고, 더러는 시비(是非)에 어두워 진퇴와 출척을 모두 합당하게 하지 못했기에, 성의(誠意)가 뭇 아랫사람들에게 미덥지 못하고 교화하는 도리가 사람들의 마음에 흡족하지 못한 소치인 것이다.

박세채의 시대 진단은 무엇보다 숙종의 인간적 성숙(成熟)을 요구한 것이고 숙종도 신하들의 책임을 함께 묻기는 했지만 자신을 돌아보는 데 크게 인색하지는 않았다.

4월 6일에는 송시열을 복관하고 제사 지낼 것을 명한다. 소론 정권이긴 하지만 넓은 의미에서는 서인의 복귀를 의미했기 때문이다. 이로써 숙종 중반기 정치는 비교적 안정적 체제를 유지할 수 있었다.

제22장

말년의 숙종,
소론에서 노론으로 기울다

나이 드는 숙종, 소론에서 노론으로 기운 까닭

숙종 20년(1694년) 4월 1일 숙종은 세 번째 환국(換局), 즉 갑술환국을 단행해 정권을 남인에서 서인으로 바꾸었다. 이후 정국은 서인 중에서 소론을 중심으로 운영되었다. 이때가 되면 노론과 소론은 정책을 둘러싼 큰 이견은 없었고 단지 장희빈이 낳은 세자를 보는 시각을 두고서 극명하게 갈렸다. 노론은 세자에 대해 부정적이었고 소론은 긍정적이었다.

숙종 28년(1702년)에 접어들자 숙종은 눈에 띄게 노론을 중용하기 시작했다. 특히 장희빈에 대한 사사에 반대했던 남구만은 유배를 보냈고 반면 사사를 역설했던 노론의 김춘택은 석방했다. 마지막까지 장희빈의 사사에 반대했던 당시의 영의정 최석정도 내침을 당했다. 당시 조정은 영의정 서문중·좌의정 이세백(李世白, 1635~1703년)·우의정 신완(申琓, 1646~1707년)의 삼정승이 이끌고 있었다.

서문중은 박세채 계열 소론으로 두 번째 영의정을 맡은 인물이다. 좌의정 이세백은 노론계 인사였다. 그는 장희빈이 사사당하려 하자 세자가 찾아와 옷자락을 잡으며 눈물로 호소했으나 외면해버렸다. 이처럼 세자에 대한 태도에서 소론과 노론은 입장을 달리하기 시작했다.

신완은 당초에는 소론이었다가 노론으로 당론을 바꾼 경우에 속한다. 그는 갑술환국 때 대사간으로 복직해 목래선을 비롯한 남인 세력 축출에 앞장섰다. 이후 남인과 장희빈 처리를 둘러싸고 강온파가 갈리자 뜻밖에도 점차 노론 편에 섰다. 그만큼 숙종의 노선이 노론 쪽으로 기울어갔다는 뜻이기도 하다. 특히 반청 의식이 강한 노론의 입장을 반영해 북한산성 축조를 시도했으나 당시에는 소론의 반대로 실행에 옮기지 못했다.

이 같은 삼정승의 구성으로 볼 때 숙종의 마음은 예전에 비해 현저하게 소론에서 노론으로 기울어가고 있었다는 것을 알 수 있다. 40대 중반에 이른 나이 때문이었을 수도 있다.

숙종 30년(1704년) 1월 10일의 기록은 숙종의 세계관 자체가 소론에서 노론으로 확실하게 넘어가고 있다는 것을 보여준다. 이때는 벌써 신완이 영의정으로 승진해 있었다. 이날 숙종은 대신과 비변사 신하들을 인견하는 가운데 이런 말을 한다.

올해는 갑신년으로 명나라가 망한 지 주갑(周甲-60년)을 맞았다. 돌이켜보건대 조선이라는 이름도 명나라로부터 받았고 임진왜란 때 신종황제가 직접 군사를 보내어 다시 나라를 재건할 수 있었다. 병자호란을 당했지만 삼학사가 있어 절의(節義)와 강상(綱常)이 실추되지는 않았다. 그런데 지금에 이르러서는 세월이 흘렀다고 하여 신하들이 올리는 글에도 강개스러운 말이 다 사라졌다. 세월이 흐르면 점차 잊는다고는 하지만 지금의 사정은 너무나도 개탄스럽다. 주갑의 해를 맞이하니 감회가 창연하다.

숙종의 이 말은 노론을 배려해서 한 말이라기보다는 40대 중반 나이에서 오는 역사와 현실에 대한 인식이 보수화된 결과로 봐야 한다. 게다가 숙종은 특히 우리 역사에도 밝은 군주였다. 이에 영의정 신완은 "우리만 그런 것이 아니라 제가 연경에 가보니 중국의 한족(漢族)들도 모두 오랑캐의 머리를 하고 있었고 옛 명나라의 의복을 따르는 우리를 보고서도 전혀 흠모하는 뜻은 없고 도리어 조소하는 기색이 완연했습니다. 대체로 인정이란 오래되면 잊기가 쉽고 후생(後生)들은 지난 일을 알지 못하는 경우가 많기 때문입니다"라고 답한다.

여기까지는 두 사람이 그저 주고받는 환담 수준이었다. 그런데 숙종은 신완의 말을 받아 이렇게 이야기한다.

저들의 물든 풍속은 진실로 괴이하게 여길 것도 없는데, 우리나라 사람들은 객사(客使-청나라 사신)가 나올 적에 길 양쪽에 서서 구경하는 것을 화사(華使-옛 명나라 사신)와 똑같게 하고 있으니, 원통함을 품고 아픔을 참는다는 뜻이 없음을 알 수 있으며, 세도(世道)가 이 지경에 이르러 진실로 한심스럽기 그지없다. 백성으로 하여금 잊지 않게 하려면 어떻게 해야 하겠는가?

여기서 논쟁이 촉발된다. "백성으로 하여금 잊지 않게 하려면 어떻게 해야 하겠는가?" 신완은 두리뭉실하게 숙종 스스로 각오를 다지는 일이 무엇보다 중요하다고 답한다. 좌의정 이여(李畲, 1645~1718년)도 효종 때의 북벌 계획을 거론한 다음 "전하께서 진실로 분발하시어 대지(大志)를 확립하신다면 병기를 수선하고 변방을 공고히 하는 등의 계책은 단번에 시행할 수 있는 것"이라며 결국은 신완의 의견을 따랐다. 결국 숙종은 "서서히 뒷날을 기다려 의논을 정하자"고 물러섰다. 그러나 이때의 토론이 갖는 의미는 대단히 중요하다. 이후 숙종의 세계관 변화를 살필 수 있는 단서를 제공하기 때문이다.

선위 파동의 노림수

숙종 31년(1705년) 10월 29일 조정이 발칵 뒤집혔다. 자신의 화증(火症)이 지난 5~6년 동안 심해져 국정을 더는 감당할 수 없으니 왕세자에게 선위를 하겠다는 의사를 숙종이 전격적으로 발표했기 때문이다. 재위 31년 동안에 처음 있는 일이었다. 이때 세자의 나이 18세였다. 조선 임금들이 흔히 일으키던 선위(禪位) 파동이 일어난 것이다.

조선 임금들이 선위 파동을 일으키는 목적은 다양했다. 태종은 정적을 제거하는 수단으로 활용했고, 세종은 정말로 병 때문에 넘겨주려 했으며, 세조는 충성 경쟁을 유도하기 위해, 선조는 정치적 수세를 탈피하기 위해 선위 파동을 일으켰다. 그렇다면 숙종은 과연 어떤 생각에서 선위 의사를 밝힌 것일까?

그가 선위 의사를 밝히면서 했던 말 중에 이런 대목이 들어 있다.

나를 아는 자는 내가 깊이 근심하는 것으로 여기고, 나를 모르는 자는 내가 정사에 싫증 난 것으로 여긴다. 이것은 사소하게 문서를 줄여서 힘을 얻을 수 있는 것이 아니고, 구구하게 묵은 뿌리나 썩은 풀로 효험을 바랄 수 있는 것도 아니다. 한가롭게 조양(調養)하지 않으면, 참으로 말할 수 없는 근심이 있게 될 것이다.

업무 스트레스로 병을 얻었으니 선위하지 않으면 죽을병으로 이어질 수도 있다는 뜻이었다. 물론 숙종이 병을 앓고 있었던 것은 사실이다. 한 달여 전인 9월 25일 오른쪽 엉덩이 쪽에 종기가 나서 약방에서 진료를 한다. 당시 질병과 관련된 첫 기록이다. 9월 29일에는 종기가 심해져 약방 제조들이 의원들을 거느리고 숙직에 들어간다. 그러나 10월 5일이 되면 종기는 약간 수그러든다. 그리고 이때의 종기는 12월 중순경에야 다 낫는다.

그렇다고 하더라도 숙종의 말을 곧이곧대로 받아들일 신하는 하나도 없었다. 우의정 이유를 비롯해 승정원과 홍문관 관리들이 직접 아뢰겠다고 했으나 글로써 대신할 것을 명한 다음 숙종은 선위 절차를 세우라고 예조에 명했다. 평소의 숙종 성격대로라면 정말로 선위가 이뤄질지도 모를 상황이었다.

승정원에서는 선위 의사를 밝힌 비망기를 봉행할 수 없다며 숙종에게 도로 가져왔고 이러기를 열두 번이나 반복했다. 승정원에서는 선위 절차도 봉행할 수 없다고 밝혔다. 다음날에도 대신·백관들이 선위의 명을 거두기를 청했다. 당연히 이날은 세자도 글을 올려 선위의 명을 거두어줄 것을 강청했으나 숙종은 일언지하에 거절했다. 다음날에도 세자를 비롯해 지방 유생까지 선위를 거두어달라는 소를 올렸다. 11월 2일 세자의 세 번째 소가 올라오자 그에 답하는 형식으로 숙종은 선위의 명을 거둔다.

너의 정상을 생각하지 않을 수 없고, 모든 신하가 정성을 다해 아뢰어 청하는 것을 끝내 저버릴 수 없었으므로, 이제 막 애써 따랐다.

숙종의 선위 파동은 불과 5일 만에 해프닝으로 끝났다. 그러나 이를 통해 숙종은 세자를 비롯한 신하들의 충성심을 확인할 수 있었다.

선위 파동에 놀라 움직이는 노론

숙종 31년(1705년) 10월의 선위 파동은 5일 만에 끝났지만 노론에 준 공포와 충격은 컸다. 정말로 숙종이 선위라도 하는 날이면 노론은 발붙일 곳이 없어지기 때문이다. 당시 분위기에 대해 이건창은 굳이 김춘택의 이름을 거명하며 "선위 파동 직후부터 김춘택 등이 더욱 불안해하고 사람들의 말들이 다 흉흉했다"고 적고 있다. 갑술환국의 1등 공신이자 모주(謀主)인 김춘택이 다시 움직이기 시작했다. 갑술환국 때의 적이 남인이었다면 이제는 소론이었다.

그런데 도발은 의외로 노론이 아닌 쪽에서 시작됐다. 숙종 32년(1706년) 5월 29일 소론 유생 임부가, 9월 17일에는 남인 유생 이잠이 각각 소를 올려 김춘택을 겨냥한 것이다. 아마도 점차 노론이 소론을 제압하는 수준에 이르고 있는 정국 상황에 대한 불안감 때문이었을 것이다. 두 사람의 소는 목숨을 거는 내용을 담고 있었다. 임부는 그 상소 건으로 이미 유배를 갔고 이잠은 실제로 목숨을 잃게 된다. 비슷한 내용이지만 이잠의 소가 더 직설적이고 심각했다.

춘궁을 보호하는 자는 귀양 보내어 내치고 김춘택에게 편드는 자는 벼슬로 상주니, 어찌 전하께서 춘궁을 사랑하는 것이 난적을 사랑하는 것만 못하시어 그렇겠습니까? 권세 있는 척신(戚臣)이 일을 농간한 것입니다. … 그 기틀을 잡은 자가 있고 그 성세(聲勢)를 돕는 자가 있으며 그 모략을 맡은 자가 있어 위란(危亂)을 꾸미고 선동하는 계책이 아님이 없었는데, 그 귀결처를 요약하면 좌우전후가 모두 춘궁에게 칼날을 들이대는 것이었습니다. 그런데도 전하께서는 오히려 깨닫지 못하십니까? 뭇 신하가 전하의 허물을 말하여 걸핏하면 연장(連章)을 올리기까지 했으나, 감히 김춘택의 죄를 말하지 못했으니, 이것은 전하의 위엄을 두려워하는 것입니까. 김춘택의 위엄을 두려워하는 것입니까? 일이 혹 김춘택에 관계되는 것이면 그 무리가 또한 따라서 중상하니, 신은 아마도 화를 면하고 복을 찾는 길이 전하에게 있지 않고 김춘택에게 있는 듯합니다.

… 접때 임부의 소는 참으로 종사(宗社)의 대계(大計)에서 나와 말이 매우 명백하고 정당했는데, 조태채처럼 고락을 같이할 의리가 있는 자가 앞에서 거슬러 공격하고 민진후처럼 인척(姻戚)으로 왕실에 가까운 자가 뒤를 이어 죄를 청했으니, 이것은 다 사의(私意)에 가리워져 스스로 제 몸을 버린 자입니다. … 김춘택은 이미 능히 일세(一世)를 위세로 제압했고 이이명은 실로 좌지우지했으니, 신의 어리석은 생각으로는 김춘택을 죽이지 않고 이이명을 귀양 보내지 않으면 나라가 망하지 않을는지 알 수 없습니다. 바라옵건대, 전하께서는 하늘의 강단(剛斷)을 몸 받고 아울러 가엾게 여기는 마음도 지키시어 그 우두머리는 죽이고 나머지에게는 다 죄를 묻지 마시며 옛 허물을 씻어 스스로 새로워질 수 있게 하소서. 그러면 종사가 다행하겠습니다.

김창집

뒷날 역사의 경로를 돌이켜보면 한마디 한마디가 정곡을 찌르는 말이었다. 그러나 숙종은 사태를 직시하지 못했다. 당사자이기도 하지만 세자에 대한 사랑이 완연하게 식어가고 있었기 때문이다.

이에 숙종은 사안의 민감성을 감안해 친국을 하겠다고 밝힌다. 배후를 캐겠다는 것이었다. 그러나 9월 20일 이잠은 고문을 받던 중 사망한다. 그런데 그의 소중에는 숙종도 몰랐던 옛날 일이 포함돼 있었다. 장희재가 귀양지에 있을 때 그의 아내가 김춘택과 간통했다는 말을 듣고는 집안사람들에게 언서로 된 편지를 보내 "김춘택이 나를 죽이려 하는데 이는 동궁에게도 이롭지 못할 것이오"라고 말했다. 갑술옥사 당시 관련된 장씨들이 다 이를 진술했는데 당시 옥사를 맡았던 김창집(金昌集)이 이런 내용은 숨기고 숙종에게 말하지 않았다는 것이었다. 그러나 숙종은 김창집을 파면시키고 김춘택을 제주도로 귀양 보내는 선에서 일단 임보와 이잠의 상소 파문을 마무리 짓는다.

병약함이 숙종 구상을 흔들다

이런 가운데도 정국을 이끄는 중심 세력은 노론이 아니라 소론이었다. 소론의 중심인물은 영의정 최석정이었다. 그것은 중화(中和)를 잃지 않으려는 숙종의 정국 운영 구상에 따른 것이기도 했다.

최석정은 스승 남구만이 이끌어주어 정승에까지 올랐고 여러 차례 파면되기를 거듭하며 영의정을 열 번 이상이나 배수 받은 인물이었다. 갑술환국 이후 줄곧 이어져온 소론 정권의 후반부 주역이 바로 최석정이었다.

최석정은 최명길의 손자로 남구만과 박세채에게서 학문을 익혔다. 현종 12년(1671년) 문과에 급제해 홍문관에서 주로 경력을 쌓았다. 숙종 11년(1685년) 부제학으로 있을 때는 소론 윤증을 옹호하고 영의정 김수항을 배척하다가 한때 파직되었으나 오히려 김수항의 요청으로 부제학으로 복귀한 일도 있었다.

그는 특이하게도 환국의 영향을 거의 받지 않고 숙종의 신임을 받은 인물이다. 학행이 뛰어난 데다가 합리적인 일 처리 등이 인정을 받은 때문이다. 문장과 글씨에 뛰어났고 정제두와 함께 양명학을 발전시켜 각종 저술을 짓기도 했다.

이후 장희빈을 죽이려는 숙종의 처사에 반대하다가 충청도 진천으로 유배되었지만 이듬해 풀려났고 얼마 후 영의정에 오르기를 아홉 차례 반복하면서 소론 정권의 중추 역할을 한다.

그런 그도 정승을 예대(禮待)하지 않는 숙종의 폐단에서 예외가 되지 못했다. 숙종 36년(1710년) 1월 10일 숙종은 비망기를 내려 약방 제조들을 삭탈관작하고 문외출송시키라고 전격 명했다. 약방 제조란 영의정 최석정·좌의정 서종태(徐宗泰, 1652~1719년) 등 삼정승을 말한다. 이유는 자신의 병이 위중한데도 최석정은 그저 형식적으로만 병을 보살폈고 서종태는 몇 달째 집무를 보지도 않고 있기 때문이라는 것이었다. 이때 숙종은 석 달가량 중병을 앓다가 1월 5일쯤 조금씩 회복의 기미를 보이고 있었다. 신경이 날카로워질 대로 날카로워져 있었다.

아!『춘추』에 신하가 임금에게 올리는 약을 맛보지 않았다 하여 임금을 시해한 것으로 썼는데, 더구나 스스로 임금을 보호하는 직임(職任)을 띠고 바야흐로 약방에 직숙하면서 군부(君父)의 질환을 가볍게 보고 오직 대충 하기만을 일삼으니, 어찌 이와 같은 분의(分義)와 도리가 있겠는가?

최석정은 변명 한마디 못하고 영의정에서 내쫓겼고 그 자리는 노론의 이이명(李頤命, 1658~1722년)이 차지했다. 노론 정권의 탄생이었다. 순간적이었지만 최석정에 대한 숙종의 서운함은 컸다. 최석정에 대한 삭출은 너무 심하다는 건의를 했던 승정원과 삼사의 관리들도 모두 삭출하고 자리가 생길 때마다 노론 인물로 채워 넣었다.

이건창은 당시의 상황 급변에 대해 "그 이유를 알 수가 없었다"고 적고 있다. 그러나 이런 정도 추론은 해볼 수 있다. 숙종이 그동안 소론 중심으로 정국을 운영해온 것은 여러 이유가 있겠지만 무엇보다 세자를 지켜줄 수 있는 세력이 소론이라고 본 때문이다.

그러나 오랫동안 병을 앓으면서 그 자신이 약해졌다. 마음이 약해진 숙종은 세자를 위한 원대한 구상에 앞서 자신을 향한 충성심을 더 강조해서 보게 되었던 것으로 보인다.

이이명

한편 노론의 핵심 이이명은 1월 5일 숙종의 쾌유를 바라는 절절한 내용의 소를 올렸다. 필자가 볼 때는 바로 이 소 한 장으로 인해 숙종의 마음속에서 최석정이 차지했던 자리를 이이명이 대신 차지할 수 있었고 이후 경종 때까지 이이명은 당대 최고의 실력자로 떠오를 수 있었다. 숙종을 생각하는 절절함이 듬

뿍 묻어나는 소의 일부다.

옛말에 인정(人情)이 험난한 때를 당하면 쉽게 경계하게 되나, 평강(平康)한 때를 만나면 반드시 방자해진다고 했습니다. 환후(患候)가 시종 80일 동안 줄곧 증세가 여러 번 바뀌었으니, 이러한 때는 성심(聖心)의 두려워하심이 어찌 자주 돌아보는 데 비교할 뿐이겠습니까? 비록 위험한 때를 넘긴 후이나, 바로 마땅히 늘 두려워하고 삼가시는 마음을 가지셔야 할 것인데, 요사이에 국사를 처분하시는 것이 조금 경쾌하신 듯하다고 수백 가지의 주독(奏牘-결제 서류)을 일시에 모두 들이도록 하셨고, 약원(藥院)의 직숙(直宿)도 또한 파출(罷黜)하도록 명하셨으니, 이를 미루어본다면 의복 음식과 기거(起居)의 절차도 더러 그 마땅함을 잃을 것이니, 그 해로움을 어찌 이루 말할 수 있겠습니까?

'약원의 직숙 파출'은 대단히 중요하다. 숙종은 여기서 일단 마음이 움직였을 것이다. 숙직을 그만하라고 해서 아무 말 없이 그만둔 최석정이 서운했을 것이고 바로 그 점을 콕 집어서 이야기하는 이이명에게 한없는 총애가 솟아남을 느꼈을 것이다.

이이명의 소는 이어진다.

신이 일찍이 성교(聖敎)를 받든즉 말씀하시기를, "반드시 문서를 모두 본 후에 수라(水剌)를 들겠다" 하셨으니, 이 때문에 끼니때를 잃은 적이 많았습니다. 무리(無理)하심이 이와 같으니, 이미 평일의 절선(節宣-계절에 따라 몸을 조섭함)하는 도리가 아닌데, 더구나 지금은 옥체가 손상된 후이니 더욱 절실히 경계하시어야 합니다. 천하의 일이 만 가지로 다르나 이치는 오직 하나뿐이니, 병을 치료하고 나라를 다스리는 것과 무릇 학문을 하는 요체는 본래 두 가지로 이룰 수 있는 것이 아닙니다. 병이 든 후에 조섭(調攝)하는 것은 바로 난리와 흉년에 시달린 백성을 보호하듯 하여야 하는 것이니, 경계하고 두려워하며 스스로 삼가면 또한 천덕(天德)에 상달(上達)될 수 있습니다.

오랜 투병 생활로 마음이 약해지고 다시 화증이 도진 숙종에게 이 말은 '세자를 위한 원대한 구상' 따위는 잊어버리기에 충분했다. 그리고 사람이라면 누구나 이런 상황에서는 쉽게 자기 정당화를 할 수도 있다. 나에게 진심으로 충성하는 자가 세자도 잘 보필할 것이 아닌가? 그런데 지금 나에게 진심으로 충성하는 자가 누구인가? 분명 이 순간부터는 이이명이었다. 게다가 이듬해인 1711년(숙종 37년) 3월에는 남구만마저 세상을 떠나면서 본격적인 노론의 세상이 열리게 된다.

해묵은 논란, 송시열과 윤증의 갈등이 정쟁으로 비화하다

숙종 2년(1676년) 송시열은 경상도 장기에 유배 중이었다. 어느 날 자신의 제자였던 윤증이 그곳을 찾아왔다. 윤증은 숙종 즉위년 12월 사헌부 집의(종3품)에 제수되었으나 자신이 송시열을 스승으로 섬긴 적이 있다며 관직에 나아가지 않았다.

윤증은 서인이기는 했어도 아버지 윤선거(尹宣擧) 때부터 남인과도 교류가 적지 않았기 때문에 얼마든지 관직을 맡을 수 있었다. 그런데도 벼슬을 사양한 그는 충청도 이성(尼城-충청도 논산)에 은거한 채 학문 연마에만 전념하다가 송시열이 얼마 전에 썼던 아버지 윤선거의 비문을 고쳐줄 것을 요청하기 위해 먼 길을 달려온 것이었다.

이미 살아 있을 때 송시열과 여러 차례 논쟁을 벌인 바 있는 윤선거는 현종 10년(1669년) 세상을 떠났다. 아버지가 죽자 윤증은 박세채에게 행장(行狀)을 지어줄 것을 부탁했고 현종 14년(1673년)에는 송시열에게 비문을 지어줄 것을 청해서 받았다.

6개월 만에 아버지의 비문을 받아온 윤증은 놀라움을 넘어 속으로 분노를 느꼈다. 송시열은 새롭게 비문을 지은 것이 아니라 박세채 행장을 그대로 옮겨 적다시피 한 것이다.

생전에 송시열은 윤선거와 윤휴의 사상 문제를 놓고 논쟁을 벌이기는 했어도 사이가 나빠지는 않았다. 오히려 제자인 윤증이 자신의 정적인 윤휴로부터 윤선거의 제문을 받는 것을 보고 기분이 상해 윤선거에 대한 비문도 대충 써준 것이었다. 윤증은 자식 된 입장에서 당파를 뛰어넘어 당대 최고 석학인 송시열·박세채·윤휴 등으로부터 두루 비문·행장·제문 등을 받아 아버지를 선양하고 싶었겠지만 그때나 지금이나 하나를 얻으면 다른 하나를 버려야 한다는 격언은 변함없이 유효했다. 특히 송시열 비문에는 "내가 비록 공을 따른 지 오래되었지만 그 깊은 학문은 엿보지 못했다"는 내용까지 들어 있었다. 이 일로 윤증은 송시열과 화해할 수 없는 길로 접어든다.

윤증은 유계(兪棨)·권시(權諰)·김집(金集)·송시열 등에게 두루 학문을 익혔고 현종 4년(1663년) 학행(學行)으로 천거된 이래 사헌부 지평(持平) 등에 임명되었으나 사퇴했고, 숙종 8년(1682년) 호조참의, 1684년 대사헌, 1695년 우찬성, 1701년 우찬성·좌찬성, 1709년 우의정, 1711년 돈녕부 판사 등에 임명되었으나 모두 사퇴하고 나가지 않았다. 그는 송시열의 문하에서 특히 예론에 정통한 학자로 이름났었다.

그러나 아버지의 묘갈명 문제로 송시열과 갈라선 후에는 소론의 영수로 올라서 산림에서 지도자로서의 위치를 굳건히 했다. 노론의 배후에 송시열이 있었다면 소론의 배후에 윤증이 있다고 할 정도였다. 특히 갑술환국 이후 20년 가까이 소론 정권이 지배했기 때문에 윤증에 대한 숙종의 태도는 각별했다. 1714년 1월 24일 윤증이 죽자 숙종은 어제시까지 지어 그를 추모했다.

유림에서는 그의 도덕을 존경했고
나도 또한 그를 흠모했도다.
평생 동안 얼굴 한번 보지 못했으니
죽은 날 한스러움이 더욱 깊구나.

사단(事端)은 숙종 39년(1713년) 5월 20일 용담 현령 유상기(劉相基, 1651~1718년)가 자신의 할아버지 유계(俞棨, 1607~1664년)의 『가례원류(家禮源流)』를 국가에서 발간해줄 것을 청하면서 열린다. 유계는 다름 아닌 윤증의 스승이면서 윤선거와는 학문적 동지였다. 그리고 유상기는 윤증으로부터 배운 바 있었다. 이중 삼중의 학문적 사제관계가 형성돼 있었던 것이다.

원래 『가례원류』는 윤선거와 유계의 공동작품이었다. 중심은 유계가 잡았고 윤선거는 보조 역할이었다. 두 사람이 미완성으로 끝낸 것을 이후 윤증이 유계의 부탁으로 나머지를 완성해 홀로 집에 소장하고 있었는데 이를 알고 있는 유상기가 국가에 요청해 자기 할아버지의 단독 저작물로 해서 출간을 요청한 것이다.

이이명의 허락이 있자 유상기는 윤증을 찾아와 『가례원류』 원본을 내줄 것을 청했다. 그러나 윤증 입장에서는 유상기가 자신과 아무런 상의도 없이 간행을 요청한 것이 의심스러운 데다가 이이명과는 입장이 맞지 않아 내줄 수 없다고 버텼다. 그러나 원저작권은 분명 유계에게 있었다고 할 수 있다.

두 집안 간에는 치열한 공방이 오갔다. 심지어 유상기는 윤증에게 "이미 한 스승(-송시열)을 배반하더니 또 한 스승(-유계)을 배반하는구나"라고 극언까지 퍼부었다. 그리고는 자신의 할아버지가 쓴 『가례원류』 초본만 가지고 독자적인 간행을 강행했다. 여기에는 정호(鄭澔, 1648~1736년)가 서문을 지었고 권상하가 발문을 썼는데 두 사람 모두 윤증을 모질게 비판했다.

이후 유상기는 비록 국가에서 간행한 것은 아니지만 당초 국가에서 간행하라는 명이 있었던 책이라며 한 권을 숙종에게 올렸다. 이게 숙종 41년(1715년) 11월의 일이니 이미 윤증이 세상을 떠난 지 2년 가까이 돼가던 시점이었다.

숙종은 아버지 비문 문제로 송시열과 단절한 윤증을 높이 평가했다.

윤증은 아버지를 위하여 스승을 끊었으니 아버지가 중하고 스승은 가벼운 것이다.

스승보다 군부(君父)가 중하다는 자신의 세계관과 그대로 합치했기 때문이다.

윤증이 죽었을 때도 이런 말을 했다.

살아서는 군사부(君師父)의 세 가지를 한결같이 섬긴다 하나 그중
에도 가볍고 무거움의 다름이 있는 것이다.

즉 숙종에게는 군(君)-부(父)-사(師)가 확고부동한 중요도 순서였
다. 그랬기 때문에 윤증을 흠모했던 것이다. 당연히 유상기가 간행한
『가례원류』를 읽어본 숙종은 정호가 어진 선비(-윤증)를 헐뜯었다며
즉각 파면시켜버렸다. 그러나『가례원류』저작권 분쟁은 끝이 아니라
이제 시작이었다.

병신처분(丙申處分), 소론을 버리고 노론을 택한 숙종의 오판

숙종 41년(1715년) 11월 10일 호서 유생 유규 등이 소를 올려 윤증
을 변호했다. 더불어 "권상하가 송시열을 위한 비문을 만들었는데 거
기에 '문인 윤증이 그 아비가 일찍이 스승에게 배척당했다 하여 방자
한 뜻으로 틈을 만들더니 마침내 윤휴의 당이 다시 일어나 기사년의
화를 만들었다'고 써놓았다"고 말했다.

권상하는 송시열 제자이며 당시 대사헌으로 있었다. 후에 숙종의
명으로 대보단(大報壇)도 세웠다. 1703년 호조참판에 이어 13년 동안
해마다 대사헌에 제수되었으나 나아가지 않았고 이후에도 우의정·좌
의정 등에 임명됐으나 취임은 하지 않았다. 그는 자타가 공인하는 송
시열 수제자로 현실 정치보다는 학문적 탐구에 보다 많은 열정을 쏟
은 인물이다.

노론 쪽에서도 뒤질세라 유생들이 소를 올려 유규를 비판하고 정호를 옹호했고 이어 이 논쟁은 조정 내의 노론과 소론 세력의 싸움으로 비화되기 시작했다. 숙종은 송시열과 윤선거의 처신에 대해서는 논란을 허용하면서도 『가례원류』에 대해서는 상소 자체를 금지하기도 했다. 그러나 양측은 한 치의 양보도 없는 팽팽한 상소전을 전개했고 급기야 숙종은 1716년 7월 6일 직접 송시열과 윤증의 관련 문건들을 가져오도록 하여 판단을 내린다.

당시 윤증이 송시열에게 보내려 했던 편지를 읽어보니 과연 단단히 잡아 단속한 말이 많다. 송시열이 쓴 묘갈명에는 원래 윤선거에 대한 욕이 없다.

윤증이 지나치게 아버지 윤선거를 선양하려다가 자기 마음에 차지 않자 스승을 매몰차게 몰아세웠다는 뜻이다. 윤증에 대한 숙종의 판단이 바뀌었다. 일단 이 문제로 송시열을 옹호하다가 벌을 받은 선비들을 다 풀어줄 것을 명한다. 더불어 윤증을 배사(背師), 즉 스승을 배신한 죄인이라고 판정한다. 이것이 소위 '병신처분'이다. 병신처분과 함께 정국은 노론의 일방적 우세로 넘어간다.

소론이 지지한 세자를 노론의 아가리 속으로 집어넣다

'병신처분'은 숙종의 오랜 번민 속에서 내려진 결단이다. 이때 숙종의 나이 벌써 57세였고 무엇보다 질병이 깊어지고 있었다. 보통 때의 숙종이라면 그런 결정을 내리지 않았을지 모른다. 그러나 이미 노론을 선택한 그였고 결국 본의와 다르게 노론 눈치를 보지 않을 수 없는 지경에 이르렀다. 숙종은 세자도 지키고 연잉군·연령군 등도 모두 살릴 수 있는 길이 뭔가를 고민하지 않을 수 없었다.

결국 모든 것을 노론 손에 맡기기로 결심한 것이 병신처분으로 나타난 것이라고 할 수 있다. 평소 숙종 스타일과는 달랐다. 그만큼 그의 힘도 빠지고 있었다.

노론은 숙종 42년(1716년) 12월 29일 윤선거와 윤증에 대한 선정(先正-국가가 공인하는 성현)이란 호칭을 박탈했다. 숙종 43년(1717년) 2월 29일에는 자신들의 정신적 뿌리인 김장생의 문묘 배향을 얻어낸다. 율곡 이이도 수십 년이 걸린 문묘 배향이었다.

물론 김장생의 문묘 종사 주청도 예전부터 있었다. 이미 경신환국으로 서인이 정국을 장악한 숙종 8년부터 유생들은 수시로 소를 올려 김장생의 문묘 종사를 청했고 이후 송준길·송시열이 추가되었다. 그로부터 정확히 35년 만인 숙종 43년 2월 29일 숙종은 노론에게 큰 선물을 내린다.

선정의 도덕을 내가 어찌 모르겠는가? 그래도 이렇게 망설인 것은 대개 신중히 하려는 데서 나왔으나, 중외(中外)의 선비들이 합사해 같은 목소리로 문묘에 배향하기를 청한 것이 수십 년이 되었고 매우 간절하니, 공의(公議)가 있음을 대개 알 수 있다.

이틀 후인 3월 2일 숙종은 질병 치료를 위해 온양 행궁으로 출발한다. 이때 숙종은 3월 한 달을 꼬박 온양에 머물렀다. 특기할 만한 일은 그곳에 있으면서 찬성 벼슬을 제수한 바 있는 권상하를 초치했다.

이때 권상하는 노론에게 있어 송시열이 했던 역할을 그대로 하고 있었다.

뒷날 밝혀지지만 숙종은 온양에서 한 달 동안 머물려 포스트-숙종 체제를 고민한 것으로 보인다. 그리고 자신의 구상을 은밀하게 권상하에게 일러둠으로써 혹시라도 자신에게 변이 생기더라도 국가와 왕실의 안전을 도모하려 했던 것으로 볼 수 있다. 유감스럽게도 권상하는 온양으로 오던 도중 괴산에서 병이 심해져 도중에서 소를 올려 유감을 표시했다. 그리고 온양에서 돌아온 지 100여 일이 지난 7월 19일 좌의정 이이명과의 유명한 '정유독대'가 있게 된다.

그에 앞서 5월에는 윤선거와 윤증 부자의 관작추탈이 있었고 7월에는 송시열의 문집을 교서관에서 간행토록 명한다. 또 그해 말에는 송시열과 송준길의 문묘 종사를 논의하기 시작한다. 숙종 시대는 송시열을 내치는 것으로 본격 시작했지만 결국 죽은 송시열을 불러들이는 것으로 마감을 준비하고 있었다.

제23장

영조 탕평책의 허와 실

경종(景宗) 시대의 당쟁 구도

1720년 숙종이 재위 46년에 세상을 떠났다. 장희빈이 낳은 세자가 왕위를 이으니 그가 경종(景宗)이다. 이때 경종 나이 33세였으니 대권을 지키기에는 충분한 나이였다. 그러나 경종은 병약했고 아들이 없었으며 정치적 지지 세력 또한 약세였다.

이런 문제들은 이미 숙종 말기에 여러 형태로 부각되었다. 실은 그의 탄생 자체가 숙종과 노론의 극한 투쟁을 유발했다. 그가 세 살 때인 1690년(숙종 16년) 폐비 장희빈 소생에다가 남인 소속이라는 이유로 송시열 등이 극렬 반대했지만 숙종은 그를 세자에 책봉했다. 이로 인해 송시열은 사약을 받아야 했다.

한편 남인이 정계에서 축출되자 서인은 노론과 소론으로 갈렸다. 노론은 숙빈 최씨가 낳은 세자 이복동생 연잉군(延礽君) 이금(李昑-뒤에 영조)을 지지했고 소론은 세자를 지지했다. 노론은 약점 많은 연잉군을 왕위로 올려야 자기들이 주도권을 발휘할 수 있었고 소론은 정통성을 가진 세자를 지지한다는 점에서 남인과 유대를 가져온 전통을 이어갈 수 있었다.

그러나 이때 노론과 소론은 이념이나 가치와 멀어진 지 오래이고 오직 왕권을 둘러싼 권력 다툼이 전부였다.

세자는 1717년(숙종 43년) 숙종의 주도하에 대리청정(代理聽政)했으나, 그해 숙종이 몰래 노론 거두 이이명을 불러 세자가 무자다병(無子多病)함을 이유로 세자를 교체하여 연잉군으로 정할 것을 부탁했다. 유명한 '정유독대(丁酉獨對)'가 그것이다. 사실 세자에게 대리청정을 명한 것은 실정(失政)을 유도해 세자를 연잉군으로 교체하기 위한 술책이었다. 그러나 세자는 숙종과 노론에게 세자를 교체할 빌미를 주지 않고 3년을 잘 견뎌냈다.

이런 모호한 상황에서 경종은 왕위에 올랐다. 조정은 여전히 노론이 다수였고 소론은 소수파였다. 이에 즉위 이듬해인 1721년(경종 1년) 8월 노론은 재위 1년밖에 안 된 임금이 후사가 없다는 이유를 들어 연잉군을 세제(世弟)로 책봉하는 데 성공한다.

그런데 장래가 불안한 노론은 여기서 그치지 않고 세제 대리청정을 밀어붙인다. 30대 나이의 임금을 버젓이 두고서 정권을 자기 마음대로 하겠다는 노골적인 공세였다. 이때 소론 분위기를 이건창의 『당의통략』은 이렇게 전한다.

> 소론 수십 명이 모였으나 소두(疏頭-소 맨 위에 이름을 올리는 주동자)가 없어 난감해하다가 참판 김일경(金一鏡, 1662~1724년)이 관직이 가장 높았으며 또 자신도 소두가 되기를 요구했다.

마치 선조 말 광해군 초에 정인홍을 연상시키는 김일경은 어떤 사람인가? 1702년 문과에 장원 급제했고 그 뒤 정언(正言)·감찰(監察) 등을 거쳐 세자시강원문학(世子侍講院文學)·지평(持平)을 지냈다. 1707년 문과 중시에 장원해 판결사(判決事)에 특진되었고, 1710년 동부승지가 되었으나 곧 집권층인 노론에 의해 한직인 부사과(副司果)로 전직되었다.

1720년 소론이 추대한 경종이 즉위하자 다시 동부승지가 되었다. 이듬해 노론 정권은 연잉군을 세제에 책봉한 뒤 경종의 병약함을 이유로 세제 대리청정을 실시하려고 했다. 그러나 이조참판으로서 소론 영수인 조태구(趙泰耈, 1660~1723년) 등과 함께 이를 반대해 대리청정을 취소하게 했다.

조태채

이건명

이해에 이진유(李眞儒, 1669~1730년)·윤성시(尹聖時, 1672~1730년) 등과 함께 경종이 병이 없어 손수 국사를 처리할 수 있는데도 노론 사대신(老論四大臣)이 세제 대리청정을 주장하는 일은 나라를 망칠 죄목이라고 탄핵해, 사대신 김창집·이이명·조태채(趙泰采, 1660~1722년)·이건명(李健命, 1663~1722년) 등을 위리안치(圍籬安置)하게 했다.

이어 노론을 축출하고 소론 정권을 수립한 뒤 노론을 탄압하는 데 앞장섰다. 대사헌을 거쳐 형조판서가 되고, 1722년(경종 2년) 노론의 목호룡(睦虎龍, 1684~1724년)을 매수해 목호룡 자신이 백망(白望)·정인중(鄭麟重) 등과 모의해 경종의 시해와 이이명의 추대 음모에 가담했다고 고변하게 했다. 이를 삼급수(三急手) 변이라고 한다.

삼급수란 칼로써 임금을 죽이는 대급수, 궁녀에게 음식물에 독을 타는 소급수, 환관을 매수해 임금을 죄에 옭아넣어 폐출시키는 평지수(平地手)를 말한다. 이에 옥사가 일어나서 유배 중이던 노론 사대신들은 모두 사사되었고, 노론 수백 명이 살해 또는 추방되었다. 2년에 걸쳐서 주도한 노론 숙청을 신임사화(辛壬士禍)라고 한다.

그 뒤에 우참찬·이조참판·이조판서를 지냈다. 1724년 영조가 즉위하자 노론의 재집권으로 유배되었다. 그러다가 청주 유생 송재후(宋載厚)의 상소를 발단으로 신임사화가 무고(誣告)였다는 노론의 집중적인 탄핵을 받고 목호룡과 함께 투옥되어 친국을 받았다. 그러나 공모자들의 이름을 끝까지 밝히지 않고 참형을 당했다. 당시 연잉군도 고변서에 이름이 나왔으나 경종은 끝내 연잉군을 보호했다.

한편 이를 계기로 소론이 정권을 장악하자 소론은 급진파 급소(急少)와 온건파 완소(緩少)로 분열되는데 김일경은 급소, 조태구는 완소를 대표했다. 급소는 노론을 일망타진하려 했고 완소는 이에 반대했다. 이는 선조 때 서인 처벌을 두고 강경한 북인과 온건한 남인이 분열된 것과도 비슷했다.

이런 상황에서 경종은 재위 4년 만인 1724년 8월 25일 병으로 누운 지 며칠 만에 급서했다. 세간에서는 독살설이 제기되기도 했다.

정통성 위기를 안고 출범한 영조 시대

영조(원래는 영종)는 1724년 8월 30일 즉위했다. 12월에 김일경을 처단했으니 소론을 몰아내는 데 걸린 기간은 4개월 정도였다. 그리고 노론이 집권했다. 영조 집권 초 노론을 대표한 인물은 민진원(閔鎭遠, 1664~1736년)이었다. 민진원은 민유중(閔維重) 아들이자 송준길 외손자이며 숙종비 인현왕후 민씨의 오빠로 송시열 제자였다.

1721년(경종 1년) 공조판서로 있으면서『숙종실록(肅宗實錄)』편찬에 참여했다. 또한 왕세제(王世弟-후의 영조)의 대리청정을 건의해 실현하게 하는 등 정계의 중심적 구실을 했다. 이듬해 신임사화로 노론이 실각하자 성주(星州)로 유배되었다가, 1724년 영조 즉위와 더불어 노론이 집권하자 풀려나 우의정에 올랐다. 이어서 실록청 총재관으로『경종실록(景宗實錄)』편찬을 주관했다.

1725년(영조 1년) 소론 영수인 좌의정 유봉휘(柳鳳輝, 1659~1727년)를 신임사화를 일으킨 주동자로 탄핵, 유배시켰으며, 송시열의 증직(贈職)을 상소하고 그해에 좌의정이 되었다.

이듬해 중추부영사(中樞府領事)가 되었으나, 1727년 당색이 강한 자를 제거해 탕평하려는 영조의 정책으로 정미환국(丁未換局)이 일어나자 파직되어 순안(順安)에 안치되었다가 이듬해 풀려났다. 그 뒤 당쟁을 종식시키려는 영조의 노력에도 불구하고 민진원은 끝까지 소론과 타협하지 않고 소론을 배격하는 노론의 선봉장으로 활약했다.

정미환국(丁未換局)으로 소생한 소론

『한국민족문화대백과사전』이 정리한 정미환국 전말이다.

사건은 영조가 즉위하자 노론 측에서 신임옥사에 대한 책임을 묻기 시작하면서 발단했다. 먼저 이의연(李義淵)이 지난날 세제(世弟) 건저(建儲)를 주장하다가 처벌된 신하들을 신원(伸寃)하자고 성급하게 청했다가 소론의 반대에 부딪혀 오히려 귀양을 가고 말았다.

또한 송재후(宋載厚)는 김일경이 대찬(代撰)한 임인옥사에 대한 교문(敎文)의 초고(草稿) 중 3건의 문구를 들어 "세제 시절의 영조를 모욕한 것이니 단죄할 것"을 상소했다. 3건의 문구란 종무(鍾巫: 노환 공자(魯桓公子) 휘(翬)가 형을 죽인 것)·사구(沙丘: 진시황의 맏아들 부소(扶蘇)를 죽이고 작은아들 호해(胡亥)를 세운 것)·접혈(蝶血: 당태종이 형과 아우를 죽인 것)로 모두 영조에 관련된 것으로서 소론 김동필(金東弼)도 그의 불온함을 지적한 일이 있었다.

이 김일경의 교문 문제에 대한 소는 각처에서 연달아 들어왔다. 영조는 김일경을 잡아들여 친국했고, 김일경은 끝내 불복해 처단되었다. 또한 임인고변으로 공신이 된 목호룡의 고변 문구 중에도 영조에 저촉된 사실이 있었는데, 이때 와서 김일경과의 공모 혐의로 국청(鞫廳)에서 심문을 받다가 불복하고 죽었다.

영조는 신임사화를 일으킨 주동자인 김일경과 목호룡을 처단한 뒤, 경종 1년 김일경이 노론 사대신(김창집·이건명·이이명·조태채)을 역적으로 몰아 상소한 신축소(辛丑疏)에 연명한 이진유 등 6인을 귀양 보냈다. 그리고 노론 측의 잇단 소론 대신들에 대한 논핵으로 영의정 이광좌(李光佐, 1674~1740년)·우의정 조태억(趙泰億, 1675~1728년) 등의 소론 대신들이 쫓겨나고 대신 민진원·정호 등 노론이 소환되어 조정에 들어섰다.

노론이 정권을 잡자, 신임사화 때 처단된 노론 사대신과 그 밖의 관련자들에 대한 신원 문제가 다시 논의되어 사대신이 복관되어 시호를 받았다. 정호·민진원 등 노론 측은 『임인옥안(壬寅獄案)』을 번안(飜案)해 당시에 자복한 사람들까지 신원했음에도 소론에 대한 보복을 계속 고집했다.

영조는 당습(黨習)을 꺼려 무욕(誣辱)을 밝히고 원통한 것을 풀어주면 그만이지 보복은 안 된다고 했다. 그리고 1727년 영부사(領府事) 민진원·우의정 정호 이하 여러 노론을 파면하고, 영조 1년에 파면했던 이광좌·조태억을 기용해 정승으로 삼고 소론을 불러들여 조정에 참여시켰다. 이해가 정미년이기 때문에 '정미환국'이라 한다.

이때만 해도 영조는 탕평책을 통해 노론과 소론을 섞어 쓰려는 방침을 갖고 있었다. 이에 탕평파인 지평 조현명(趙顯命, 1690~1752년)은 신임사화 때 남형(濫刑)을 많이 저지른 것은 소론의 잘못이고, 영조 즉위 초에 보복에만 급급했던 것은 노론의 잘못인데, 노론과 소론을 공정하게 등용하지 않음은 잘못임을 주장하기도 했다. 훗날 좌의정에까지 오르게 되는 조현명은 실제로 당색을 초월해 두루 사람을 교제했던 인물이기도 하다.

그러나 영조의 이런 탕평 노력은 경종을 위한 보복과 왕권 교체를 내걸고 일어난 이인좌의 난으로 인해 큰 시련을 겪게 된다.

이인좌의 난

이인좌의 난은 급소와 남인이 손을 잡은 결과였다. 경종의 갑작스러운 죽음으로 자신들의 정치적 지위를 위협받게 된 박필현(朴弼顯, 1680~1728년)·이유익(李有翼)·심유현(沈維賢) 등의 과격 소론 측은 갑술환국 이후 정권에서 배제된 남인들을 포섭해 영조와 노론을 제거하는 계획을 했다.

그 명분으로 경종의 사인에 대한 의혹과 영조는 숙종의 친아들이 아니라는 것을 내세워, 영조를 폐하고 밀풍군 탄(密豊君坦: 소현세자(昭顯世子) 증손(曾孫))을 왕으로 추대하고자 했다. 이러한 의도는 당인들을 결속시키고 그들의 모반을 정당화했으며, 민심을 규합시키는 데 이용되었다. 1725년(영조 1년)부터 박필현 등은 당론을 토대로 자파 세력으로 간주되는 각 지방의 인물을 선별해갔다. 그중 청주를 대표하는 인물이 이인좌(李麟佐, 1695~1728년)였다.

주동자는 박필현 등인데 왜 난의 명칭은 이인좌의 난일까? 거사는 정미환국 이듬해인 3월 15일이었다. 난은 3월 15일 이인좌가 청주성을 함락함으로써 시작되었다. 반군은 병영을 급습해 충청 병사 이봉상(李鳳祥)·영장 남연년(南延年)·군관 홍림(洪霖)을 살해하고 청주를 장악한 뒤 권서봉(權瑞鳳)을 목사로, 신천영(申天永, ?~1728년)을 병사로 삼고 여러 읍에 격문을 보내어 병마를 모집하고 관곡을 풀어 나누어 주었다. 또 경종을 위한 복수의 기(旗)를 세우고, 경종의 위패를 설치해 조석으로 곡배했다.

이인좌를 대원수로 한 반군은 청주에서 목천·청안·진천을 거쳐 안성·죽산으로 향했다. 그러나 북상하던 반군은 안성과 죽산에서 관군에게 격파되었고, 청주성의 신천영은 창의사(倡義使) 박민웅(朴敏雄) 등에 의해 상당성(上黨城)에서 궤멸되었다. 한편, 이인좌의 반란에 영남 지방과 호남 지방에서도 호응했다. 그러나 결국 3월 24일 이인좌·권서봉 등이 생포되고 반군들은 소탕되었다.

묘하게도 난을 일으킨 것도 소론이었고 소탕에 앞장선 사람들도

소론이었다. 이에 따라 영조 시대는 점점 노론 일색으로 흘러가게 되었
고 소론은 줄곧 열세를 면치 못했다. 한편 이 사건은 영조에게는 큰 힘
을 실어주는 계기가 되었다. 이에 따라 영조는 더 강하게 탕평책을 밀
어붙이게 되는데 이인좌의 난 이듬해인 1729년(영조 5년) 기유처분(己
酉處分)은 이를 단적으로 보여주는 사건이다. 이로써 한동안 탕평파가
조정 주도권을 장악하게 된다.

『당의통략』이다.

영종(-영조)이 바야흐로 탕평의 법에 마음을 쏟아 사람을 쓸 때는
반드시 노론 한 사람을 쓰면 소론도 한 사람을 쓰고 남인과 북인(-
소북)도 간혹 등용하여 썼다.

조문명

탕평 시대와 정치적 안정

박광용 교수는 『영조와 정조의 나라』(푸른
역사)에서 탕평 시대 분위기를 이렇게 묘사하
고 있다.

김재로

탕평 정치가 실시된 영·정조 년간에는 노
론·소론·남인·북인이라는 4색 붕당의 호
칭을 군주 앞에서 먼저 말하거나 상소문에
서 언급하는 것 자체가 법으로 금지되었다.
군주가 붕당을 타파하겠다고 선언했기 때
문이다.

그래서 4색 붕당의 명칭 대신에 각 붕당 안에서의 견해차를 의미하는 완론(緩論)이니 준론(峻論)이니 탁론(濁論)이니 청론(淸論)이니 시파(時派)니 벽파(辟派)니 하는 호칭들을 사용했다.

기유처분 이후 소론 온건파 조문명(趙文命, 1680~1732년)·정석삼(鄭錫三 1690~1729년) 계열과 노론 온건파 홍치중(洪致中, 1667~1732년)·김재로(金在魯, 1682~1759년)가 중심이 되어 탕평파를 이루면서 영조를 지원했고 향후 정권은 오랜 기간 안정기에 들었다.

정조 시대를 규정하게 되는 사도세자 죽음을 둘러싼 미스터리

영조는 왕권이 충분히 안정된 영조 25년(1749년) 15세 세자에게 대리청정을 명했다. 그사이 탕평당은 점차 외척당으로 바뀌어 정우량(鄭羽良, 1692~1754년), 홍봉한(洪鳳漢, 1713~1778년) 같은 인물들이 정국을 주도했고 이천보(李天輔, 1698~1761년)·유척기(俞拓基, 1691~1767년)·이종성(李宗城, 1692~1759년) 등은 새롭게 청류당을 형성해 외척당에 대항하는 모습을 보이고 있었다.

정우량은 영조가 아꼈던 화완옹주와 결혼한 정치달 아버지이다. 뒤에 남편이 일찍 죽고 혼자가 된 옹주는 정우량 집안에서 양자를 들이는데 그가 바로 정후겸(鄭厚謙, 1749~1776년)이다. 홍봉한은 사도세자 장인이다.

사도세자 죽음에 대해서는 여러 분석이 많지만 박광용 교수는 이들 외척당과의 갈등

홍봉한

이 가장 큰 이유라고 본다. 반면에 이천보·유척기 등은 세자 보호에 힘을 썼다.

영조 38년(1762년) 5월 22일 나경언이라는 자가 올린 투서 한 장이 조정을 발칵 뒤집어놓았다.

전하 곁에서 가까이 모시는 신하들이 모두 불충한 생각을 품고 있어 변란이 눈앞에 닥쳐왔다.

춘궁(春宮), 즉 세자가 환시(宦侍-환관 내시)들을 거느리고 불궤(不軌 -역모)를 꾸미고 있다는 것이었다. 당시 세자는 연로한 영조를 대신해 대리청정을 하고 있던 때였다. 영조는 69세, 세자는 28세였다.

나경언이라는 인물에 대해서는 액정서 별감 나상언의 형이라는 사실과 "사람됨이 불량하고 남을 잘 꾀어냈으며 가산을 탕진해 자립할 수 없게 되었다"는 사실 두 가지가 실록에 기록돼 있다. 액정서(掖庭署)란 이조 소속의 관아로 궁궐 내의 잔심부름을 담당했다. 궁궐 출입이 자유로웠던 중인이라고 보면 된다.

나경언은 형조를 찾아가 밀고를 했고 이를 접수한 형조참의 이해중(李海重, 1727~?)은 사안의 중대성을 감안해 곧바로 영의정 홍봉한에게 보고했다. 이해중은 홍봉한의 처조카이기도 했다.

홍봉안은 이해중으로 하여금 직접 국왕을 청대할 것을 명했고 영조는 이해중의 청대를 받아들여 이해중을 불렀다. 내용을 보고받은 영조는 크게 놀라며 옆에 있던 내시에게 "경언은 대궐 하인 상언의 피붙이인가?"라고 묻는다. 영조는 나상언을 알고 있었다.

마침 경기도 관찰사 홍계희(洪啓禧, 1703~1771년)가 입시해 있었다.

영조는 홍계희에게 "궁성을 호위해야 하겠느냐?"고 물었다. 그만큼 실체가 있는 중대한 사안이냐고 물은 것이다. 홍계희는 궁성 호위를 서둘러야 한다고 답했다. 이어 사복시(司僕寺-궁궐의 가마나 말을 관리하던 기구)에 국청을 설치하고 나경언에 대한 친국에 들어갔다. 친국(親鞫)이란 역모와 같은 중대사안에 대해 국왕이 직접 국문하는 것이다.

윤동도

이날 친국 현장에는 영의정 홍봉한과 우의정 윤동도(尹東度, 1707~1768년), 좌의정을 지낸 신만(申晩, 1703~1765년) 등이 입시했고 직접 심문을 담당할 의금부 지사에 남태제, 의금부 판사에 한익모, 의금부 동지사에 윤득량, 의금부 문랑에 홍낙순 등이 지명됐다.

영조는 먼저 조정 신하들을 비판했다.

오늘날 조정에서 사모(紗帽)를 쓰고, 띠를 맨 자(=벼슬하고 있는 사람)는 모두 죄인 중의 죄인이다. 나경언이 이런 글을 올려서 나로 하여금 원량(元良-세자)의 과실을 알게 했는데, 여러 신하 가운데는 이런 일을 나에게 고한 자가 한 사람도 없었으니, 나경언에 비해 부끄러움이 없겠는가?

왜 세자에게 이처럼 심각한 허물이 있었는데도 미리 고하지 않았느냐는 호통이었다.

이제 세자의 차례였다. 세자는 영조가 머물고 있는 편전으로 찾아와 면대를 청했다. 그러나 이미 나경언의 밀고 내용을 100% 사실로 확신한 영조는 만나보려 하지 않았다. 승지의 청이 계속되자 영조는 창문을 통해 세자를 내려다보며 크게 책망했다.

네가 왕손(王孫)의 어미를 때려죽이고 여승(女僧)을 궁으로 들였으며 서로(西路)에 행역(行役)하고, 북성(北城)으로 나가 유람했는데, 이것이 어찌 세자로서 행할 일이냐? 사모를 쓴 자들은 모두 나를 속였으니 나경언이 없었더라면 내가 어찌 알았겠는가? 왕손의 어미를 네가 처음에 매우 사랑하여 우물에 빠진 듯한 지경에 이르렀는데, 어찌하여 마침내는 죽였느냐? 그 사람이 아주 강직했으니, 반드시 네 행실과 일을 간(諫)하다가 이로 말미암아서 죽임을 당했을 것이다. 또 장래에 여승의 아들을 반드시 왕손이라고 일컬어 데리고 들어와 문안할 것이다. 이렇게 하고도 나라가 망하지 않겠는가?

여기서 서로란 평안도를 말하고 북성이란 평양성을 말한다. 이 말을 들은 세자는 어울하다며 그때까지 아직 처형되지 않고 문초를 당하고 있던 나경언과의 대질신문을 요구했다. 그러나 이는 영조의 화를 더 돋울 뿐이었다.

이 역시 나라를 망칠 말이다. 어찌 대리청정하는 세자가 죄인과 면질을 하겠는가?

이에 세자는 울면서 "모든 게 저의 화증(火症)에서 비롯된 것"이라고 자책을 하자 영조는 "차라리 발광(發狂)을 하는 게 더 낫겠다"며 물러갈 것을 명했다. 창덕궁으로 물러 나온 세자는 궁내 금천교 위에서 대죄하기 시작했다.

여기서 우리는 서로 행역과 북성 유람에 대해 의문을 던지지 않을 수 없다. 영조는 이 둘은 별로 중요하지 않다고 여겨 언급을 하지 않은 것일까? 아니면 너무나 중요해서 언급은 했으나 실록 편찬 과정에서 누락된 것일까? 필자는 후자라고 생각한다.

당시 영조는 국망(國亡)의 위기를 느끼고 있었다. 첫째와 둘째는 자질 면에서 자신의 왕위를 잇기에 곤란하다는 점이 드러난 것이다. 셋째와 넷째는 자신에 대한 정면 도전으로 보았다. 말이 좋아서 서로 행역이고 북성 유람이지 그것은 일종의 쿠데타 준비라고 볼 수 있는 측면이 농후했다.

전현직 삼정승이 한 달 간격으로 연쇄 자결하다

나경언의 밀고가 있기 1년여 전인 영조 37년(1761년) 1월 5일 영의정을 지낸 중추부 영사 이천보가 음독자살했다. 그러나 실록에는 "이천보가 물러나 육화정에 살다가 병으로 죽으니 64세였다"라고만 기록하고 있다. 실록은 거짓을 기록하고 있다.

그는 병으로 죽은 게 아니라 자결했다. 그는 스스로 생을 마감하기 직전 유언상소인 유소(遺疏)를 영조에게 올렸다. 꼼꼼하게 읽어보면 자살을 위한 약을 먹은 직후 써 내려갔다는 사실과 행간에 담긴 영조에 대한 원망을 읽어내는 것이 어렵지 않다. 임유경 교수의 『대장부의 삶』(역사의아침)을 들여다보자.

삼가 신이 외람되이 임금께 넘치는 은덕을 입고 벼슬이 영의정에까지 이르렀으나 조금도 보답하지 못했나이다. 실낱같은 목숨이 끊어지려 하여 용안을 영영 이별하고자 합니다. 밝고 곧으신 성정을 우러러 뵈오니 차마 눈을 감을 수 없을 것 같습니다. 엎드려 생각건대, 전하께서는 칠순 보령에도 강건하시어 신하와 백성이 전하의 만수무강을 우러러 기원하고 있습니다. 하오나 저는 구구하게 한 말씀 아뢰고자 합니다.

돌아보건대 지금 전하께서는 하셔야 하는 많고 많은 일 중에 옥체를 보전하고 아끼시는 일만 한 것이 없습니다. 간혹 기쁨과 노여움이 폭발하게 되면 평정을 잃을 뿐만 아니라 기혈이 상할 염려가 있습니다. 간혹 시행과 조치가 격노에 이르게 되면 정책과 법령을 시행함에 해가 미칠 우려가 있을 뿐 아니라 정신이 소모되고 허물어지는 근심이 따르게 됩니다. 삼가 아룁니다. 전하께서는 중화(中和)의 도리에 더욱 힘쓰시어 강녕하시는 아름다움을 누리십시오.

신은 전하를 보필할 임무를 받들고도 제대로 수행하지 못했습니다. 죄를 물으신다면 헤아릴 수 없을 만큼 크오나, 평소에도 마음으로 나라를 걱정하느라 안으로 맺힌 바가 있습니다.

장차 죽음에 임하여 숨이 가빠지고 말이 짧아져 하나하나 다 아뢰지는 못합니다. 다만 옥체 보전하시고 아끼시라는 두 마디로 전하께 저의 충정을 바칩니다. 베개에 엎드려 눈물만 흘리느라 무슨 말을 해야 할지 모르겠습니다. 전하께서 방황하시고 근심하신 것은 신이 전하의 뜻을 살펴 제대로 책임을 다하지 못한 까닭입니다.

"기쁨과 노여움이 폭발하게 되면…". 이는 숙종의 성품 '희로폭발(喜怒暴發)'이 아들 영조에게 그대로 이어졌음을 보여준다. 그리고 사

도세자의 '화증(火症)'으로 나타났고 정조에게
도 비슷한 기질이 유전됐다.

민백상

의문의 자결을 한 이천보는 옥천 군수를 지
낸 이주신(李舟臣)의 아들로 1739년(영조 15년)
문과에 급제해 홍문관 교리·사헌부 장령 등을
거쳐 1749년 이조참판에 올랐다. 이후 이조와
병조판서를 지냈고 1752년 우의정·좌의정을
거쳐 1754년 영의정에 오른다.

이후 돈녕부 영사로 정치 일선에서 물러나 있다가 이때 장헌세자
(莊獻世子-사도세자)의 평양 원유사건(遠遊事件)에 책임을 지고 음독자
결했다. 그는 사람됨이 관대하고 생각이 깊다는 평을 들었다. 노론 성
향이 있었지만 온건 중도파로 세자를 보필하는 데 각별했다.

그런데도 실록은 이상하리만치 조용하다. 자살을 암시할 만한 아
무런 단서도 싣고 있지 않다. 정확히 40일 뒤인 2월 15일 자 실록에 다
시 배경 설명 하나 없이 우의정 민백상(閔百祥, 1711~1761년)의 졸기(卒
記)가 실린다. 졸기란 판서급 이상의 인물이 죽었을 때 실록에 기록되
는 그 사람의 생애에 관한 간략한 기록이다.

우의정 민백상이 졸(卒)했다. 문충공 민진원의 손자이다. 젊어서부
터 영특하고 준수하며 풍채와 거동이 시원스럽게 뛰어났으므로, 문
충공이 일찍이 빈객(賓客)에게 이르기를, "이 아이는 나의 가장 훌륭
한 손자이다"라고 했다. 영종(永宗-영조) 경신년(1740년, 영조 16년)에
문과에 합격하여 홍봉한·김상복(金相福)과는 서로 친하게 지냈으
며 서로 잇달아 정승의 지위에 들어갔으므로, 세상에서 세 정승의

친구(삼태지우(三台之友))라고 말했다. 민백상이 우의정으로 발탁된 뒤 얼마 되지 않아 졸했는데, 나이 51세였다. 그 뒤에 홍봉한이 수상(首相-영의정)에 임명되자 마침내 김상복을 추천하여 우의정을 삼도록 했다.

민백상이 영남·호남·관서 3도(道)를 관할했지만 청렴하다는 명성은 없었고 부유하기가 한양에서 으뜸이었으므로 사대부들이 이를 부끄럽게 여겼다. 그의 동생 민백흥(閔百興)의 아들 민홍섭(閔弘燮)을 데려다 후사(後嗣)로 삼았는데, 훗날 민홍섭이 적신(賊臣) 홍계능(洪啓能)과 서로 결탁을 했다가 민홍섭이 죽은 후 홍계능의 역모가 발각되어 민씨(閔氏) 집안이 마침내 망했다.

민백상 집안은 뿌리 깊은 노론 골수로 특히 조선 후기를 대표하는 외척 집안이라는 점에서 주목을 요한다. 민백상의 증조할아버지 민유중은 숙종의 장인, 즉 국구(國舅)였다. 장희빈으로 인해 폐서인되었다가 다시 왕비로 복귀하는 등의 파란을 겪은 숙종의 계비 인현왕후 민씨가 바로 그의 딸이었다.

민유중에게는 진후·진원·진영·진창·진오 다섯 아들이 있었는데 민진후의 고손자 민치록이 명성왕후 민씨의 아버지이고 민백상의 증손자 민태호가 조선의 마지막 임금 순종의 첫 부인인 순명왕후 민씨의 아버지이며 민진영의 고손자 민치구는 흥선대원군의 장인이다.

민백상도 자결했다.

이천보에 이은 우의정 민백상의 자결은 엄청난 사건이었음에도 불구하고 실록은 역시 이상하리만치 침묵을 지킨다. 다만 다음날 영조는 위로의 하교를 내렸다.

우의정의 나라를 위하는 정성과 신하 된 자로서 외경(畏敬)하는 마음은 저 하늘을 찌를 만하다. 이와 같은 뛰어난 정승을 얻어 뒷날을 믿을 만하다고 여겼는데 갑자기 이런 비보(悲報)를 들을 줄을 어찌 생각이나 했겠는가? 18일에 승지를 보내어 치제(致祭)하도록 하라.

19일에는 이천보와 민백상 두 사람에게 시호를 내릴 것을 좌의정 이후에게 명했다. 그러나 이것이 전부였다. 도대체 무슨 일로 두 사람이 자결했는지에 관해 실록은 단 한 자도 기록하고 있지 않다. 전현직 두 정승의 자결로 조정 안팎이 뒤숭숭한 가운데 보름 후인 3월 4일에는 좌의정 이후가 자결했다.

먼저 이후의 졸기부터 보자.

좌의정 이후가 졸했다. 음관(蔭官)으로 진출하여 목사(牧使)가 되었으며 태학사(太學士) 조관빈(趙觀彬)을 추종했었는데, 조관빈이 큰 그릇으로 여겼으며 조관빈이 과거를 볼 것을 권하자 문과에 합격했다. 고(故) 신만과는 친하게 지냈는데, 신만이 이조판서가 되자 이후를 경연 동지사로 추천했고, 이후가 이것으로 말미암아 지위와 명망을 굳히게 되었다. 병조판서에서 다시 이조판서로 옮겼는데, 역신(逆臣) 김상로(金尙魯)가 그를 극력 추천한 때문이었다. 외직(外職)으로 나가서는 평안도 관찰사가 되었으며, 얼마 안 되어 내직(內職)으로 들어와서 우의정이 되었으나 이후가 평소 홍봉한의 미움을 받았다. 이에 수찬 이형규가 이후를 탄핵하며 개정하도록 청하니, 임금이 이형규를 바다 가운데로 귀양 보냈다. 이때 이후가 병으로 졸하니, 나이 68세였다.

"병으로 졸하니"라고 했지만 실은 이후도 역시 음독자결이었다. 영조는 3월 11일에야 승지를 보내 이후를 조문했다. 그리고 아무 일도 없었다. 다만 이천보에게는 문간공, 이후에게는 정익공, 민백상에게는 정헌공이라는 시호가 내려졌다. 의문의 자결로 생을 마감한 이들 삼정승에 관한 언급은 120여 년이 지난 고종 때에 와서야 조금이라도 이뤄질 수 있었다.

이들 3인은 영묘(英廟-영조) 때의 재상으로 의리를 바로잡고 당시의 난국을 크게 구제했다. (『고종실록』 18년 3월 29일)

고(故) 상신(相臣-정승) 문간공(文簡公) 이천보·정익공(貞翼公) 이후·정헌공(正獻公) 민백상은 영조 때 남다른 우대를 받으면서 정사가 잘되도록 도운 결과 온 나라의 백성이 영원히 덕을 입게 되었습니다. 뭇 소인들이 나라의 근본을 흔들던 때에 정성을 다하여 세자를 보호히는 데 있는 힘을 다했다가, 신사년(1761년)에 이르러서는 당시의 사태가 더욱더 어쩔 수 없게 되었다는 것을 알고는 눈물을 흘려 통곡하며 맹세코 살기를 바라지 않고 서로 손잡고 영결하면서 연달아 죽었으니 그 뛰어난 충성과 뛰어난 절개는 천지를 지탱할 수 있고 해와 달처럼 빛났습니다. (『고종실록』 36년 11월 19일, 특진관 심상황이 올린 소 중에서)

이쯤에서 삼정승의 죽음과 관련된 의문은 잠정적으로나마 풀고 넘어가야 한다. 실록에는 나와 있지 않지만 세자의 평양원유는 영조 36년(1760년) 가을부터 겨울 사이에 있었던 것으로 보인다. 영조와 세자, 부자(父子)간의 충돌은 극에 달했다. 당시는 세자 대리청정이 이뤄지고 있던 때였다. 이런 상황에서 대조(大朝-영조)와 소조(小朝-사도세자)의 충돌은 위험천만한 것이었다. 나라의 근간이 통째 흔들리고 있었다. 두 사람 다 성미가 급하고 직선적이었다. 숙종부터 시작된 화증(火症)은 영조·사도세자를 거쳐 정조까지 이어진다.

삼정승은 자연스럽게 둘 사이에 끼일 수밖에 없었다. 세자의 평양 원유 사실을 어떤 경로를 통해서 듣게 된 영조는 진노했다. 어쩌면 이때 이미 세자의 자결이나 적어도 폐세자 추진을 영조가 정승들에게 밝혔을 것이다. 이에 삼정승은 대략 한 달 간격으로 자결함으로써 영조에게는 세자를 용서해줄 것을, 세자에게는 정신 차릴 것을 충격적 방식으로 전달하려 했던 것이다. 학계 일각에서 제기하고 있는 사도세자의 쿠데타 준비설, 즉 평양에서 쿠데타 준비를 하려 했다는 설도 충분히 검토해볼 만한 가설이다. 그러나 실록은 그것을 검증할 만한 자료들을 원천적으로 삭제해버렸다.

사도세자가 죽자 더 이상 당파 구도는 바뀌지 않은 채 외척들 간의 갈등만 깊어갔다. 그 갈등의 깊이만큼 훗날 정조가 감당해야 할 정치적 부담은 커졌다고 할 것이다.

또 하나의 척당(戚黨) 경주 김씨

영조는 영조 35년(1759년) 경주 김씨 집안에서 계비를 맞아들였다. 이 사람이 바로 훗날 정조와 대립하게 되는 정순왕후 김씨(1745~1805년)이다. 혼인 당시 김씨 나이 14세였다. 이후 정순왕후의 친족들은 국혼 후 김귀주(金龜柱, 1740~1786년)를 필두로 정계 진출이 활발했으며, 정치적으로는 노론 벽파(辟派)였다. 정순왕후의 오빠 김귀주는 남당(南黨)을 이루어 사도세자(思悼世子)의 장인 홍봉한의 북당(北黨)과 대립할 정도로 세력을 확장했다.

이처럼 집권 초중반에는 탕평을 기치로 내걸었다가 후반으로 갈수록 척신에게 의존하게 되는 영조의 인사 방식은 그대로 정조에게도 반복된다.

제24장

정조 탕평책의 허와 실

외척당 제거에 나서는 정조

이건창의 『당의통략』은 선조 8년부터 영조 31년까지만을 서술 범위로 했기에 정조 시대는 포함되지 않았다. 정조는 영조 말년 폐풍(弊風)을 이으며 왕위에 올랐다. 당쟁은 극에 이르고 있었다.

영조 탕평이 각 당파를 섞는 절충형이었다면 정조가 시도한 탕평은 처음부터 왕권 중심 탕평이었다. 뒤에 정조가 자신은 신하들의 군사(君師), 임금이자 스승임을 선포한 데서 명확하게 드러난다. 여기서 초점은 군(君)이 아니라 사(師)였다. 스승이란 곧 당론을 생명으로 삼는 당파 정치인들의 정신적 지주인데 그것을 자기가 맡겠다고 자임한 것은 신하들 당론을 인정하지 않겠다는 뜻이었기 때문이다.

그런데 1776년 즉위한 정조는 조부 영조로부터 최악의 상황을 물려받았다. 자기 생부를 죽이는 데 앞장서고 자기 집권을 흔들었던 왕실 외척 세력이 권력을 한창 키운 때 왕위에 올랐기 때문이다. 영조 시대는 이미 당파와 외척이 결탁해 혼재하는 정치를 만들어냈다. 따라서 정조로서는 이 외척 제거가 재위 초 최우선 과제였다.

홍국영·김종수를 중용해 외조부 홍봉한 세력을 제거하다

홍국영(洪國榮, 1748~1781년)의 6대조는 선조와 인목대비 김씨 사이에서 난 영창대군의 동복누나 정명공주와 결혼한 영안위(永安尉) 홍주원이다. 6대조까지 거슬러 올라가는 이유는 홍봉한·홍인한도 같은 홍주원의 후손이기 때문이다. 굳이 따지자면 두 사람은 10촌 할아버지뻘 된다. 이미 이때는 홍씨 가문이 한양의 대표적인 문벌의 하나로 성장해 어느 정도의 유대감이 있었을 수도 있다.

혜경궁 홍씨의 『한중록』 등에 따르면 홍국영은 젊은 시절 호방하면서도 해괴한 인물이었다. 이를 홍씨는 "하늘도 땅도 두려워하지 않는 인물"이라고 표현했다. 홍국영은 주색잡기로 청년기를 보냈다. 그런데 어느 시점에 작심을 하고 과거 공부를 시작해 25살 때인 1772년(영조 48년) 문과에 급제한다. 그만큼 머리가 좋았다는 뜻이다.

이듬해인 영조 49년 4월 5일 영조가 직접 숭정전 동월대에 나와 행한 소시(召試)에서 예문관원 홍국영은 훗날 동지이자 서로 다른 길을 걷게 되는 정민시(鄭民始, ?~1800년)와 함께 우수자로 선발됐다. 이를 계기로 영조의 눈에 든 홍국영은 사관과 함께 왕세손을 보좌하는 춘방 사서를 겸직하게 되면서 정조와 인연을 맺게 된다.

혜경궁 홍씨에 따르면 아버지 홍봉한은 당시 홍국영을 좋게 보았고, 작은아버지 홍인한(洪麟漢, 1722~1776년)은 "영안위 할아버지 자손 중에 저런 요망한 인간이 날 줄 어이 알았으랴"며 "집안을 망칠 위인"

이라고까지 극언했다고 한다. 결과적으로는 홍인한의 진단이 정확했던 것으로 드러나게 된다. 어쨌거나 당시 권력에서 물러나 있던 홍봉한은 이복동생인 홍인한에게 홍국영의 보직을 도와줄 것을 권유하는 등 직간접적으로 홍국영을 후원하려 했다.

그러나 풍산 홍씨 집안의 후원보다는 영조의 총애가 더 컸다. 홍국영은 과거 급제 후 줄곧 사관으로 영조의 곁에 있었고 영조는 공개적으로 "국영은 내 손자"라며 좋아했다. 마침 홍국영이 영조와 왕세손을 동시에 가까이에서 모실 때는 두 사람을 이간질하려는 세력의 공작이 극에 이르고 있을 때였다. 정순왕후 김씨 세력·정후겸 세력·홍인한 세력 등이 그들이었다.

홍국영은 정순왕후 김씨 집안과도 친척 관계였다. 정순왕후 김씨와 8촌인 김면주의 어머니가 홍국영의 당고모(5촌)였다. 홍국영은 과거시험을 위해 한양에 왔을 때 김면주의 집에 머물 정도로 홍씨 집안보다는 경주 김씨 집안과 더 친화성을 갖고 있었다.

그러나 젊은 야심가 홍국영은 적어도 홍씨나 김씨 쪽에 줄을 서지 않았다. 자신의 본분인 세손 보호에 최선을 다했다. 당시 세손을 지켜준 두 인물이 바로 세손강서원의 홍국영과 정민시였다. 정후겸 세력이나 홍인한 세력 등은 심지어 세손이 홍국영·정민시 등과 무슨 공부를 하고 있는지를 파악하기 위해 강서원에 자기 사람들을 심기까지 했다. 세손으로서는 뭐 하나 마음대로 말하고 행동할 수 없었다. 이런 열악한 조건 속에서 홍국영·정민시는 헌신적으로 세손을 지켜냈다.

의기투합(意氣投合). 정조 즉위 초 정조와 홍국영의 관계는 이 한마디로 표현할 수 있다. 이렇게 된 데는 여러 요인이 있었겠지만, 무엇보다 내외척을 멀리하려 한 정조와 노론임에도 불구하고 어린 나이라 특정 정파에 속하기를 거부하는 홍국영의 기질이 딱 맞아떨어졌다. 게다가 패기에 찬 홍국영은 적어도 이때만은 진심으로 정조를 보필했다.

정조는 즉위 나흘째인 3월 13일 홍국영을 승정원 동부승지로 임명한다. 정3품 당상관으로의 승진이라는 의미보다는 왕명을 공식적으로 출납하는 자리에 올랐다는 의미가 더 컸다.

게다가 홍국영은 단순한 왕명 출납 이상의 직무를 수행했다. 왕명 생산, 즉 정조의 1인 싱크탱크이자 책사로서 정국의 밑그림을 그리는 역할을 맡았던 것이다.

여기서 한 가지 염두에 둬야 할 점은 홍국영이 이념적으로는 골수 노론이었다는 점이다. 좀 더 정확히 말하면 "홍국영은 노론계 중에서 청명당 계열 정파의 지도자인 김종수(金鍾秀, 1728~1799년)·정이환(鄭履煥, 1731~1791년)과 합세하여 노·소론 탕평당 계열(친영조파)인 홍인한·정후겸·윤양후·홍계능 세력을 사도세자에 불경하고 정조의 즉위를 방해했다는 죄목으로 제거했다."(박광용 교수) 즉 홍국영은 기존 세력 판도의 힘을 빌기 위해 노론 청명당과 손을 잡았다.

김치인과 친척으로 노론 중도파인 김종수는 아주 늦은 41세 때인 영조 44년(1768년) 문과에 급제해 예조정랑·홍문관 부수찬을 거쳐 시강원 필선으로 임명되면서 왕세손과 인연을 맺었다. 이때 그는 일관되게 당시 위세를 떨치고 있던 홍문(洪門)과 김문(金門)의 외척정치를 지양해야 한다고 주장해 정조의 두터운 신임을 얻었다.

또 왕세손의 스승으로서 정조의 정신세계에 깊은 영향을 심어주었다. 특히 원시 유학과 정통 주자학의 핵심을 가르치며 "임금은 통치자이면서 스승"이라는 군사론(君師論)을 정조의 머릿속 깊이 심어준 장본인이다. 정조에게서 드러나게 되는 보수 혁명가로서의 면모는 대부분 김종수로부터 비롯되었다고 해도 과언이 아니다.

김종수는 영조 48년(1772년) 청명(淸名)의 존중과 공론(公論)의 회복을 위해 청명류(淸名流)라는 정치 결사를 조직했다가 발각돼 경상도 기장으로 유배되었다가 얼마 후 방면되었고 마침 영조가 사망하자 행장을 편찬하는 일을 맡았다.

정조 즉위 초 대사헌·형조판서 등에 임명되었으나 벼슬에 뜻이 없다며 물러나 있겠다고 청원했다가 문책을 받기도 했다. 정국이 불안정한 정권 초기에 정조의 신임이 워낙 두터워 곧 이조판서와 병조판서 등을 거치면서 수어사를 겸하기도 했다. 병권을 책임졌던 것이다.

사도세자의 서자인 은언군이 아들의 반역에 연루돼 강화도에 귀양 가 있었는데 정조 10년(1786년) 은언군이 강화도를 정조의 밀명을 받고 탈출하는 사건이 일어났다. 이에 신하들이 정순왕대비의 명을 받들어 은언군을 처벌하려 하자 분노한 정조는 훈련원·어영청·내금위·총융청의 4대장과 좌우 포도대장 모두를 파면시키고 당시 규장각 직제학으로 수어사를 겸직하고 있던 김종수로 하여금 4대장과 좌우 포도대장을 모두 겸직케 하여 국방과 수도 방어의 총책임을 맡기는 사상 초유의 결정을 내렸다.

그 같은 결정의 무모함과는 별도로 당시 김종수가 받고 있던 총애의 크기가 어느 정도였는지를 단적으로 보여주는 사건이다. 이런 절대적 신임을 바탕으로 김종수는 곧 우의정을 거쳐 정조 17년(1793년) 좌의정에 오른다. 노회한 정객이었던 김종수는 윤시동(尹蓍東, 1729~1797년)·채재공과 함께 정조가 가장 신뢰했던 역대 삼정승 중 한 명이다. 이처럼 정조 즉위 초의 정치를 이해하는 핵심축은 정조·홍국영·김종수 3인이었다.

홍국영은 실세 외척을 도모하다가 자멸했다

권력을 맛본 30대 초반의 홍국영은 어느새 '1등 공신'에서 권간(權奸)으로 전락하고 있었다. 정조 2년 홍국영은 정조에게 소생이 아직 없다는 점에 착안해 열세 살 누이동생을 후궁으로 들여보내 정조와 처남·매부 사이가 된다. 인조반정 이후 서인 중에서도 노론이 일관되게 추진해온 국혼(國婚)을 놓치지 않겠다는 원칙을 나름대로 관철한 것이다.

그런데 누이 원빈 홍씨는 자식을 낳지 못한 채 1년 만에 세상을 떠났다. 이에 홍국영은 다음을 도모하기 위해 정조 이복동생 은언군(恩彦君) 아들 상계군(常溪君) 이담을 죽은 원빈 홍씨 양자로 삼아 완풍군(完豐君)에 봉했다. 그를 정조 후계자로 삼아 장차 권력을 장악하겠다는 구상이었다.

이에 마침내 정조는 홍국영에 대한 마지막 미련마저 거두었다. 이후 연말까지 홍국영 세력에 대한 숙청 작업을 철저하게 진행했다. 대신 겨우 목숨을 구한 홍국영은 도성으로 들어와서는 안 된다는 명을 받았고 재산도 몰수당했다.

정조는 모든 관직을 빼앗긴 홍국영을 이틀 후 인정전으로 불러 작별인사를 한다. 할 말이 많았지만 모든 것을 억제할 수밖에 없었다. 이 자리에서 홍국영은 "자신은 정민시와 형제 같은 정이 있으니 그를 끝까지 잘 보살펴달라"고 부탁한다. 그것이 마지막이었다. 강원도 강릉 해안가에 거처를 마련한 홍국영은 술로 날을 지새다가 1781년(정조 5년) 4월 사망했다. 33세였다.

정조 8년, 외척에 대한 생각이 바뀌다

정조 8년(1784년) 8월 3일, 정조는 마침내 또 하나의 외척 경주 김씨 김귀주의 위리안치를 풀고 육지로 나올 수 있도록 해주라고 명한다. 이는 어릴 때 자기를 지켜준 왕대비 김씨에 대한 보은이었다. 당연히 신하들은 벌떼같이 들고일어나 출륙(出陸) 조치는 부당한 것이라 비판했다. 그러나 이때 김귀주는 거처를 나주로 옮기게 됐고 2년 후 그곳에서 숨을 거둔다.

왜 정조는 하필이면 이때, 즉 정조 8년 8월 3일 김귀주에 대한 처벌을 완화했을까? 실은 같은 날 정조는 외할아버지 홍봉한에 대한 시호를 내릴 것을 명한다. 뒤에 보게 되겠지만 정조는 연이은 반란과 역모를 겪으면서 자신의 집권 초 전략에 근본적으로 문제가 있었다는 것을 성찰하게 된다.

우선 척리에 대한 입장이 극단적이었고 그 바람에 제대로 된 측근을 양성하지 못한 채 너무나 많은 세력을 적으로 만들어버렸다. 특히 정후겸의 경우와 달리 김귀주는 딱히 역모를 꾀했다고 할 대목은 없었다. 그런데도 척리 배척이라는 원칙에 사로잡혀 지나치게 강경론을 고집한 것이 자신의 정치적 어려움을 스스로 만들어냈다는 자성에 이르게 된 것이다.

더욱이 자신을 끝까지 지켜주려 했던 외할아버지까지 사도세자 보호에 소극적이었다는 이유로 배척한 것은 아무래도 너무 나간 것이었다. 이날 홍봉한에게 사후에나마 시호를 내리면서 정조는 이렇게 말한다. 범죄의 형적이 확실한 홍인한과는 별개로 다루겠다는 뜻이었다.

더구나 역적 홍인한은 평일에 그의 형에게 공손하거나 화목하지 못해서 따로 문정(門庭)을 세운 정상에 대해서 사람들 가운데 누가 모르겠는가? 그의 본래의 흉악하고 패악한 버릇은 비단 봉조하의 깊은 우려와 숨은 고통이 되었을 뿐만 아니라, 바로 우리 자궁(慈宮-혜경궁 홍씨)께서도 또한 그러하셨으니, 이것은 내가 익히 들어서 알고 있는 것이다. 그가 기강을 어기고 순종하는 것을 범했을 때는 의리를 가지고 결단했으니, 그것이 봉조하에게 무슨 관계가 있겠는가?

그리고 한마디 밝혀야 할 것이 있는데, 봉조하는 바로 자궁(慈宮)의 부(父)이고, 나의 외조부이다. 그가 나에게 어찌 털끝만큼이라도 성의가 부족할 이치가 있겠는가?

특히 마지막 말이 중요하다. 이 점을 즉위 초부터 깨달았다면 정조의 시대는 훨씬 다른 방향으로 전개됐을지 모른다. 그러나 그러기에는 당시 정조는 너무 젊었고 또 피해의식이 극에 달해 믿을 수 있는 사람이 너무 없었다. 외할아버지와 어머니도 믿을 수 없는 지경이었다는 뜻이다.

좀 더 넓은 맥락에서 보자면 김귀주 또한 권력 남용의 비판은 받을 수 있어도 역적이라고 할 수는 없었다. 사실 이 점은 정조 자신도 인정한다. 자신이 원래 김귀주를 미워한 것은 그가 사도세자 죽음과 관련이 돼 있다고 생각해서였는데 왕대비의 설명을 듣고서 오해를 풀었다는 것이다. 그 내용이 뭔지 실록에 상세히 나오지는 않지만 결국 왕대비의 입장을 받아들였다. 그것은 왕대비가 세손 시절 자신에게 극진하게 해준 것을 보더라도 거짓은 아니라고 믿었기 때문이다. 만일 왕대비가 세손을 위협하는 데 조금이라도 관여를 했었다면 이런 은전은 없었을 것이다.

결과적으로 정조는 즉위 초 지나치게 나간 감이 없지 않다. 즉위하는 날 "나는 사도세자의 아들"이라고 선언한 것부터가 미숙(未熟)이었다. 그것은 미래가 아니라 과거를 선택하겠다는 선언에 다름 아니었기 때문이다. 그로 인해 정조는 역대 어느 임금도 겪어본 적이 없는 혹독한 대가를 치러야 했다. 해마다 일어난 반란과 반역 모의가 그것이다.

탕평의 좌절

외척에 대한 완화된 태도는 정조가 추진한 탕평책이 실패했음을 간접적으로 자인하는 것과 마찬가지이다.

앞서 본 대로 정조는 집권 초기 이 같은 탕평 구상을 본격적으로 추진할 수 없었다. 우선 정조 자신이 말한 대로 "내가 등극한 이후로 새로운 역신이 연달아 나오게 되어 엄격히 징토(懲討)하느라 다른 데 미칠 겨를이 없었기" 때문이다. 그렇게 10년 가까이 흘렀다. 물론 그 중간에 간혹 탕평 의지를 밝힌 적은 있다.

정조 6년(1782년) 1월 13일 좌의정 홍낙성(洪樂性, 1718~1798년)이 홍국영 연루설이 제기된 채제공을 벌해야 한다고 하자 오히려 채제공에게 병조판서를 시킬 의향이 있던 정조는 그 근거의 하나로 탕평론을 끌어들인다.

내가 바야흐로 탕평의 정치를 하기 위해 모든 용사(用捨-사람을 쓰고 버림)에 있어 색목(色目)을 마음속에 두지 않고 있다. 옛날에도 금은동철(金銀銅鐵)을 뒤섞어 하나의 그릇을 만든다는 말이 있는데, 지금의 조상(朝象-조정의 형세)은 각각 하나의 그릇을 만들고 있으니 당초 논할 수도 없는 것임은 물론 뒤섞어 하나로 만든다는 것은 기대조차 할 수 없게 되었다.

이 말은 6년 전 자신의 탕평 다짐이 제대로 실현되지 못하고 있다는 것을 스스로 인정하는 것에 다름 아니다.

2년 후인 정조 8년(1784년) 7월 7일 정조가 이례적으로 후손들을 위한 자신의 큰 계책이라는 것을 발표하는데 여기서도 여전히 탕평 실현이 여의치 못함을 실토하고 있다. 후손들을 위한 조언이라기보다는 신하들을 향한 애절한 호소로 읽힌다.

아! 금일의 조정은 아무 일도 아닌 것을 가지고 어찌하여 사건으로 만드는가? 대저 언론이 서로 과격하고 거조(擧措)가 전도되어 역순(逆順)이 순식간에 갈라져서 파란(波瀾)이 사방에서 일어나고 있다. 심지어는 한집안 안에서도 혹은 칼을 잡고, 취향을 달리하려는 처지인데, 너무 취모멱자(吹毛覓疵-입으로 털을 불어서 흠을 찾아낸다는 뜻)하여 이른바 더불어 화평하고 안정하는 기상과는 불행하게도 상반되고 있으니, 그것이 어찌 상서로움을 불러오고 복을 가져오겠는가? 이것이 내가 많은 사령(辭令)을 내려서 지금까지 거듭 고하지 않을 수 없는 까닭이다. 무릇 사람들이 길(吉)한 경사의 날에 그릇을 깨뜨리려고 하지 않는 것은 그 유사한 일이 일어나는 것을 꺼리기 때문이다. 하물며 사람은 사람들과 동류가 되고, 나는 억조창생(億兆蒼生-만백성)의 임금이 되는 데야 더 말할 것이 무엇이 있겠는가? 그러므로 나는 근일(近日)에 더욱 사람마다 자기 위치를 찾고 일마다 원만히 해결되도록 하려고 하는 것이니, 이것은 대체로 후손들에게 계책을 물려주려는 뜻에서 나온 것이다.

아! 그대들 여러 신하가 만일 이 뜻을 깊이 몸 받는다면 과격한 논쟁을 화평(和平)으로 바꾸고 전도된 것을 안정으로 바꾸는 것은 바로 순간적인 일이 될 것이니, 무엇이 어렵겠는가? 이로부터 조정이 안정되고, 이로부터 만백성이 안정되며, 이로부터 나의 자손들이 편안하게 됨으로써 천만 년토록 나라의 터전이 안정된다면, 이 어찌 여러 신하의 소원이 아니겠는가?

다시 2년 후인 정조 10년(1786년) 10월 24일 영의정 김치인(金致仁, 1716~1790년)이 사직 의사를 밝히자 만류하면서 정조는 명시적으로 그동안 자신이 추진해온 탕평책이 실패로 돌아가고 있음을 인정하는 발언을 한다.

경은 한번 생각해보라. 지금이 과연 어떤 때인가? 조정은 날로 분열되어가고 인심은 안정될 기미가 없어서 우리 선대왕께서 50년 동안 시행한 탕평의 정치를 만회할 가망이 없으니, 그 이유는 무엇이겠는가? 조정에 노(老) 성인이 없어서 그런 것이 아니겠는가? 내가 경을 생각하는 것도 이 때문이고 경을 나오게 하려는 것도 이 때문으로, 때가 나올 때라서 그만둘 수만은 없는 것이다.

경이 만약 이미 물러났다고 자처한 채 구제하는 책임을 생각지 않는다면 이는 나 한 사람을 저버린 것뿐만 아니라, 나라를 생각하는 경의 선친의 마음으로 볼 때 자신에게 후손이 있다고 말씀하시겠는가?

노론 벽파 중에서 청명당 지도자로 분류되던 김치인은 숙종 때 우의정을 지낸 김구의 손자이자 영조 때 영의정을 지낸 김재로의 아들이다. 할아버지 김구는 소론 박세채의 탕평론을 수용해 노론과 소론의 조정에 힘쓴 반면 아버지 김재로는 일찍부터 노론파의 영수로 떠올라 영조 즉위 초 소론계 인물들인 유봉휘·이광좌 등을 탄핵하고 영조에 대해 부정적이던 김일경을 사사시키는 데 결정적 기여를 했다.

그러나 기본적으로는 영조가 추진했던 탕평에 동의했다. 그 때문에 노론 강경파로부터 한때 비난을 받기도 했다. 청렴하면서도 학식이 깊어 영조 집권 전반기에 노론 정권을 안정시키는 데 핵심적인 역할을 했다. 정조가 선친 운운한 것은 김재로를 염두에 둔 것이다. 노론이지만 외척당에 속하지 않았고 굳이 분류하자면 6촌 간인 김종수와 함께 노론 청명당 중에서도 중도파였다고 할 수 있다. 노선만 놓고 보면 홍국영도 여기에 속했다.

정조가 즉위한 후에도 중추부 영사와 영의정을 교대로 맡아가면서 주로 당쟁 조정에 힘을 썼다. 탕평을 중시했던 가풍을 이었다고 할 수 있다. 그 때문인지 노론 벽파의 시각이 고스란히 반영된 그의 졸기에는 찬사와 비난이 함께 들어 있다.

그는 주도면밀하고 과감한 성격이었으며, 국가의 전고(典故)에 대하여 잘 알았다. 스스로 옳다고 믿기를 좋아했고, 대체(大體)에 대해서는 제대로 알지 못했다. 김재로가 영종(-영조의 원래 묘호) 초기에 탕평책을 극력 주장하다가 크게 사류(士類-산림)들에게 비난을 받았는데, 김치인이 조정에 올라서고부터는 자못 사류들과의 사이에서 주선을 해주어, 세상 사람들은 "아버지의 허물을 덮어주었다"고들 말했다.

시파(時派)·벽파 사이에 낀 정조 말년

탕평과 외척정치를 오가던 정조 시대에 새로운 경향이 나타난다. 시파와 벽파 간 충돌이 그것이다. 아직 학계에서는 시파와 벽파가 정확히 어떤 당파와 관계되는지 규명을 하지 못하고 있다. 다만 각 당파에 시파와 벽파가 있었던 것 정도로 정리하고 있다.

이미 시파·벽파 분립은 정조 8년(1784년)부터 나타나기 시작했는데 간단히 말하면 정조 입장에 동조하면 시파, 그렇지 않으면 벽파로 불렸다. 그리고 4년 후인 정조 12년(1788년) 정조는 노론 김치인·소론 이성원(李性源, 1725~1790년)·남인 채제공을 삼정승에 임명했다. 정조 자신은 이를 "붕당이 생긴 이래로 처음 있는 일"이라고 만족해했다.

이 체제는 한동안 안정돼 보였다. 그러나 정조 15년(1791년)부터 3년 동안 채제공 독상(獨相) 체제가 진행되면서 벽파의 불만은 극에 달했다.

시파 정승 채제공

채제공

1776년 3월 영조가 죽자 채제공은 윤동섬과 함께 장례를 총지휘하는 국장도감 제조로 임명됐다. 그리고 잠시 호조판서를 거쳐 형조판서로 있던 4월 1일 기이한 사건이 일어난다. 즉위하던 날 정조가 "나는 사도세자의 아들"이라고 선포한 때문인지 이를 틈타 권력을 잡으려는 세력의 움직임이 포착됐다. 사도세자를 뒤주에 넣어 죽인 영조의 임오조치를 정면으로 비판하며 새 임금 정조의 총애를 얻어보려는 세력의 준동이었다. 적어도 실록에는 그렇게 기록돼 있다. 그러나 아무리 "사도세자의 아들"임을 선포한 정조라 하더라도 선대왕 영조의 결정을 정면으로 뒤집는 조치를 집권한 지 한 달도 안 돼 받아들인다는 것은 있을 수 없는 일이었다.

사건의 전말은 이랬다. 정조가 세손으로 국왕 수업을 받고 있던 동궁 시절 조재한이 불령한 무리와 함께 임오년의 의리(사도세자는 억울하게 죽었으니 복수를 해야 한다는 주장)를 내세워 은밀하게 환관 이흥록·김수현 등과 결탁했다. 조재한은 소론 정승이었던 조현명의 후손이다. 이후 이흥록 등은 세손이 후원을 거닐거나 하면 다가와 유혹과 위협, 자기 세력의 추천 등을 일삼았다. 어린 나이였지만 정조는 이들을 꺼렸다. 그리고 영조가 죽자 조재한은 지방 유생 이일화·이덕사·유한신 등을 사주하여 동시다발로 임오년의 일을 성토하는 소를 올리게 했다. 외형적으로 보면 정치적 입장은 정조와 크게 다르지 않았지만 그 세력의 성격은 전혀 별개였다.

이미 정조는 자기 세력을 동원해 아버지를 죽음으로 몰아간 세력의 숙청을 구상하고 있었다. 조재환식의 섣부른 행동은 자칫 자신의 구상을 망쳐놓을 수 있었다.

이는 선대왕을 모함하는 대역(大逆)이다.

정조는 금상문에 나아가 이덕사와 그의 조카 이준배를 친국했다. 이준배는 이덕사의 소를 대신 써준 죄로 잡혀 왔다. 이후 10여 명이 복주됐다. 문제는 환관 김수현의 공초에서 채재공의 이름이 나왔다는 것이다.

　김수현이 구상·이수진·이만식·조종현, 채제공·조노진·이창임·목조환 등의 이름을 일찍이 이홍록에게서 들었다고 공술했다. 이에 구상·이수진·이만식·조종현은 극구 변명하고 자복하지 아니했다. 또 정조는 김수현에게 '남한당(南漢黨)·북한당(北漢黨)·불한당(不漢黨)'이라는 말이 있다는데 그것이 무엇이냐고 물었다. 영종(=영조) 말년 분당(分黨)의 조짐이 생겨 김한구(金漢耉)와 친밀한 사람을 '남한당'이라 하고, 홍봉한과 친밀한 사람을 '북한당'이라고 했으며, 북한당이나 남한당에 들지 않은 사람들을 '불한당'이라 하여 서로들 표방했었는데, 이홍록과 김수현이 이를 들어 임금에게 고했기 때문이다.

　김수현이 송재경·김상묵·심이지를 곧 불한당의 사람이라고 공술했는데, 정조는 채제공·송재경·김상묵·심이지의 이름을 추안(推案)에서 빼버리도록 명했다. 정조는 사건의 수위를 조절하고 있었다. 대신 한 달여가 지난 5월 11일 일단 채제공을 형조판서에서 면직시켰다. 그를 보호하기 위한 정조의 배려였다. 조선 시대 때 역모에 이름이 연루되는 것만으로도 목숨을 부지하기 어려운 것을 감안한다면 대단히 관대한 조처였다. 오히려 그것을 지적하던 사헌부·사간원 관리들이 파직당했다.

　한 달여가 지난 6월 22일 정조는 채제공을 병조판서로 임명한다. 오히려 전면 배치를 한 것이다. 그러나 채제공은 이듬해 5월 28일 경연에서 과격한 발언을 했다가 정조로부터 오만하다는 지적을 받고 병조판서에서 쫓겨난다. 채제공은 개혁 성향의 인물들이 대개 그러하듯 직선적 성격의 소유자였다.

2년 후인 정조 8년 윤 3월 21일 정조는 채제공을 공조판서로 복직시킨다. 그런데 공조참판 김문순(金文淳, 1744~1811년)이 채제공 밑에서는 일할 수 없다며 출근을 거부하고 계속 소를 올리자 6월 5일 김문순을 파직하고 불서용의 명을 내렸다.

6월 9일에는 영의정 정존겸·좌의정 이복원·우의정 김익 등 전현직 정승들이 연명으로 소를 올려 채제공을 처벌할 것을 청했으나 정조는 받아들이지 않았다. 정조가 볼 때 전현직 정승들의 상소는 '참소(讒訴)'에 지나지 않았다. 그럼에도 정조는 채제공을 일선에서 물러나게 할 수밖에 없었다. 다시 상황을 살피기로 한 것이다.

다시 2년이 지난 정조 10년 9월 7일 정조는 채제공을 평안도 병마절도사로 임명한다. 원래는 중앙 사령관격인 도총관에 임명하려 한 것인데 채제공이 조정 실력자들의 견제 때문에 극구 사양하자 일단 지방 사령관으로 명한 것이다. 그것도 사도세자의 묘소에 들렀다가 오는 도중에 길에서 우연히 만난 채제공을 보고 내린 결정이었다. 경희궁으로 돌아오자 뒤늦게 이를 알게 된 병조판서 이명식이 간쟁을 하자 "경은 늙었어도 발이 매우 빠르구나"라며 웃어 넘겨버렸다. 그러나 거의 모든 조정 신하가 벌떼처럼 들고일어났다.

9월 10일에는 채제공의 절도사 임명에 반대한다는 이유로 좌의정 이복원·우의정 김익 그리고 행부사직 이성원 등을 그 자리에서 파직해버렸다. 심지어 정조는 채제공을 탄핵하는 상소를 받았다는 이유만으로 승지를 자르기도 했다. 이런 우여곡절을 거치며 채제공은 한직인 중추부 지사로 1년여 세월을 보내다가 정조 12년 마침내 우의정 제수를 받은 것이다.

어쩌면 정조는 숙종 때처럼 남인으로의 환국(換局)을 추진하고 싶었는지 모른다. 그러나 환국 이후 정권을 담당할 만한 인재 풀이 남인에게는 없었다. 결국 절충 방안으로 채제공 한 명을 비호하다 보니 나머지 거의 모든 정파가 등을 돌리는 극한 상황을 자초할 수밖에 없었다.

정조 탕평론

정조는 일단 당쟁의 큰 뿌리를 송시열과 윤증의 충돌에서 찾았다. 회니(懷尼) 논쟁이란 회덕에 살았던 송시열과 니산에 살았던 윤증이 윤증의 아버지 윤선거의 묘갈명을 송시열이 써준 문제로 충돌하면서 노론과 소론이 결정적으로 갈라지게 된 것을 뜻한다.

정조는 뒤에 보게 되겠지만 한편으로는 철두철미한 송시열주의자였다. 참고로 숙종은 말년의 정치적 필요에 따른 노론 수용을 제외한다면 전반적으로 소론 지지자였다. 영조의 경우 탕평을 했다고는 하지만 태생부터 경종을 지지했던 소론과는 뜻을 합칠 수 없었다. 정조는 이어 영조 시대에 대한 진단으로 넘어간다.

신축년·임인년의 의리에 이르러서는 곧 이 충역(忠逆)이 관계되는데 인심이 각각 다르고 갈라진 의논이 일치되지 아니하여 을해년(영조 31년, 1755년) 이후로는 무릇 그 조정의 신하가 임금이 있는 연석(延席 -경연)에서는 꺼리고 숨기면서도 오히려 다시 조정에서 비등(沸騰)하여 수십 년 동안 고질적인 폐단이 되어와서 구제할 수가 없게 되었다. 그리고 내가 등극한 이후로 새로운 역신이 연달아 나오게 되어 엄격히 징토(懲討)하느라 다른 데 미칠 겨를이 없었다. 때문에 조정의 신하들은 반드시 말하기를, "신축년·임인년의 지나간 일은 이미 선천(先天)에 속했으니 비록 색목에서 벗어나지 않았다 한들 무엇을 논할 것이 있느냐?"고 하는데, 이는 결코 그렇지가 않다. 선대왕께서 정무에 시달릴 때부터 지난겨울에 이르기까지 어찌 일찍이 노론과 소론으로 권병(權柄)을 잡게 하지 않았던가? 윤양후(尹養厚)가 온 세상을 마음대로 농락하여온 것이 그것이고 정후겸이 사특한 것에 빠진 것도 또한 그것이다. 만약 한결같이 번지도록 버려둔다면 또한 어찌 벌판을 불태우는 지경에 이르지 않겠는가?

신축년은 경종 원년(1721년)이고 임인년은 경종 2년(1722년)으로 경종과 연잉군을 둘러싼 소론과 노론의 격렬한 정치 투쟁을 말한다. 여기서 정조는 그 스스로 노론의 입장을 지지하면서도 당시 공론이 일치되지 않았었다'는 점은 인정한다. '을해년'이란 당시 영조가 그해 2월 '나주 괘서 사건'이 일어난 것을 계기로 소론과 관련된 역모들이 연이어 발생하면서 소론에 대한 대대적인 탄압을 가한 소위 '을해처분'을 말한다. 그리고 뒷부분에서 척리들의 준동을 당쟁의 맥락에서 보려 했던 점도 특기할 만하다.

홍봉한·홍인한 형제는 노론 외척당 중에서 탕평파였고 정후겸을 중심으로 한 정우량·정휘량 등은 소론 외척당 중에서 탕평파였다. 그 이유에 대해 정조는 이렇게 설명한다. 그는 누구보다 사태를 정확하게 파악하고 있었다.

대저 탕평 한 가지 일은 선대왕께서 깊이 고심하여왔던 사안인데 어찌 일찍이 지난 때의 규모와 비슷한 점이라도 있겠는가? 특히 당시에 받들어 돕던 신하들이 실로 성의(聖意)를 우러러 체득하지 못하고 오직 미봉책으로만 일을 삼아서 심지어 사람 하나를 추천하는 것에도 저쪽과 이쪽을 참작하여 조정(調停)하는 계획을 삼아왔다. 때문에 행하여온 지 오래지 않아서 차츰 더욱 폐단이 생기고 다만 족히 척리와 권간(權奸)이 정치를 혼란시키고 사람을 구속시키는 바탕으로 삼아왔다.

아! 탕평이란 곧 편당(偏黨)을 버리고 상대와 나를 잊는 이름인데, 세상에서 전하는바 "탕평의 당이 옛날 당보다 심하다"는 말이 불행하게도 가까웠다. 혹은 선대왕의 성지(聖志)가 성대하여 오랠수록 더욱 굳건히 한 것이 아니었다면 그 흐르는 폐해가 어찌 한정이 있었겠는가?

실은 영조를 정면으로 비판하고 있었다. 실질 탕평이 아니라 형식 탕평에 흘러 결국 영조의 탕평은 친왕 세력을 중심으로 한 나눠 먹기식 잡탕 인사정책에 지나지 않았다는 것이다.

대개 충역(忠逆)이 이미 나누어지고 시비(是非)가 크게 정하여진 뒤에는 이른바 노론도 또한 나의 신자(臣子)이고 이른바 소론도 또한 나의 신자이다. 위에서 본다면 균등한 한 집안의 사람이고 다 같은 한 동포이다. 착한 사람은 상을 주고 죄가 있으면 벌을 주는 것에 어찌 사랑하고 미워하는 구별이 있겠는가? 그 정황을 살펴보건대 오늘날의 당파가 다른 사람들은 자못 진(秦)나라와 월(越)나라가 서로 간섭하지 않는 것과 같으니, 이와 같이 하고서 나라가 능히 나라답게 되겠는가?

옛날 제갈량(諸葛亮)은 오히려 말하기를, "궁중(宮中-왕실)과 부중(府中-조정)이 함께 일체(一體)가 되어야 한다"고 했다. 더구나 한 하늘 아래, 한 나라 안에서 함께 한 사람을 높이며 같이 한 임금을 섬기는 경우이겠는가? 더구나 이제 세월이 이미 오래되었고 의리가 더욱 굳어졌으니, 어찌 털끝만큼의 앙금이라도 그 사이에 낄 수 있겠는가?

처방 또한 정확했다. 문제는 이를 현실 속에서 어떻게 실천할 것인가였다. 여기서 정조는 늘 한계를 드러냈다.

벽파 정승 심환지

심환지(沈煥之, 1730~1802년)는 명종비였던 인순왕후 심씨의 아버지 심강의 후손으로 그 이후 심환지의 조상 중에서 크게 현달한 사람은 없었다. 할아버지 심태현은 홍문관 교리를 지냈고 아버지 심진은 이렇다 할 벼슬을 지내지 못했다.

심환지

심환지는 영조 47년(1771년) 문과에 급제해 같은 해 사간원 정언이 됐고 주로 홍문관·사헌부·사간원의 요직을 두루 거치며 준엄한 언론을 펴 여러 차례 유배를 갔다 왔다. 이때부터 그는 타협을 모르는 강고한 품성을 보여주었다. 그는 이때부터 정순왕대비의 오빠 김귀주와 가깝게 지냈다. 나이는 심환지가 열 살 위였다.

서명선

　김귀주와 가깝다는 것은 정조에게는 정적
(政敵)에 가까웠다. 정조 즉위 초 심환지가 바
른 행실과 탄탄한 학문에도 불구하고 정조의
총애를 받지 못한 것도 그 때문이다.

　심환지는 오히려 김귀주와 손을 잡고 정조
가 총애하던 권신 홍국영을 공격하는 데 적극
적이었다. 정조 4년(1780년) 3월 7일 정조는 홍
문관 교리로 있던 심환지가 당파적 입장에서 다른 당을 비판하는 데
앞장서는 등 세도(世道)를 어지럽혔다는 이유로 파직시켰다.

　그다지 큰 죄가 아니었는데도 4년 후인 정조 8년(1784년) 9월 18일
이조판서 김종수의 천거에 의해 종부시정(宗簿寺正)으로 관직에 겨우
복귀할 수 있었던 것도 김귀주와의 깊은 인연 때문이다.

　심환지는 관직에 복귀하자마자 올린 소 하나로 조정에 큰 파문을
일으킨다. 이 소 때문에 병조판서 서호수가 사직의 뜻을 밝힌 것이다.
두 달여가 지난 11월 25일에는 영의정 서명선(徐命善, 1728~1791년)이
사직의 뜻을 밝힌다. 역시 심환지가 과거사를 들먹이며 자기의 집안을
비방했기 때문이라는 것이었다. 다음날 정조가 서명선을 위로하는 대
목 중에 이런 말이 있다.

　기회를 틈타서 자기 원한을 풀려는 것은 유독 심환지 한 사람만이
　아니다. 또 하는 말이 이의필(李義弼)·윤득부(尹得孚)의 무리와 조
　금 차이가 있으므로, 우선 용서하고 불문(不問)에 붙인 것이지, 심환
　지를 아끼는 것은 아니었다.

즉 정조는 다른 이유 때문에 심환지를 관직에 그대로 두고 있는 것이지 자기가 좋아하는 사람은 아니라고 밝힌 것이다. 이것은 사실이었다. 12월 3일 규장각 제학 김종수와의 대화에서 이 점을 확인할 수 있다. 정조가 자신의 심복 김종수를 다그치는 자리였다. "너를 믿고 네가 추천하는 인사를 등용했더니 조정 꼴이 말이 아니다." 이런 취지의 말을 하는 가운데 심환지에 관한 언급이 나온다.

어찌하여 경 등이 전조(銓曹-인사를 책임지는 이조)에 자리 잡은 뒤로부터 조정이 소란스럽고 의리가 도리어 어두워져, 유악주(兪岳柱)와 같은 무리가 종종 튀어나오게 되었는가? 심환지의 상소가 또 나오자 경 등은 비록 경 등이 알 바가 아니라고 하지만, 경 등이 들어온 뒤에 이 무리가 감히 제멋대로 날뛰고 있으니, 어찌 경 등이 시킨 것이 아니겠는가?

이런 불만에도 불구하고 정조는 정조 13년(1789년) 10월 27일 심환지를 대사간에 제수한다. 이듬해 8월 5일에는 성균관 대사성으로 임명한다. 그러나 불과 4개월도 안 되어 심환지는 다시 대사간으로 복귀했다. 정조 15년 6월 8일 다시 성균관 대사성을 맡지만, 이번에도 두 달 만인 8월 3일 서용보(徐龍輔, 1757~1824년)의 이조참의 제수를 취소하고 그 자리에 심환지를 임명한다. 그런데 두 달 후인 10월 3일 심환지를 이조참의에서 파직하고 서용보를 임명한다. 당연히 정조의 마음은 서용보에 가 있었다. 또 두 달이 지난 12월 12일 심환지는 이조참의에 제수된다.

정조 16년(1792년) 들어 형조참판으로 승진했던 심환지는 3월 15일

역적을 엄하게 다스리지 않았다는 죄로 형조판서 김문순·형조참의 이면응 등과 함께 귀양을 갔다가 한 달 만에 방면된다.

정조는 심환지의 강한 당파성, 즉 노론 벽파 성향에 대해서는 늘 못마땅해 했지만 그의 업무처리 능력은 높이 평가했다. 정조 16년 8월 심환지는 승지가 되어 정조를 측근에서 보좌하게 된다. 그해 9월 20일 심환지는 남인 세력을 강도 높게 비난하다가 정조의 노여움을 사 '불서(不敍)'의 처벌을 받았다. 관리로서 등용을 않겠다는 것으로 파직보다 높은 처벌이었다. 그러나 불과 석 달 후인 12월 25일 이조참판 이재학과 이조참의 이면응이 면직되자 그 자리에 각각 심환지와 서매수가 임명된다. 이조참판은 무엇보다 탕평과 당파 조정을 중시했던 정조가 핵심 보직으로 생각했던 자리다.

정조가 여러 차례 경고했음에도 불구하고 남인에 대한 심환지의 성토는 그칠 줄을 몰랐다. 불구대천(不俱戴天), 함께 하늘을 이고 살 수는 없다는 결연함은 누구도 꺾을 수 없었다. 설사 그 방향이 폭넓은 동의를 얻기 어렵다고 하더라도 주장에 일관성이 있으면 거기서 힘이 생겨난다. 심환지가 대표적으로 그런 경우였다.

정조의 위세 앞에 하루아침에 노론에서 소론으로, 소론에서 노론으로, 벽파에서 시파로 변신에 변신을 거듭하던 시류에서 심환지는 보기 드문 존재가 아닐 수 없었다.

정조 17년(1793년) 1월 27일 성균관 대사성을 맡고 있던 심환지는 남인의 차세대 지도자 이가환(李家煥, 1742~1801년)을 몰아세웠다가 정조의 노여움을 산다. 정조는 심환지를 어르고 협박하고 온갖 수단을 다 써보았지만 눈썹 하나 까딱하지 않았다. 그 바람에 심환지의 관직도 상당 기간 이조참판과 대사성 그리고 승지를 오락가락해야 했다.

특진(特進)을 좋아하던 정조의 은혜를 제대로 입어보지 못한 것이다. 심지어 정조 18년 3월 10일에는 능주 목사로 발령을 받는다. 문책성 좌천이었다.

같은 해 8월 심환지는 예문관 제학이 되어 중앙조정으로 복귀하지만 벼슬에 나갈 뜻이 없음을 밝히자 사흘 만에 체직됐다. 교체됐다는 뜻이다. 그리고 얼마 후 또 그동안 수도 없이 맡았던 이조참판에 제수된다.

정조 19년 초 정조는 귀근(貴近), 즉 측근 권간 정동준(鄭東浚, 1753~1795년) 사건으로 인해 일대 위기에 내몰렸다. 노론 벽파는 말할 것도 없고 측근들로부터도 정조의 인사 스타일에 대한 깊은 의구심이 생겨났다. 2년 이상 특권을 누리며 권력을 휘둘렀던 정동준은 정조 19년 초 세상을 떠났다.

상황은 심환지에게 유리하게 돌아가고 있었다. 지킨 쪽이 심환지, 움직이려 애쓴 쪽이 정조였다. 심환지는 끝내 움직이지 않았다. 이해 1월 28일 정조는 병조판서 이시수(李時秀, 1745~1821년)를 호조판서로 옮기고 심환지를 병조판서에 임명한다. 군권을 관장하는 병조판서에 썩 내켜 하지 않는 심환지를 임명해야 할 만큼 당시 정조가 처한 상황은 곤혹스러웠다.

이후 규장각 제학·대사헌·경연 지사 등을 지낸 심환지는 10월 6일 이조판서에 오른다. 조선에서 병판에 이어 이판을 맡았다는 것은 여간한 심복이 아니고서는 쉽지 않은 일이다. 그러나 정조는 심환지를 어려워하면서 이 일을 맡겼다. 점점 그렇게 하지 않으면 안 되는 상황으로 빠져들고 있었기 때문인지 모른다. 이런 상황은 대부분 정조 스스로 초래한 측면이 많았다.

이조판서에 올라서도 반(反)남인 성향은 굽힐 줄 몰랐다. 이판이 된 지 불과 열흘도 안 된 10월 14일 정조가 남인들의 정신적·정치적 기반 강화를 위해 숙종 때의 남인 정승 허적의 신원(伸寃)을 명하자 그 명을 거두어달라는 소를 올릴 정도였다. 대신 이듬해 4월 18일 정조가 6조 판서들에게 고인이 된 사람 중에서 청백리를 추천토록 명하자 심환지는 전 영의정 서지수·전 좌의정 김종수·전 집의 박치륭을 추천했다. 김종수에 대한 보답이었다.

정조 22년 8월 28일 정조는 복상을 해 심환지를 우의정에 임명한다. 우의정 이병정(李秉鼎, 1742~1804년)은 원래 홍낙성·채제공·김종수 3인을 추천했고 정조가 직접 심환지를 가복(加卜)한 다음 우의정에 임명한 것이다. 이병정은 좌의정으로 승진했다.

그런데 이때 심환지는 금강산 유람 중이었다. 정조는 사관을 금강산으로 보내 심환지로 하여금 서둘러 올라오도록 하라고 명했다. 그 돈유문(敦諭文)에 보면 심환지에 대한 정조의 솔직한 생각이 고스란히 담겨 있다. 심환지를 어려워하면서도 중책을 맡기지 않을 수 없었던 이유를 여기서 알 수 있다.

경의 탁 트인 풍모야말로 아첨 잘하고 오그라들기만 하는 습속(慴俗)을 바로잡을 수 있는 데야 말해 무엇하겠는가. 그리고 벼슬길이 늘 통하고 막히고 하는 가운데 10년 동안이나 불우하게 지냈는데도 굳게 참으며 궁색한 생활을 견뎌내었고, 요직(要職)에 올랐을 때에도 포의(布衣-벼슬을 하지 않는 사람) 때의 옛 자세를 바꾸지 않았으니, 조정 신하들을 두루 헤아려보건대 경처럼 훌륭한 자가 누가 있겠는가. 또 내가 사람들을 많이 보아왔다만 경은 경연(經筵)에서 조용히 마주하면서 절대로 꾸미는 태도를 보이지 않았다. 그래서 내가 경을 깊이 인정하고 먼저 내각(內閣-판서)의 직함으로 빛내준 뒤에 이어 삼사(三事-정승)의 중책을 부여하게 된 것이다.

몇 차례 사양하는 소가 올라오고 정조가 물리는 과정이 반복된 이후 두 사람이 대면하게 되는 것은 두 달이 지난 10월 28일이다. 이후 정조는 심환지에 대한 총애를 더해간다. 12월 30일 원래는 훈척(勳戚)이 맡도록 돼 있는 호위대장을 심환지로 하여금 겸직토록 한 것이다.

정조 23년 3월 들어 정조는 화완옹주를 석방할 것을 명한다. 그러나 승정원에서는 그 명을 따를 수 없다며 정조의 전교를 반포하지 않았다. 이때는 이미 정조가 왕실 강화 차원에서 척리들에게 우호적인 입장을 보이고 있었다. 자신의 고모인 화완옹주 석방도 그런 맥락에서 내린 결정이었다. 이에 좌의정 이병모와 우의정 심환지는 절대 따를 수 없다며 버텼다. 특히 심환지는 과격했다.

3월 7일자 『정조실록』이다.

의리에는 본말이 있고, 역적에는 주모자와 추종자가 있습니다. 모년(某年)의 의리는 을미년의 의리가 되었고, 을미년의 의리는 병신년의 의리가 되었는데, 을미년과 병신년의 역적들은 정치달 처(-화완옹주)가 바로 그들의 근본 뿌리가 되고 있습니다. 그리하여 정인겸·정항간·윤양후·홍계능과 같은 여러 역적은 모두 정치달 처를 뒤에서 은밀히 후원하는 이로 삼았습니다.

지금 만약 갑자기 용서하여 석방해주고 이러한 내용의 전교를 팔도에 반포하고 후세에까지도 전해지게 한다면 『명의록』은 장차 아무

쓸모 없는 책이 될 것이고 나라는 나라 꼴이 안 될 것이며 사람들은 사람 꼴이 아니게 될 것입니다. 신이 인군을 믿고 섬기는 것은 오직 이 의리가 있기 때문일 뿐입니다. 신들은 죽으면 죽었지 감히 그 명을 받들지 못하겠습니다.

임금이라도 원칙을 지키지 않으면 따를 수 없다는 통첩이었다. 정조는 "경의 말이 지나치다"고 경고했다. 이에 심환지는 즉석에서 관을 벗고 섬돌 아래 엎드려 대죄했다. 정조는 대노하며 심환지를 우의정에서 파직시켰다. 그러나 사흘 후 정조는 심환지를 중추부 판사로 임명한다. 죄는 용서하되 한직으로 보낸 것이다.

정조는 9월 28일 심환지를 좌의정에 제수한다. 늘 부담스러워했던 심환지를 좌의정에 제수한 정조의 심정은 어쩌면 참담했을지 모른다. 그러나 상황이 그렇게 흘러가고 있었다.

10월 초 심환지는 좌의정에 취임하지만 한 달도 안 된 10월 27일 정조는 심환지에게 불서용의 법을 시행하라고 명한다. 뭔가 중대한 문제가 발생한 것이다. 그것은 의리 문제를 더 이상 논하지 말고 한 정조의 금령(禁令)을 어겼기 때문이다. 정조는 자신의 뜻을 따라주기를 원했고 심환지는 그럴 수 없다고 버텼다. 기(氣) 싸움에서 정조는 심환지에게 밀리고 있었다.

결국 11월 5일 정조는 심환지를 다시 좌의정에 제수한다. 좌의정 심환지와 우의정 이시수는 사직소를 내며 정조의 뜻을 따를 수 없음을 분명히 했다. 그런데도 결국 두 사람을 자르지 못한 것을 보면 정조가 한걸음 물러섰다는 뜻이다. 정조는 심환지의 벽에 막혀 더 이상 나아가지 못하고 있었다.

정조의 실패

이처럼 정조는 탕평으로 새로운 정치를 꿈꾸었지만 특정 당파 앞에 사실상 굴복하면서 자기 시대를 마무리했다. 게다가 안동 김씨 김조순(金祖淳, 1765~1832년)과 사돈을 맺어 안동 김씨 외척 정치 시대를 본인 손으로 열어놓았다. 그로 인해 당쟁 시대가 끝나고 외척 세도정치 시대가 열렸다. 군주정을 척도로 보자면 당쟁보다 훨씬 나쁜 것이 외척정치이다.

그런 점에서 정조는 조선 왕실을 망쳤다는 비판을 면할 길이 없다. 게다가 당쟁을 없애보려다가 오히려 외척들을 불러들였으니 그의 정치는 우매했다는 말 이외에 달리 표현할 바가 없다.

비변사와 당쟁

성종, 지변사재상(知邊事宰相)을 두다

조선 정치체제의 기본골격은 왕, 의정부, 육조 그리고 사헌부와 사간원이 유기적으로 결합된 것이었다. 의정부는 큰 방향과 계책을 정하고 육조는 행정을 집행하며 사헌부와 사간원은 왕을 비롯한 권력에 대한 견제를 맡았다. 당연히 군사 업무는 의정부와 병조가 지혜를 모아 처리하면 되는 것이다.

성종 13년(1482년)에 여진 침입 문제를 논의하기 위해 지변사재상(知邊事宰相)을 언급한다. 변방의 일을 아는 전현직 재상이라는 말이다. 여기에는 삼정승과 원상(院相) 그리고 병조와 더불어 국경 지방 요직을 맡았던 사람들까지 대거 참여했다.

'지변사재상'이라는 말은 『성종실록』에 19차례, 『연산군일기』에 19차례, 왜변까지 겹쳤던 『중종실록』에는 49차례 그리고 『명종실록』에도 2차례 등장한다.

중종, 잦은 왜란으로 비변사를 상설화하다

중종 5년(1510년) 삼포왜란(三浦倭亂)이 일어나자 중종은 지변사재
상들을 급히 소집했다. 삼포왜란이란 부산포·제포·염포에 거주하던
왜인들이 쓰시마 다이칸(代官) 소 모리치카(宗盛親)의 지원을 받아 일
으킨 변란을 말한다. 이때 일단 '비변사(備邊司)'라는 임시 기구를 두
기로 했다.

그리고 중종 12년(1517년)에 여진에 대비하여 축성사(築城司)를 두
었다가 이를 비변사로 개칭했다. 이후 비변사는 변방 군사 문제에 관해
서 의정부와 병조를 거치지 않고 왕에게 직보하는 권한을 갖게 되자
비변사 폐지론이 나오기도 했다. 다만 이때까지 비변사는 관제상 정식
관청은 아니었다.

명종, 비변사를 독립 합의 기구로 높이다

명종 10년(1555년) 을묘왜변(乙卯倭變)이 일어나 전라도 일대가 크
게 침략당하는 일이 있었다. 이 사건은 1555년 5월에 왜구가 선박
70여 척으로 일시에 전라남도 남해안 쪽에 침입하면서 일어났다. 그들
은 이어 달량포(達梁浦)로 계속 침입해 성을 포위했다. 또한 어란도(於
蘭島)·장흥·영암·강진 등 일대를 횡행하면서 약탈과 노략질을 했다.

이때부터 비변사 당상관들은 따로 비변사에 모여 변방의 군사 문
제를 토의하게 되면서 정1품 독립된 관청으로 자리 잡았다. 그러나 이
때까지만 해도 권한이 의정부에 비할 바는 아니었다.

나가는 말: 비변사와 당쟁

선조, 비변사를 비대화하다

1592년(선조 25년) 임진왜란이 발발하면서 비변사는 전쟁 수행을 위한 최고 기관으로 떠올랐다. 이때부터 실록에서도 비국(備局)이라는 말이 빈번하게 등장한다. 비변사를 가리키는 말인데 약어를 쓴다는 것은 그만큼 비중이 커졌음을 간접적으로 보여주는 바이기도 하다. 전쟁 발발과 동시에 의정부는 역할을 상실했고 모든 명이 비변사를 통해 내려왔다.

이후 비변사는 업무가 계속 확대되어 "수령의 임명, 군율의 시행, 논공행상, 청병(請兵), 둔전(屯田), 공물 진상, 시체 매장, 군량 운반, 훈련도감의 설치, 산천 제사, 정절(貞節)의 표창 등 군정·민정·외교·재정에 이르기까지 전쟁 수행에 필요한 모든 사무를 처리했다."(『한국민족문화대백과사전』)

비변사는 선조 때 본격화된 당쟁과도 연결된다. 당파의 실력자가 품계가 낮아도 비변사를 통해 권력을 행사할 수 있는 길이 열린 것이다. 그것은 곧 의정부와 육조의 무력화를 뜻한다.

실제로 선조 이후 조선이 거의 망할 때까지 비변사는 당권 행사의 장이 되고 재상의 지위는 땅에 떨어진 정치 행태가 계속 이어졌다. 선조 이후 이렇다 할 재상이 없는 것도 그 때문이다. 심지어 뒤에 가면 비빈(妃嬪) 간택 문제까지 비변사에서 다룰 정도였다.

김익희, 비변사 폐단을 정면으로 지적하다

효종 5년(1654년) 11월 16일 대사헌 김익희(金益熙, 1610~1656년)는

소를 올려 이 문제를 정면으로 지적하고 있다. 김익희는 김장생 손자이고 김반(金槃, 1580~1640년) 아들이다.

우리나라는 주나라 제도를 본받아 관직을 설치하고 직임을 나누어서 삼공(三公)은 육경(六卿)을 통솔하고, 육경은 여러 관아를 거느리는데 체제가 통솔되고 분직(分職)이 분명하니, 조리가 있어 문란하지 않습니다. 인재 선발이나 예·악(禮樂)에 관한 문제, 재정(財政)이나 군사 문제, 형옥(刑獄)이나 공사를 일으키는 등의 일이 있으면 의정부와 해당 조의 당상들이 서로 의논해 거행했습니다. 이것은 정부가 육조의 모든 일을 통솔한 것이고, 육조 또한 그 직임을 제대로 수행한 것으로 100년 동안 시행해왔지만 조금도 차질이 없었습니다.

성묘조(成廟朝-성종)에 건주위(建州衛)의 역(役-전투)에 임시로 비변사를 설치했는데 재신(宰臣)으로서 이 일을 맡은 사람을 지변재상(知邊宰相)이라고 불렀습니다. 그러나 이것은 일시적인 전쟁 때문에 설치한 것으로서 국기의 중요한 모든 일을 참으로 다 맡긴 것은 아니었습니다.

그런데 오늘에 와서는 큰일이든 작은 일이든 중요한 것으로 취급되지 않는 것이 없는데, 정부는 한갓 헛 이름만 지니고 육조는 모두 그 직임을 상실했습니다. 명칭은 "변방의 방비를 담당하는 것[備邊]"이라고 하면서 과거에 대한 판하(判下)나 비빈(妃嬪)을 간택하는 등의 일까지도 모두 여기를 경유하여 나옵니다.

이름이 바르지 못하고 말이 순하지 않음이 이보다 심할 수가 없습니다. 신의 어리석은 소견으로는 비변사를 혁파하여 정당(政堂)으로 개칭하는 것이 상책이라 생각합니다. 그리하여 육조의 판서와 참판

나가는 말: 비변사와 당쟁

으로 하여금 각기 해당 사항을 대신에게 품의·결정하게 해서 조종조의 옛 법을 회복한 뒤에야 체통이 바르게 되고 각자의 직무에 충실하게 될 것이니 이것이 이른바 치도를 논할 때 먼저 그 명분을 바로잡는다는 것입니다.

만약 "비변사를 혁파한 후에 군국(軍國)의 중요한 기밀을 어디에 맡길 것인가"라고 한다면 이것은 바로 병조판서의 직무입니다. 육군(六軍)을 장악하고 국가를 태평하게 하는 자의 권위와 명망이 비국의 일개 유사(有司)만 못하겠습니까.

문제의 정곡을 찌른 소(疏)였다. "이름이 바르지 못하고 말이 순하지 않음이 이보다 심할 수가 없습니다"라는 표현은 『논어(論語)』 「자로」편에 나오는 '정명(正名)'론에서 가져온 것이다.

자로가 말했다.

"위(衛)나라 군주가 스승님을 기다려 정치를 맡기려 하니 스승님께서는 장차 무엇을 먼저 하시렵니까?"

공자가 말했다.

"반드시 이름부터 바로잡겠다."

자로가 말했다.

"이러하시다니! 스승님의 우활하심이여! (그렇게 해서야) 어떻게 (정치를) 바로잡으시겠습니까?"

공자는 말했다.

"한심하구나, 유(由-자로)야! 군자는 자기가 알지 못하는 것은 비워 두고서 말을 하지 않는 법이다. 이름이 바르지 못하면 말이 순하지 못하고 말이 순하지 못하면 일이 이루어지지 못하고 일이 이루어지지 못하면 예악이 흥하지 않고 예악이 흥하지 못하면 형벌이 알맞지 못하고 형벌이 알맞지 못하면 백성이 손발을 둘 곳이 없게 된다. 그래서 군자가 이름을 붙이면 반드시 말할 수 있고, 말할 수 있으면 반드시 행할 수 있는 것이니 군자는 그 말에 있어 구차함이 없을 뿐이다."

그러나 효종은 말만 했을 뿐 손대지 못했고 이후 숙종과 영조 때는 인원과 업무가 더 확장되었고 정조 때도 사정은 마찬가지였다. 당파들의 필요성이 큰 데 반해 임금은 그것을 제어할 힘을 갖지 못했기 때문이다.

흥선대원군이 비로소 의정부와 비변사의 업무 한계를 규정했다. 고종 1년(1864년) 비변사는 외교·국방·치안만을 담당하고 나머지 업무는 의정부로 넘기도록 했으며 그 이듬해에는 비변사를 폐지했고 군사 업무는 삼군부를 부활시켜 그곳에서 처리하도록 했다.

비변사는 조선 역사에 빛보다는 그림자를 드리운 비상 기구라 할 것이며 그 배경에는 당쟁 격화가 자리 잡고 있었다.

KI신서 13450

'주자학'이란 이름으로 자행된 야만과 퇴행의 역사
이한우의 조선 당쟁사

1판 1쇄 인쇄 2025년 3월 12일
1판 1쇄 발행 2025년 4월 2일

지은이 이한우
펴낸이 김영곤
펴낸곳 ㈜북이십일 21세기북스

인문기획팀 팀장 양으녕 **책임편집** 이정미 **마케팅** 김주현
디자인 푸른나무디자인
출판마케팅팀 남정한 나은경 최명열 한경화 권채영
영업팀 변유경 한충희 장철용 강경남 황성진 김도연
제작팀 이영민 권경민

출판등록 2000년 5월 6일 제406-2003-061호
주소 (10881) 경기도 파주시 회동길 201(문발동)
대표전화 031-955-2100 **팩스** 031-955-2151 **이메일** book21@book21.co.kr

(주)북이십일 경계를 허무는 콘텐츠 리더

21세기북스 채널에서 도서 정보와 다양한 영상자료, 이벤트를 만나세요!
페이스북 facebook.com/jiinpill21 포스트 post.naver.com/21c_editors
인스타그램 instagram.com/jiinpill21 홈페이지 www.book21.com
유튜브 youtube.com/book21pub

당신의 일상을 빛내줄 탐나는 탐구 생활 〈탐탐〉
21세기북스 채널에서 취미생활자들을 위한 유익한 정보를 만나보세요!

ⓒ 이한우, 2025
ISBN 979-11-7357-162-6 03910

이한우의 노자 강의
『도덕경』5천 자에 담긴 무위자연의 제왕학
이한우 지음 | 값 58,000원

'하지 않음'으로 모든 것을 이끄는 '무위의 리더십'을 말하다!
제왕학 관점에서 새롭게 해석한, 노자의 『도덕경』

이한우의 인물지
유소 『인물지』 완역 해설
이한우 지음 | 값 28,000원

"이 책이 없었다면 조조의 탁월한 용병술은 없었다!"
『논어』와 『도덕경』의 핵심만 담은 인사(人事)의 정수

이한우의 설원 전 2권
유향 찬집 완역 해설 상·하
이한우 지음 | 각 값 39,800원

말의 정원에서 만난 논어의 본질
새로운 설원 읽기: 유향식 논어 풀이

이한우의 태종 이방원 전 2권
태종풍(太宗風) 탐구 상·하
이한우 지음 | 각 값 38,000원

태종 이방원의
지공(至公)한 삶에 대한 첫 총체적 탐구